V&R unipress

Poetik, Exegese und Narrative
Studien zur jüdischen Literatur und Kunst

Poetics, Exegesis and Narrative
Studies in Jewish Literature and Art

Band 13 / Volume 13

Herausgegeben von / edited by
Gerhard Langer, Carol Bakhos, Klaus Davidowicz,
Constanza Cordoni

Die Bände dieser Reihe sind peer-reviewed.

Anna Zachmann

Wer oben sitzt, der hat die Macht

Die Verschränkung von Sexualität und Shoah im Werk Edgar Hilsenraths

V&R unipress

Vienna University Press

Bibliografische Information der Deutschen Nationalbibliothek
Die Deutsche Nationalbibliothek verzeichnet diese Publikation in der Deutschen Nationalbibliografie; detaillierte bibliografische Daten sind im Internet über https://dnb.de abrufbar.

Veröffentlichungen der Vienna University Press erscheinen bei V&R unipress.

Umschlagabbildung: »travels of the rabbit«, © Hazel Karr, Tochter der Malerin Lola-Fuchs-Carr und des Journalisten und Schriftstellers Maurice Carr (Pseudonym von Maurice Kreitman); Enkelin der bekannten jiddischen Schriftstellerin Hinde-Esther Singer-Kreitman (Schwester von Israel Joshua Singer und Nobelpreisträger Isaac Bashevis Singer) und von Abraham Mosche Fuchs.
Druck und Bindung: CPI books GmbH, Birkstraße 10, D-25917 Leck
Printed in the EU.

Vandenhoeck & Ruprecht Verlage | www.vandenhoeck-ruprecht-verlage.com

ISSN 2198-5200
ISBN 978-3-8471-1082-8

Inhalt

Teil 2: Hilsenrath Revisited: Die Darstellung von Sexualität und Geschlechtskonstruktion aus gendertheoretischer Perspektive

Teil 3: Die Verschränkung von Sexualität und Shoah im Werk Hilsenraths

Danksagung

Mein herzlicher Dank gilt meiner Doktormutter Prof. Dr. Bettina Bannasch für die hervorragende Betreuung und vielseitige Förderung, sowie meinem Zweitbetreuer Prof. Dr. Günter Butzer.

Ebenfalls danken möchte ich der Friedrich-Ebert-Stiftung für die ideelle und finanzielle Förderung, ohne welche die Entstehung dieser Arbeit nicht möglich gewesen wäre.

Ganz besonders danken möchte ich meinen Eltern und Schwestern, meinem Mann sowie allen Freundinnen und Freunden für die stete Unterstützung, Diskussions- und Hilfsbereitschaft.

Einleitung

»Hat der liebe Gott nicht die Unschuld erfunden,
damit sie zertreten wird ... hier auf Erden?
Und werden die Schwachen und Wehrlosen
nicht von den Starken überrumpelt,
niedergeknüppelt, vergewaltigt, verhöhnt,
in den Arsch gefickt?«
Edgar Hilsenrath: Der Nazi & der Friseur, S. 24.

»Mir [...] scheint, dass dieser Roman in seiner vulgären Sprache,
voll von Gotteslästerung und Blasphemie,
voll von pornographisch-sadistischen Details
eine für unsere Zeit höchst unerfreuliche und abstoßende
Erscheinung darstellt.«
Frankenstein, Alfred: Sonderbares Buch von Juden und Israel,
in: Israel Nachrichten, 12.9.1977.

Bereits an obigem kurzen Zitat Hilsenraths lässt sich ablesen, dass seine Shoah-Literatur provoziert, polarisiert, schockiert – der Auszug aus Frankensteins Verriss markiert die Streitbarkeit seiner Darstellungen. Die rezeptionsästhetische Wirkung der Werke Hilsenraths bezieht ihre Sprengkraft zu einem großen Teil aus der Einbindung diverser Motive aus dem Bereich der Sexualität; in all seinen Romanen nimmt Sexualität sowohl auf sprachlicher als auch auf erzähltechnischer Ebene eine zentrale Rolle ein. Gegenstand der vorliegenden Untersuchung sind eben diese sexuellen Darstellungen in den Shoah-Romanen Hilsenraths. Ziel der Arbeit ist es, aufzuzeigen, inwiefern die Verschränkung von Sexualität und Shoah einer intentionalen Motivation des Autors folgt und in all ihrer Anstößigkeit stets funktionsgebunden ist.

Einerseits wurde der Aspekt der sexuellen Darstellung im Hilsenrathschen Opus überaus ambivalent rezipiert; so sah sich der Autor – wie an obigem Zitat Frankensteins ablesbar – häufig dem Vorwurf der Pornografie ausgesetzt. Angesichts dessen mag es daher verwundern, dass eine dezidierte Auseinandersetzung mit dem Motiv der Sexualität im Werk Hilsenraths in Forschung und Rezeption nicht stattgefunden hat. Dieser Umstand lässt sich darauf zurückführen, dass hinsichtlich seiner Shoah-Romane zunächst zwei andere Aspekte als Skandalon ersten Ranges erachtet wurden:

Erstens wurde vonseiten der Kritikerinnen und Kritiker sowie des deutschen Verlagswesens die Darstellung der Shoah mit den Mitteln der literarischen Lachkultur als unverzeihlicher Affront begriffen, welcher den Opfern noch zusätzlich Hohn sprechen musste. Durch seinen Bruch mit der unausgesprochenen Vereinbarung zum Verzicht auf komische Stilprinzipien wie Groteske,

Schwarzen Humor oder Satire avancierte der Autor zum »*enfant terrible* der Literatur nach der Shoah«[1].

Zweitens wurde problematisiert, dass Hilsenrath vom Schema einer christlich-jüdischen Verständigung unter dem Vorzeichen eines die deutsche Seite entlastenden Symbiose-Gedankens abweicht.[2] Mittels satirischer Kritik am neugegründeten Staat Israel und der Verweigerung einer euphemistischen Darstellungen jüdischer Figuren widersetzt sich Hilsenrath bewusst dem nach 1945 in Deutschland herrschenden philosemitischen Zeitgeist.

Die schwierige Editionsgeschichte und überaus ambivalente Rezeption des Hilsenrathschen Werkes erwiesen sich so als symptomatisch für das geistige Klima in der deutschen Nachkriegsgesellschaft, welche eine komische Annäherung an die Shoah für inadäquat befand und nicht zu eine Auseinandersetzung mit dem eigenen Philosemitismus bereit war.

Erst seit den 1990er-Jahren erlebt die literarische Thematisierung der Shoah mittels Komik und Groteske, einhergehend mit der Abkehr von philosemitischen Vereinbarungen und der Einbeziehung sexueller Motive, eine Renaissance: Autorinnen und Autoren wie Elfriede Jelinek, Maxim Biller oder Robert Schindel prägen unsere literarische Vorstellung von der zweiten Generation nach der Shoah. Im Zuge der Wiederentdeckung von Autoren der ersten Generation, welche als Vordenker dieser provokanten Shoah-Literatur gelten dürfen – man denke nur an Tadeusz Borowski[3] oder Jakov Lind – resultierte auch eine zunehmende Rezeption der Werke Hilsenraths.

Hilsenraths Opus ist in der literaturwissenschaftlichen Forschung nicht unbeachtet geblieben; namentlich in den 1990er- und 2000er-Jahren lässt sich die Publikation zahlreicher deutsch- und englischsprachiger Arbeiten verzeichnen, welche sich – häufig unter komparatistischen Gesichtspunkten – spezifischen Hilsenrathschen Romanen und/oder der Beleuchtung von Teilaspekten widmen.

Im Vordergrund der Betrachtungen steht dabei wiederholt die komische Darstellungsweise: So liefert Dopheide[4] eine detaillierte Analyse der Elemente des Schwarzen Humors und der Groteske in den Werken Hilsenraths; auf eng-

1 Hainz, Martin A.: Die Shoah in der Literatur der Überlebenden, in: Horch, Hans Otto (Hrsg.): Handbuch der deutsch-jüdischen Literatur, Berlin/Boston 2016, S. 221–243, hier: S. 235.

2 Horch, Hans Otto: Edgar Hilsenrath. Provokation der Erinnerungsrituale, in: Eke, Norbert Otto/Steinecke, Hartmut (Hrsg.): Shoah in der deutschsprachigen Literatur, Berlin 2006, S. 267–273, hier: S. 268.

3 Die 2007 im Verlag Schöffling & Co erschienene Neuübersetzung des Erzählbandes »Bei uns in Auschwitz« aus dem Polnischen von Friedrich Griese kann als Indiz für die – längst überfällige – Würdigung der Werke Borowskis auch in Deutschland angesehen werden.

4 Dopheide, Dietrich: Das Groteske und der schwarze Humor in den Romanen Edgar Hilsenraths, zugl. Diss., Berlin 2000.

lischsprachiger Seite beschäftigen sich Bashaw[5], Bjørnstad[6] und Klocke[7] mit diesem Aspekt. Mit der Problematik (deutsch-jüdischer) Identität setzen sich etwa Brecheisen[8], von Zanthier[9] und Taylor[10] auseinander, die Rezeption der Hilsenrathschen Werke unterzog Vahsen[11] einer eingehenden Untersuchung, Prinz[12] analysiert die Darstellung des armenischen Völkermords. Biografische Hintergründe veröffentlichte Hilsenraths ehemaliger Verleger und langjähriger Weggefährte Braun[13]. Zuletzt seien mit dem ebenfalls von Braun herausgegebenen Begleitbuch zur Wanderausstellung »Verliebt in die deutsche Sprache«[14] sowie Krafts »Das Unerzählbare erzählen«[15] zwei Sammelbände zum Hilsenrathschen Werk genannt. Eine Auseinandersetzung mit der in Hilsenraths Roman »Der Nazi & der Friseur« prävalenten Israel-Kritik wagt allein Braese[16].

Ein Blick auf die relevantesten Beiträge der Forschungsliteratur zum Hilsenrathschen Opus lässt als beträchtliches Defizit das Fehlen einer Arbeit erkennen, welche eine kritische Auseinandersetzung mit dem Motiv der Sexualität im Werk Hilsenraths vornimmt – lediglich zwei Aufsätze befassen sich dezidiert mit diesem Aspekt: Hoven konstatiert in seinen kurzen »Anmerkungen zum Thema: Sexualität im Werk Edgar Hilsenraths«, dass der Sexus Ordnungen

5 Bashaw, Rita Barbara: Witz at Work: The Comic and the Grotesque in Edgar Hilsenrath, Jakov Lind and George Tabori, zugl. Diss., Ann Arbor/Michigan 2002.

6 Bjørnstad, Jennifer I.: Functions of Humor in German Holocaust Literature. Edgar Hilsenrath, Gunter [sic!] Grass and Jurek Becker, zugl. Diss., Ann Arbor/Michigan 2001.

7 Klocke, Astrid: The Concept of Black Humor and Edgar Hilsenrath's Novel *Der Nazi und der Friseur*, zugl. Diss., Ann Arbor/Michigan 2001.

8 Brecheisen, Claudia: Literatur des Holocaust. Identität und Judentum bei Jakov Lind, Edgar Hilsenrath und Jurek Becker, zugl. Diss., Augsburg 1993.

9 Von Zanthier, Agnieszka: Julian Stryjkowski und Edgar Hilsenrath: Zur Identität jüdischer Schriftsteller nach 1945, zugl. Diss., Essen 2000.

10 Taylor, Jennifer L.: Writing as Revenge: Jewish German Identity in Post-Holocaust German Literary Works. Reading Survivor Authors Jurek Becker, Edgar Hilsenrath and Ruth Klüger, zugl. Diss., Ann Arbor/Michigan 1995.

11 Vahsen, Patricia: Lesarten – die Rezeption des Werkes von Edgar Hilsenrath, Tübingen 2008. Die Beschäftigung Möllers mit dem Thema beschränkt sich auf die Romane »Nacht« und »Der Nazi & der Friseur«: Möller, Susann: Wo die Opfer zu Tätern werden, machen sich die Täter zu Opfern: Die Rezeption der beiden ersten Romane Edgar Hilsenraths in Deutschland und in den USA, zugl. Diss., Ann Arbor/Michigan 1991.

12 Prinz, Kirsten: Brüchiges Gedächtnis. Der Genozid an den Armeniern in Texten von Edgar Hilsenrath, Zafer Şenocak und Esmahan Aykol, Berlin 2015.

13 Braun, Helmut: Ich bin nicht Ranek. Annäherung an Edgar Hilsenrath, Berlin 2006.

14 Braun, Helmut (Hrsg.): Verliebt in die deutsche Sprache. Die Odyssee des Edgar Hilsenrath, Berlin 2005.

15 Kraft, Thomas (Hrsg.): Das Unerzählbare erzählen, München 1996.

16 Braese zeigt anhand zahlreicher Textbeispiele und im Rekurs auf Scholem, Marcuse, Szondi und Goral auf, inwiefern Hilsenraths »Der Nazi & der Friseur« als Israel-Kritik und als satirischer Frontalangriff wider den Mythos von der deutsch-jüdischen Symbiose gelesen werden kann. Vgl. Braese, Stephan: Die andere Erinnerung. Jüdische Autoren in der westdeutschen Nachkriegsliteratur, Berlin 2001, S. 429–484.

setze, als Vitalitätsbeweis diene und klassische Gegensatzpaare vereine.[17] Gerstenberger/Pohland diskutieren in ihrem Aufsatz »Der Wichser« die Motive Shoah, Identität und Sexualität, wobei sie jedem der Hilsenrathschen Romane eine andere Gattungszugehörigkeit und dementsprechend der Rolle der Sexualität jeweils eine differierende Funktion zuweisen. Hilsenraths Schreiben wollen sie als Protest begriffen wissen und lesen seine Texte, ähnlich wie Hoven, als eine »unablässig aufbegehrende Abrechnung mit einem Kunstideal [...], dessen Anspruch auf humane Schönheit und Wahrheit mit der Vollstreckung des Holocaust für immer widerlegt worden«[18] sei. Lediglich die in mehreren Romanen Hilsenraths angelegte ostentative Verknüpfung von Impotenz, Schreiben und (Über)leben findet auch in solchen Arbeiten Erwähnung, welche nicht auf den Aspekt der Sexualität fokussiert sind: So identifizieren etwa auch Dopheide und von Zanthier die Impotenz der Hilsenrathschen Protagonisten als Chiffre für Identitätsverlust und den Schreibprozess als Zeugungsakt.[19]

Die vorliegende Abhandlung, welche die erstmalige ausführliche Beschäftigung mit dem Motiv der Sexualität in Hilsenraths Shoah-Literatur[20] darstellt, intendiert die Schließung einer Forschungslücke auf mehreren Ebenen: So werden Hilsenraths Werke nicht nur mit der komischen, Sexualität einbindenden Shoah-Literatur anderer Autorinnen und Autoren parallelisiert, einer genderorientierten Perspektive unterworfen und akribisch die Funktionsgebundenheit der miteinander verwobenen Motive Sexualität und Shoah detailliert aufgezeigt. Es erfolgt auch erstmals eine Berücksichtigung des Hilsenrathschen Gesamtwerks, hatten die wenigen bereits bestehenden Erläuterungen zum Thema doch spätestens mit der Auseinandersetzung mit dem bis dato zuletzt publizierten Roman »Das Märchen vom letzten Gedanken« geendet, während im Folgenden auch die Werke »Jossel Wassermanns Heimkehr«, »Die Abenteuer des Ruben Jablonski« und »Berlin ... Endstation« in die Analyse einbezogen werden.

Der Arbeit liegt eine dreiteilige Gliederung zugrunde:

Der erste Part intendiert die Einordnung der Hilsenrathschen Romane in den Kontext einer Shoah-Literatur, welche sich ebenfalls komischer Darstellungsweisen bedient und zugleich Sexualität als erzählerisches Motiv einbindet. Dabei sollen zunächst komiktheoretische Stilprinzipien und Definitionen zentraler Begrifflichkeiten aus dem Bereich der Sexualität vorgestellt werden, um an-

17 Vgl. Hoven, Heribert: Die Ästhetik des Geschlechtsverkehrs oder Anmerkungen zum Thema: Sexualität im Werk Edgar Hilsenraths, in: Kraft, Thomas (Hrsg.): Edgar Hilsenrath. Das Unerzählbare erzählen, München 1996, S. 191–201.

18 Ebd., S. 91.

19 Siehe dazu Kapitel 3.1.3.

20 Hilsenraths drittes Werk »Moskauer Orgasmus« ist der einzige seiner Roman, welcher eine Thematisierung der Shoah gänzlich ausspart, und somit für die im Folgenden angestellten Überlegungen uninteressant.

schließend spezifische Werke ausgewählter Autorinnen und Autoren auf die textimmanente Verschränkung von Sexualität und Shoah hin zu untersuchen. Letztlich soll der Frage nach einer spezifischen Korrelation von Komik und Sexualität in der Shoah-Literatur nachgegangen werden.

Im zweiten Teil erfolgt eine Betrachtung der Hilsenrathschen Romane aus Perspektive der Geschlechterforschung: Während Hilsenraths Werk zunächst auf die Fortschreibung tradierter Geschlechterstereotype sowie potentielle sexistische Tendenzen hin untersucht wird, soll in einem zweiten Schritt demonstriert werden, inwiefern die Hilsenrathschen Darstellungen die Annahme eines biologischen Determinismus und damit implizit die Vorherrschaft eines koitalen Imperativs stützen. Dabei gilt die genderorientierte Analyse und die ihr immanente Ablösung der literarischen Szenen aus dem Kontext des jeweiligen Hilsenrathschen Romans ausdrücklich nicht als Komplement zum darauf folgenden Part, soll dem Motiv der Sexualität doch zu keinem Zeitpunkt die intentionale Motivation des Autors und die Verfolgung spezifischer Funktionen abgesprochen werden.

Den Hauptteil der Arbeit stellt das dritte Kapitel dar, welches sich der tabubehafteten Verschränkung von Sexualität und Shoah im Werk Hilsenraths widmet:

Zunächst soll herausgearbeitet werden, inwiefern mittels der dargestellten Sexualität auf die physische und psychische Versehrtheit der Protagonistinnen und Protagonisten verwiesen wird; die sexuellen Motive sind so als Chiffre namentlich für seelische Verletzungen vor dem Hintergrund der Shoah lesbar. In diesem Zuge wird auch der Konnex der Motive (Über)leben, Schreiben und Impotenz verhandelt. Zweitens erfolgt eine Verortung der Sexualität in den Kontext von Macht und Gewalt: Hierbei wird die Engführung dieser drei Motive offengelegt und demonstriert, inwiefern Sexualität im Hilsenrathschen Werk als effektivstes Mittel zur Etablierung und Zementierung von Macht- und Gewaltverhältnissen dient. Insgesamt zielt die Analyse der Verschränkung von Sexualität und Shoah darauf, die stete Funktionsgebundenheit des Motivs der Sexualität aufzuzeigen und die polymorphen Funktionen der sexuellen Darstellungen offenzulegen.

Im Schlusskapitel wird – auch unter Bezugnahme auf die ambivalente Rezeption der Hilsenrathschen Romane – nach den spezifischen Tabus gefragt, welche zu brechen Hilsenrath verantwortlich gemacht wird, und zugleich nach den daraus resultierenden Errungenschaften.

Die Biografie sowie die Werke Hilsenraths werden als bekannt vorausgesetzt.[21]

21 Die Zitation der Romane Hilsenraths erfolgt durch das entsprechende Sigel mit anschließender Seitenzahl; siehe dazu das Siglenverzeichnis auf S. 259.

Teil 1: Sexualität und Komik in der (Shoah-)Literatur

»Ohne ihre zufällige Judenscheide ist dem Erich Steglitz die schöne Landschaft Mauthausen ganz und gar gleichgültig. [...] Er sagt schlicht, sagt Mascha zu Demant, daß ich vögeln muß mit ihm, denn Österreich lebt vom Fremdenverkehr.«

Robert Schindel, Gebürtig, S. 14f.

1.1) Komisierende literarische Verfremdungsformen

Ebenso wie die tragische Darstellungsweise bewegte auch die komische schon immer die Gemüter – in einem doppelten Sinn: Die Lesenden zu ergreifen war von jeher das Ziel der Autorinnen und Autoren. Gleichzeitig wurden auf der Metaebene Überlegungen zu komisierenden Verfremdungsformen angestellt und Definitionen erdacht:

> Die Komödie ist [...] die Nachahmung von Gemeinerem, aber nicht in bezug auf jede Art von Schlechtigkeit, sondern nur des Lächerlichen, das ein Teil des Häßlichen ist. Das Lächerliche ist nämlich ein Fehler und eine Schande, aber eine solche, die nicht schmerzt und nicht verletzt, so wie etwa eine lächerliche Maske häßlich ist und verzerrt, aber ohne Schmerz.[22]

Diese Bestimmung, im 4. Jahrhundert v. Chr. von Aristoteles im fünften Kapitel seiner Poetik niedergelegt und bis heute Fundament der gängigsten abendländischen Theorien des Komischen, impliziert vier grundlegende Aspekte des Komischen: den Konnex zwischen Komischem und dem Phänomen des Lachens, den hässlichen oder komischen Fehler, die Harmlosigkeit sowie eine Abwertung des als komisch Wahrgenommenen.[23] Neuere Ansätze (z. B. Lamping) bestimmen das Komische gewöhnlich als Zuschreibungsresultat, wobei diesem zwei Besonderheiten immanent sind: Erstens kann das Lachen zwar durchaus Reaktion auf – lebensweltlich oder intentional – komische Phänomene sein, ist jedoch nicht darauf beschränkt; zweitens ist ihm eine radikale Subjektivität immanent – die Unvorhersehbarkeit des Lachens.[24]

Aufgrund der Tatsache, dass das Nachdenken über die Natur des Komischen seinen Anfang in der griechischen Antike fand und bis in die Gegenwart hinein immer neue Theorien zum Phänomen der Komik erdacht wurden und werden,

22 Aristoteles: Poetik. Übersetzung, Einleitung und Anmerkungen von Olof Gigon, Stuttgart 1980, S. 29.

23 Vgl. Zipfel, Frank: Theorien des Komischen, in: Zymner, Rüdiger (Hrsg.): Handbuch Gattungstheorie, Stuttgart 2010, S. 320–323, hier: S. 320.

24 Vgl. ebd.

liegt eine unüberschaubare Fülle an Forschungsliteratur zum Thema vor: Schmidt und Williams bezifferten 1971 die Zahl der komiktheoretischen Positionen auf etwa einhundert[25], seitdem ist sie massiv angestiegen.

Komik, so der wissenschaftliche Konsens, ist der Oberbegriff, unter welchem sich satirische, schwarzhumorige und groteske Verfahren als Teilbereiche unterordnen lassen - selbstverständlich ohne gänzlich darin aufzugehen. Im Folgenden sollen mit der Satire, dem Schwarzen Humor und der Groteske drei hinsichtlich der komisierenden Shoah-Literatur bedeutende Stilprinzipien des Komischen beleuchtet werden.[26] Es sei antizipiert, dass es weder das Groteske, das Satirische noch den Schwarzen Humor betreffend einheitliche Definitionen oder Festschreibungen gibt; alle nun folgenden Begriffsbestimmungen verstehen sich daher lediglich als Versuche einer Annäherung an diese literarischen Schreibweisen. Ferner sei darauf hingewiesen, dass sich aufgrund des Fehlens konformer Festschreibungen eine klare Trennung in der literarischen Praxis als schwierig bis unmöglich erweist - daher sollen in einem abschließenden Teil die drei Formen kurz nebeneinandergestellt sowie Parallelen und Antagonismen in ihrem jeweiligen Verhältnis zueinander aufgezeigt werden.

1.1.1) Die Satire

Mit folgender Sentenz aus dem »Handbuch Gattungstheorie« von 2010 wagt Meyer-Sickendiek eine moderne zusammenfassende Begriffsbestimmung der Satire:

> Die Satire kennzeichnet [...] sowohl die Verstellung (dissimulatio) im Sinne des humorvollen ridentem dicere verum (lachend das Wahre sagen, Horaz) wie auch die Verspottung (illusio) im Rahmen der indignatio (Entrüstung, Juvenal) als explizite Kritik einer lasterhaften oder verkehrten Welt.[27]

Damit verweist Meyer-Sieckendiek zugleich auf die in der antiken römischen Literatur liegende Tradition der Satire: Etymologisch lässt sich der Begriff zurückführen auf das lateinische Satura[28], was im übertragenen Sinne soviel wie

25 Vgl. Schmidt, H.E./Williams, D.I.: The Evolution of Theories of Humor, in: Journal of Behavioral Science 1 (1971), S. 95–106.

26 Dabei besteht ausdrücklich nicht der Anspruch, umfassend Theorie und Ausdrucksformen dieser drei literarischen Gestaltungsprinzipien zu besprechen; stattdessen sei lediglich auf einige zentrale Ansätze eingegangen sowie auf grundlegende Titel der Forschungsliteratur verwiesen.

27 Meyer-Sickendiek, Burkhard: Theorien des Satirischen, in: Zymner, Rüdiger (Hrsg.): Handbuch Gattungstheorie, Stuttgart 2010, S. 331–334, hier: S. 333.

28 Wörtlich übersetzt bedeutet *satura* »ausreichend volle Schüssel«, wobei ursprünglich eine mit Früchten gefüllte Schüssel, die jährlich den Göttern geopfert wurde, gemeint war.

»Allerlei, Durcheinander« bedeutet und ein lyrisch-reflektierendes oder anekdotisches, bisweilen szenisches Spott- oder Stegreifgedicht und schließlich ein ethisch-didaktisches Hexameter zur Ausstellung menschlicher Schwächen meint.[29]

Obgleich die Satire als gattungsübergreifende literarische Schreibweise gilt, ist sie nicht zwangsläufig an das Medium Literatur gebunden und auch in Form satirischer Kunst oder satirischen Alltagsverhaltens anzutreffen;[30] so betont bereits Sulzer 1794 das Fehlen einer spezifischen Form von Satire.[31] Die Diskussion über Form und Verfahren des Satirischen fand ihre Fortsetzung in der englischsprachigen Literaturwissenschaft der 1940er-Jahre mit Werken von etwa Elliott[32], Highet[33] oder Paulson[34], während darüber hinaus die germanistischen Studien zur Satire seit den 1960er-Jahren – vorgenommen von Schönert, Gaier, Arntzen, Schmidt oder Brummack – die Gattung stärker historisch verorteten und spezifizierten.[35] Brummack schuf 1971 eine Rahmendefinition der satirischen Schreibweise, indem er der Satire drei konstitutive Elemente, namentlich eine individuelle (Wut, Aggression), eine soziale (moralischer Zweck des satirischen Angriffs) sowie eine ästhetische Dimension bescheinigt: »Satire ist ästhetisch sozialisierte Aggression.«[36] Als marxistischer Theoretiker sah Lukács, nach welchem der »verfaulende Kapitalismus […] massenhaft die Gegenstände der Satire«[37] produziere, in ihr eine brauchbare Form politischer Agitation, da sie das Aggressionspotential der unterdrückten Klasse ansteigen lasse.[38] Adorno hingegen kritisiert in »Juvenals Irrtum« nach seinen Erfahrungen mit totalitären Systemen die Satire mit ihren restaurativen Zügen als eine Gattung, welche meist

29 Vgl. Hanuschek, Sven: Satire, in: Lamping, Dieter (Hrsg.): Handbuch der literarischen Gattungen, Stuttgart 2009, S. 652–661, hier: S. 652; vgl. Brummack, Jürgen: »Satire«, in: Müller, Jan-Dirk (Hrsg.): Reallexikon der deutschen Literaturwissenschaft, Bd. 3, Berlin/New York 2003, 355–360; vgl. Horn, András: Das Komische im Spiegel der Literatur. Versuch einer systematischen Einführung, Würzburg 1988, S. 206.

30 Vgl. Meyer-Sickendiek, S. 331.

31 So schreibt Sulzer: »Auch ist hier überhaupt zu erinnern, daß die Satire nicht, wie die meisten andern Werke redender Künste, ihre eigene Form habe.« Sulzer, Johann Georg: Satire, in: Allgemeine Theorie der Schönen Künste, Bd. 2, Leipzig 1774, S. 994–1001, hier: S. 996.

32 Elliott, Robert C.: The Power of Satire, Princeton 1960.

33 Highet, Gilbert: The Anatomy of Satire, Princeton 1962.

34 Paulson, Ronald (Hrsg.): Satire, Englewood Cliffs 1971.

35 Vgl. Hanuschek, S. 654.

36 Brummack, Jürgen: Begriff und Theorie der Satire, in: Deutsche Vierteljahrsschrift für Literaturwissenschaft und Geistesgeschichte 45 (1971), S. 275–377, hier: S. 282.

37 Lukács, Georg: Zur Frage der Satire (1932), in: Ders.: Essays zum Realismus, Neuwied/Berlin 1971, S. 83–109, hier: S. 99.

38 Vgl. ebd., S. 107.

»für ältere, durch jüngere Stufen der Aufklärung bedrohte Schichten«[39] agitiere, die »mit aufgeklärten Mitteln ihren Traditionalismus zu stützen suchen«[40].

Als ein zentraler Streitpunkt der Satiretheorie entwickelte sich früh die Frage nach dem moralischen Funktionswert der satirischen Schreibweise. Schon Sulzer verweist auf das moralisch-didaktische Anliegen des Satirischen, wenn er schreibt: »Der Endzwek der Satire ist dem Uebel, das sie zum Inhalt gewählt hat, zu steuren, es zu verbannen, oder wenigstens sich dem weitern Einreissen desselben zu wiedersezen, und die Menschen davon abzuschreken.«[41] Noch zweihundert Jahre später versteht Arntzen – unter Bezugnahme auf Schiller und wesentlich inspiriert von der Kritischen Theorie – die Satire als eine idealistische »Utopie ex negativo«[42], wobei er für die Moralsatire eine Unterscheidung zwischen moralischer und prophetischer Tadelrede unternimmt. Rekurrierend auf die römische Verssatire Juvenals seien es insgesamt vier Elemente, welche das funktionale Feld des Satirischen beschreiben: die Aggressivität, die Moral, die Entrüstung sowie die Negativität. Aus der antiken römischen Tradition der Satire heraus – »Satura quidem tota nostra est«[43] (Quintilian, Institutio Oratoria X,1) – erklärt sich, dass das Verkehrte, also das Negative so dargestellt wird, dass implizit dessen Abschaffung gefordert und die Rezipierenden durch humorvolle Hinweise auf fehlerhaftes Verhalten (»ridentem dicere verum« (Horaz)) belehrt werden. Die Wertgebundenheit und die Einbindung in den gesellschaftskritischen und moralischen Diskurs trennen somit das Satirische von der Polemik.[44]

Eine weitere Problematik in der Theorie der Satire betrifft deren gesellschaftlichen Wirklichkeitsbezug. Satirische Angriffe sind – oft gebremst durch ein didaktisches Kalkül – stets gegen etwas oder jemanden gerichtet, gilt ein Angriff doch nicht Imaginärem, sondern menschlich-kulturell Wirklichem. Für Brummack ist so der »Bezug zu aktueller Wirklichkeit«[45] für den satirischen Angriff konstitutiv.

Hempfer, welcher das Satirische als tiefenstrukturell generische Invariante betrachtet, sieht anstelle einer »real vorgegebene[n] Faktizität«[46] in der Satire

39 Adorno, Theodor W.: Juvenals Irrtum, in: Ders.: Minima Moralia. Reflexionen aus dem beschädigten Leben, Gesammelte Schriften Bd. 4, Frankfurt a. M. 1997, S. 239–241, hier: S. 239.

40 Ebd.

41 Sulzer, S. 996.

42 Arntzen, Helmut: Nachricht von der Satire, in: Ders.: Literatur im Zeitalter der Information. Aufsätze. Essays. Glossen, Frankfurt a. M. 1971, S. 148–166, hier: S. 166.

43 Übersetzung: »Die Satire freilich ist ganz unser.«

44 Vgl. Meyer-Sickendiek, S. 332.

45 Brummack, Begriff und Theorie der Satire, S. 356.

46 Hempfer, Klaus W.: Tendenz und Ästhetik. Studien zur französischen Verssatire des 18. Jahrhunderts, München 1972, S. 294.

lediglich deren »Aussagetendenz implizit angesprochen«[47], während Hantsch davon ausgeht, dass den satirischen Objekten das Existenzrecht abgesprochen werde, da die »dargestellte Wirklichkeit [...] keinesfalls getreues Abbild der realen Wirklichkeit«[48] sei: »Der Satiriker erstellt modellhaft Weltbezüge, die mit Real-Empirischem nicht identisch sind, wohl aber auf diese verweisen und ihnen auf extratextueller Ebene verpflichtet sind.«[49]

Aufgrund der Tatsache, dass die Frage nach dem Bezug der Satire zur gesellschaftlichen Wirklichkeit insbesondere die Differenz der satirischen Schreibweise zur literarischen Groteske berührt, soll auf diese Problematik unter Punkt 1.1.4 näher eingegangen werden.

1.1.2) Die Groteske

Stark verkürzt, lässt sich das Groteske definieren als ein sich durch akausale Kombination von Heterogenitäten und den Dualismus zwischen Lachen und Grauen, Faszination und Abstoßung auszeichnendes ästhetisches Gestaltungsprinzip.

Der Begriff der Groteske weist eine lange Tradition auf und lässt sich zurückführen auf das italienische »grotta« (Grotte, Höhle), Adjektiv »grottesco« (wunderlich, verzerrt): Gemeint waren damit seit Ende des 15. Jahrhunderts ursprünglich antike italienische »chimärische Höhlenmalereien«[50], wobei sich dem Betrachter die Proportionen und Symmetrien der disparaten Motive – ornamentale, mit Tier- und Menschendarstellungen verschlungene Pflanzen – verzerrt darstellten. Hand in Hand mit der gesamteuropäischen Ausbreitung des volkssprachlichen Terminus fand eine zunehmende Übertragung auf entferntere Bereiche statt, so etwa auf den Schreibstil (man denke nur an die Werke Rabelais oder Montaigne), den Tanz oder das komische Epos.[51] In den deutschen Sprachraum wurde der italienische Ausdruck der »grottesche« mit der Bezeichnung »grubengrottisch« durch Johann Fischart eingeführt, welcher mit seiner »Affentheurlich Naupengeheurliche[n] Geschichtsklitterung« von 1575 auch in Form und Semantik und mit überbordender sprachlicher Hyperbolik

47 Ebd.

48 Hantsch, Ingrid: Semiotik des Erzählens. Studien zum satirischen Roman des 20. Jahrhunderts, München 1975, S. 34.

49 Ebd.

50 Fuß, Peter: Das Groteske. Ein Medium des kulturellen Wandels, Böhlau 2001, S. 31.

51 Vgl. Haaser, Rolf/Oesterle, Günter: Grotesk, in: Fricke, Harald (Hrsg.): Reallexikon der deutschen Literaturwissenschaft, Berlin/New York 2000, Bd. I, S. 745–748, hier: S. 745f. Scholl zeichnet diesen Prozess für die italienische Renaissance nach: Vgl. Scholl, Dorothea: Von den »Grottesken« zum Grotesken. Die Konstituierung einer Poetik des Grotesken in der italienischen Renaissance, Münster 2004.

die Grenzen des Gewohnten aufhob und so den Übergang des Grotesken vom Bildhaften in die Sprache vollzog.[52]

Während zuvor mit dem Grotesken meist pejorativ Derbkomisches oder Bizarres bezeichnet wurde, tauchte gegen Ende des 19. Jahrhunderts der Begriff Groteske zur Kennzeichnung einer – von Beginn an inkonsistenten – literarischen Gattung auf und fand schließlich durch Schnitzlers »Der grüne Kakadu. Groteske in einem Akt« (1898) Eingang in die deutsche Literaturgeschichte. Unter Expressionisten (etwa Lasker-Schüler, Bahr oder Friedell) populär, fand der Begriff verstärkt nach 1945 – insbesondere in den dramentheoretischen Arbeiten Dürrenmatts – erneut Verwendung.[53] Die »Wiederentdeckung des Grotesken um die Jahrhundertwende«[54] erklärt sich als Reaktion auf eine zunehmend als unmenschlich, fremd und entfremdet, rational nicht durchschaubar empfundene Welt – eine Lesart, welche insbesondere Kayser in seinem »Versuch einer Wesensbestimmung des Grotesken« von 1957 vertritt, wenn er resümiert: »Das Groteske ist die entfremdete Welt.«[55]

Auch wenn Kayser mit seiner finalen Begriffsbestimmung der Gestaltung des Grotesken als »Versuch, das Dämonische in der Welt zu benennen und zu beschwören«[56] keine klare Definition gelang, so gilt seine vieldiskutierte Studie »Das Groteske. Seine Gestaltung in Malerei und Dichtung« bis heute als Grundlagenwerk und beeinflusste die weitere Forschung maßgeblich. Trotz teilweise heftiger Kritik – so wurde Kayser etwa einerseits vorgeworfen, die »Rolle der Angst«[57] über- und die Komponente des Lachens bzw. der Komik zu schwach bewertet zu haben (Steig), während andererseits gerade die unscharfe Trennung der Groteske von Formen des Komischen und des Absurden bemängelt wurde (Pietzcker[58]) – wird Kaysers Werk bis heute als Referenz selbst in aktuellsten Forschungsarbeiten genannt. Als wesentliche motivische Strukturmerkmale des Grotesken definiert Kayser, Strukturanalyse und Tiefenpsychologie verbindend, das »Monströse«[59], die »Vermischung des Mechanischen mit

52 Vgl. Georgi, Oliver: Das Groteske in Literatur und Werbung, Stuttgart 2003, S. 17.

53 Vgl. Sorg, Reto: Groteske, in: Fricke, Harald (Hrsg.): Reallexikon der deutschen Literaturwissenschaft, Berlin/New York 2000, Bd. I, S. 748–751, hier: 749.

54 Sandig, Holger: Deutsche Dramaturgie des Grotesken um die Jahrhundertwende, München 1980, S. 131.

55 Kayser, Wolfgang: Versuch einer Wesensbestimmung des Grotesken (1957), in: Best, Otto (Hrsg.): Das Groteske in der Dichtung, Darmstadt 1980, S. 40–49, hier: S. 44. Ebendieser Satz findet sich auch in seinem richtungsweisenden Hauptwerk: Ders.: Das Groteske. Seine Gestaltung in Malerei und Dichtung, Oldenburg 1957, S. 198.

56 Ebd., S. 202.

57 Steig, Michael: Zur Definition des Grotesken, in: Best, Otto: (Hrsg.): Das Groteske in der Dichtung, Darmstadt 1980, S. 69–84, hier: S. 70.

58 Vgl. Pietzcker, Carl: Das Groteske, in: Best, Otto (Hrsg.): Das Groteske in der Dichtung, Darmstadt 1980, S. 85–102.

59 Kayser, Das Groteske, S. 195.

dem Organischen«[60], das plötzliche Umschlagen des Vertrauten, Heimischen ins Fremde, Unheimliche[61], das Versagen der »Kategorien unserer Weltorientierung«[62], die Erfahrung von Orientierungslosigkeit in einer als absurd erlebten, verfremdeten Welt[63] sowie die unaufgelöste Spannung von »mit dem Lächeln gemischte[n] Grauen«[64].

Thomsen stellt heraus, dass sich gegen Ende der 1960er-Jahre über Grenzen und Nationalliteraturen hinweg folgende weitgehende Übereinstimmung bezüglich der zeitunabhängigen Komponenten des Grotesken herauskristallisiert haben: »Inkongruität, Distortionsprinzipien, Verschmelzung disparater Formen, Zerstörung von Erwartungshorizonten sind allen theoretischen Ansätzen gemeinsame Gesichtspunkte«[65].

Cramer suchte in den 1960er-Jahren mit seiner literaturwissenschaftlichen Studie das Groteske »in seiner konkreten poetologischen Funktion«[66] für das Werk E.T.A. Hoffmanns zu bestimmen. Dabei definiert er das Groteske als »den Umschlag der Komik ins Irrationale durch das Zerreißen des Nexus zwischen Ursache und Wirkung«[67]. Das Groteske konstituiert sich nach Cramer folglich nicht durch das Grauen allein, sondern gerade durch den »Spannungszustand zwischen Komik und Grauen, wobei beide Elemente untrennbar miteinander verbunden sind«[68]; ihre antinomische Wirkung manifestiere sich dabei »im Widerspiel von Illusion (Betroffenheit) und Desillusion (Distanz)«[69].

Heidsieck verweist auf den soziologischen Aspekt des Grotesken, wenn er, in seinen theoretischen Überlegungen das »Groteske der Form«[70] von dem »des Inhalts«[71] unterscheidend, letztere als »die von Menschen verübte Unmenschlichkeit«[72] definiert:

> Daß mit dem Grauen zugleich das Lachen unheimlich gesteigert wird, liegt an der Unvereinbarkeit der beiden Vorstellungen: der lebendige Mensch, der [...] um seiner selbst willen dasein soll, wird wie ein beliebiges Material verarbeitet, zum technischen Produkt entstellt.[73]

60 Ebd., S. 197.
61 Vgl. ebd., S. 189f.
62 Ebd., S. 199.
63 Vgl. ebd.
64 Ebd., S. 38.
65 Thomsen, Christian W.: Das Groteske und die englische Literatur, Darmstadt 1977, S. 190.
66 Cramer, Thomas: Das Groteske bei E. T. A. Hoffmann, München 1970, S. 14.
67 Ebd., S. 19.
68 Ebd., S. 25.
69 Ebd., S. 26; vgl. Dopheide, S. 57f.
70 Heidsieck, Arnold: Das Groteske und das Absurde im modernen Drama, Stuttgart 1969, S. 18.
71 Ebd., S. 17.
72 Ebd.
73 Ebd.

Für Heidsieck entsteht demnach das Groteske in dem Moment, in dem durch den »logische[n] Widerspruch – daß ein Mensch zur Sache wird«[74] – zum Schrecklichen das Lächerliche hinzutritt.

Genau wie Cramer und Heidsieck grenzt auch Pietzcker das Groteske vom Absurden ab, wobei er den wichtigsten Unterschied zwischen diesen beiden Phänomenen in der sozialkritischen Funktion des Grotesken verortet sieht, welches »einem mit absolutem Anspruch auftretendem Sinn«[75] entgegentrete und »in sich den Einspruch gegen eine bestimmte Wirklichkeit«[76] enthalte.

Eine moderne kulturtheoretische Herangehensweise liefert Fuß, für welchen die Groteske nicht nur wie für Kayser ein Medium zur Darstellung der entfremdeten Welt, sondern zugleich ein »Medium des kulturellen Wandels«[77] ist. Fuß verweist auf drei gestalterische Hauptkriterien für ein groteskes Moment:

Zunächst nennt er, ähnlich wie Kayser, Formen der Monstrositas, also Mechanismen der Verzerrung und Relationsverschiebungen, welche mit einer Dualität von Defizit und Hyperbolik spielen.[78]

Zweitens verweist Fuß auf Morphologien, also die Vermengung von Unvereinbarem, worunter er die »textimmanent oder im Rezeptionsakt [vollzogene] Kollision des Deformen, Enormen und Abnormen mit der Norm«[79] versteht: Die durch anthropomorphe, biomorphe (tierisch-menschliche) oder technomorphe Gestaltungsformen entstehenden Chimären, wie sie sich etwa bei Rabelais' »Gargantua et Pantagruel« finden lassen, seien kennzeichnend für das groteske Moment. Hier bezieht sich Fuß auf Bachtin, wenn er betont, dass für diesen das Chimärische gar »die Quintessenz des Grotesken« darstellt, da »die Funktion des Grotesken der Effekt einer Vermischung«[80] sei.

Als dritten Mechanismus definiert Fuß die groteske Invertierung, welche er als »einfachste Form der Anamorphose«[81] bezeichnet, da, bei intakt bleibender Struktur, diese lediglich »auf den Kopf gestellt oder gespiegelt«[82] würde. Durch diesen Invertierungsprozess wird das Gewohnte, Normale zum Außergewöhnlichen, Unerlaubten oder Verbotenen.

Bachtin schließlich bezieht sich wiederum auf Kayser, dessen Arbeit er zwar als »die erste und bisher einzige Theorie des Grotesken, die diesen Namen

74 Ebd.
75 Pietzcker, S. 94.
76 Ebd., S. 95.
77 Fuß, Werkstitel.
78 Vgl. Georgi, S. 21.
79 Fuß, S. 312.
80 Ebd., S. 349.
81 Ebd., S. 245.
82 Ebd.

verdient«[83], würdigt, diesem aber dennoch die Missachtung der vorromantischen Formen der Groteske, insbesondere der »mit der volkstümlichen Lachkultur verquickte Groteske des Mittelalters und der Renaissance«[84] vorwirft: »Die wirkliche Natur des Grotesken, die von der volkstümlichen Lachkultur und vom karnevalistischen Weltempfinden nicht zu trennen ist, bleibt daher unverstanden.«[85] Bachtin kritisiert insbesondere Kaysers Vorstellung eines

> düstere[n], Furcht und Entsetzen erregende[n] Gesamtton[s] der grotesken Welt, über den hinaus der Autor nichts wahrzunehmen scheint. In Wirklichkeit ist dieser Ton der Entwicklung des Grotesken bis zur Romantik völlig fremd. Die mittelalterliche und die Renaissance-Groteske sind vom karnevalistischen Weltempfinden durchdrungen, sie befreien die Welt von allem Entsetzlichen und Furchterregenden, machen sie fröhlich und hell.[86]

Den revolutionären Charakter der Lachkultur sieht Bachtin darin gegeben, dass das Lachen nicht nur »von der äußeren Zensur, sondern vor allem vom großen inneren Zensor, von der in Jahrtausenden dem Menschen anerzogenen Furcht vor dem Geheiligten, dem autoritären Verbot, dem Vergangenen, vor der Macht«[87] befreite: »Das Lachen blieb stets eine freie Waffe in der Hand des Volkes.«[88]

Von besonderer Relevanz sind Bachtins Theorie zur grotesken Gestalt des Leibes: »Den grotesken Gestalten liegt eine besondere Vorstellung vom körperlichen Ganzen und von dessen Grenzen zugrunde.«[89] Bachtin definiert die groteske Gestalt des Leibes als im Entstehen begriffen und dessen Grenzen zur Welt aufgehoben, wenn er schreibt:

> Der groteske Leib ist ein werdender Leib. Er ist niemals fertig, niemals abgeschlossen. Er ist immer im Aufbau begriffen, im Erschaffenwerden. [...] Außerdem schlingt dieser Leib die Welt in sich hinein und wird selber von der Welt verschlungen [...].[90]

Als wesentliche Rolle im grotesken Leib sieht Bachtin daher eben jene Körperteile, wo »der Leib über uns hinauswächst, wo er seine Grenzen überschreitet«[91], sodass als wichtigste groteske Körperteile der – zumeist einer Hyperbolisierung

83 Bachtin, Michail: Literatur und Karneval. Zur Romantheorie und Lachkultur, Berlin 1985, S. 24.
84 Ebd., S. 25.
85 Ebd.
86 Ebd., S. 25f.
87 Ebd., S. 38f.
88 Ebd., S. 39.
89 Bachtin, Michail: Die groteske Gestalt des Leibes, in: Best, Otto (Hrsg.): Das Groteske in der Dichtung, Darmstadt 1980, S. 195–202, hier: S. 195.
90 Ebd., S. 196.
91 Ebd.

ausgesetzte – Unterleib und der Phallus sowie der Mund und der After gelten können[92], denn:

> Alle diese hervorstehenden oder offenstehenden Körperteile werden dadurch bestimmt, daß in ihnen die Grenzen zwischen Leib und Leib und Leib und Welt im Zuge des Austausches und einer gegenseitigen Orientierung überwunden werden. Die wesentlichen Ereignisse im Leben des grotesken Leibes, sozusagen die Akte des Körper-Dramas, Essen, Trinken, Ausscheidungen (Kot, Urin, Schweiß, Nasenschleim, Mundschleim), Begattung, Schwangerschaft, Niederkunft, Körperwuchs, Altern, Krankheit, Tod – alles das vollzieht sich an den Grenzen von Leib und Welt [...].[93]

Aufgrund dieser Grenzauflösung spricht Bachtin der Groteske die Darstellung des Körpers als Einzelphänomen ab: »Im Grunde genommen gibt es in der Groteske, wenn man ihre konsequenten Ausprägungen betrachtet, gar keinen individuellen Leib.«[94]

1.1.3) Der Schwarze Humor

Während der satirischen wie auch grotesken Schreibweise eine weit zurückreichende Tradition zugrunde liegt und kontrovers geführte Diskussionen die Entstehung einer beachtlichen Anzahl von Publikationen zu Theorie, Begrifflichkeit, Form, Inhalt und Gattungsgeschichte zum Thema nach sich zog, liegen zum Schwarzen Humor relativ wenige Studien und Aufsätze in deutscher Sprache vor. Im englischen Sprachraum allerdings tut sich eine Fülle von Forschungsliteratur auf, deren unterschiedliche Theorien und Definitionen zusammenzufassen sich Hellenthal[95] in seiner Studie über den Schwarzen Humor bemüht.

Trotz der nicht eindeutig geklärten Herkunft dieses Stilprinzips besteht in der Forschungswelt ein allgemeiner Konsens darüber, dass sich erst nach dem Erscheinen von André Bretons »Anthologie de l'humour noir«[96] von 1940 explizit die Bezeichnung »Schwarzer Humor« als Fachausdruck und Schlagwort durchsetzen konnte.[97] Obwohl nicht von einer genuinen Erfindung seitens

92 Vgl. ebd.
93 Ebd., S. 197.
94 Ebd.
95 Hellenthal, Michael: Schwarzer Humor. Theorie und Definition, Essen 1989.
96 Zur Zitation wird in dieser Arbeit folgende deutschsprachige Ausgabe herangezogen: Breton, André: Anthologie des Schwarzen Humors, München 1979.
97 Vgl. Schupp, Volker: »Die Mönche von Kolmar«: Ein Beitrag zur Phänomenologie und zum Begriff des Schwarzen Humors, in: Gutenbrunner, Siegfried et al. (Hrsg.): Die Wissenschaft von deutscher Sprache und Dichtung. Methoden, Probleme, Aufgaben [Festschrift für Friedrich Maurer], Stuttgart 1963, S. 199–222.

Bretons gesprochen werden kann, wie auch aus seiner Anthologie keine positive Erfassung oder eindeutige Definition des Wesens des Schwarzen Humors hervorgeht, so gaben seine Deutungen diesem Terminus doch neue Inhalte. Breton beruft sich in seinen Ausführungen auf Hegel sowie auf Freuds psychoanalytische Studien über den Witz und den Humor, in welchen dieser den humoristischen Vorgang als »Lustgewinn aus erspartem Gefühlsaufwand«[98] definiert. Breton etabliert nach der individuellen Analyse verschiedenster Werke und deren Autoren als Minimalkonsens, dass Schwarzer Humor zunächst weniger eine literarische Erscheinung als vielmehr Teil einer Lebensphilosophie mit der Grundeinstellung zum Nonkonformismus darstelle. Der Geringschätzung moralischer Übereinkünfte folge die Verletzung von »ästhetischen Konventionen«[99]; der Impetus des Künstlers gehe dahin, mittels schockierender Provokationen die Rezipierenden mit Unbekanntem zu konfrontieren, ihnen auf diese Weise Freiräume zu schaffen und sie so zum – im Sinne der Surrealisten – »richtigen« Denken anzuregen.[100]

In der modernen Forschungsliteratur herrscht grundsätzlich die Übereinstimmung, beim Schwarzen Humor handle es sich um eine spezielle, da spielerische Art und Weise, mit unseren verdrängten oder unterdrückten Ängsten umzugehen. Schwarzer Humor impliziere somit schon immer die Übertretung von Verbotenem und Tabus: »Black Humor violates sacred and secular taboos alike without restraint or compunction«[101]. Das Lachen über Schwarzen Humor, so Nusser, habe seine Ursache in einem »Mißverhältnis zwischen Angstanlaß und spielerischem Umgang mit ihm«[102]. Nusser zufolge knüpft der Schwarze Humor stets an gesellschaftlich tabuisierte Lebensbereiche an: »unsere ins Unbewußte verdrängte Angst vor Tod, Krankheit, Verletzung und unsere Angst vor der eigenen Triebhaftigkeit«[103]. Die dem Humor immanente Spannung von Heiterkeit und Melancholie wandelt sich im Lachen über Schwarzen Humor in eine Spannung von Angst und deren Abwehr.[104]

Hellenthal sieht die Literatur Schwarzen Humors mit Phänomenen beschäftigt, die

> verdrängt werden, da sie gedanklich sowie emotional nicht bewältigt werden können oder auf Grund gesellschaftlichen Konsens' […] nicht zur Sprache kommen dürfen.

98 Freud, Sigmund: Der Witz und seine Beziehung zum Unbewußten/Der Humor, hrsg. von Peter Gay, Frankfurt a. M. 1992, S. 253.
99 Breton, S. 383.
100 Vgl. Hellenthal, S. 28f.
101 Weber, Brom: The Mode of »Black Humor«, in: Rubin, Louis D. (Hrsg.): The Comic Imagination in American Literature, New Brunswick/New Jersey 1973, S. 361–371, hier: S. 362.
102 Nusser, Peter (Hrsg.): Schwarzer Humor, Stuttgart 1987, S. 11.
103 Ebd., S. 10.
104 Vgl. Dopheide, S. 68.

> [...] Indem sie sich mit ihnen befaßt, macht Literatur Schwarzen Humors bestimmte Motive sozusagen ›gesellschaftsfähig‹ und ermöglicht ein neues, freies Sprechen über sie.[105]

Anders als die Groteske, welche »den Betrachter dem Entsetzen viel unmittelbarer«[106] aussetzt, kann der Schwarze Humor die Möglichkeit einer Bewältigung von psychischen Konflikten bieten, da der spielerische Umgang ein Lachen über angstbesetzte Lebensbereiche zulässt. Während Henniger – ähnlich wie Nusser – die Grundstruktur des Schwarzen Humors als primär ästhetische Form zur Bewältigung verdrängter psychischer Konflikte begreift[107], weist er jedoch zugleich darauf hin, dass der den Rezipierenden angebotene Lustgewinn nur ein scheinbarer ist: Schwarzer Humor mache nur insofern frei, als dass er den verdrängten Zwang spürbar werden lasse[108]. Der scheinbare Lustgewinn resultiere aus der Unmöglichkeit, sich dieses Zwanges zu entledigen, sodass die Rezipierenden Schwarzen Humor stets im »Wechselspiel von Schuld und Lust«[109] erfahren.

Sieht Henniger das zentrale Gestaltungsprinzip des Schwarzen Humors in der »konsequenten Verkehrung der Logik«[110] und verweist auf eine Affinität des Schwarzen Humors zum Absurden, so widerspricht Hellenthal dieser These, wenn er den Schwarzen Humor als »realistisches Gestaltungsprinzip«[111] bezeichnet, die fiktionale Welt des Werks – mag sie auch noch so bizarr und skurril erscheinen – stets »an die erfahrbare und intelligible Welt geknüpft«[112] sieht und konstatiert, dass sich die »Logik und Stringenz Schwarzen Humors [...] nicht mit der bewußt dargestellten Sinnlosigkeit des Absurden«[113] decken lasse.

Während Henniger im Schwarzen Humor eine generell unversöhnliche und somit zur humoristischen Einstellung gegenläufige Haltung zur Welt zum Ausdruck gebracht sieht, liegt Hellenthal zufolge diesem als klassischer Unterkategorie des Humors eine tendenziell positive Weltsicht zugrunde: »Schwarzer Humor entspringt weder dem Pessimismus noch dem Skeptizismus«[114]. Dop-

105 Hellenthal, S. 52.
106 Nusser, S. 15.
107 Vgl. Dopheide, S. 69.
108 Vgl. Henniger, Gerd: Zur Genealogie des Schwarzen Humors, in: Neue deutsche Hefte 110 (1966), S. 18–34, hier: S. 27.
109 Ebd.
110 Ebd., S. 25.
111 Hellenthal, S. 48.
112 Ebd.
113 Ebd., S. 68. Weiter heißt es: »Während dessen [des Absurden, A.Z.] Welt zerfällt, wird die des Schwarzen Humors die sinnreiche Konstruktion betonen. Daher zieht Henniger den falschen Schluß, indem er erklärt: ›Absurdität ist demnach für schwarzen Humor unabdingbar.‹«
114 Ebd., S. 45.

heide hingegen kritisiert die jeweils verkürzte Denkart Hellenthals wie Hennigers: Ersteren korrigiert er dahingehend, als dass er dem Schwarzen Humor nur insofern eine positive Einstellung zur Welt zugrunde liegen sieht, als dieser »ein ganzheitliches Verständnis von der Natur des Menschen und dessen Neigung zum verbotenen Tun zum Ausdruck bringt«[115]. Der These Hennigers von einer unversöhnlichen Grundhaltung des Schwarzen Humors zur Welt stellt Dopheide – im Verweis auf Jurzig[116] – die im Lachen der Rezipierenden anklingende Solidarität mit dem Opfer entgegen.[117]

1.1.4) Zusammenfassung

Wie bereits in der überblicksartigen Vorstellung der drei literarischen Gestaltungsformen angeklungen, verschwimmen – nicht zuletzt aufgrund der Tatsache, dass es jeweils keine einheitlichen Festschreibungen gibt – die Grenzen zwischen Satire, Groteske und Schwarzem Humor sowohl in der Theorie als auch in der literarischen Praxis, weshalb im Folgenden eine knappe Gegenüberstellung der drei Formen erfolgt.

Was das Verhältnis zwischen Schwarzem Humor und Groteske betrifft, haben sich Pathe, Hellenthal und Dopheide – welcher sich wiederum auf Hellenthal bezieht – in der Forschung dazu geäußert: Hellenthal bestimmt die Groteske nach Kassel als unvermittelte Zusammenfügung von Unvereinbarem, wobei er mit Blick auf Thomson die Aspekte Überraschung und Unauflösbarkeit miteinbezieht, und charakterisiert demgemäß dieses ästhetische Stilprinzip als eine Verbindung von realen Erscheinungen mit solchen, welche »der bekannten empirischen Welt nicht zugerechnet werden können«[118]. Während es nach Hellenthal »bei der Groteske zu keiner Auflösung des Konflikts zwischen den beiden Realitätsebenen« komme und die Rezipierenden der Orientierungslosigkeit überlassen werden, versuche der Schwarze Humor »von Anfang an eine dem Leser mögliche Wirklichkeit logisch aufzubauen und durchzuhalten«[119]. Einen weiteren Unterschied zwischen Groteske und Schwarzem Humor sieht Hellenthal in deren jeweils unterschiedlicher manifester Weltsicht begründet: Während sich die Welt des Schwarzen Humors als »einsicht- bzw. erklärbar, wenn auch [...] nicht [als] akzeptabel«[120] erweise, so gehe die Groteske aufgrund

115 Dopheide, S. 84.
116 Vgl. Jurzig, Renate: Der Stoff des Lachens. Studien zur Komik, Frankfurt a. M./New York 1985, S. 44.
117 Vgl. Dopheide, S. 84.
118 Hellenthal, S. 64f.
119 Ebd., S. 65.
120 Ebd., S. 66.

des Zusammenbruchs von Ideal und Wirklichkeit von einer Welt ohne gültige Werte aus – die faktische Wirklichkeit als Orientierung verlöre stark an Bedeutung.[121]

Dopheide kritisiert Hellenthals Eskapismus-These, also die Abkoppelung der grotesken Fiktion von den Bezügen auf die empirische Wirklichkeit, dahingehend, als dass er trotz der in der Groteske dargestellten Irrealität und Irrationalität eine Übertragung der Fiktion auf die erfahrbare Wirklichkeit der Rezipierenden für möglich hält; schließlich sollen die Lesenden durch die schockierende Entstellung der vertrauten Realität zur Auseinandersetzung mit derselben veranlasst werden.[122] Zudem weist Dopheide darauf hin, dass das Groteske Lachen und Grauen zugleich hervorruft, während das Lachen über Schwarzen Humor nicht immer im Spannungsverhältnis zum Grauen stehen muss, sondern auch nur mit Irritation oder Ekel einhergehen kann.

Wie Dopheide verweist auch Pathe auf die gesellschaftskritische Funktion des Grotesken, wenn er den Unterschied zwischen den beiden Stilprinzipien im »erkenntnisfördernde[n] Impetus«[123] der Groteske begründet liegen sieht: Sollen nach Pathe die Rezipierenden mit grotesken Darstellungsmitteln zum Erkennen der fatalen Situation geführt und zum Denken angeregt werden, so versucht der Schwarze Humor lediglich, Unterhaltung zu erzeugen. Gemeinsam ist den beiden ästhetischen Prinzipien jedoch die klare Abgrenzung zum Witz, mit dem sie zwar das Element des Lächerlichen gemein hat, dem jedoch der dem Schwarzen Humor und der Groteske immanente Bestandteil der Grausamkeit fehlt.

Schwarzer Humor und Satire weisen, zumindest was die Merkmale von Verfremdung und Verschiebung der Perspektive betrifft, starke Kongruenzen auf. Dennoch lassen sich insbesondere im Hinblick auf die Aspekte von Aktualitätsbezugs und Normbindung divergierende Voraussetzungen eruieren: Während sich der an Aktualität geknüpfte satirische Angriff in indirekter Weise gegen ein außerfiktionales Objekt richtet, ihre volle Wirksamkeit nur durch die Fähigkeit der Rezipierenden zur Herstellung historischer Bezüge entfalten kann und durch ihre Normbindung die konkrete Absicht zu Erziehung oder Verbesserung innehält, bildet der immoralische Schwarze Humor kein direktes Korrektiv zum Bestehenden, unterstützt nicht die Vorstellung einer idealen Welt, sondern baut im Gegenteil deren Negativ auf und erkennt ihr so ein Recht auf Existenz zu[124]: »But unlike satire, it [black humor, A.Z.] does not assume a set of norms, implicit or explicit«[125].

121 Vgl. ebd., S. 65ff.

122 Vgl. Dopheide, S. 85ff.

123 Pathe, Winfried: Das Groteske in den Dramen Ernst Barlachs, Frankfurt a. M. 1990, S. 33.

124 Vgl. Hellenthal, S. 59ff.

125 Winston, Matthew: Humour Noir and Black Humor, in: Levin, Harry (Hrsg.): Veins of Humor, S. 269–284, hier: S. 274.

Eine begriffliche Unschärfe findet sich auch im Verhältnis von Satire und Groteske. Während Pietzcker[126] oder Tschizewskij[127] der literarischen Groteske den der Satire immanenten gesellschaftlichen Wirklichkeitsbezug absprechen, entwickelt Bachtin seine auf die Renaissance bezogene Genealogie des Grotesken aus der »satura menippaea« (Satiren des griechischen Philosophen Menippos von Gadara, 3. Jhd. v. Chr.) heraus. Heselhaus und Grimm stellen Kaysers Konzept der Dämonisierung des Grotesken eine sozialkritische, realistische Intention dieses Stilprinzips entgegen und klagen so neben einer gesellschaftskritischen auch eine satirische Intention des Grotesken ein.[128]

Im spezifischen Kontext satirischer Faschismuskritik bezeichnet Naumann die Groteske als eine »zugespitzte, radikale Form von Satire«[129] und konstatiert daher einen fließenden Übergang zwischen diesen beiden Formen immer dort, wo die Gewalttaten der faschistischen Machthaber »ins Monströse, Unerhörte, kaum Glaubliche wachsen«[130]. Dopheide allerdings distanziert sich von Naumann, wenn er mit Blick auf Claßen vorschlägt, »anstelle von Affinität lediglich von einer Relation zwischen satirischer Darstellung und speziellen, inhaltlich motivierten, ästhetischen Darstellungsmitteln (zum Beispiel Groteske und Schwarzer Humor)«[131] zu sprechen. Ähnlich argumentiert Brummack, für welchen die Groteske – neben der Ironie und der Parodie – zu den »bevorzugten Darstellungsmitteln der Satire«[132] gehört.

So kann es in der literarischen Praxis eben darum keine scharfe Abgrenzung zwischen den drei besprochenen Formen geben, weil die Groteske und der Schwarze Humor als ästhetische Stilprinzipien der Satire verwendet werden: Der satirische Angriff wird mittels grotesker und schwarzhumoriger Schreibweise gestaltet und bedient sich deren Wirkung. Alle drei Formen treten – gerade in Werken der komischen Shoah-Literatur, welche sich durch satirische Angriffe auf die Ideologie des Nationalsozialismus, auf das Phänomen des Anti- bzw. Philosemitismus sowie auf das Fortbestehen rassistischer Denkstrukturen in den westlichen Nachkriegsgesellschaften auszeichnen – miteinander vermengt auf: So erfolgte etwa die breite westdeutsche Rezeption von Hilsenraths »Der Nazi & der Friseur« beinahe durchgängig unter dem Aspekt der Satire, wobei gleichzeitig – sowohl bei positiven Besprechungen als auch beim Verriss – auf

126 Vgl. Pietzcker, S. 199f.

127 Vgl. Tschizewskij, Dimitri: Satire oder Groteske, in: Preisendanz, Wolfgang/Warning, Rainer (Hrsg.): Das Komische, München 1976, S. 269–278, hier: S. 278.

128 Vgl. Meyer-Sickendiek, S. 332f.

129 Naumann, Uwe: Zwischen Tränen und Gelächter. Satirische Faschismuskritik 1933–1945, Köln 1983, S. 334.

130 Ebd., S. 288.

131 Dopheide, S. 92.

132 Brummack, Begriff und Theorie der Satire, S. 334.

die extravagante Darbietung der Shoah-Thematik mit Elementen und Wirkungsweisen der Groteske und des Schwarzen Humors hingewiesen wurde. So bezeichnet beispielsweise Rumler den Roman in seiner für die weitere Rezeptionsgeschichte maßgebliche »Spiegel«-Rezension als »Satire über Juden und SS«[133], während er dem Werk zugleich die Attribute »grotesk« und »bizarr« zuschreibt und es als einen Text »von grausamer Lakonik« und »schwarzem Witz«[134] charakterisiert.

Den drei ästhetischen Stilprinzipien Satire, Schwarzer Humor und Groteske ist demnach erstens ihre jeweilige Bestimmtheit durch den Angriffscharakter gemein: Gestaltungsformen wie Hyperbolik, Verkehrung oder Verzerrung der dargestellten Realitätsinhalte zielen darauf, die in ihrer negativen Beschaffenheit kritisierte Wirklichkeit lächerlich zu machen oder ihrer Lächerlichkeit zu entlarven.

Darum liegt – zweitens – als gemeinsamer Wirkungsaspekt allen drei literarischen Gestaltungsprinzipien die Komik zugrunde, welche sich jeweils aus dem überraschenden Umschlag des Vertrauten, Heimischen ins Fremde speist. Im Gegensatz zur Satire weist dabei die durch Groteske und Schwarzen Humor evozierte Komik einen ambivalenten, meist bedrohlichen, unheimlichen bis grauenerregenden Charakter auf.

Wie bereits erwähnt, bestimmt Aristoteles den »häßlichen Fehler« dahingehend, als dass durch ihn kein Schmerz oder Verderben verursacht werden darf – eine These, welche in den meisten Theorien als Harmlosigkeits- bzw. Unschädlichkeitspostulat[135] übernommen wurde. Cicero vertrat die Ansicht, dass der sich über Gravierendes lustig zu machende Versuch misslingen müsse, da »die Verspottung einer […] mit Ruchlosigkeit verbundenen Schlechtigkeit«[136] kein Lachen hervorrufe: »Denn lasterhafte Menschen will man mit schärferen Waffen als mit denen des Lächerlichen verwundet sehen«[137]. Auch Eco geht davon aus, dass sich nur Verstöße gegen weniger wichtige Regeln (beispielsweise Etikette), nicht jedoch gegen Gesetze oder gar grundlegende humane Verhaltensweisen als komikfähige Normverletzungen umsetzen lassen.[138]

---

133 Rumler, Fritz: Max & Itzig, in: Der Spiegel, 22.08.1977.

134 Ebd.

135 Bereits Platon weist in seiner Theorie des Lächerlichen (Philebos 48–50) durch sein Sprechen von der »schwachen Unwissenheit« auf die Unschädlichkeit, Harmlosigkeit des Lächerlichen hin: Allerdings lacht nach Platon der Rezipient selbst bei objektiv bestehendem Anlass nur dann, wenn er aufgrund der Schwäche des Verlachten keine Angst vor dessen Rache verspürt.

136 Cicero, Marcus Tullius: de oratore (Über den Redner), Buch II, LVIII, 237.

137 Ebd.

138 Vgl. Eco, Umberto: The frames of comic »freedom«, in: Ders./Ivanov, V.V./Rector, Monica: Carnival! Hrsg. von Sebeok, Thomas A., Berlin/New York/Amsterdam 1984, S. 1–9; Zipfel, S. 321.

Gerade mit Blick auf die komische Shoah-Literatur gilt es jedoch, die – auch in der Forschung (etwa bei Lamping[139], Gutwirth oder Bergson) nicht unumstrittene – These von der Harmlosigkeit als Bestimmungselement von Komik kritisch zu hinterfragen.

Gutwirths Differenzierung zwischen lebensweltlicher und inszenierter Komik zielt darauf, aufzuzeigen, dass Darstellungen von Schaden, Aggression oder sogar Gewalt dann als harmlose Inkongruenzen erscheinen können, wenn von einer Unverletzbarkeit der komischen Figur gesprochen werden kann.[140] Eng verknüpft mit dem Harmlosigkeitspostulat ist auch Bergsons These von der »anesthésie momentaneé du cœur«[141], in welcher die komische Wirkung mit einer emotionalen Distanz des Rezipienten in Verbindung gebracht und davon ausgegangen wird, dass Empathie die Wahrnehmung eines Geschehens als komisch verhindert.[142]

Mit Blick auf die Shoah-Literatur ist jedoch zu konstatieren, dass die Überlegungen Gutwirths und Bergsons zur Relativierung und Differenzierung des aristotelischen Harmlosigkeitspostulats nicht greifen: Gutwirths These der implizierten Harmlosigkeit durch Unverletzbarkeit der komischen Figur lässt sich keineswegs auf die Protagonistinnen und Protagonisten der Shoah-Literatur übertragen, da diese nicht unverwundbar sind, sondern vielmehr als traumatisierte oder letztlich ermordete Opfer attribuiert werden. Bergsons Behauptung ist aufgrund der Ambivalenz von Komik, welche sich gerade im Bereich der Groteske und des Schwarzen Humors aus der unaufgelösten Spannung von Grauen und Lachen speist, zu widersprechen: Auch bei beispielsweise grausamen Gewaltdarstellungen kann es komisierender Shoah-Literatur gelingen, bei den Rezipientinnen oder Rezipienten Lachen auszulösen, ohne dass diese gleichzeitig ihrer emotionalen Beteiligung oder potentiellen Identifizierung mit den literarischen Opferfiguren enthoben werden. Hierbei handelt es sich freilich nicht um ein sadistisches Lachen wie das der Täter oder ein Verlachen der Opfer, sondern stets um ein »unversöhnliches, den ästhetischen

---

139 Lamping argumentiert, dass in der Satire der Gegenstand der Komik nicht harmlos sei und den Beteiligten bisweilen durchaus Schaden zugefügt werde; zudem blende das Harmlosigkeitspostulat aus, dass die moderne Komik an der Grenze zum Ernst angesiedelt sei. Vgl. Lamping, Dieter: Ist Komik harmlos? Über Veränderungen der komischen Literatur seit dem neunzehnten Jh., in: Ders. (Hrsg.): Literatur und Theorie. Poetologische Probleme der Moderne, Göttingen 1996, S. 86–99.

140 Vgl. Gutwirth, Marcel: Laughing Matter. An Essay on the Comic, Ithaca/London 1993; Zipfel, S. 321 f.

141 Bergson, Henri: Le Rire. Essai sur la signification du comique, Paris 1961, S. 4. So heißt es bei Bergson: »Le comique exige donc enfin, pour produire tout son effet, quelque chose comme une anesthésie momentanée du cœur.«

142 Vgl. Zipfel, S. 322.

Genuß verweigerndes Lachen. Es ist weniger ein Lachen über das Furchtbare als vielmehr ein verzweifeltes Dagegen-Anlachen«[143].

Es konnte gezeigt werden, dass die ästhetischen Prinzipien Satire, Schwarzer Humor und Groteske zwar durchaus als Unterkategorien im Bereich des Komischen zu verorten sind, da alle drei Formen – wenn auch mit unterschiedlichen Mitteln – darauf zielen, die kritisierte Wirklichkeit ins Lächerliche zu ziehen und so beim Rezipienten die Reaktion des Lachens hervorzurufen. Dennoch sind sie nicht gänzlich innerhalb des Gebiets des Komischen anzusiedeln, sondern liegen eher an dessen Grenzen – womit das aus der reinen Komiktheorie stammende Harmlosigkeitspostulat nicht greifen kann: Sowohl die Satire als auch der Schwarze Humor und die Groteske sind nur in ihrer Form komisch, nicht, was ihren Inhalt betrifft; sie speisen sich nicht aus dem Übermut, welcher dem Lustigen zugrunde liegt.

Daraus lässt sich weiterführen, dass die Shoah-Literatur von Autorinnen und Autoren wie Hilsenrath, Jelinek, Tabori oder Schindel einen Sonderstatus im Bereich der Komik einnimmt. Als Werke der modernen Komik sind sie, wie schon Lamping argumentiert, an der Grenze zum Ernst angesiedelt[144]. Die Trennung vom unbeschwert Komischen zeigt sich darin, dass den Rezipientinnen und Rezipienten die Beherrschung der Situation entgleitet und die Komik umschlägt: »nicht mehr der Mensch beherrscht die Komik, sondern die Komik beherrscht den Menschen«[145]. So wird das Lachen der bedrängten Leserinnen und Leser krampfhaft, hilflos und bleibt im wahrsten Sinne des Wortes im Halse stecken.

Der satirische Angriffscharakter, welcher die Hilsenrathschen Werke auszeichnet, bedient sich insbesondere dann massiv des Wirkungspotentials der Groteske und des Schwarzen Humors, wenn die Handlung direkt im Ghetto oder Vernichtungslager situiert ist und die Ermordung der europäischen Juden nicht nur indirekt, sondern ganz explizit thematisiert und die Darstellung von Grausamkeiten nicht ausgespart wird: So zeichnen sich namentlich Hilsenraths hyperrealistischer Ghetto-Roman »Nacht« sowie sein Zweitroman »Der Nazi & der Friseur« durch die mittels häufigen Einsatzes schockierender schwarzhumoriger und grotesker Elemente erreichte rezeptionsästhetische Wirkung von Lachen und Grauen aus. Doch schon an Hilsenraths viertem Roman »Bronskys Geständnis« respektive »Fuck America« lässt sich die fortschreitende Tendenz eines Bedeutungsverlusts grotesker und schwarzhumoriger Stilprinzipien als Mittel der Narration ausmachen, welcher nicht zuletzt mit dem zunehmenden Einsatz märchenhafter Elemente einhergeht: Zwar werden im »Märchen vom

143 Dopheide, S. 15.
144 Vgl. Lamping, S. 86–99.
145 Cramer, Thomas, S. 18f.

letzten Gedanken« oder »Jossel Wassermanns Heimkehr« bestimmte »Erzählinhalte grotesk gestaltet, diese Darstellungsweise aber nun einer märchenhaften Erzählweise untergeordnet«[146]. In seinem autobiografisch motivierten, gar als Autobiografie vermarkteten Roman »Die Abenteuer des Ruben Jablonski« verzichtet Hilsenrath schließlich gänzlich auf die komisierende Darstellungsweise, welche seine früheren Romane so entscheidend prägt.

Als durchgängige Konstante erweist sich auch nach dem Wegfall der komischen Erzählweise allein das Motiv der Sexualität, welches in alle Werke Hilsenraths Eingang fand: Der Dualismus zwischen Faszination und Abstoßung als gestalterisches Hauptkriterium für ein groteskes Moment funktioniert auch und besonders auf dem Gebiet des Sexuellen.

Den Überlegungen zur narrativen Engführung von Sexualität und Shoah ist eine Annäherung an Begrifflichkeiten aus dem Bereich des Sprechens von Sexualität und ein kurzer Abriss der erotischen Literatur vorgelagert.

146 Dopheide, S. 157.

1.2) Die literarische Darstellung von Sexualität

1.2.1) Erotik, Obszönität, Pornografie – Definitionen

»Meinen wir dasselbe, wenn wir von der Liebe sprechen? Und was meinen wir? Die Liebe als Prüfung ist ein Prüfstein der Sprache: ihrer Eindeutigkeit, ihres referentiellen und kommunikativen Vermögens.«[147]

Dieses Zitat von Kristeva bezeichnet ein Problem, vor welches sich sowohl die Sprache des Alltags als auch die der Wissenschaft und Literatur gestellt sieht: Termini wie Liebe, Sexualität, Pornografie, Sinnlichkeit und Erotik erfahren nur selten eine explizite begriffliche Abgrenzung; vielmehr werden sie oftmals als scheinbar gleichwertige Begriffe aneinandergereiht und synonym verwendet. Daher gilt es, bestimmte Begrifflichkeiten einer genaueren Untersuchung zu unterwerfen.

Zunächst sei der Begriff der Erotik näher bestimmt: Aus der griechischen Mythologie stammend bezeichnet Eros – analog zum römischen Amor oder Cupido – den Gott der Liebe. Die Philosophie[148] versteht unter Eros eine nach antiker Anschauung sinnliche, seelische und zugleich geistige Form der Liebe, wobei der sinnliche Eros der christlich verstandenen Liebe (Agape) gegenübersteht. Erotik hingegen bezeichnet zunächst alle Erscheinungsformen der Liebe, wie sie im zwischenmenschlichen Bereich zum Ausdruck kommen, wobei zwar bisweilen ausschließlich die körperliche Beziehung zwischen Sexualpartnern, meist jedoch die »geistig-seel. Entfaltung der Geschlechtlichkeit und das Spiel mit deren Reizen«[149] gemeint ist.[150]

Während Erotik in allen Gesellschaften eine entscheidende Rolle spielt, unterliegen Eros und Sexus unterschiedlichen Akzentuierungen. Becks prägnantes,

147 Kristeva, Julia: Geschichten von der Liebe. Aus dem Französischen von Dieter Hornig und Wolfram Bayer, Frankfurt a. M. 1989, S. 10.

148 Vgl. dazu beispielsweise Platon: Das Gastmahl oder Von der Liebe.

149 »Erotik«, in: Der Brockhaus in 10. Bdn., Bd. 3, Leipzig 2005.

150 Vgl. ebd.; vgl. »Erotik«, in: Mayers Enzyklopädisches Lexikon in 25. Bdn., Bd. 8, Mannheim 1977.

wenn auch stark verkürztes Diktum, in unserem Kulturkreis verhalte sich »Sexualität [...] zu Erotik wie *ist* zu *als ob*«[151], verweist auf einen Aspekt, welchen Erotik vor allem als Negativum, als Substitut und Nichterfüllung charakterisiert.[152] Wird Erotik aber als Konzeption von Liebe mit und ohne Sexualität gedacht, so gerät der Terminus, welchem eine Liebe und Sexualität verbindende Zwischenstellung zukommt, in Gefahr, Begrifflichkeiten bis zur Beliebigkeit verschwimmen zu lassen: »Jede Dichtung ist eine erotische Dichtung. Keine Dichtung ist eine erotische Dichtung.«[153]

Zur Klärung sollen daher die Termini Liebe und Sexualität genauer betrachtet werden: Während die Liebe als Gefühl starker Zuneigung, eine über Zweck-Mittel-Überlegungen hinausgehende seelische Bindung und als in ihrem Doppelcharakter wesentliches Merkmal der Gottheit[154] oftmals mit einer sakralen Aura umgeben wird, bezeichnet Sexualität einerseits ein rein biologisches Phänomen, bei dem »aufgrund einer physiolog.-chem. Polarität zwischen Geschlechtszellen genet. Substanz ausgetauscht wird, so daß es zu einer Rekombination der Gene«[155] kommt. Eine ganzheitlichere Definition liefert der Duden, wenn er Sexualität als »Gesamtheit der im Geschlechtstrieb begründeten Lebensäußerungen, Empfindungen und Verhaltensweisen«[156] bezeichnet. Der menschlichen Sexualität liegt also ein vielschichtiger Komplex biologischer, psychologischer und soziologischer Faktoren zugrunde; außer von individuellen Erwartungen und Erfahrungen wird sie wesentlich von kulturellen und gesellschaftlichen Verhältnissen, Normen und Institutionen geprägt.[157]

Neuhaus schlägt bezüglich der Auseinandersetzung mit dem Themenbereich Liebe – Erotik – Sexualität eine hierarchische Begriffsverwendung vor; dabei wird

151 Beck, Ulrich/Beck-Gernsheim, Elisabeth: Das ganz normale Chaos der Liebe, Frankfurt a. M. 1990, S. 241.

152 Den Charakter der Erotik als Negativum, Nicht-Gesagtes, Ausgespartes (als extremste Form der Veschleierung) lässt sich an einem Ernest Hemingway zugesprochenen Ausspruch beispielhaft aufzeigen: Auf die Frage, welches die drei schönsten Dinge im Leben seien, soll Hemingway geantwortet haben: »Zweitens der Stierkampf, drittens das Boxen.« Dieses Diktum enthält das Wesen der Erotik schlechthin, teilt sich die Erregung der erotischen Sprache dem Rezipienten oder der Rezipientin doch umso nachhaltiger mit, je mehr die Eindeutigkeit des Themas verschleiert wird. Vgl. Oschlies, Wolf: Sprache und Erotik im Deutschen und Slavischen, in: Hoberg, Rudolf (Hrsg.): Sprache – Erotik – Sexualität, Berlin 2001, S. 100–127, hier: S. 109.

153 Beutin, Wolfgang: Sexualität und Obszönität. Eine literaturpsychologische Studie über epische Dichtungen des Mittelalters und der Renaissance, Würzburg 1990, S. 9.

154 Vgl. »Liebe«, in: Der Brockhaus in 10. Bdn., Bd. 5, Leipzig 2005.

155 »Sexualität«, in: Mayers Enzyklopädisches Lexikon in 25. Bdn., Bd. 21, Mannheim 1977.

156 »Sexualität«, in: Duden. Deutsches Universalwörterbuch, 4., neu bearb. u. erw. Auflage, hrsg. von der Dudenredaktion, Mannheim et al. 2001, S. 1446.

157 Vgl. ebd.

> Liebe als Oberbegriff verstanden, der Erotik und / oder Sexualität einschließen kann, aber nicht muss, insofern eine starke emotionale Bindung die Stimulanz sexueller Lust und körperliche Beziehungen nicht notwendigerweise einschließt. Sexualität ist gleichbedeutend mit geschlechtlicher Liebe, also körperlicher Liebe bis hin zum Geschlechtsverkehr. Sexualität kann mit einer starken emotionalen Bindung einhergehen, die als Liebe bezeichnet wird, sie kann aber auch ausschließlich der Befriedigung des körperlichen Bedürfnisses dienen. Erotik ist die angesprochene Stimulanz, die sexuelle Anziehung.[158]

Sinnlichkeit meint ganz allgemein die Empfänglichkeit für Eindrücke der Sinnesorgane, wird jedoch zumeist im engeren Bedeutungssinn mit sexueller oder erotischer Ansprechbarkeit assoziiert.[159]

Ebenfalls schwierig gestaltet sich die begriffliche Abgrenzung zwischen Erotik bzw. erotischer Literatur, Pornografie und Obszönität. Zunächst sei mit Shipleys Fingerzeig auf Prüderie auf die zentrale Rolle von subjektivem Empfinden und historischem Kontext in der Verteilung der Etikette Erotik oder Pornografie verwiesen: »Erotic writing, which prudish persons or periods may label pornographic, has appeared in the prose and verse of every age.«[160]

Während Pornografie (zusammengesetzt aus griech. Πόρνη (pórnē), dt. Hure und γράφειν (gráphein), dt. schreiben) ursprünglich die Schilderung von Leben und Sitten der Prostituierten und ihrer Kunden bedeutete, wandelte sich der Begriff im Laufe der Jahrhunderte und erfuhr eine Verallgemeinerung hin zur Darstellung sexueller Akte überhaupt.[161] Erste Versuche von Definitionen der Pornografie zu Beginn des 20. Jahrhunderts, die noch nicht zwischen dem Pornografischen und dem Obszönen unterschieden[162], verfolgten in erster Linie den Zweck, erotische Kunst und Literatur dem Übergriff einer strengen Zensur zu entziehen. Während Bloch 1907 mit Fokus auf die Intention des Produzenten Pornografie als »einzig und allein, ausschließlich zum Zwecke der geschlecht-

158 Neuhaus, Stefan: Sexualität im Diskurs der Literatur, Tübingen/Basel 2002, S. 58.

159 Vgl. »Sinnlichkeit«, in: Der Brockhaus in 10. Bdn., Bd. 8, Leipzig 2005. In der Erkenntnistheorie hat die Sinnlichkeit besonders seit Kant weitere Bedeutungen, im Idealismus wird sie »als bloße Modifikation des Geistes bestimmt, während der Materialismus sie zum Erkenntnisprinzip (Sensualismus) erhebt«. Ebd.

160 »Pornography«, in: Shipley, Joseph T.: Dictionary of World Literary Terms. Forms, Techniques, Criticism, London 1970.

161 Vgl. »Pornographie«, in: Der Brockhaus in 10. Bdn., Bd. 7, Leipzig 2005.

162 Joost moniert die Verwechslung der Begriffe »pornografisch« und »obszön« als *kategorial* falsch, gehöre das Obszöne doch »in die Geschichte und Theorie der Zivilisation, bezeichnet neben dem kulturellen auch ein anthropologisches Phänomen«, während dagegen das Pornografische »der Literatur- und Kunstkritik« entstamme. Joost, Ulrich: Die Angst des Literaturwissenschaftlers bei der Sexualität, in: Hoberg, Rudolf (Hrsg.): Sprache – Erotik – Sexualität, Berlin 2001, S. 308–327, hier: S. 315.

lichen Erregung verfaßt«[163] begreift, verlagert Kind die Betonung auf den Wirkungsaspekt beim Rezipienten, wenn er obszön als »alles, was geeignet ist, die eingeborene und erworbene erotische Reaktionsfähigkeit des Menschen physiologisch zu reizen«[164], definiert. Eine Synthese dieser beiden Bestimmungen sucht Englisch, wenn er 1927 schreibt: »Obszön ist alles, was im bewußten Gegensatz zur herrschenden Moral zum Zwecke der physiologischen Reizung der Geschlechtsnerven verfaßt und diesen Zweck zu erfüllen geeignet ist.«[165] Marcuse, welcher in den 1970er-Jahren – auch in Bezugnahme auf Blei – eine Differenzierung zwischen Obszönität und Pornografie vornimmt, indem er einräumt, dass sich das Obszöne nicht ausschließlich auf den sexuellen Bereich beziehen muss, weist zudem auf den zentralen Umstand hin, dass erregende Bilder oder Schriften nie die Physiologie direkt, sondern immer nur die Einbildungskraft reizen.[166]

Naumann sieht die Differenz zwischen Obszönität und Pornografie darin gegeben, dass sich erstere in der Konfrontation erschöpft und als Reaktion Abscheu, Entsetzen, Peinlichkeit, Scham, Grinsen oder Lachen provoziert, während zweitere über die Schockierung des Rezipienten hinaus sexuell stimuliert und diese Stimulation aufrecht erhält.[167] Auf die verkürzte Formel gebracht: »Obszönität erregt das sittlich-moralische Empfinden, Pornographie erregt (darüberhinaus) [sic!] sexuelle Respondenz; Obszönität distanziert, Pornographie engagiert.«[168]

Als Aspekt zur Unterscheidung zwischen Pornografie und erotischer Literatur wurde oftmals der literarisch-ästhetische Wert herangezogen: Während Hyde in seiner »History of pornography« von 1964 zwischen ästhetisch unbefriedigender pornografischer Literatur und Pornografie mit literarischem und künstlerischem Wert unterscheidet, wollen Träger/Müller »die mit ethischem Ernst und künstler. Anspruch auftretenden Gestaltungen erot. und sexueller Themen«[169] der erotischen Literatur von einer »nur auf sinnl. Affekte und sexuelle Stimulierung bedachten, auch ästhetisch wertlosen«[170] pornografischen Literatur getrennt sehen. Einem solchen Konzept verweigert sich jedoch Sontag,

163 Bloch, Iwan: Das Sexualleben unserer Zeit in seinen Beziehungen zur modernen Kultur, Berlin 1907, S. 794f.

164 Kind, Alfred: Zur Psychologie des Obszönen, in: Blätter für Bibliophile 1 (1908), Heft 2, S. 79.

165 Englisch, Paul: Geschichte der erotischen Literatur, Wiesbaden 1988, S. 6.

166 Vgl. Marcuse, Ludwig: Obszön. Geschichte einer Entrüstung, München 1962, S. 23.

167 Vgl. Naumann, Peter: Keyhole and candle. John Clelands »Memoirs of a Woman of Pleasure« und die Entstehung des pornographischen Romans in England, Heidelberg 1976, S. 5.

168 Ebd.

169 Träger, Claus/Müller, Joachim: »erotische Literatur«, in: Träger, Claus (Hrsg.): Wörterbuch der Literaturwissenschaft, Leipzig 1986.

170 Ebd.

wenn sie in ihrem Essay »Die pornographische Phantasie« der pornografischen Dichtung attestiert, dass sie es verdient habe, als »seriöse Literatur«[171] anerkannt und gedeutet zu werden.[172]

Pornografie hat sich seit dem 19. Jahrhundert – nicht zuletzt durch die zunehmende Verlagerung des Konsums auf visuelle (Massen)medien – immer mehr zu einer Massenware entwickelt und ist so zu einem »signifikanten Phänomen des gesellschaftl. Austauschs über Sexualität«[173] geworden. Im juristischen Bereich bezeichnet das Merkmal »pornographisch« laut § 184 StGB die

> vergröbernde Darstellung sexuellen Verhaltens iwS, unter weitgehender Ausklammerung emotional-individualisierter Bezüge, die den Menschen zum bloßen (auswechselbaren) Objekt geschlechtlicher Begierde oder Betätigung macht[174].

Diskursanalytisch resümiert Gnüg: »Sexuelle Stimulierung und bewußter Moralverstoß, das bleiben die Kriterien, die die Debatte um Pornographie und Obszönität bis heute beherrschen.«[175]

1.2.2) Erotische Literatur – ein kurzer Überblick

Genau wie die Begrifflichkeiten und der Diskurs über Sexualität[176], so unterlag auch die Sexualität in der Literatur im Laufe der Zeit einem Wandel. Befasst man sich mit der Sexualität als literarischem Motiv[177], stößt man schnell auf den Überbegriff der erotischen Literatur, fungiert dieser doch als

> themat. Sammelbezeichnung für Werke aller lit. Gattungen mit stärkerer Betonung des Körperl.-Sinnlichen und Sexuellen in den Geschlechtsbeziehungen jeder Art, mit fließenden Übergängen zur mehr seel.-geistigen und gefühlhaften Liebesdichtung [...]

171 Sontag, Susan: Die pornographische Phantasie, in: Dies.: Geist als Leidenschaft. Ausgewählte Essays zur modernen Kunst und Kultur, Leipzig/Weimar 1989, S. 117–155, hier: S. 118.

172 Vgl. ebd. Im dritten Teil ihres Essays bespricht Sontag demzufolge auch einige pornografische Werke.

173 »Pornographie«, in: Der Brockhaus in 10. Bdn.

174 Fischer, StGB, 60. Auflage 2013, § 184 Rn. 7 m. w. N.

175 Gnüg, Hiltrud: Der erotische Roman. Von der Renaissance bis zur Gegenwart, Stuttgart 2002, S. 11.

176 Zum Diskurs über Sexualität siehe die Arbeiten Michel Foucaults, insbesondere den ersten Band aus der Reihe »Sexualität und Wahrheit«: Foucault, Michel: Der Wille zum Wissen. Sexualität und Wahrheit 1, Frankfurt a. M. 1977.

177 Ergänzend zu den zitierten Werken seien im Folgenden einige Überblicksdarstellungen genannt, welche sich mit erotischer Literatur auseinandersetzen: Fuld, Werner: Eine Geschichte des sinnlichen Schreibens, Berlin 2014; Schneider, Thomas (Hrsg.): Das Erotische in der Literatur. Gießener Arbeiten zur neueren deutschen Literatur und Literaturwissenschaft, Bd. 13, Frankfurt a. M. 1993; Fischer, Carolin: Gärten der Lust. Eine Geschichte erregender Lektüren, Stuttgart 1997.

> einerseits und den rein auf die Beschreibung sexueller Vorgänge als Selbstzweck und Stimulans abzielenden Werken der Pornographie andererseits.[178]

Auch hier ergeben sich also wieder begriffliche Unschärfen zwischen pornografischer und erotischer Literatur.

Die Geschichte der Darstellung von Sexualität in der Literatur reicht weit zurück, ist doch die Weltliteratur durchzogen von erotischen Momenten: Frühe Zeugnisse stammen aus der indischen, chinesischen und arabisch-islamischen Kultur wie etwa die orientalischen Erzählungen aus »Tausendundeine Nacht«, das nach dem Babylonischen Exil (597–539 v. Chr.) entstandene hebräische »Hohelied« aus dem Alten Testament, die von Lehrern an ihre Schüler überlieferten erotischen Liebeslehren wie das indische »Kamasutra« (200–300 n. Chr.) oder die japanischen Sittenromane von Ihara (1682). Der Hauptanteil der erotischen Literatur entfällt auf die romanischen Länder; in der europäischen Antike leiten die »Milesischen Geschichten« von Aristeides von Milet (um 100 v. Chr.) den Beginn der erotischen Literatur ein, gefolgt von der »Liebeskunst« Ovids (1 v. Chr.–4 n. Chr.) und Apuleisius' »Metarmophosen« (2. Jhd. n. Chr.). In der italienischen Renaissance, als sich im Zuge der Wiederentdeckung der Antike eine Aufwertung der Sinnlichkeit vollzog, entstand neben den Werken Pietro Aretinos auch Boccaccios berühmte Novellensammlung »Il Decamerone« (1349–53). Im 18. Jahrhundert boomte Sexualität als Erzählsujet in erotisch-pornografischen Romanen von Autoren wie John Cleland, Johann Gottfried Schnabel, des Comte de Mirabeau oder des Marquis de Sade. Letzterer provozierte die Gemüter ebenso wie Leopold von Sacher-Masoch, welcher mit Arthur Schnitzler und Charles Baudelaires die Erotik psychologisch begründet. Im 20. Jahrhundert geht die Tendenz dahin, das Geschlechtliche als der Natur des Menschen entsprechend zu deuten.[179]

Schlaffer lässt in seinem Werk »Musa iocosa« von 1971, in welchem er der Gattungsgeschichte und -poetik der erotischen Literatur in Deutschland nachgeht, unter expliziter Bezugnahme auf Alewyn die Geschichte der erotischen Dichtung im 18. Jahrhundert enden. So schreibt er im abschließenden Kapitel »Negation und Verstummen: Das Ende der erotischen Dichtung«:

> Die Differenz von Form und Inhalt, Spiel und Entwurf, welche unsere Gattung kennzeichnet, ist für das bürgerliche Literaturverständnis nicht mehr einsichtig, da es weder Spiel noch Entwurf als Instrumente und Bilder der Emanzipation zuläßt, sondern nur

---

178 »Erotische Literatur«, in: von Wilpert, Gero: Sachwörterbuch der Literatur, 8., verbesserte und erweiterte Auflage, Stuttgart 2001.

179 Vgl. ebd., sowie: Gnüg, Der erotische Roman; »Erotische Literatur«, in: Der Brockhaus Literatur. Schriftsteller, Werke, Epochen, Sachbegriffe, 2., völlig neu bearbeitete Auflage, Leipzig/Mannheim 2004; Träger/Müller: »erotische Literatur«.

einen Kanon verordneter Erlebnisse, die durch den Austrag im Individuellen die Gesellschaft nicht gefährden.[180]

Die Verfasser erotischer Literatur waren bis ins 20. Jahrhundert fast ausschließlich Männer[181], die ihre Wunschvorstellungen auch auf weibliche Figuren projiziert hatten. Dabei erfolgte die Publikation erotischer Literatur bisweilen unter der Vorgabe einer weiblichen Autorschaft, so beispielsweise die von John Cleland in Briefform verfassten »Memoiren der Fanny Hill« oder die sich als Kurtisanengespräche ausgebenden »Ragionamenti« Pietro Aretinos. Insgesamt weist die von Männern geschriebene erotische Literatur eine starke Tendenz dahin auf, die Frau in der Hervorhebung der »Intensität des weiblichen Entgegenkommens« und der »Unersättlichkeit des weiblichen Sexualbedürfnisses« so darzustellen, wie »der Mann wünscht, daß sie sein möge« (Alfred Charles Kinsey).[182]

Dem kurzen Überblick über erotische Literatur folgt nun eine Analyse der sexuellen Darstellungen in komischer sowie nicht-komischer Shoah-Literatur.

180 Schlaffer, Heinz: Musa iocosa. Gattungspoetik und Gattungsgeschichte der erotischen Dichtung in Deutschland, Stuttgart 1971, S. 224.

181 Eine frühe Ausnahme hinsichtlich der dominierenden männlichen Autorschaft bildet das nach dem Vorbild von Boccacios Decamerone 1559 entstandene Hectaméron von Marguerite de Navarre, in welchem die Autorin pikante amouröse Begebenheiten und sexuelle Verwicklungen thematisiert. Erst zur Zeit des Fin de Siècle jedoch finden sich mit Franziska zu Reventlow, Else Lasker-Schüler, Colette oder Lou Andreas-Salomé Autorinnen, welche den Ausbruch aus dem Patriarchat und neue erotisch-emanzipatorische Selbstentwürfe wagen (Vgl. Gnüg, S. 288ff.). Auch in neuerer Zeit erschienen verstärkt erotische, vom Bemühen um eine spezifisch weibliche Darstellung von Liebe und Sexualität bestimmte Literatur von Frauen, man denke nur an Anaïs Nin, Erika Jong, Kathy Acker oder Benoîte Groult. Mit Charlotte Roche und E. L. James erlangten zuletzt Autorinnen einer modernen Spielart des erotischen Romans Berühmtheit. Betrachtet man die Werke der Shoah-Literatur, in welchen Erotik oder Sexualität thematisiert und verbunden werden, so setzt sich der Trend der männlichen Autorschaft fort und findet etwa mit den Werken Dischereits, Disches oder Jelineks nur wenige Ausnahmen. Dasselbe gilt auch für die Forschung über erotische Lieratur – Gnüg ist einige der wenigen Ausnahmen.

182 Vgl. »Erotische Literatur«, in: Mayers Enzyklopädisches Lexikon in 25. Bdn.; »Erotische Literatur«, in: Der Brockhaus Literatur; »Erotische Literatur«, in: Wilpert.; »Pornography«, in: Shipley; Träger/Müller: »erotische Literatur«. In der Frage nach dem Kreis der Konsumentinnen und Konsumenten erotischer Literatur geht die Forschung allerdings auseinander: Fuld widerspricht 2014 der bis dato vorherrschenden Meinung eines durchweg männlichen Konsumentenkreises und stellt die These auf, dass »seit Ovids *Ars amatoria* bis zum Beginn des 19. Jahrhunderts ein großer Teil der Literatur mit erotischer oder explizit sexueller Thematik für ein weibliches Publikum geschrieben wurde und als Beitrag zur sexuellen Aufklärung oder als Ratgeber für kluges weibliches Verhalten in verfänglichen Situationen gedacht war und auch so funktionierte.« Fuld, S. 14.

1.3) Sexualität in der (komischen) Shoah-Literatur

Die literarische Fiktionalisierung der Shoah mittels der Heranziehung von Stilprinzipien aus dem Bereich von Satire, Groteske und Schwarzem Humor, wie Edgar Hilsenrath sie in all seinen Werken[183] vornimmt, galt lange als Affront gegen ein gewissermaßen inneres Tabu: Nicht zuletzt aufgrund der von den Tätern betriebenen Geheimhaltung und Derealisierung ihrer Verbrechen sowie aufgrund des hohen Legitimationsdrucks der Autorinnen und Autoren zeichnete sich die frühe Zeugnis- und Shoah-Literatur überwiegend durch einen nüchternen Dokumentarstil aus. Die Verwendung von Elementen aus dem Bereich der Komik sowie eine literarische Verfremdung der Massenvernichtung ins Lächerliche musste, so der allgemeine Konsens, den Opfern noch zusätzlich Hohn sprechen.[184] Erst in den 1990er-Jahren lässt sich eine literarische Trendwende konstatieren: Nach 1945 geborene jüdische Autorinnen und Autoren wie Robert Schindel, Maxim Biller oder Eva Menasse, welche sich ebenfalls komi-

183 Ausnahmen bilden hier nur Hilsenraths drittes Werk »Moskauer Orgasmus«, welches sich zwar komischer Stilprinzipien bedient, die Shoah jedoch thematisch ausschließt, und der als Autobiografie vermarktete Roman »Die Abenteuer des Ruben Jablonski«, in welchem Hilsenrath gänzlich auf Elemente aus dem Bereich der Komik verzichtet: Die Entscheidung für eine weitgehend nüchterne Darstellungsweise liegt, so scheint es, in der autobiographischen Erzählintention Hilsenraths begründet; Dopheide sieht in diesem Fall Groteske und Schwarzen Humor als inadäquate Darstellungsmittel, begreift er doch im autobiographischen Roman die »erzählerische Vermittlung individuell erlebter Realität an einen objektiven Erzählstil gebunden«, damit »die eigene Lebensbeschreibung den Anspruch auf Authentizität des Erlebten nicht verliert. Ein solcher Erlebnisstil schließt fiktive Elemente zwar nicht völlig aus – und ebensowenig ist die autobiographische Wahrheit von der Faktizität des Erlebten abhängig –, doch erweisen sich das Groteske und der Schwarze Humor als inadäquate Darstellungsmittel für eine erzählerische Objektivierung authentischer Erlebnisse: Das Groteske aufgrund seines Deformationscharakters, der Schwarze Humor wegen des ihm immanenten Prinzips der logischen Verkehrung.« Dopheide, S. 170.

184 Vgl. dazu Stenberg, Peter: Memories of the Holocaust. Edgar Hilsenrath and the Ficiton of Genocide, in: Deutsche Vierteljahrsschrift für Literaturwissenschaft und Geistesgeschichte 56 (1982), S. 277–289, hier: S. 278.

scher Prinzipien zur Darstellung der Shoah und ihrer Folgen bedienen, prägen unser literarisches Bild von der zweiten Generation nach der Shoah.

Im gleichen Maße, wie die – nun weithin akzeptierte – literarische Thematisierung der Shoah mittels Komik und Groteske eine Renaissance erfuhr, erlebte auch die Einbindung von Sexualität als Erzählsujet in der Shoah-Literatur einen Aufschwung: So ist die Darstellung von Körperlichkeit und Sexualität auch im Zusammenhang mit Judenvernichtung usuell geworden; es gilt als akzeptierte Tatsache, dass Identitätsfindung in der deutschsprachigen[185] jüdischen Literatur der zweiten Generation auch – und nicht zuletzt – auf sexuellem Gebiet ausgehandelt wird.[186] In den gemeinhin als prüde bezeichneten 1950er-Jahren der jungen Bundesrepublik jedoch, in welcher bereits die Thematisierung von Sexualität als anstößig gegolten hatte und dementsprechend als pornografisch rezipiert worden war, potenzierte Hilsenrath die gezielte Tabuverletzung, welche er durch die Verwendung komischer Verfremdungsformen ohnehin schon riskiert hatte, durch die Verschränkung von Shoah und Sexualität noch zusätzlich.

Im Folgenden seien exemplifizierend einige Werke der Shoah-Literatur in den Blick genommen, deren Autorinnen und Autoren durch die Thematisierung von Sexualität einerseits und komisierenden Verfremdungsformen andererseits eine doppelte Grenzüberschreitung wagten; diese drei Kriterien – explizite Thematisierung der Shoah, motivische Einbindung von Sexualität sowie eine komische Darstellung – begründen die diffizile Entscheidung für die Auswahl der zu beleuchtenden Werke.[187]

---

185 Die Festlegung auf deutschsprachige Literatur lässt eine Ausweitung des Fokus' auch auf österreichische Autorinnen und Autoren zu.

186 Vgl. Oberwalleney, Barbara: Heterogenes Schreiben: Positionen der deutschsprachigen jüdischen Literatur (1986–1998), München 2001, S. 58.

187 Dass die getroffene Auswahl anfechtbar ist, liegt zunächst daran, dass die Frage nach Vorhandensein oder Absenz einer literarischen Darstellung von Sexualität nur subjektiv beantwortet werden kann, da eine definierte Grenzziehung zwischen der Darstellung von Liebe, Erotik oder Sexualität mit oder ohne pornografische Merkmale in der Literatur aufgrund diffuser Begrifflichkeiten in vielen Fällen versagen muss. Doch auch über die Frage nach Vorhandensein oder Absenz einer literarischen Darstellung von Sexualität hinaus ergeben sich Problematiken: Erstens lassen sich nicht alle Werke der im Folgenden genannten Autorinnen und Autoren unter den Komplex Shoah-Literatur subsumieren, sondern in einigen Fällen nur das konkret untersuchte – so widmet sich beispielsweise Becker, dessen Roman »Bronsteins Kinder« beleuchtet werden soll, in seinen zahlreichen weiteren Romanen inhaltlich weniger der Auseinandersetzung mit der Shoah als vielmehr mit der DDR. Zweitens weisen zwar die zu untersuchenden Texte komische Elemente auf, dies gilt jedoch nicht für sämtliche anderen Werke der jeweiligen Verfasserinnen und Verfasser – man denke nur an die Lyrik Schindels. Auch berücksichtigt die getroffene Auswahl nicht jene Werke, auf welche nur zwei der drei Kriterien (explizite Thematisierung der Shoah, motivische Einbindung von Sexualität sowie eine komische Darstellung) zutreffen. So muss beispielsweise Grass' »Blechtrommel« außen vor bleiben, da anhand des Ich-Erzählers Oskar Matzerath zwar Sexualität in das komische und bisweilen als Shoah-

1.3.1) Sexualität in der komischen Shoah-Literatur

1.3.1.1) Erste Generation: Jakov Lind, Jurek Becker, George Tabori

Es lässt sich eine Reihe von Autoren anführen, welche mittels der Einbindung von Groteske, Schwarzem Humor oder Satire die Shoah einem »exzentrischen Diskurs des Lächerlichen«[188] unterwirft: Für die erste Generation seien hier neben Hilsenrath insbesondere Jakov Lind, Jurek Becker, George Tabori, Tadeusz Borowski und Johannes Bobrowski zu nennen, exemplarisch sollen im Folgenden ausschließlich die Werke der drei erstgenannten Autoren näher untersucht werden.[189]

Bei der Auswahl von Autoren der ersten Generation, welche in ihren Werken eine Verschränkung der Komplexe Shoah und Sexualität – im weitesten Sinne, da selten dermaßen explizit und provokant wie Hilsenrath – vornehmen, wird eine Interferenz der Namen ersichtlich, sind es doch eben jene, welche sich, von einem Betroffenheitsdiskurs ebenso wie von einem nüchtern-dokumentarischen Stil distanzierend, der Shoah mittels Verfremdungsformen von Komik und Groteske literarisch zu nähern versuchen.[190]

Jakov Lind (1927–2007) darf als einer der ersten Autoren gelten, welcher sich bei der literarischen Thematisierung der Shoah des Stilmittels der grotesken Ver-

Literatur rezipierte Werk eingebunden wird, eine explizite Engführung mit der Judenvernichtung jedoch ausbleibt. (Vgl. dazu: Pflanz, Elisabeth: Sexualität und Sexualideologie des Ich-Erzählers in Günter Grass' Roman Die Blechtrommel, München 1976. Sowie: Neuhaus, Volker: Günter Grass. »Auschwitz als Zäsur und unheilbarer Bruch der Zivilisationsgeschichte«, in: Eke, Norbert Otto/Steinecke, Hartmut: Shoah in der deutschsprachigen Literatur, Berlin 2006, S. 226–236.) In Franks »Der Vater. Eine Abrechnung« werden dagegen Sexualität und Shoah zwar aneinandergeklammert, das Werk weist jedoch keine komischen Elemente auf. Gleiches gilt für die Lyrik des Shoah-Überlebenden Celan, deren erotische Momente Boyd nachweist. (Boyd, Timothy: »Dunkeler gespannt«. Untersuchungen zur Erotik der Dichtung Paul Celans, Heidelberg 2006.)

188 Steinlein, Rüdiger: Das Furchtbarste lächerlich? Komik und Lachen in den Texten der deutschen Holocaust-Literatur, in: Köppen, Manuel (Hrsg.): Kunst und Literatur nach Auschwitz, Berlin 1993, S. 97–106, hier: S. 101.

189 Ebenfalls ausgeklammert werden die Arbeiten der Kunstschaffenden, welche in der komischen Auseinandersetzung mit der Shoah zu anderen künstlerischen Mitteln greifen: Art Spiegelman etwa verfremdet mit »Maus – die Geschichte eines Überlebenden« (dt. 1989) die Shoah durch das bis dahin als unangemessen geltende Massenmedium Comic, Roberto Benigni konfrontiert mit seinem tragikomischen Film »La vita è bella« (dt. »Das Leben ist schön«) von 1997 das Publikum mit der Judenvernichtung im Lager, während Radu Mihăileanus ein Jahr später erschienener Film »Train de vie« (dt. »Zug des Lebens«) die Judenverfolgung mit den Mitteln der Groteske visualisiert.

190 Die These einer nicht zufälligen Koinzidenz von komischer Thematisierung der Shoah und expliziter Einbindung sexueller Motive soll in Kapitel 1.4 näher erläutert und begründet werden.

fremdung bedient: Bereits 1962 erschien mit dem Erzählband »Eine Seele aus Holz« sein erstes Werk; hier erscheint die Welt unheimlich, verzerrt und in Form eines surrealistischen Alptraumes. Terror, Verfolgung, Gasöfen und die Judenvernichtung in den Lagern werden gemäß der grotesken Umkehrung als gesellschaftlicher Normalfall vorgeführt[191], wobei sich der grausame Humor seiner grotesken Prosa »außerhalb jedes Zivilisations- und Gefühlsschemas«[192] stellt. Das groteske Prinzip schlägt sich neben der Sprachgestaltung auch in der Konstruktion der körperlich wie psychisch versehrten Figuren – Linds Texte sind bevölkert von »Krüppeln«, Kannibalen oder »Irren« – sowie deren Lebensgeschichte nieder.

Auch die Darstellung triebhafter, von Emotionen losgelöster und auf reine Körperlichkeit fixierter Sexualität, ein in der grotesken Kunst und Literatur oft wiederkehrendes Element, findet sich in Linds Werk: In der Erzählung »Eine Seele aus Holz« etwa besucht der Kriegsversehrte Wohlbrecht die Prostituierte Frieda, welche in deutlicher Assoziation zu den KZ-Leichen aufgrund ihrer Magerkeit als »Skelett«[193] bezeichnet wird; an anderer Stelle nötigt Wohlbrecht die einer »alte[n] Dirne oder eine[r] frisch hergerichtete[n] Leiche«[194] gleichende Hexe Elfriede zum Geschlechtsverkehr.[195] In dem als Autobiografie vermarkteten »Selbstporträt« schildert Lind den Lebensbericht eines jüdischen Jugendlichen auf der Flucht von Wien nach Israel, wobei sich nicht nur hinsichtlich der Handlung und sprachlichen Ausgestaltung zahlreiche Parallelen zu Hilsenraths »Die Abenteuer des Ruben Jablonski« entdecken lassen:[196] Eine Analogie erstreckt sich auch darauf, dass der »stets Gejagte [...] selber auf einer permanenten Jagd [ist] – allerdings nur nach Mädchen, mit denen er. [sic!] ins

191 Vgl. Cramer, Sybille: »Jakov Lind«, in: Kraft, Thomas (Hrsg.): Lexikon der deutschsprachigen Gegenwartsliteratur seit 1945, Bd. 2: K-Z, München 2003.

192 Cramer, Sybille: »Jakov Lind«, in: Kunisch, Hermann/Wiesner, Herbert/Cramer, Sybille (Hrsg.): Lexikon der deutschsprachigen Gegenwartsliteratur, München 1981.

193 Lind, Jakov: Eine Seele aus Holz. Erzählungen, München/Zürich 1964, S. 40.

194 Ebd., S. 71.

195 Vgl. ebd., S. 71 ff.

196 Bauer verweist hingegen auf Parallelen zwischen den (teilweise mit stark autobiographischen Reminiszenzen ausgestatteten) jugendlichen Protagonisten Jakov aus Linds »Selbstporträt«, Johann aus Walsers »Ein springender Brunnen« sowie der Figur des Arthur aus Goldschmidts Werken. Dabei zeigt sie nicht nur auf, in welchem Maße die Entdeckung der Sexualität mit der Ausbildung der eigenen Identität verbunden ist, sondern führt auch vor, wie sehr die Profilierung des Ich-Ideals und die Ausbildung einer harmonischen Persönlichkeit unter den Bedingungen rassischer Diskriminierung erschwert wurde. Vgl. Bauer, Barbara: Martin Walsers Roman »Ein springender Brunnen«, ein Resonanzraum anderer Biographien der Jahrgänge 1927/28, in: Ewert, Michael/Vialon, Martin (Hrsg.): Konvergenzen. Studien zur deutschen und europäischen Literatur. Festschrift für E. Theodor Voss, Würzburg 2000, S. 188–209, Kap. II.

Bett gehen könnte«[197]. Sexualität wird so zu einer fieberhaften Aktivität, mittels derer die Verdrängung der traumatischen Erlebnisse und der Todesangst wenigstens für Augenblicke gelingt.[198]

Jurek Beckers (1937–1997) Beschäftigung mit der Shoah beschränkt sich auf die zumeist als »Holocaust-Trilogie« bezeichneten Werke »Jakob der Lügner« (1969), »Der Boxer« (1976) und »Bronsteins Kinder« (1986). Aufgrund seiner ironisch-lapidaren Erzählweise zählt Reich-Ranicki Becker zum »Geschlecht der traurigen Humoristen«[199]; laut Gilman ist Beckers Debütroman »Jakob der Lügner« das »erste deutschsprachige Werk von Rang, das sich mit der Shaoh nicht mit Ergriffenheit und Pathos befasste, sondern auch komisierende Mittel einsetzte«[200].

Eine dezidierte Verknüpfung der Motive Sexualität und Shoah findet sich in »Bronsteins Kinder« – auch in diesem Roman erzeugt Becker, anders als etwa Hilsenrath, Borowski oder Tabori, seine »eigentümliche Lachstimmung«[201] nicht durch den schockierenden Einsatz grotesker oder schwarzhumoriger Mittel, sondern vielmehr durch eine »unnachahmliche [...] Mischung aus spöttischer Ironie und versöhnlichem Humor wie komischer Verzweiflung«[202].

Der Konnex zwischen Judenvernichtung und Sexualität geschieht in der Erzählkonstruktion von »Bronsteins Kinder« auf topografischer Ebene: Der jugendliche Protagonist des Romans entdeckt im Waldhaus der Familie, das er gemeinsam mit seiner Freundin Martha als heimlichen Liebesort nutzt, einen von seinem Vater und dessen Freunden gefangengehaltenen ehemaligen SS-Lageraufseher. Durch das Ausweichen auf andere Räume verfällt die – scheinbar nur im Waldhaus und somit außerhalb der familiären Ordnung der Familien funktionierende – Liebe zwischen Hans und Martha: Somit steht die unbewältigte Vergangenheit des Vaters, eines Shoah-Überlebenden, der emotionalen wie sexuellen Beziehung des Sohnes im Weg.

Becker scheint hier – ähnlich wie Schindel – eine Zwischenstellung einzunehmen: Der Autor, welcher aufgrund seines Geburtsjahres 1937 klar der ersten Generation zuzuordnen ist und mit »Jakob der Lügner« auch ein für diese Generation eher klassisches Werk vorlegte, nähert sich mit seinem 17 Jahre später

197 Reich-Ranicki, Marcel: Haß, Sex und Humor. Das »Selbstporträt« des Jakov Lind, in: Die Zeit, 23.10.1970.

198 Vgl. ebd.

199 Reich-Ranicki, Marcel: Das Prinzip Radio. Jurek Beckers Roman »Jakob der Lügner«, in: Die Zeit, 20.11.1970.

200 Gilman, Sander L.: Jurek Becker. Eine Holocaust-Trilogie aus Sicht eines jüdischen DDR-Deutschen, in: Eke, Norbert Otto/Steinecke, Hartmut (Hrsg.): Shoah in der deutschsprachigen Literatur, Berlin 2006, S. 274–279, hier: S. 276.

201 Steinlein, S. 103.

202 Ebd.

entstandenen Roman »Bronsteins Kinder« inhaltlich und motivisch der Literatur der nachgeborenen Generation an.

George Taboris (1914–2007) »The Cannibals« von 1968 (dt. »Die Kannibalen« (1969)) gilt als eine der verstörendsten Spielarten des Erzählens von der Shoah in dramaturgischer Form. Mit dem beginnenden Erfolg Taboris auf deutschen Bühnen ist nicht nur die »Ablösung des Paradigmas des Dokumentartheaters«[203] verbunden; Tabori kündigt auch einen bis dahin gültigen Konsens zur Vermeidung komisierender Verfremdungsformen auf und leitet so einen Wechsel hin zu neuen literarischen Gestaltungsmitteln ein. Er darf neben Lind und Hilsenrath als einer der ersten Autoren gelten, welcher sich mittels der provozierenden Form der Groteske – und einem demonstrativen Seitenhieb gegen Adornos Unsagbarkeitstopos – gegen einen bestehenden Diskurs wendet:

> Was nach Auschwitz unmöglich geworden ist, das ist weniger das Gedicht als vielmehr Sentimentalität oder auch Pietät. [...] Das Ereignis ist jenseits aller Tränen [...]. Da ich ihr Vermächtnis [das der Häftlinge, A.Z.] nie angezweifelt habe, durfte ich es mir erlauben, auch den Hohn und Ekel ihrer Menschlichkeit zu zeigen [...].[204]

Als Ort der Handlung dient in den »Kannibalen« eine Lagerbaracke, Akteure sind die ausgehungerten Häftlinge, welche gierig auf den Abschluss der Zubereitung eines Leichnams im Kochtopf warten. Das Groteske als ästhetische Kategorie manifestiert sich hier auf allen Ebenen, beginnend bei der Widmung (»Zum Gedenken an Cornelius Tabori, umgekommen in Auschwitz, ein bescheidener Esser.«[205]) über die Handlung und sprachliche Ausgestaltung bis hin zu Regieanweisungen. Provozierend wirkt neben der konsequenten Umsetzung des grotesken Prinzips und einem Bruch mit der gängigen Idealisierung der Opfer auch die vulgäre Wortwahl und Obszönität: Tatsächlich darf Tabori neben Hilsenrath als der einzige Autor der ersten Generation nach der Shoah gelten, bei welchem die Verschränkung von Judenvernichtung und Sexualität derart explizit konstruiert wird, wie etwa folgender Passus verdeutlicht:

> Hirschler: Soufflé.
> Zigeuner: Welche Art von Soufflé?
> [...]
> Hirschler erstickt: Ich glaube, es war ein Käse-Soufflé.
> Die anderen flüsternd: Soufflé... Soufflé... Soufflé...

203 Hofmann, Michael: Die Shoah in der Literatur der Bundesrepublik. Adorno und die Folgen, in: Eke, Norbert Otto/Steinecke, Hartmut (Hrsg.): Shoah in der deutschsprachigen Literatur, Berlin 2006, S. 63–84, hier: S. 73.

204 Tabori, George: Die Kannibalen, in: Ders.: Unterammergau oder Die guten Deutschen, Frankfurt a. M. 1981, S. 37–138, hier: S. 38.

205 Ebd., S. 43.

Hirschler: Pfirsiche!
Gemurmel, entzückte Ausrufe
Zigeuner sehnsüchtig: Leberwurst!
Ausrufe, Stöhnen
Ghoulos: Maiskolben! Warme Maiskolben mit Butter!
Die Worte werden ekstatisch wiederholt.
Ghoulos schreiend: Fettucini con insalata – - verde!!
Allgemeiner Lärm
Ghoulos onanierend: Mit was?
Weiss ihn anfeuernd: Champignons!
Ghoulos: Oh, Gott!
Weiss: Und Knoblauch!
Ghoulos: Sag Theo zu mir!
Weiss: Paprika!
Ghoulos schreiend: Mir kommt's! Mir kommt's.[206]

Während hier imaginierte Speisen dem ausgehungerten Häftling als Stimuli der sexuellen Erregung dienen und damit die Rolle eines sexuellen Fetisch einnehmen, werden in anderen Passagen Sexualität und Körperlichkeit zwischen den KZ-Häftlingen im Lager thematisiert. Dies geschieht zumeist innerhalb des dramatischen Phänomens des »Theaters im Theater«, wenn die Schauspieler bei der Gestaltung eines eigenen Spiels innerhalb des Stücks neue Rollen einnehmen; so schiebt etwa der ein Schaf nachahmende Ramseder seinen Kopf zwischen Onkels Beine[207] oder Haas mimt dem »Baby« Lang gegenüber eine säugende Mutter mit prallen Brüsten[208]. Noch bevor Weiss zugibt, von »zwei eigentlich fabelhaft gutaussehenden Burschen von der Gestapo«[209] vergewaltigt worden zu sein und dies genossen zu haben, beginnt er mit Haas ein homoerotisches Verhältnis, während sich Onkel als einzige Figur über die offen ausgetauschten Küsse und Zärtlichkeiten (»Weiss: Frohe Botschaft, meine Herren. Freund Haas hat einen gigantischen Ständer.«[210]) entsetzt und schockiert zeigt.[211] Als er in seiner Empörung das in einem Kuss versunkene Paar auseinanderreißt, verwendet er erstmals unwillkürlich ein obszönes Wort:

Onkel brüllend: Haut ab, ihr Arschgeigen!
Er schlägt die Hand vor den Mund.
Ich habe mein Leben lang kein unanständiges Wort gebraucht. Wir waren anständige

206 Ebd., S. 65f.
207 Vgl. ebd., S. 73. In der Regieanweisung heißt es wie folgt: »Er [Ramseder, AZ] beginnt auf allen vieren, wie ein Schaf blökend, zur Tür zu kriechen. [...] Onkel stößt ermunternde Määäh-Laute aus, streichelt Ramseder, der den Kopf zwischen seine Beine geschoben hat«.
208 Vgl. ebd.
209 Ebd., S. 96.
210 Ebd., S. 75.
211 Vgl. ebd., S. 74ff.

> Leute. [...] Natürlich kam es gelegentlich vor, daß wir Stuhlgang hatten, oder urinierten, oder koitierten, wir hatten sechs Kinder, aber gefickt hab ich mein Lebtag noch niemand [...] Ich glaube, ich werde irrsinnig.
> Er galoppiert wie ein Verrückter um den Tisch herum.
> Ficken, Scheißen, Pissen! Ficken, Scheißen, Pissen! Ficken, Scheißen, Pissen![212]

Die Engführung von Obszönität, (tabuisierter homoerotischer) Sexualität und der Judenvernichtung im Lager gestaltet Tabori demnach auf sprachlicher wie auch auf handlungstechnischer Ebene. Die systematische Erniedrigung im Lager lässt selbst Onkel als letzte moralische Instanz innerhalb der zusammengepferchten Häftlinge die eigenen Normvorstellungen vergessen, wobei der performative Akt des einmal Ausgesprochenen die eigene Hemmschwelle zu Fall bringt. Diese Passage kann als konstitutionsbildend für Taboris dramaturgische Annäherung an die Shoah gelesen werden, legt er doch durch den Ausbruch des Onkels auf Textebene implizit dar, warum aus seiner Perspektive die Absurdität und Grausamkeit der Judenvernichtung nicht pietätvoll, sondern nur mittels grotesker Prinzipien und der motivischen Einbindung von Obszönität und Sexualität adäquat darstellbar ist.

1.3.1.2) Zweite Generation: Robert Schindel, Doron Rabinovici, Rafael Seligmann, Maxim Biller, Elfriede Jelinek

In der Literatur der zweiten Generation nach der Shoah erscheint die Verschränkung von Shoah und Sexualität – auch wenn die sexuellen Darstellungen in ihrer spezifischen Sprache und Bildlichkeit mitunter durchaus noch provozierend wirken – weit weniger problematisch als dies in den Werken von Autoren der ersten Generation der Fall war. Die Shoah als historischer Bezugspunkt verliert an Bedeutung, wird doch der Fokus vielmehr auf die transgenerationale Weitergabe des elterlichen Traumas gelegt und Fragen nach Schuld- und Verdrängungszusammenhängen aufgeworfen. Die prominente Einbindung von Sexualität als motivischem Schwerpunkt hängt dabei weniger, wie von Gilman vermutet[213], mit dem jungen Alter der literarischen Figuren sowie dem der Autorinnen und Autoren zusammen als vielmehr damit, dass Identitätsfindung in der jüdischen Literatur deutscher Sprache zu großen Teilen auf sexuellem Gebiet stattfindet.[214] Aufgrund dieser Tatsache ist die in der Literatur der ersten

212 Ebd., S. 76.
213 Vgl. Gilman, Sander L.: Male Sexuality and Contemporary Jewish Literature in German. The Damaged Body as the Image of the Damaged Soul, in: Ders./Remmler, Karin (Hrsg.): Reemerging Jewish Culture in Germany. Life and Literature since 1989, New York/London 1994, S. 201–249, hier: S. 234.
214 Vgl. Oberwalleney, S. 58.

Generation so frappierende Koinzidenz zwischen komischer Darstellungsweise der Shoah und ihrer literarischen Verschränkung mit Sexualität nicht mehr augenscheinlich, erfolgt die Einbindung sexueller Motive doch auch bei nicht dezidiert grotesken oder komischen Texten wie etwa Littells »Die Wohlgesinnten«.

Die beiden Romane des österreichischen Lyrikers **Robert Schindel** (geboren 1944) gelten als wegweisend für die Literatur der zweiten Generation, nehmen sie doch mit dem Fokus auf differierende Formen der Vergangenheitsbewältigung, jüdische Identitätssuche und das Verhältnis der nachgeborenen Täter- und Opferkinder untereinander zahlreiche ihrer Motive vorweg. Die Romane »Gebürtig« (1992) und »Der Kalte« (2013) weisen im Gegensatz zu etwa den Werken Hilsenraths keine schockierend-grotesken Elemente auf; die in der Figurengestaltung, auf Handlungsebene und in der humoristisch-ironischen Brechung der polyphonen Erzählstimmen angelegte subversive Komik präsentiert sich in dezenten Tönen.

Das Motiv von Liebe und Sexualität fungiert in Schindels »Gebürtig« als Ebene, auf welcher die Chance auf eine Aussöhnung zwischen Juden und Nichtjuden angeboten wird. Gemäß ihrer »Doppellamm«[215]-Struktur fühlen sich die Nachgeborenen von Opfern und Tätern gegenseitig voneinander (sexuell) angezogen: Katz beispielsweise »hatte ein an Sucht grenzendes Faible für schlanke Riesendamen entwickelt, je deutscher desto lieber«[216], Mascha pflegt eine Vorliebe für »steirische[n] Naturburschen«[217]. Die Vereinigung zwischen den jüdisch-nichtjüdischen Paaren gelingt jedoch nur auf körperlicher Ebene, während im Dialog der irreversible Riss zwischen den beiden Gruppen offen zutage tritt und die Beziehungspaare Hermann Gebirtig/Susanne Ressel, Danny Demant/Christiane Kalteisen und Emanuel Katz/Käthe Richter auseinandertreibt.

In den belasteten Liebesbeziehungen konstruiert Schindel somit einen direkten Konnex zwischen Sexualität und Shoah, was auch durch die mit Begriffen aus dem Sexualbereich durchsetzte Sprache deutlich wird, etwa wenn sich Hanna als »Schmuddeljüdin«[218] bezeichnet oder die Jüdin Mascha Singer auf Erich Steglitz

> einen Reiz ausübt, in dem sein öbszöner Geburtsort [Mauthausen, AZ] sich mit ihrem – für ihn – jüdischen Gehabe aufs Gröbste verbunden hat. [...] Ohne ihre zufällige Judenscheide ist dem Erich Steglitz die schöne Landschaft Mauthausen ganz und gar

215 Schindel, Robert: Gebürtig, Frankfurt a. M. 2012, S. 7.
216 Ebd., S. 27.
217 Ebd., S. 40.
218 Ebd., S. 29.

> gleichgültig. Da Mascha sich ausgeschlossen sieht, aber darin begehrt und angegeilt wird, muß sie doch wenigstens eine Aufregung herausbringen dürfen. [...]
> Er sagt schlicht, sagt Mascha zu Demant, daß ich vögeln muß mit ihm, denn Österreich lebt vom Fremdenverkehr.[219]

Während sich Katz der von Richter im Bett geäußerten antisemitischen Bemerkungen[220] erst nach der Trennung bewusst wird, scheint beim Juden Demant und der Katholikin Kalteisen die Herkunft scheinbar keine Rolle zu spielen – gerade dadurch wird jedoch die Auseinandersetzung mit der Vergangenheit, welche im Roman als Voraussetzung für eine Versöhnung und das Funktionieren nicht nur sexueller, sondern auch zwischenmenschlicher Beziehungen ausgewiesen wird, unmöglich.

Doron Rabinovici (geboren 1961) spricht der neueren deutsch-jüdischen Literatur zwei Funktionen zu, nämlich Erinnerung und Witz,[221] wobei sich beide Schreibverfahren als Figuren von Brüchen und Randständigkeiten erweisen. Für Rabinovici, der sich auch auf essayistischer Basis mit dem Phänomen des jüdischen Witzes auseinandergesetzt hat,[222] erweist sich der Witz als dezidiert jüdisches Schreibverfahren des Gedenkens[223], da dieses ästhetische Erzählverfahren immer genau dort seine Funktion präzise erfülle, wo Geschichte tabuisiert werde.[224] Die jüdischen Autoren, so Rabinovici,

> lauschen den Mißtönen des offiziellen Gedenkens nach, versuchen gar mit Witzen den Ritualen der Verdrängung, den Tabus des Verschweigens, beizukommen. Der Humor ist ein Wagnis, kann zuweilen ausrutschen, zum Zynismus verkommen, doch der Witz sucht den Ausweg vor dem Kitsch des Todes, vor der Verklärung des Massenmordes.

---

219 Ebd., S. 13ff.

220 In »Gebürtig« heißt es: »Ihm [Emanuel Katz, A.Z.] fiel ein, daß Käthe während ihrer ersten Nach in Wien zärtlich zu ihm gesagt hatte, am besten an ihm gefiele ihr sein Rassemerkmal. Er hatte gelacht und an seinen beschnittenen Schwanz gedacht, doch sie strich ihm neckisch über den Nasenrücken. Daraufhin hatte er sie umarmt und ihr unter Küssen erklärt, daß dies kein Rassemerkmal sei und die Juden keine Rasse und so weiter. Sie hätte das von ihrer Großmutter, hatte sie ihm darauf erklärt.« Ebd., S. 137.

221 Rabinovici, Doron: Jidntität. Angeln aus christlicher Sicht oder Gibt es eine jüdische Erzähltradition in der deutschen Gegenwartsliteratur?, in: Lappin, Eleonore/Schneider, Bernhard (Hrsg.): Die Lebendigkeit der Geschichte. (Dis-)Kontinuitäten in Diskursen über den Nationalsozialismus, St. Ingbert 2001, S. 252–532, hier: S. 531.

222 Rabinovici, Doron: Hundertundsiebzehn. Oder Eine kurze Anleitung zum jüdischen Witz, in: Ders.: Credo und Credit. Einmischungen, Frankfurt a. M. 2001, S. 61–66.

223 Eine ähnliche Auffassung findet sich auch bei Schindel, welcher schreibt: »Man erzählt Witze, und die Vergangenheit kehrt zurück.« Schindel, Robert: Mein Wien, in: Die Weltwoche Nr. 45, 06.11.1997.

224 Vgl. Kilcher, Andreas: »Doron Rabinovici«, in: Ders. (Hrsg.): Metzler Lexikon der deutsch-jüdischen Literatur. Jüdische Autorinnen und Autoren deutscher Sprache von der Aufklärung bis zur Gegenwart, 2. Aufl., Stuttgart 2012.

> Neben den Traditionen des Erinnerns greifen die jüdischen Autoren auf diejenigen des Lachens zurück. Dieses Gelächter will im Halse stecken bleiben.[225]

In seiner literarischen Annäherung an die Shoah und dem Verhandeln von Fragen nach Erinnern und Vergessen, Herkunft, Identität und Zugehörigkeit bedient sich Rabinovici komisierender Formen insbesondere aus den Bereichen Satire, Ironie, Slapstick und dem Spiel mit Klischees. Die Engführung von Shoah und Sexualität, welche in den ersten drei Romanen Rabinovicis – »Suche nach M.« (1997), »Ohnehin« (2004) und »Andernorts« (2010)[226] – präsent und ansatzweise auch in seinen »Stories« (etwa »Ich schreibe Dir«) angelegt ist, soll im Folgenden anhand der »Suche nach M.« exemplifiziert werden: In seinem Debütroman klammert Rabinovic Sexualität und die Geschehnisse in den Lagern syntaktisch aneinander; dem Kind Dani Morgenthau verschmelzen die sexuellen Geheimnisse mit den in gleicher Weise tabuisierten KZ-Erlebnissen:[227]

> Bereits mit acht Jahren – viel früher als seine Schulkollegen – wußte er von den Verbrechen der Massenvernichtung, bezweifelte er keineswegs, daß sie stattgefunden hatten, insgeheim aber, daß Papa, Mutti und Oma dabeigewesen sein konnten. Dies war ihm ein Rätsel, das nicht unähnlich den vielen sexuellen Geheimnissen schien. Im Grunde hatte die Mutter ihn über die menschliche Fortpflanzung aufgeklärt, doch daß er einer solchen Verquickung seiner Eltern entstammte, daß sie tatsächlich miteinander schliefen, konnte und wollte er sich nie vorstellen. Sooft er seine Mutter nach der Geographie des weiblichen Körpers, nach der Anatomie ihres Leidensweges, nach den Namen der Konzentrationslager und denjenigen der Geschlechtsorgane befragte, vergaß er alles bald wieder, mußte er sich begierig und schamvoll Gewißheit verschaffen, bis sie ihn endgültig zurechwies und sich jede weitere Nachforschung verbat.[228]

Dani Morgenthau leidet körperlich wie psychisch unter der Last des transgenerational vererbten Traumas: Allein durch seine Existenz verkörpert der Junge, in dessen Zeugungsakt von vornherein Gewalt und Zerstörung eingeschrieben sind und der zum Medium und Ausdruck des Begehrens anderer wird,[229] das

225 Rabinovici, Jidntität, S. 531.

226 2017 erschien Rabinovicis vierter Roman »Die Außerirdischen«; diese Gesellschaftssatire lässt sich jedoch nicht als Shoah-Literatur rezipieren.

227 Vgl. Dahlke, Birgit: Lachverbote. Veränderte Erzählstrategien in Literatur und Film über den Massenmord an Juden, in: Braun, Michael (Hrsg.): Tabu und Tabubruch in Literatur und Film, Würzburg 2007, S. 69–84, hier: S. 81.

228 Rabinovici, Doron: Suche nach M., Frankfurt a. M. 1997, S. 32.

229 Vgl. Dahlke, Lachverbote, S. 81. In »Suche nach M.« heißt es: »Dani konnte den vielfältigen Erwartungen nicht nachkommen: Er sollte ein Bursche sein wie alle anderen seiner Klasse, doch durfte er sein Herkommen nicht vergessen, sollte den anderen seine Gleichwertigkeit und die der Juden schlechthin beweisen, sollte mithalten in der deutschen Sprache, ja besser noch als all die übrigen sein, und gleichzeitig Hebräisch studieren, sollte die Dichter und Denker herbeten können, doch nie an sie glauben, sollte das Fremde sich aneignen, ohne sich dem Eigenen zu entfremden.« Rabinovici, Suche nach M., S. 36.

elterliche Erleiden und Überleben der Shoah. Auch seine Großmutter fühlt sich aufgrund seines Aussehens als »dürrer Bläßling«[230] an die abgemagerten KZ-Häftlinge erinnert und sucht in ihm »die Wiederkehr der ermordeten Verwandten«[231]. Solcherart belastet, reagiert Dani sowohl psychisch wie physisch massiv auf die Konfrontation mit dem Phänomen Schuld: Erstens durch die ständige performative Schuldaufnahme von Verbrechen anderer durch die Worte »Ich war's. Ich bin schuld. Ich hab's getan.«[232], zweitens durch die Entwicklung eines extremen, psychosomatisch begründeten Hautausschlags, woraufhin er seinen Körper vollständig mit Mullverbänden umwickelt. Als »Mullemann« beginnt er eine Affäre mit Sina Mohn, die gierig seinen falschen, da von ihr auf sich selbst projizierten Schuldbekenntnissen lauscht, um

> bei seinen Geständnissen in Hitze zu geraten, und während sie ihm die Kleider abzog, rot vor Scham und Lust, und zwischen die Bandagen fuhr, um den Mull zu richten, verhedderte sie sich ihn ihm. Die beiden verknäulten sich ineinander, bis sie sich mit Gekuder und Gekeuche auf dem Boden wälzten, zwischen den Binden umhertollend. In jenen Nächten konnten die Stocknachbarn den Ausruf ihrer Bewohnerin Sina Mohn: »Ja, ja, ich komme... ich komme...«, [...] hören, und gleich darauf [...] das Kikeriki ihres unbekannten Liebhabers: »Neineinein, ich bin's... ich war's.... ich bin's gewesen!«[233]

Die Verschmelzung von Sexualität und (transgenerationaler Weitergabe der Traumatisierung durch die) Shoah findet schließlich Ausdruck in der Bezeichnung Danis als »Mullfetischist«[234].

Rafael Seligmann (geboren 1947) machte sich insbesondere durch seine ersten beiden, nicht unumstrittenen Romane »Rubinsteins Versteigerung« (1988) und »Die jiddische Mamme« (1990) einen Namen: Den Vorwürfen, Trivialliteratur über die Folgen der Shoah zu verfassen, begegnet er gelassen, könne ein Roman

---

230 Ebd., S. 32.

231 Ebd., S. 36. Auf S. 71 des Romans wird dies näher ausgeführt, wenn es heißt: »Dani war ihnen seit seiner Geburt als Reinkarnation verschiedener Verwandter, als Wiederkehr in mehrfacher Gestalt erschienen, als Triumph und Rückerstattung dessen, was zerstört und umgebracht worden war. [...] Dani Morgenthau sollte die Wiederauferstehung der Juden, ihres Glaubens, Denkens und ihrer Würde sein.« Indem allein Danis Existenz als lebendes Gedenken an die Ermordeten fungiert, nimmt Dani innerhalb der Familie die Rolle der »Erinnerungskerze« ein: Die israelische Psychologien Wardi prägte diesen Begriff im Hinblick auf diejenigen Kinder von Shoah-Überlebenden, welche von den Eltern nicht als Individuen, sondern als Symbole für alle Ermordeten und für alles Verlorene begriffen wurden. Vgl. Wardi, Dina: Siegel der Erinnerung. Das Trauma des Holocaust – Psychologie mit Kindern von Überlebenden, Stuttgart 1997, S. 57–82.

232 Rabinovici, Suche nach M., S. 33. Der repetivive Ausspruch Danis findet sich, teilweise in leicht abgewandelter Form, an zahlreichen weiteren Stellen im Werk.

233 Ebd., S. 193.

234 Ebd., S. 217f.

doch, so Seligmann, durch ästhetische Verfahren von Überzeichnung und Karikatur die Wirklichkeit vielfach präziser beschreiben und abbilden.[235] Der humoristische Charakter seiner Romane resultiert aus der betont jugendlichen, respektlosen und bisweilen obszönen Sprache, dem raschen Erzähltempo, der Einbindung von Sprachwitzen und der Unbekümmertheit im schreibenden Einreißen von Tabus. Auch den Vorwurf des »Nestbeschmutzers« brachte sich Seligmann ein, was – wie in diesem Zitat aus »Rubinsteins Versteigerung« deutlich wird – in seinen satirischen Angriffen auf die eigene jüdische Gemeinschaft begründet liegt:

> Die Alten hatten ihre Religion, ihre Lehren und Traditionen. Und wir? Was bleibt uns? Der »Bund« ist jetzt zur Gemeinschaft der Beschnittenen degradiert. Das deutsche Judentum ist sozusagen auf den Schwanz gekommen. Der Bund mit dem Ewigen besteht nur noch aus einer langen Kette geopferter Vorhäute.[236]

Bei Seligmann schlägt sich die Verbindung der Komplexe Shoah und Sexualität überaus prägnant und provokativ nieder: Dies ist insbesondere auf die Charakterbeschaffenheit der jeweiligen Protagonisten – männliche, auf die Auslebung ihrer sexuellen Bedürfnisse fixierte Jugendliche – zurückzuführen. In obigem Zitat wird die hochgradige Sexualisierung von Sprache und Denken des 21-jährigen Protagonisten aus »Rubinsteins Versteigerung« offenbar: Der junge Jude ist gefangen im Spannungsfeld zwischen den Erwartungen der Eltern und den strikten Moralkodizes der jüdischen Gemeinschaft einerseits und den eigenen Bedürfnissen nach freier Auslebung seiner Sexualität andererseits. Somit stellen sich für ihn das Wesen des Judentums und die eigene sexuelle Identität als unvereinbare Gegenpole dar:[237]

> Rubinstein, du bist ein guter Deutscher, wenn auch leider mosaischen Glaubens. Vernünftig, diszipliniert, ordentlich. Recht so. Auch ein guter Jid, verdammt nochmal; macht immer das, was seine Mamme und ihre Geschlechtsgenossinnen verlangen. Und mein Schmock? Gut, er ist nur ein Schwanz, aber auch er hat seine Rechte! Er hat es satt, vor lauter Disziplin und Rücksichtnahme immer nur in die Hose zu spritzen.[238]

Dass nur ein jüdisches Mädchen als seine Freundin akzeptiert würde, liegt in der »panische[n] Angst unserer Alten vor einer ›Mischehe‹ ihrer Kinder«[239] und, eng damit verschränkt, in der Befürchtung, dass Vater oder Onkel der angeheirateten Deutschen in der SS gewesen sein könnten, begründet:

---

235 Vgl. Schruff, Helene/Hahn, Hans-Joachim: »Rafael Seligmann«, in: Kilcher, Andreas B. (Hrsg.): Metzler Lexikon der deutsch-jüdischen Literatur. Jüdische Autorinnen und Autoren deutscher Sprache von der Aufklärung bis zur Gegenwart, 2. Aufl., Stuttgart 2012.
236 Seligmann, Rafael: Rubinsteins Versteigerung, Berlin 2011, S. 89.
237 Vgl. Oberwalleney, S. 59f.
238 Seligmann, Rubinsteins Versteigerung, S. 82.
239 Ebd., S. 43.

> Dann kannst du deine Eltern gleich in die Klapsmühle einliefern. Summa summarum: eine jüdische Maid darf ohne Trauschein nicht vögeln. Und einem jüdischen Jüngling ist es verboten, eine Glaubensgenossin aufs Kreuz zu legen, selbst wenn sie so geil ist wie unsere Lily und gewiß den ganzen Tag an nichts anderes denkt als an Bumsen.[240]

Genau wie in »Rubinsteins Versteigerung« wird auch in »Die jiddische Mamme« der nichtjüdische weibliche Körper als erotisches Wunschziel des ausschließlich auf seine sexuellen Bedürfnisse fixierten jungen jüdischen Mannes entworfen, wobei durch die Verinnerlichung der normativen mütterlichen Vorschriften ein schlechtes Gewissen und daraus resultierend eine Kompensationshandlung des Protagonisten nicht ausbleiben.[241]

Letztlich hat die Verwendung des Motivs der Sexualität bei Seligmann einen psychologischen Hintergrund, wenn es als Kriterium für den Ausschluss aus der deutschen Gesellschaft und für die Bewusstmachung der selbst wahrgenommenen Andersartigkeit fungiert: »Warum bin ich nicht ein Goj? Bei denen trifft man sich, säuft Bier und Schnaps und geht dann miteinander ins Bett.«[242] Aus der soziologischen Perspektive spiegelt sich in der Auseinandersetzung um fremd- oder selbstbestimmte Sexualität die Auflehnung gegen die Erwartungshaltung der Eltern und der jüdischen Umwelt.[243]

Maxim Biller (geboren 1960) persifliert in seinem Kurzroman »Harlem Holocaust« (1998) bereits in den Anfangssätzen das etablierte antisemitische Motiv jüdischer Lüsternheit:

> Wir saßen wie fast jeden Samstag mittag im *Klub Maon*, und Warszawski, der immer so tat, als ob er um ein Haar deportiert worden wäre, ließ seine Hand auf Inas Knie fallen.

240 Ebd., S. 43f.

241 Vgl. Oberwalleney, S. 61f. In »Die jiddische Mamme« heißt es: »Seit ich mit einer Schickse ging, hatte ich mich eifrig in der jüdischen Studentenpolitik engagiert. Ich wollte Bella und mir beweisen, daß ich ein guter Jude geblieben war.« Seligmann, Rafael: Die jiddische Mamme, Frankfurt a. M. 1990, S. 25.

242 Seligmann, Rubinsteins Versteigerung, S. 58.

243 Vgl. Oberwalleney, S. 62. Ausgehend von Seligmanns Werk lassen sich deutliche Parallelen zu Philip Roths »Portnoys Beschwerden« ziehen: Auch hier forciert der junge jüdische Protagonist den Ausbruch aus dem als erdrückend empfundenen Elternhaus mit autoritärer Mutter (Klischeebild der jiddischen Mamme) und schwachem Vater und verwehrt sich der Zugehörigkeit zum Judentum; die obsessive, mit Gefühlen von Schuld und Scham beladene, das Klischeebild des lüsternen Juden persiflierende Sexualität und die Ablehnung des Judentums dienen dem jugendlichen Protagonisten als Mittel zur Rebellion gegen das Elternhaus. Auch auf sprachlicher Ebene finden sich Ähnlichkeiten, wenn sich Roth zur Darstellung der Überspanntheiten und sexuellen Eskapaden des jungen Portnoy des obszönen Humors bedient. Demgegenüber stellt Biller in »Harlem Holocaust« tatsächlich eine Referenz zu Roths Werk her, wenn es im Anschluss an die sexuelle Szene zwischen Warszawski und Ina heißt: »Wie ekelhaft! Wie widerlich! Das klingt ja wie *Portnoys Beschwerden!*« Biller, Maxim: Harlem Holocaust, in: Ders.: Wenn ich einmal reich und tot bin. Erzählungen, Köln 1990, S. 89–143, hier: S. 126.

> [...] Seine Hand rutschte also hoch, am Strumpf entlang, die Finger blieben kurz am Saum ihres braunen Seidenrocks hängen, um schon bald ganz darunter zu verschwinden [...]: »Deutsches Fleisch ist gutes Fleisch...« [...] »Hat natürlich [...] auch so einen süßlichen Geschmack und Brandgeruch.« [...] Dann kniff er mich noch einmal, und seine Hand flog wieder unter Inas Rock. »Darf ich vorstellen: Ina Teutonia Polarker, meine Muse und Möse«, sagte der große Warszawski. Er zog die Hand heraus, schnupperte mit vernebeltem Blick daran [...].[244]

Biller stellt die vorherrschenden Diskurse zur Shoah durch stereotype Projektionen[245] auf den Kopf und arbeitet mit Motiven der Umkehrung. Politisch inkorrekt schockiert und provoziert Biller nicht nur durch äußerste Ausreizung grotesker Stilmittel – etwa extreme Verzerrung, Monströsität und Dämonisches[246] –, sondern vielmehr durch die Obszönität und Explizitheit der sexuellen Beschreibungen vor dem Hintergrund einer »Dichtung«, deren »zentrale[s] Ereignis [...] nicht der Holocaust, [...] nicht die Auslöschung der Juden, sondern die Tilgung dieser Auslöschung als zentrales Ereignis aus unserem Bewußtsein«[247] ist.

Der Konnex zwischen Sexualität und Shoah wird in »Harlem Holocaust« explizit hergestellt, wenn Warszawski »mühelos Brücken schlug zwischen Historie und Hygiene, wie er Aids mit Holocaust kombinierte«[248]:

> »Mein Volk hat das babylonische Exil und die beiden Tempelzerstörungen überstanden, die Inquisition, die Dreyfus-Affäre sowie Stalins Ärzte-Prozesse, und die Endlösung ist uns ebenfalls haarscharf am Arsch vorbeigegangen.« Sein Atem stockte vor Erregung und Anstrengung, und während er sprach, verdeckte er mit einer Hand sein langes Glied. [...] »Warum sollte ich, nach so viel kollektivem, diabolischem Leid, die Schwächung meines Immunsystems riskieren? [...] Sie sind ein deutsches Miststück, Fräulein Polarker, spielen Sie hier nicht auf Mitleid! Ich weiß, was ich von euch halten soll. Ihr seid mit uns ebensowenig fertig wie wir mit euch, und da ist euch jedes Mittel recht. Keine Chance! Wir haben, wie ich sagte, Überlebensstrategien!« Er nahm ein gigantisches schwarz-genopptes Präservativ heraus, das mit einem halben Dutzend weißblauer Davidssterne verziert war, und rollte es langsam über seinen anschwel-

244 Biller, Harlem Holocaust, S. 89f.

245 Dabei darf nicht übersehen werden, dass es sich bei dem gezeichneten Bild von Warszawski lediglich um eine Fremdzuschreibung von außen handelt; die Charakterisierung als monströs, extrem hässlich und sexbesessen kann demnach auch der vermutlich stark verzerrten Wahrnehmung des eifersüchtigen Ich-Erzählers Efraim/Friedrich Rosenhain geschuldet sein.

246 Der in seiner Häßlichkeit und Lüsternheit zugleich abstoßende und faszinierend-anziehende Warszawski mit seinem »rohen, roten Kopf« erhält dämonischen Charakter und wird auch als »jüdische[r] Teufel« bezeichnet. Biller, Harlem Holocaust, S. 126.

247 Ebd., S. 142. Remmler bezeichnet Billers Schreiben auch als »Counter-Memory«, vgl. Remmler, Karin: Maxim Biller. Das Schreiben als »Counter-Memory«, in: Eke, Norbert Otto/Steinecke, Hartmut: Shoah in der deutschsprachigen Literatur, Berlin 2006, S. 311–320.

248 Biller, Harlem Holocaust, S. 125.

> lenden Riesenpenis. [...] »Sie werden jetzt gleich mit mir schlafen. [...] Aber vorher«, sagte Warszawski kalt und reglos, »werde ich ein bißchen Ihre faschistische Schicksenmuschi lecken.«[249]

Auch in Billers Novelle »Im Kopf von Bruno Schulz« (2013) wird Sexualität thematisch mit der Shoah verbunden – dass diese Zusammenführung noch immer als anstößig wahrgenommen wird und Zweifel an der Seriosität des Werkes weckt, zeigt sich an der Rezeptionsgeschichte; der »Spiegel« etwa attestiert dem Buch nur darum Legitimität, weil die abgedruckten Aktzeichnungen – Billers Inspirationsquellen für das Werk – von Bruno Schulz selbst stammen: »Die Existenz der Bilder erhebt Billers Buch über den Verdacht, eine Art ›Shades of Grey‹ an der Schwelle zum Ghetto zu sein.«[250]

Eine Szene aus der Novelle siedelt die Auspeitschung der nackten Bürger von Drohobycz[251] durch den »falschen Thomas Mann«[252], welcher als »Inkarnation der dunklen Seite des deutschen Geistesmenschen«[253] gelesen werden kann, in einem die Gaskammern abbildenden Raum an:

> In diesem Badezimmer [...] waren keine Waschbecken, keine Toilette, keine Badewanne, nur einige in die nackte Betondecke eingelassene Duschen, zwei Bänke und eine lange Stange mit Kleiderhaken. [...]
> Dann zog er wie aus dem Nichts die Pferdepeitsche hervor [...], und er begann die ihn bedrängenden Nackten mit kurzen, saftigen Schlägen abzuwehren. Ich selbst – ich stand neben dieser zuckenden, seufzenden, ständig wachsenden und in sich zusammenfallenden Menschenpyramide – bekam leider nichts ab. [...] »Ich wäre jetzt auch lieber zuhause in München und würde auf der Briennerstraße kleinen Jungs hinterherschauen, statt in den Sümpfen Galiziens zu waten!«, schrie er, während er den Hintern der seufzenden Adele bearbeitete. [...] schließlich drehte sich die Wolke, als zog sie sich zusammen und stieg zur Decke auf, wo sie mit einem lauten Zischen in den Düsen der Duschen verschwand – und gab so den Blick frei auf einen großen Haufen nackter Körper, die leblos um den vor Erschöpfung knienden, falschen Thomas Mann herumlagen.[254]

---

249 Ebd., S. 124ff.

250 Hammelehle, Sebastian: Holocaust-Novelle von Maxim Biller: Travestie auf Weltniveau, in: Spiegel, 07.11.2013.

251 In der heute zur Ukraine gehörenden Stadt Drohobycz wurden zwischen 1941 und 1944 fast sämtliche Juden verschleppt und ermordet, von 1942–1943 existierte hier auch ein jüdisches Ghetto.

252 Biller, Maxim: Im Kopf von Bruno Schulz, Köln 2013, S. 41. Diese Benennung dieser Figur erfolgt in der Novelle durchgängig anhand von Bezeichnungen wie »falscher Thomas Mann«, »angeblicher Thomas Mann« (z.B. S. 14, S. 50) oder »Doppelgänger« (z.B. S. 32, S. 40).

253 Vgl. Hammelehle.

254 Biller, Im Kopf von Bruno Schulz, S. 33ff.

Durch die Engführung von Shoah und grotesker Sexualität, wie sie anhand zweier Passagen exemplifiziert wurde und auch in zahlreichen anderen seiner Texte zu finden ist, entlarvt Biller nicht nur tradierte antisemitische Klischees: Er zeichnet auch ein provokantes Abbild der unaufgelösten kulturellen und gesellschaftlichen Spannungen und der »negativen Symbiose«[255] zwischen Juden und Deutschen. Überträgt man diese Logik auf Billers Roman »Die Tochter«, so symbolisiert der angebliche sexuelle Missbrauch der Tochter durch den Vater die Schuld und Verdrängung der Vergangenheit.[256]

In **Elfriede Jelineks** (geboren 1946) Werk Spuren einer manifesten Shoah-Thematik zu finden, gestaltet sich als diffizil, da die Judenvernichtung nicht explizit zur Sprache kommt, sondern vielmehr die Annahme eines Fortdauerns des Faschismus »eine Art formative Grundmatrix«[257] vieler ihrer Texte darstellt. Anstatt die Zeit des Nationalsozialismus und die Shoah zu historisieren, erscheint Geschichte als aufgestautes Totenreich, ihre Untoten als Chiffre für die unabgeschlossene Vergangenheit. In diesem Zusammenhang sei insbesondere Jelineks als Opus Magnum geltender Roman »Die Kinder der Toten« (1995) näher zu beleuchten: In dieser »Gespenstergeschichte zur österreichischen Identität«, wie Jelinek ihren Roman selbst umschrieb, werden die

> Diskurse zur Verdrängung und Normalisierung in groteskem Ambiente einer absurden Gespenster- und unheimlichen Heimatgeschichte imitiert und variiert, nicht jedoch um die reale Historie des Holocaust zu erzählen, vielmehr um die endlose Unschuldigkeit zu desavouieren.[258]

Jelineks Text gedenkt der Millionen von Toten, verwehrt sich jedoch gleichzeitig einer sentimenatalen Verkitschung von Erinnerung: »[...] ich meine alles ironisch, und man kann mein Werk natürlich nicht verstehen, wenn man diese Ironie nicht sieht«[259]. Durch die enge Verschränkung von Ernst und Pathos mit Komik und Groteske entfaltet sich eine besondere Spannung in der narrativen Inszenierung des bildgewaltigen Totentanzes.[260]

---

255 Zum Begriff der negativen Symbiose siehe: Diner, Dan: Negative Symbiose. Deutsche und Juden nach Auschwitz, in: Ders. (Hrsg.): Ist der Nationalsozialismus Geschichte? Zur Historisierung und Historikerstreit, Frankfurt a. M. 1988, S. 185–197.

256 Vgl. Remmler, S. 314ff.

257 Birkmeyer, Jens: Elfriede Jelinek. Tobsüchtige Totenwache, in: Eke, Norbert Otto/Steinecke, Hartmut: Shoah in der deutschsprachigen Literatur, Berlin 2006, S. 302–310, hier: S. 303.

258 Ebd., S. 307.

259 Jelinek im Interview: Jelinek, Elfriede/Treude, Sabine/Hopfgartner, Günther: Ich meine alles ironisch. Ein Gespräch, in: Sprache im technischen Zeitalter 153 (2000), S. 21–31, hier: S. 30.

260 Vgl. Albrecht, Andrea: »So lustig ists später nie mehr geworden.« Anmerkungen zum Verhältnis von Erinnerung, Groteske und Ironie in Elfriede Jelineks *Die Kinder der Toten*,

In »Die Kinder der Toten« wird eine Analogie zwischen Sexualität und Shoah konstruiert, wird doch die Assoziierung der gewaltsamen Verdrängung der Shoah sowie der an Frauen verübten Gewalt mithilfe des Motivs der Sexualität dargestellt – so findet der männliche Phallus seine Entsprechung im Gashahn:

> dort unten, das Ding, das sich ergeben hat, nimmt man also in die Hand, wenn das Lebenwollen etwas Strom aus dem Hahn zapfen will. Dieser Mann, dieser Zeitbestimmte, hat seinen Kontakt zu den großen Gefühlen ganz offensichtlich einem Gashahn entnommen, zu Zeiten, da das Gas noch giftig war und in seinem Eifer Hunderte von dreckigen Lebenshaufen wegputzen konnte, bevor sie von selber geschmolzen waren.[261]

Jelinek evoziert so eine Parallele zwischen den durch das Machtgefälle im Geschlechterverhältnis (nicht nur auf sexueller Ebene) ausgebeuteten Frauen und den ermordeten Juden.[262] Wie Frauen werden auch die Toten durch Bezeichnungen wie »Menschenplaste, eine zähe Paste«[263], »Biomasse«[264], »Fleischblütenstaub«[265] oder »Knochensplitt«[266] auf ihre bloße Körperlichkeit reduziert und zum bloßen Objekt degradiert.[267]

Auch wenn textimmanent eine Engführung von Macht- und Gewaltverhältnissen zwischen den Geschlechtern einerseits und der Shoah sowie dem Phä-

in: Zittel, Claus/Holona, Marian: Positionen der Jelinek-Forschung. Beiträge zur Polnisch-Deutschen Elfriede Jelinek-Konferenz, Olsztyn 2005, S. 87–104, hier: S. 88.

261 Jelinek, Elfriede: Die Kinder der Toten, Reinbek 2000, S. 67.

262 Eine Analogie zwischen Juden und Frauen, ihre Parallelisierung als Unterdrückte, stellen bereits Adorno und Horkheimer her, wenn sie schreiben: »Die Erklärung des Hasses gegen das Weib als die schwächere an geistiger und körperlicher Macht, die an ihrer Stirn das Siegel der Herrschaft trägt, ist zugleich die des Judenhasses. Weibern und Juden sieht man es an, daß sie seit Tausenden von Jahren nicht geherrscht haben. Sie leben, obgleich man sie beseitigen könnte, und ihre Angst und Schwäche, ihre größere Affinität zur Natur durch perennierenden Druck, ist ihr Lebenselement. Das reizt den Starken, der die Stärke mit der angespannten Distanzierung zur Natur bezahlt und ewig sich die Angst verbieten muß, zu blinder Wut. Er identifiziert sich mit der Natur, indem er den Schrei, den er selbst nicht ausstoßen darf, in seinen Opfern tausendfach erzeugt.« Horkheimer, Max/Adorno, Theodor W.: Dialektik der Aufklärung. Philosophische Fragmente, Frankfurt a. M. 1989, S. 120. Nickenig weist jedoch darauf hin, dass sich Horkheimers und Adornos Thesen ebenso wenig wie Jelineks Darstellungen als tatsächliche Aussage über eine Parallele zwischen einer Unterdrückung der Frau und der Verfolgung der Juden verstehen lassen; die beschriebenen Zusammenhänge seien, so Nickenig, lediglich ein Versuch unter vielen anderen, das Geschehene darzustellen, wobei die aufgerufene Analogie gleichzeitig zum Scheitern gebracht würde, indem sie ebenso viele Brüche wie Parallelen aufwiese. Vgl. Nickenig, Annika: Diskurse der Gewalt. Spiegelung von Machtstrukturen im Werk von Elfriede Jelinek und Assia Djebar, Marburg 2007, S. 126f.

263 Jelinek, Die Kinder der Toten, S. 201.

264 Ebd., S. 395.

265 Ebd., S. 342.

266 Ebd., S. 566.

267 Vgl. Nickenig, S. 123.

nomen der Schuldverdrängung andererseits vorgenommen wird, so versucht sich Jelinek doch nicht an dem Entwurf eines Erklärungsmodells. Vielmehr lassen sich die konstruierten und zerstörten Analogien zwischen Sexualität und Shoah als Hinweis darauf lesen, dass jeder Darstellungsversuch auf Analogien angewiesen ist – selbst da, wo keine möglich sind; eine Schwierigkeit, auf die der Roman durch den scheiternden Versuch der Darstellung von Auschwitz und die gleichzeitige Kennzeichnung der Unzulänglichkeit dieses Versuches selbst hinweist.[268]

Es konnte nun anhand verschiedener komischer Werke von Autorinnen und Autoren der ersten und zweiten Generation aufgezeigt werden, auf welch differierende Weise die Konstruktion einer textimmanenten Verschränkung zwischen Sexualität und Shoah vorgenommen wird: Dabei ging die Darstellung von den rein topographischen Relationen Beckers über die provozierenden Schilderungen bei Lind oder Biller bis hin zu Seligmanns trivial-komischer literarischer Zirkulation um jugendliche Sexualität.

Mit Jelinek gibt es nur eine einzige weibliche Autorschaft, bei welcher in einem komisierenden Text ein implizierter Konnex zwischen Shoah und Sexualität nachgewiesen werden konnte. Auch wenn in der Literatur der zweiten Generation mehrere Autorinnen sexuelle Motive in ihre Werke miteinbeziehen, so geschieht dies zumeist indirekt und weit weniger explizit als in den Texten ihrer Kollegen. In den zwischen feiner, hintergründiger Ironie und lebhafter Komik changierenden Werken Barbara Honigmanns und Eva Menasses etwa werden zwar – oftmals das Konfliktpotential zwischen jüdisch-nichtjüdischen Paaren offenlegende – Liebesverhältnisse thematisiert, deutliche Darstellungen des Sexualaktes jedoch umgangen. Vernachlässigt man den Aspekt der Komik, so findet sich bei Esther Dischereit eine konstruierte Analogie zwischen offen thematisierter Sexualität und Juden(vernichtung): Bei Dischereit bestimmt, ähnlich wie bei Jelinek, die Sexualität ihrer weiblichen Figuren deren gesellschaftliche Position als die des Opfers und spiegelt deren Selbstverständnis als Jüdin wider. Im Roman »Merryn« (1992) erlebt die gleichnamige Protagonistin Sexualität als schmerzhaft, passiv und gewaltinhärent; Dischereit führt die jüdische Frau – als Jüdin in Deutschland der Gewalt durch die Bevölkerungsmehrheit, als Frau der männlichen (sexuellen) Gewalt ausgesetzt – als gesellschaftliches Opfer im doppelten Sinn vor.[269]

---

268 Vgl. ebd., S. 129.

269 Vgl. Oberwalleney, S. 64f. In einem Interview mit Wolfgang Benz äußert sich Dischereit über die literarische Funktion von Sexualität in »Merryn« wie folgt: »Große Teile handeln über Sexualität, über eine Frau und Verletzungen des Körpers. Und ›wir‹, ich sag jetzt mal ›wir‹ oder ›ich‹, wir wissen schon, wo die besondere Verletzung herrührt, die in den Körper einer jüdischen Frau gehen kann; eben daher, daß sie eine jüdische Existenz führt oder

1.3.2) Sexualität in der nicht-komischen Shoah-Literatur: Aleksandar Tišma, Jonathan Littell

Am Beispiel der Romane Aleksandar Tišmas und Jonathan Littells sollen im Folgenden solche Werke in den Blick genommen werden, welche bei der literarischen Verschränkung von Sexualität und Shoah auf Elemente aus dem Bereich der Komik verzichten.

Der serbisch-jüdische Autor[270] **Aleksandar Tišma** (1924–2003) ist ein der ersten, welcher die in all seinen Werken vorgenommene prominente Einbindung von Sexualität auch mit der Shoah verknüpft. In der Rezeption werden Sexualität, Macht und Gewalt einhellig als die wichtigsten Themenkomplexe von Tišmas großen Romanen betrachtet, der von ihm anlässlich seiner Tübinger Poetik-Vorlesungen von 1997 initiierte Schreibwettbewerb trug den bezeichnenden Titel »Macht und Frauen«[271].

Tišma, welcher als Jugendlicher mit den Gräueltaten der Nationalsozialisten, etwa dem Massaker in Novi Sad, konfrontiert wurde, verarbeitet in seinen zahlreichen Werken die Erlebnisse von Krieg, Besatzung und Shoah. Dabei wird insbesondere in den von Tišma als sein persönliches Pentateuch bezeichneten Romanen »Das Buch Blam«, »Der Gebrauch des Menschen«, »Die Schule der Gottlosigkeit«, »Treue und Verrat« sowie »Kapo«[272] der Fokus auf die Folgen dieser Ereignisse für die Nachkriegszeit gelegt, welche anhand von Einzelschicksalen aufgezeigt werden.

Ähnlich wie bei Hilsenrath versagen auch in Tišmas komplex durchkonstruierten Romanen klare Schuldzuschreibungen; gerade mit der häufig auftauchenden Figur des (jüdischen) Kapo oder Kollaborateurs schafft der Autor einen unmöglich in die Kategorien »gut« respektive »böse« zu verortenden Protagonisten und durchbricht so klare Täter-Opfer-Schemata. Auch sprachlich tritt der Autor von einer moralischen Verurteilung zurück, wenn er seine Leserinnen oder Leser »so nahe wie möglich an den Ursprung menschlicher Unmenschlichkeit«[273] heranführt und – bisweilen auch mittels erzähltechnischer

---

Herkunft hat… Und diese Probleme des Frauseins – wie das Frausein für alle ist –, vermischen sich mit dem Minderheitenproblem, mit der Existenz nach der Shoah.« Dischereit, Esther: Übungen, jüdisch zu sein. Aufsätze, Frankfurt a. M. 1998, S. 213.

270 Tišma wuchs zweisprachig auf (ungarisch und serbisch), entschied sich aber für das Serbische als Schreibsprache.

271 Tišma, Aleksandar (Hrsg.): Macht und Frauen. Prosa, Lyrik, Szenen & Essays, Tübingen 1998.

272 Die fünf Werke erschienen zwischen 1971 und 1987 auf Serbisch, die jeweiligen deutschen Übersetzungen folgten in den 1990er-Jahren.

273 Klappentext, in: Tišma, Aleksandar: Kapo, München 1999.

Entscheidungen wie die Einbindung von Metatexten[274] – in die Innenperspektive seiner moralisch ambivalenten, traumatisierten Figuren hineinversetzt. Weder in seinen Romanen noch in seinen Kurzgeschichten bedient sich Tišma dabei komischer Mittel; seine Beschreibungen sind, auch bei der Schilderung intimer Emotionen seiner Protagonisten, stets nüchtern, direkt und unsentimental.

In seinem Roman »Kapo« zeichnet Tišma das Psychogramm des Juden Viktor Lamian, welcher während des Krieges in den Lagern Jasenovac und Auschwitz interniert wurde und nur durch die Annahme einer falschen Identität überlebte. Nach dem Krieg verfolgt ihn das Bild einer der zahlreichen inhaftierten Frauen, welche er als Kapo Furfa mit Hilfe von Lebensmitteln sexuell gefügig gemacht hatte:

> »Komm her«. Sie huschte sogleich herbei, den Blick der weitstehenden Augen auf dem Tisch mit den Schinkenbrotbissen und der warmen Milch [...]. »Setz dich auf meinen Schoß.« Sie drängte sich zwischen Tisch und Bank hindurch, wobei sie etwas in die Knie gehen mußte, und ließ sich auf seinen Schenkeln nieder. »Die Arme um den Hals.« Sie hob sie, bog sie weich, [...] er legte seine rechte Hand auf ihre linke Brust, mit dem anderen Arm umfasste er ihre Taille. »Küssen.«
> Sie streckte sich im entgegen, wandte zögernd den Blick vom Tisch, schloß die Augen und drückte die Lippen auf seine. Er schob ihr die Zunge in den Mund und ließ sie in der feuchten Höhle kreisen, wobei er spürte, wie sein sich reckendes Glied ihr zwischen den Schenkeln geöffnetes Fleisch berührte. Er zog die Zunge zurück, sie löste sofort ihre Lippen von seinen und öffnete die Augen. Da ließ er ihre Brust los und griff nach einem Bissen, den er ihr reichte. Sie schnappte ihn mit den Zähnen und begann gierig zu kauen.
> Inzwischen legte er wieder die Hand auf ihre Brust, ließ sie zwischen ihre Beine gleiten mit den feinen braunen Härchen und suchte nach der zarten, feuchten Öffnung, und als sie den Bissen geschluckt hatte, zog er die Hand zurück, griff nach dem Töpfchen und hielt es ihr an die Lippen. [...] »Küssen.« Das wiederholte er noch fünfmal, streichelte sie immer heftiger, weil seine Begierde wuchs, und als sie alles gegessen und getrunken hatte, klatschte er ihr auf die Hüfte. »Komm, hinlegen.« Sie stand auf und ging, er hinterher mit dem Blick auf ihre unterentwickelten, sich wiegenden Hüften, sie ging um den Tisch herum, spähte über die Schulter, welche Stellung er forderte, und er wies sie an, sich auf den Rücken zu legen. Sie streckte sich auf der Decke aus [...]. Er ließ sich zwischen ihren Beinen nieder, legte seine Lippen auf ihre und die Hände auf ihre Brüste und schob sein Glied in sie.[275]

Während Tišma im Laufe des Romans eingehend die Reflexionen und Emotionen Lamians darlegt, der vierzig Jahre nach dem Krieg von tiefen Schuldgefühlen heimgesucht wird und seine Taten vor sich selbst verzweifelt zu rechtfertigen sucht, wird in der detaillierten Beschreibung des Sexualakts die Ge-

274 So beispielsweise der Auszug aus dem Tagebuch Ana Dretvenšeks in »Ohne einen Schrei«.
275 Tišma, Kapo, S. 89f.

fühlsebene ausgespart[276], sieht der Kapo doch in Frauen »nur das Fleisch, die Form, die Farbe, die vergängliche Schönheit von Früchten, die verderben mußten und an denen er sich labte, solange sie noch nicht verdorben waren«[277]. Dementsprechend hatte es ihm auch im Lager »nie leid getan, daß diese oder jene, weil er nicht mehr nach ihr verlangte, bald sterben würde«[278].

Hinsichtlich der von Tišma explizit vorgenommenen Verknüpfung von Sexualität und Shoah lassen sich vier zentrale Aspekte festhalten: Ersten erfolgt die Verbindung der Themen auf topographischer Ebene, wenn Sexualität direkt im Lager als einem harten Schauplatz thematisiert wird. Zweitens führt Lamian eine Alternativlosigkeit vor und verweist mit grausamer Logik auf die Vergänglichkeit der weiblichen Körper im doppelten Sinn, wenn die Frauen entweder im Lager ermordet werden oder aber die Schönheit ihrer Körper im Alter erlischt. Drittens wird die triebhafte Sexualität des Kapo als Möglichkeit zum Vergessen wie auch zur Selbstvergessenheit in der grausamen Realität des Lagers aufgezeigt.

Der vierte Aspekt stellt die Verschränkung von Liebe und Sexualität mit Macht und Gewalt dar: Die von Tišma beschriebene männliche Sexualität findet im Gros seiner Texte ihre Erfüllung nur durch die Ausübung von Gewalt und absoluter Herrschaft, der sich die Frauen freiwillig oder aus einer Notlage heraus unterwerfen und aus der sie nur in Extremsituationen ausbrechen.[279] Dies gilt in besonderer Weise für Tišmas Erzählungen und Romane über die Kriegs- und Nachkriegszeit: In »Kapo« gesteht sich Lamian rückblickend das befriedigende

276 Lamian wird von seiner Freundin Stanka Gefühllosigkeit vorgeworfen: »Im Grunde bist du für nichts geschaffen, als wärst du kein Mensch, sondern ein Apparat, eine Maschine, was weiß ich.« Ebd., S. 134f. Dass Stanka trotzdem so lange mit Lamian gelebt hat, begründet sie mit seiner Zugehörigkeit zum Judentum, was ihn von den anderen abhebe: »›Vielleicht, weil du nicht so warst wie die anderen. Weil du Jude bist.‹ Dieses Wort schockierte ihn: zum erstenmal erhob jemand sein Judentum – das er geheimhielt – zur Tugend. Dennoch fühlte er sich nicht geschmeichelt, sondern eher betrogen. […] Ja, auch wenn er sie küßte, wenn er ihren nackten, unter ihm zuckenden Körper erkundete, hatte er das mit einem Wesen getan, das nie, nicht einmal in den Augenblicken der Erregung, vergaß, daß er etwas anderes war, und ihn ebendeshalb auf sich ertrug. So wie ihn alle, erkannte er mit einemmal, ertrugen, nur ertrugen, und das einzig jetzt, seit das Feuer von Haß, Neid, Niedertracht erloschen war, nachdem die Flammen allen Brennstoff, alle existierenden Juden verschlungen hatte.« Ebd., S. 135.

277 Ebd., S. 305.

278 Ebd.

279 Vgl. Eismann, Wolfgang: Männliches Begehren und Sexualität im Werk von Aleksandar Tišma, in: Reinhart, Johannes/Reuther, Tilmann (Hrsg.): Ethnoslavica. Festschrift für Herrn Univ. Prof. Dr. Gerhard Neweklowsky zum 65. Geburtstag. Beiträge des internationalen Symposiums des Instituts für Slawistik der Universität Klagenfurt in Zusammenarbeit mit dem Institut für Slawistik der Universität Wien, Klagenfurt 07./08. April 2006, Wien 2006, S. 43–60, hier: S. 51.

»Erlebnis der Macht in der Schwüle und Finsternis der Vernichtung«[280] ein; die Angst und Unterwürfigkeit der weiblichen Häftlinge stachelt sein sexuelles Begehren zusätzlich an, und die besondere Faszination für sein Opfer Helena Lifka liegt neben ihrer Jungfräulichkeit in ihren Tränen und ihrer Verzweiflung begründet. Die Motivation der sexualisierten Handlungen liegen demnach weniger im Wunsch nach sexueller Triebabfuhr als vielmehr im Begehren nach Beherrschung und Unterwerfung begründet.

Als überaus provokantes Erzählen von der Shoah erlangte der französische Tatsachenroman[281] **Jonathan Littells** mit dem Titel »Les Bienveillantes« von 2006 (dt. »Die Wohlgesinnten« (2008)) Bekanntheit: Als Angehöriger der sogenannten dritten Generation beschreibt Littell in einer Art fiktiver Biografie unter Einbindung realer Personen, Ereignisse und Schauplätze den Feldzug der Deutschen im Osten und die damit einhergehende Massenvernichtung der

280 Tišma, Kapo, S. 308.

281 Der Roman wird zumeist als Tatsachenroman bezeichnet; Martin Sexl weist jedoch – aufgrund der Konstruktion als Orestie und Tanzsuite und der Fülle an historischen Personen und Ereignissen trotz der fiktionalen Ich-Erzählung – auf eine Hyperkodierung des Romans hin: Diese bewirke, dass »es unentschieden bleibt, ob es sich um einen historischen Roman, eine fiktive Autobiografie (mit christlichen Zügen, weil Aue aus dem inzestuösen ›Paradies‹ der Liebe zu seiner Schwester vertrieben wird), eine fiktive Zeugenschaft, eine Groteske, eine Satire, eine Form der Oral History, eine Kriminalgeschichte, die Geschichte eines Faustpaktes (in dem der mysteriöse Dr. Mandelbrod als Mephistopheles dient, der im Hintergrund die Fäden zieht), eine Höllenfahrt (die in Stalingrad beinahe zum Tod Aues führt), eine Tragödie (Orestie), einen Entwicklungsroman [...], um etwas ganz anderes oder um alle diese Dinge gleichermaßen handelt«. Sexl, Martin: Von Auschwitz nach Srebrenica und zurück – Jonathan Littell und Peter Handke, in: Fischer, Torben/Hammermeister, Philipp/Kramer, Sven: Der Nationalsozialismus und die Shoah in der deutschsprachigen Gegenwartsliteratur, Amsterdam/New York 2014, S. 273–292, hier: S. 279. Auch wenn Sexl hinsichtlich der Unmöglichkeit zur Einordnung des Werks in eine spezifische Gattung zuzustimmen ist, so ist die Klassifizierung als Satire und Groteske doch nicht nur aufgrund der Absenz komischer Elemente problematisch: Zwar kann die Satire als »Utopie ex negativo« (Arntzen) das Verkehrte so darstellen, dass implizit dessen Abschaffung gefordert wird; der moralische Funktionswert der Satire findet jedoch keine Entsprechung in Littells Werk, welchem kein moralisch-didaktisches Anliegen immanent ist. Auch ist die Klassifizierung als Groteske – trotz der Tatsache, dass einige Passagen aus »Die Wohlgesinnten« grotesken Charakter aufweisen – meines Erachtens unzulässig: Zwar zielt der Roman auf die Erregung von Grauen bei Rezipientinnen und Rezipienten und destabilisiert tradierte Ordnungsstrukturen wie die klassische Kategorisierung in gut/böse in einer verzerrten, entfremdeten Welt. Somit ist die Charakterisierung des Romans als Groteske höchstens mit Bezug auf Kaysers Definition, welcher die Groteske als »entfremdete Welt« bestimmt, haltbar. Kaysers Wesensbestimmung der Groteske zeichnet sich jedoch durch eine Unterbewertung der Rolle der Komik und der Komponente des Lachens aus: Als zentrales Strukturmerkmal der Groteske gilt in der aktuellen Forschung, wie in Kapitel 1.1.2 aufgezeigt wurde, einhellig die ambivalente Verbindung von Grauen und Lachen, welche in »Die Wohlgesinnten« nicht gegeben ist, da der Roman jeglicher komischen Elemente entbehrt.

Juden. Ähnlich wie Hilsenraths »Der Nazi & der Friseur« erfolgt die Narration aus der Täterperspektive: Der Ich-Erzähler Max Aue, welcher sich ganz selbstverständlich als Teil des Täter-Kollektivs wahrnimmt und bewusst distanziert vom Standpunkt des Beobachters aus berichtet, rechtfertigt sich nicht als Zeuge, sondern teilt vielmehr in affektiver Kälte seine Erfahrungen mit – ein Gestus, welcher sich auch in den realen Autobiografien der NS-Täter Rudolf Höß oder Adolf Eichmann findet.[282] Konstruiert ist der Roman hingegen als barocke Tanzsuite und als Orestie mit Elternmord und Inzest – der homosexuelle Aue hat ein inzestuöses Verhältnis mit seiner Schwester.

In den »Wohlgesinnten« ist jegliche Art der literarischen Darstellung von Komik absent; vielmehr erfolgt die akribische Ausbreitung der sexuellen Aktivitäten und Grausamkeiten des Täters Aue im Stil einer nüchternen und distanzierten Berichterstattung. Während sich die Groteske aus der unaufgelösten Spannung zwischen Lachen und Grauen speist, bleibt bei Littells »Wohlgesinnten« nur das Grauen übrig.

Hilsenraths Bezeichnung des Littellschen Romans als »masochistisches Buch«[283] lässt sich demnach sowohl auf die Position der Rezipientinnen und Rezipienten wie auch auf die des Autors selbst beziehen, gestaltet sich doch der Vorgang des Lesens – genau wie es die Schilderung der grausamen Einzelheiten der Shoah durch einen Juden getan haben musste – als (selbst)quälerischer Akt.

Der Roman eröffnet ein Spannungsverhältnis zwischen Erzähl- und Blickperspektive Max Aues, wenn dieser als alter Mann reflektierend, aber nicht bereuend erzählt, jedoch als junger, in die Vernichtungsmaschinerie involvierte Mann auf die Geschehnisse blickt: Beide Perspektiven, politisch wie ästhetisch tabuisiert, lösen bei Rezipientinnen und Rezipienten eine voyeuristische Neugier aus.[284]

Selbst in den wohlmeinenden Besprechungen wurde der Roman als pornografisch rezipiert; Steinfeld bezieht in seiner Besprechung der »Wohlgesinnten« in der »Süddeutschen Zeitung« klar Position, wenn er bereits im Titel den pornografischen Charakter des Werks herausstellt:

> Ein schlauer Pornograph
>
> SS, Homosexualität, Inzest, Durchfall und Erbrechen – Pornographie will die ultimative Überschreitung. Jonathan Littells jetzt auf Deutsch erscheinender Roman »Die

---

282 Vgl. Dahlke, Birgit: Nuda Veritas? Zum Effekt des Pornographischen in Jonathan Littells Roman Les Bienveillantes, in: Figge, Maja/Hanitsch, Konstanze (Hrsg): Scham und Schuld. Geschlechter(sub)texte der Shoah, Bielefeld 2010, S. 301–317, hier: S. 311.

283 Gespräch Edgar Hilseraths mit Volker Dittrich über den Roman »Die Wohlgesinnten« von Jonathan Littell, 26.03.2008. Internetquelle: http://www.dittrich-verlag.de/files/edgar_hilsenrath_-_jonathan_littell_21.4.2008.pdf (24.02.2016).

284 Vgl. Dahlke, Nuda Veritas?, S. 306. Zum Begriff des Voyeurismus im pornografischen Roman siehe auch: Naumann, Peter, S. 305–320.

> Wohlgesinnten« ernennt den Leser zum Voyeur. [...] »Die Wohlgesinnten« sind ein pornographisches Werk. Und zum Pornographischen gehört, dass es hier weitaus mehr zu sehen als zu verstehen gibt. Jonathan Littell will die Aufhebung auch der letzten reflexiven wie ästhetischen Distanz.[285]

Dahlke vertritt die These, dass bei Littell eine Ästhetik des Schreckens von einer pornografisierenden Perspektive[286] abgelöst werde und eine »Struktur der Sexualisierung«[287] den Roman in seiner Gesamtheit durchziehe. Indem »Die Wohlgesinnten« gar nicht anders als pornografisch gelesen werden könnten, werde die Rezipientin oder der Rezipient auf das Problematische der eigenen Rolle aufmerksam gemacht. Darüber hinaus zeige der Autor, so Dahlke, mit seiner pornografischen Adressierung auf, dass jeder Versuch der literarischen Fiktionalisierung von Gewaltverbrechen nahezu zwangsläufig in die Falle des Lustgewinns geraten müsse.[288]

Auch Wiegand stellt in seiner in der »Frankfurter Allgemeinen Zeitung« erschienenen Kritik das pornografische Moment des Romans heraus, allerdings ohne eine Pejoration zu intendieren: Littell, so Wiegand, habe »die Literatur nicht auf Pornoniveau heruntergebracht, sondern sie um die Sinnlichkeit der filmischen Pornografie bereichert«[289]. Obwohl er sich selbst auf den Pornografie-Begriff bezieht, negiert er im Folgenden die Möglichkeit einer Beschreibung des Romans mittels etablierter Begriffe, wenn er als weiteren Grund für die von Littell vorgenommene Einbindung pornografischer Elemente die Notwendigkeit einer »Sudelsprache«[290] annimmt, welche mit der »Sudelwelt«[291] korreliere:

> Ist Littell pornographisch, kitschig, geschmacklos? Das sind alles Begriffe aus einer anderen, einer sauberen Welt, wo das Verschmutzte als Ausnahme gebrandmarkt werden soll. In Aues Welt aber ist alles verdreckt, denn diese ganze Welt der Nazis ist sowieso nur eine einzige große Schweinerei.[292]

Dieser Lesart ist somit eine Umkehrung der ursprünglichen Fragestellung immanent: Anstelle einer konzessiven Grundannahme, welche nach der Berechtigung der pornografischen Schreibweise *trotz* der Shoah-Thematik fragt, wird hier ein konsekutiver Konnex vorausgesetzt: Gerade *aufgrund* der »große[n]

285 Steinfeld, Thomas: Ein schlauer Pornograph. Jonathan Littell: »Die Wohlgesinnten«, in: Süddeutsche Zeitung, 17.05.2010.
286 Vgl. Dahlke, Nuda Veritas?, S. 305.
287 Ebd., S. 307.
288 Vgl. ebd., S. 310.
289 Wiegand, Wilfried: Max Aue ist ein Monstrum, in: Frankfurter Allgemeine Zeitung, 29.02.2008.
290 Ebd.
291 Ebd.
292 Ebd.

Schweinerei«[293], als die der NS-Faschismus attribuiert wird, ergibt sich nach Wiegand die Notwendigkeit einer verdorbenen Diktion zur Abbildung der absurden Gräueltaten auch auf sprachlicher Ebene.[294]

293 Ebd.

294 Siehe hierzu auch S. 50ff. über die Ausführungen zu Tabori hinsichtlich des Aspekts der Verabschiedung einer pietätvollen Sprache.

1.4) Zusammenfassung: Sexualität und Komik in der Shoah-Literatur

Die vorangegangene Analyse ausgewählter Werke diente der Demonstration der Vielschichtigkeit einer narrativen Verbindung von Sexualität und Shoah:

In zahlreichen Fällen dient die Einbindung von Motiven aus dem Bereich der Sexualität zur Aufdeckung und Entlarvung des tradierten und von den Nationalsozialisten insbesondere in Streichers »Der Stürmer« genüsslich propagierten antisemitischen Stereotyps des lüsternen Juden: Eine Parodie dieses Bildes findet sich schon in Hilsenraths »Der Nazi & der Friseur« und andeutungsweise auch bei Lind, wird aber par excellence von Biller mit seiner grotesk überzeichneten Figur des Warszawski aus dem Kurzroman »Harlem Holocaust« vorgenommen. Auch Seligmanns jugendlicher Protagonist Rubinstein oder Schindels Figur des Emanuel Katz können einer solchen Lesart unterworfen werden. Die durch groteske oder ironische Überzeichnung implizierte Kritik am Bild des lüsternen, auf »arische« Mädchen und Frauen fixierte Juden stellt demnach sowohl für jüdische Autorinnen und Autoren der ersten wie auch der zweiten Generation nach der Shoah ein attraktives Motiv dar, welches aufgrund des Fortbestehens antisemitischer Ressentiments nichts von seiner Aktualität und Brisanz eingebüßt hat.

Die Darstellung von (männlicher) Sexualität als Medium zur Ausübung von Gewalt und Herrschaft und zur Zementierung von Machtverhältnissen findet sich insbesondere bei Tišma[295], ist in den untersuchten Werken der Shoah-

295 Auch wenn Tišma offen Sexualität mit Gewalt und Herrschaft verknüpft, können seine Texte nicht zwangsläufig als Kritik an bestehenden Machtverhältnissen im Geschlechterverhältnis gelesen werden: Nicht zuletzt aufgrund der Absenz komischer Erzählelemente erscheint die Schilderung tradierter Rollenbilder und der Degradierung von Frauen zum bloßen Objekt als unkritische Darstellung, nicht als satirischer Angriff. Eismann weist darauf hin, dass Tišma in seinem Werk eine äußerst traditionelle männliche Konstruktion sexuellen Begehrens vorführt und diese Konstruktion zu keinem Zeitpunkt hinterfragt (vgl. Eismann, S. 59.). Im Tagebuch des Autors, welches 2003 in deutscher Übersetzung für die Jahre 1942–1951 erschienen ist, wird dieser Eindruck verstärkt: Tišma präsentiert sich hier als ein Mann, für den die meisten Frauen bloße Sexualobjekte sind, derer man sich permanent und ohne Skrupel bedienen kann. Am 13.03.1944 beispielsweise lautet der Eintrag

Literatur jedoch kaum präsent. Während Tabori lediglich in einem Nebensatz auf die homosexuelle Vergewaltigung eines männlichen KZ-Insassen durch zwei Mitglieder der Gestapo hinweist, wird in den Werken der anderen männlichen Autoren sexualisierte Ausbeutung als Möglichkeit zur Darstellung von Machtverhältnissen kaum genannt. Es sind hingegen vielmehr die Texte von Autorinnen, welche eine Sensibilität für die Möglichkeit der Instrumentalisierung von Sexualität zur Betonung hierarchischer Machtverhältnisse beweisen und die Verschränkung von Shoah und Sexualität als Fingerzeig auf diese Tatsache nutzen. In diesem Sinne lässt sich der von Jelinek oder Dischereit textimmanent konstruierte Konnex zwischen Frauen und Juden, Opfergruppen sexueller und rassischer Unterdrückung, verstehen.

Der Funktion der Verbindung von Sexualität und Shoah als Ausdruck und Zementierung der ungleichen Machtverhältnisse steht die in der Sexualität angelegte Möglichkeit zur Aussöhnung zwischen jüdischen und nichtjüdischen Nachgeborenen diametral entgegen. Bereits bei Becker angelegt, können insbesondere die Texte Schindels dahingehend gedeutet werden, in welchen Liebesbeziehungen – auch und gerade in ihrer Komplexität – als potentielle Option zur Überbrückung der trennenden Distanz zwischen Juden und Österreichern ausgewiesen werden. Dennoch lässt sich auch hier kein einheitliches Bild zeichnen; zahlreiche jüdische Autorinnen und Autoren – etwa Dischereit oder Seligmann – verweisen vielmehr auf die »negative Symbiose«[296] und entscheiden sich bewusst für eine distanzierte Haltung zur deutschen oder österreichischen Mehrheitsgesellschaft.[297]

Lind zeigt mit seiner als autobiografisch ausgewiesenen Figur des Jakov die für die Konstitution und Festigung einer eigenen Identität zentrale Bedeutung der Entfaltung von jugendlicher Sexualität auf: Er führt die Folgen vor, die eine Störung dieses Prozesses aufgrund rassischer Verfolgung nach sich ziehen kann. So wie auch bei Tišma die Umstände einem gesunden sexuellen Reifungsprozess im Wege stehen, bleibt das Verhältnis zu Frauen problematisch und verhindert eine von gegenseitigem Respekt geprägte Beziehung.

Gleichzeitig wird bei den männlichen Autoren der ersten Generation die Ausübung triebhafter männlicher Sexualität als eine Möglichkeit zu temporä-

wie folgt: »Ich habe noch einen Grund für meine Neigung zu Prostituierten entdeckt. In meinen Träumereien war die Frau immer ein Objekt der Leidenschaft, ein Sache, die es duldet, daß wir sie zu unserem Vergnügen nehmen und benutzen. Die Erkenntnis, daß es nicht so ist, daß auch die Frauen an uns ihr Vergnügen haben wollen, war eine Enttäuschung für mich. Eine Prostituierte jedoch, die ich kaufe, ist tatsächlich nur ein Gegenstand, an dem ich meine Leidenschaft verwirkliche – also die ideale Frau.« Tišma, Aleksandar: Reise in mein vergessenes Ich. Tagebuch 1942–1951. Die Meridiane Europas, aus dem Serbischen von Antkowiak, Barbara, München/Wien 2003, S. 56.

296 Diner, S. 185–197.

297 Vgl. dazu etwa Oberwalleney, S. 83–137.

rem Verdrängen und Vergessen der traumatisierenden Erlebnisse ausgewiesen; in der Literatur der zweiten Generation dagegen wird am Motiv der Sexualität die Auswirkungen der Weitergabe kumulativer Traumatisierung an die Nachgeborenen[298] aufgezeigt: Am Beispiel Beckers konnte exemplifiziert werden, wie die psychische Versehrtheit des Vaters der aktuellen Liebesbeziehung des Sohnes im Weg steht, bei Rabinovici verschmelzen dem Kind Dani Morgenthau durch die gleichermaßen vorgenommene Tabuisierung von Sexualität und Judenvernichtung diese beiden Themenkomplexe zu einem einzigen dunklen Geheimnis.

Im Werk Billers, Schindels und Seligmanns wird deutlich, dass Sexualität als Ausdruck der Spannungen zwischen Juden und Nichtjuden fungiert. Daneben ist sie Zeichen der Ausgrenzung und des Andersseins, was sich nicht nur im Bild des beschnittenen Penis' manifestiert, sondern auch durch eine die sexuelle Identität charakterisierende und zugleich determinierende Selbstwahrnehmung einer Protagonistin als »Schmuddeljüdin«[299]. Zugleich dient die ersehnte oder ausgelebte Sexualität vor der Ehe respektive mit einer als »Schickse« abgewerteten Nichtjüdin in Verbindung mit einer offen propagierten Ablehnung des Judentums als Mittel zur Rebellion gegen die Bevormundung durch ein autoritäres oder als übermäßig kontrollierend-fürsorglich empfundenes Elternhaus sowie als Abgrenzung von der jüdischen Gemeinde und einer als lustfeindlich wahrgenommenen Religiosität.

298 Die Weitergabe von Traumatisierung durch die Shoah-Überlebenden an ihre Kinder wird literarisch in den Werken der sogenannten »zweiten Generation« verarbeitet, etwa in den Romanen von Autoren wie Robert Schindel, Doron Rabinovici, Carl Friedman (Carolina Klop), Maxim Biller oder David Grossman, um nur einige wenige zu nennen. Vgl. dazu auch: Oberwalleney, Heterogenes Schreiben; Zachmann, Anna: Transgenerationale Weitergabe von Traumatisierung nach der Shoah. Die jüdische Literatur der »zweiten Generation«, in: inspiration: Zeitschrift für christliche Spiritualität und Lebensgestaltung, Heft 3.17: Trauma, S. 27–30; Schruff, Helene: Wechselwirkungen. Deutsch-jüdische Identität in erzählender Prosa der »Zweiten Generation«, Hildesheim 2000. Abseits der literaturwissenschaftlichen Forschung beschäftigt sich insbesondere die Psychologie in zahlreichen Beiträgen mit dem Phänomen der transgenerationalen Weitergabe von Traumatisierung; einen dezidiert auf die Spätfolgen der Shoah fokussierten Ansatz verfolgen etwa folgende Werke: Zöchmeister, Markus: Vom Leben danach: eine transgenerationelle Studie über die Shoah, Gießen 2013; Bergmann, Martin S. et al. (Hrsg.): Kinder der Opfer, Kinder der Täter: Psychoanalyse und Holocaust, Frankfurt a. M. 1995; Epstein, Helen: Die Kinder des Holocaust: Gespräche mit Söhnen und Töchtern von Überlebenden, München 1987; Hardtmann, Gertrud (Hrsg.): Spuren der Verfolgung: seelische Auswirkungen des Holocaust auf die Opfer und ihre Kinder, Gerlingen 1992; Grünberg, Kurt: Liebe nach Auschwitz – Die Zweite Generation, Tübingen 2000; Opfer-Cohn, Liliane et al. (Hrsg.): Das Ende der Sprachlosigkeit? Auswirkungen traumatischer Holocaust-Erfahrungen über mehrere Generationen, Gießen 2000; Rosenthal, Gabriele (Hrsg.): Der Holocaust im Leben von drei Generationen. Familien von Überlebenden der Shoah und von Nazi-Tätern, Gießen 1997.

299 Schindel, Gebürtig, S. 29.

Es wurde die Übereinstimmung von Texten deutlich, welche sich zum einen der Shoah mittels komischer Stilprinzipien nähern, zum anderen eine Einbindung von Sexualität als Erzählsujet vornehmen. Neben Hilsenrath sind es Lind, Becker und Tabori als Angehörige der ersten Generation, Schindel, Rabinovici, Seligmann, Biller und Jelinek aus der zweiten Generation nach der Shoah, deren komisierende Werke auf denkbar unterschiedlichste Art und Weise eine Einbindung von Sexualität vornehmen. In Anbetracht der unterschiedlichen Gebürtigkeiten der Autorinnen und Autoren der untersuchten Texte lässt sich weiterhin festhalten, dass Sexualität und Obszönität gleichermaßen in der Literatur der ersten und zweiten Generation zu finden sind.

Auch entgegen der Tatsache, dass innerhalb der Rezeption oftmals pornografische Darstellungsweisen unterstellt und eine Obszönität der Sprache missbilligt wurde, lässt sich als Fazit festhalten, dass die Texte nicht nur auf die für Pornografie charakteristische qualitative Häufung der Beschreibung detaillierter sexueller Vorgänge verzichten, sondern auch nicht mit dem intendierten Zweck der sexuellen Erregung verfasst wurden[300]. Vielmehr konnte aufgezeigt werden, dass die Einbindung auch unverhüllter Sexualität stets einem kritischen Impetus folgt und funktional motiviert ist.

Damit lässt sich eine Parallele zu sprachlicher Gestaltung mit Stilmitteln aus dem Bereich der Groteske, Satire, Ironie oder Schwarzem Humor ziehen: Im Zuge der definitorischen Annäherung an die Begrifflichkeiten wurde deutlich, dass die Verwendung komisierender Elemente als Mittel zur Thematisierung und Aufdeckung gesellschaftlicher Missstände – etwa der Fortbestand anti- oder philosemitischer Ressentiments – dienen kann und gerade im Bereich der Shoah-Literatur eine Möglichkeit zur Durchbrechung eines ohnmächtigen Betroffenheitspathos' darstellt.

Das überzeugendste Argument gegen einen pornografischen Charakter der besprochenen deutschsprachigen Werke ist in eben jener narrativen Entscheidung der Autorinnen und Autoren zur Einbindung komischer Elemente zu suchen: Pornografie und Humor sind – wenn auch oft im Konzept des »schmutzigen Witzes« zusammengedacht – als einander ausschließende Positionen zu betrachten; dazu schreibt Mercier:

> We often make the mistake of lumping pornography and ›dirty jokes‹ together, but in fact they stand at opposite poles, or nearly so. The effect of sex jokes, insofar as it is not

300 Die Intention der Autorin oder des Autors ist insofern von höchster Bedeutung, als dass der Gegenstand sexueller Erregung absolut subjektiv ist, womit ein pornografischer Effekt auch unabhängig vom Bestreben der Verfasserin oder des Verfassers erfolgen kann.

> purely intellectual and asexual, is to release sexual tensions, rather than to build them up toward a climax as pornography does.[301]

In Bezug auf Mercier konstatiert auch Naumann, dass Komik der Pornografie prinzipiell entgegensteht:

> Komik und Witz sind [...] der Pornographie fremd, weil sie distanzieren und eine zuvor aufgebaute Spannung auflösen. Ein »pornographischer Witz« ist auch schon deshalb undenkbar, weil der Witz nur skizziert, während Pornographie Ausmalung der Situation erfordert.[302]

Naumann begründet das gegenseitige Ausschließen von Komik und Pornografie somit einmal mit dem Lachen als Reaktion auf komische Phänomene, welches durch sein Potential des Spannungsabbaus der intendierten sexuellen Erregung abträglich ist oder diese sogar blockiert.[303] Zugleich dienen Komik und Lachen auch der emotionalen Distanzierung und stehen damit der unabdingbaren Unmittelbarkeit für die Entfaltung der erotischen Wirkung diametral entgegen: »Romantisierung und Komik oder gar Groteske dagegen widerstreben im Prinzip der Pornographie, da sie ihre Wirkung, die auf Unmittelbarkeit angelegt ist, vermindern, wenn nicht gar verhindern.«[304]

Letztlich wird der Ausschluss des Komischen aus der Pornografie damit begründet, dass, während die Komik von Skizzierung und Aussparung lebt, die Pornografie – im Gegensatz zur Erotik – auf explizite Darstellungen angewiesen ist:

> Von der Darstellung selbst ist zu fordern, daß sie konkrete Details umfaßt und nicht entscheidende Punkte ausklammert [...]. Die Darstellung hat weiterhin realistisch zu sein; Wahrheitstreue und Detailgenauigkeit werden beansprucht und und führen bisweilen hin zu einer geradezu naturalistischen Darstellungsweise.[305]

Somit lassen sich Komik und Pornografie als miteinander inkompatible, sich gegenseitig ausschließende Pole betrachten;[306] Komik kann im pornografischen Kontext bestenfalls unfreiwillig auftreten.[307]

---

301 Mercier, Vivian: Master Percy and/or Lady Chatterley, in: Hughes, Douglas A. (Hrsg.): Perspectives on Pornography, London 1971, S. 21–34, hier: S. 29f.

302 Naumann, Peter, S. 5f.

303 Toulalan hingegen beklagt in ihrer 2007 erschienenen Studie »Imagining Sex« den allgemeingültigen Konsens, dass sexuelle Erregung und Humor miteinander inkompatibel seien. In diesem Zuge vertritt sie die These, dass die erregende Wirkung mit der männlichen Ejakulation gleichgesetzt werde, womit eine weibliche Leserschaft ausgeblendet werde. Vgl. Toulalan, Sarah: Imagining Sex. Pornographie and Bodies in Seventeenth-Century England, Oxford 2007, S. 195–232.

304 Naumann, Peter, S. 2.

305 Ebd.

306 Dem entgegen steht der Hentai, ein japanischer pornografischer Manga oder Anime: Der Comicforscher Galbraith weist darauf hin, dass im Hentai oftmals eine Verbindung von

Im Moment des Verzichts auf Komik bei gleichzeitiger Darstellung expliziter sexueller Vorgänge aber kann (nicht muss) ein Werk – unabhängig davon, ob die Autorin oder der Autor einen Erregungszweck intendiert hatte – als pornografisch klassifiziert werden. Am Beispiel von Littells Roman »Die Wohlgesinnten« wurde aufgezeigt, inwiefern eine jeglicher komischer Elemente entbehrende Darstellung von Sexualität und Obszönität als Pornografie eingestuft werden kann.

Der Terminus Pornografie wird zumeist pejorisierend verwendet – es wurde bereits erwähnt, dass Träger/Müller eine Unterscheidung zwischen erotischer Literatur und Pornografie primär dadurch gegeben haben wollen, dass, während sich die erotische Literatur seit jeher als Bestandteil emanzipatorischer Bewegungen auszeichne, Pornografie bloß affirmativ sei.[308] Dem gegenüber steht Sontags Essay »Die pornographische Phantasie«, in welchem die Autorin »Sexualität als [...] Mittel zur Überwindung der Grenzen des Bewußtseins«[309] und

Pornografie und Komik vorgenommen wird. Vgl. Galbraith, Patrick W.: Lolicon: The Reality of »Virtual Child Pornography« in Japan, in: Image and Narrative. Online Magazone of the Visual Narrative 12/1 (2011), S. 83–114.

307 Vgl. Joost, S. 321. Joost weist darauf hin, dass die Komik durch ihre spannungslösende Wirkung den Zweck der Erregung beschädigt. Somit könne »die mittelalterliche und frühneuzeitliche Schwankliteratur und die meiste ältere galante und erotische Dichtung des 17. und 18. Jahrhunderts, soweit sie nämlich scherzhaft ist, schwerlich pornographisch verwendet worden sein, könnte dies heute mit Bestimmtheit nicht mehr.« Ebd. htSontag weist darüber hinaus darauf hin, dass selbst die Parodie der Pornografie nichts anderes werden kann als wiederum Pornografie; zu dieser Erkenntnis gelangt sie nach einer Analyse der »Histoire d'O«: Da der Roman mit den abgedroschensten Klischees der Pornografie ausgestattet sei, könne man zu dem Eindruck gelangen, dass der Roman selbst nicht so sehr Pornografie als vielmehr »Metapornographie, glänzende Parodie, ist. [...] Doch Pornographie kann sich nicht selbst parodieren. Es gehört zum Wesen der pornographischen Phantasie, daß sie überkommene Schemata der Personenzeichnung, des Schauplatzes und der Handlung vorzieht. In der Pornographie dominiert der Typus, nicht das Individuum. Eine Parodie der Pornographie bleibt stets eine Pornographie [...]. Die Parodie gehört sogar zu den geläufigsten Formen pornographischen Schreibens.« Sontag, S. 133 f.

308 Vgl. Träger/Müller: »erotische Literatur«.

309 Sontag, S. 141. Die vollständige Passage lautet wie folgt: »«Irgend etwas an der Sexualität des Menschen, zumindest an der des zivilisierten Menschen, ist nachweislich von Grund auf widersprüchlich und verwirrend. Der Mensch, das kranke Tier, spürt in sich einen Drang, der ihn in den Wahnsinn treiben kann. Dieses Verständnis der Sexualität als einer Macht jenseits von Gut und Böse, jenseits der Liebe und jenseits der geistigen Normalität, der Sexualität als Quelle der Qualen und Mittel zur Überwindung der Grenzen des Bewusstseins ist das Kennzeichen der französischen Bücher, von denen hier die Rede war.« Mit der Bezeichnung des Menschen als krankes Tier bezieht sich Sontag wiederum auf Nietzsche, welcher in seiner »Genealogie der Moral« schreibt: »Denn der Mensch ist kränker, unsicherer, wechselnder, unfestgestellter als irgend ein Thier sonst, daran ist kein Zweifel – er ist d a s kranke Thier: woher kommt das?« Sicherlich hat er auch mehr gewagt, geneuert, getrotzt, das Schicksal herausgefordert als alle übrigen Thiere zusammen genommen: er, der grosse Experimentator mit sich, der Unbefriedigte, Ungesättigte, der um die letzte

Pornografie positiv als eine Dichtung der Übertretung fasst. Auch nach Dahlke – sie verweist in diesem Zusammenhang auf die sprichwörtliche Wendung von der »nackten Wahrheit« sowie auf Klimts Bild »Nuda veritas«, welches die Allegorie der Wahrheit als nackte Frau darstellt – hatte Pornografie »schon immer auch eine politisch ›aufdeckende‹ Funktion«[310].

Somit kann auch potentiell pornografischen Texten wie etwa dem Littells ein gesellschaftskritischer Impetus zugestanden werden – durch die explizite pornografische Sexualisierung kann es diesen Texten, welche durch den Verzicht auf Komik die erregende Wirkung der dargestellten Sexualität nicht abschwächen, möglicherweise gelingen, die Rezipientinnen und Rezipienten auf das Problematische ihrer Rolle aufmerksam zu machen: Die pornografische Adressierung führt somit dazu, dass sich die Leserin oder der Leser nicht nur umso deutlicher des eigenen voyeuristischen Blicks bewusst wird, sondern zeigt auch explizit den Lustgewinn auf, welcher der Fiktionalisierung der Shoah unweigerlich folgen muss.

Dem Phänomen der pornografischen »Stalag«-Hefte, deren gewaltinhärente Handlung im Lager angesiedelt ist, kann darüber hinaus eine weitere Leistung zugestanden werden: Die israelischen Groschenromane waren im puristisch-konservativen Israel der frühen 1960er-Jahre nicht nur die einzige verfügbare Sex-Literatur, sondern stellten zugleich eine der frühesten Auseinandersetzungen mit der Shoah dar – sie lassen sich auch als Echo auf den Eichmann-Prozess lesen.[311]

Dennoch stellt sich die Frage, ob pornografische Texte als ernstzunehmendes Medium für eine fiktionalisierte literarische Auseinandersetzung mit der Shoah geeignet sind: Den Verweis auf die kritische Position der Rezipientinnen und Rezipienten als Voyeure kann auch ein nicht-pornografischer Text leisten, ohne dabei Gefahr zu laufen, der Sensationslüsternheit des Publikums eine zweifelhafte Legitimität einzuräumen. Auch für den Fingerzeig auf den ästhetischen

---

Herrschaft mit Thier, Natur und Göttern ringt […] – wie sollte ein solch muthiges und reiches Thier nicht auch das am meisten gefährdete, das am Längsten und Tiefsten kranke unter allen kranken Thieren sein?« Nietzsche, Friedrich: Zur Genealogie der Moral. Eine Streitschrift, Dritte Abhandlung: was bedeuten asketische Ideale?, Abs. 13, Philosophische Werke in sechs Bänden, hrsg. von Claus-Artur Scheier, Bd. 6, Hamburg 2013, S. 121.

310 Vgl. Dahlke, Nuda Veritas?, S. 309. Diese These erscheint in ihrer Verallgemeinerung etwas verstiegen; haltbar ist wohl eher die Ansicht, dass Pornografie durchaus das *Potential* zur Aufdeckung zuzugestehen ist, sie in den meisten Fällen dieses jedoch nicht nutzt, und daher eher Träger/Müller zuzustimmen ist, wenn diese der Pornografie bloße Affirmativität attestieren.

311 Die »Stalag«-Hefte – »Stalag« steht hier als Abkürzung für Stammlager – fantasieren jeweils vom Schicksal eines aliierten abgeschossenen Soldaten, der in einem Stammlager der Nationalsozialisten von zumeist blonden, vollbusigen SS-Offizierinnen vergewaltigt und gefoltert wird. Für weitere Infos siehe auch: Dokumentationsfilm »Pornografie & Holocaust« (2010) von Ari Libsker.

Lustgewinn bedarf es nicht der Pornografie, da diese Problematik erstens durch jede gelungene künstlerische Auseinandersetzung mit der Shoah zutage tritt und zweitens einen bereits überholten Diskurs wiederaufnimmt, welchen bereits Adornos Diktum angestoßen hatte, als er der »sogenannte[n] künstlerische[n] Gestaltung des nackten körperlichen Schmerzes der mit Gewehrkolben Niedergeknüppelten«[312] das paradoxe Potential attestierte, »Genuß herauszupressen«[313].

Resümierend bleibt festzuhalten, dass die Thematisierung von Sexualität in enger Verbindung mit der Shoah fast nur in solchen Werken vorgenommen wird, welche sich durch den Rückgriff auf sprachliche Elemente aus dem Bereich der Komik auszeichnen: Nur mittels grotesker, schwarzhumoriger, satirischer oder ironischer Gestaltungsprinzipien, so scheint es, lässt sich die Einbindung von Sexualität als Erzählsujet sinnvoll nutzbar machen. Durch die Darstellung einer mit sexuellen antisemitischen Klischees ausgestatteten Figur beispielsweise kann das Bild des lüsternen Juden nur entlarvt, eine philosemitische Vereinbarung nur angegriffen werden, wenn groteske Überzeichnung oder ironische Verdrehungen den Angriff als einen solchen kennzeichnen – der Text läuft sonst allzu schnell selbst Gefahr, die kritisierten stereotypen Muster eher zu stützen denn zu subvertieren.

312 Adorno, Theodor W.: Engagement, in: Ders.: Noten zur Literatur, Gesammelte Schriften Bd. 11, Frankfurt a. M. 1974, S. 409–430, hier: S. 423.

313 Ebd.

Teil 2: Hilsenrath Revisited: Die Darstellung von Sexualität und Geschlechtskonstruktion aus gendertheoretischer Perspektive

»Es gibt genug Frauen dort. Aber sie sind irgendwie anders. [...] Sie gehorchen ihren Männern nicht. Sie glauben, daß sie selbstständig sind. Und sie zeigen jedem ihre Beine.«

Edgar Hilsenrath, Das Märchen vom letzten Gedanken, S. 108.

2.1) Geschlechterstereotype und Sexismus

Die vorliegende Untersuchung der Hilsenrathschen Werke basiert auf der Annahme, dass die tabubehaftete Verschränkung von Sexualität und Shoah, wie der Autor sie in seinen Werken explizit vornimmt, einer intentionalen Motivation geschuldet ist.[314]

Nicht antithetisch, sondern vielmehr ergänzend dazu soll der Analyse der Verknüpfung von Sexualität und Shoah im Werk Hilsenraths eine Untersuchung aus gendertheoretischer Perspektive vorgelagert werden, welche als Angebot einer weiteren Lesart des Motivs der Sexualität im Hilsenrathschen Werk verstanden werden kann. Nicht zuletzt aufgrund der in Rezeption und Forschung zu verzeichnenden Vernachlässigung zentraler Fragen etwa nach der Konstruktion von Körperlichkeit und Frauenbild, der Fortschreibung tradierter Geschlechterstereotype sowie potentiellen homophoben und sexistischen Tendenzen scheint eine Re-Lektüre der Hilsenrathschen Werke aus dezidiert genderorientiertem Blickwinkel dringend erforderlich.

Die Problematik dieser Lesart ergibt sich daraus, dass im Zuge einer kritischen Annäherung an die skizzierten Fragen aus Perspektive der Geschlechterforschung eine Herauslösung der zu untersuchenden Textpassagen aus dem Kontext der jeweiligen Werke unumgänglich ist. Im Bewusstsein der Provokation einer solchen Vorgehens gilt es, zwei signifikante Anmerkungen zu antizipieren: Das folgende Kapitel sei erstens verstanden als experimentelles Unterfangen, gezielt die hypothetische Annahme des Vorhandenseins androzentrischer und misogyner Tendenzen im Hilsenrathschen Werk zu belegen, aufzuzeigen und kritisch zu hinterfragen. Zweitens sei erneut darauf hingewiesen, dass die im Folgenden angebotene Lesart nicht als Komplement zu Kapitel 3 zu verstehen ist, da der in den Romanen explizit vorgenommenen Einbindung von Motiven aus dem Bereich der Sexualität zu keiner Zeit die intentionale Verfolgung spezifischer Funktionen abgesprochen werden soll.

314 Den polymorphen Funktionen, welche der Verknüpfung dieser beiden Motive zugrunde liegt, soll in Kapitel 3 nachgegangen werden.

2.1.1) Konzepte von Geschlechterstereotypen und Sexismus

Zur Einordnung in die wissenschaftliche Genderforschung sei zunächst festgehalten, dass Geschlechterstereotype[315] – neben Konzepten des Sexismus und der Geschlechtsidentität – eine zentrale Komponente sozial geteilter impliziter Geschlechtertheorien bilden. Dies sind Theorien, welche sich beispielsweise mit Alltagsannahmen über die Geschlechter, Bewertung von Individuen mit rollenabweichendem Verhalten oder geschlechtsbezogene Wahrnehmungen der eigenen Person befassen.[316] Damit ist das Konzept der Geschlechterstereotype eng verwandt mit dem der Geschlechterrolle, bei welchem die Betonung auf den sozial geteilten Verhaltenserwartungen liegt.[317]

In seinem Aufsatz »Geschlechterstereotype: Von Rollen, Identitäten und Vorurteilen« im »Handbuch Frauen- und Geschlechterforschung« von 2010 definiert Eckes Geschlechterstereotype als »kognitive Strukturen, die sozial geteiltes Wissen über die charakteristischen Merkmale von Frauen und Männern«[318] enthalten. Genau wie andere Stereotype – beispielsweise nationale oder Altersstereotype – gehören sie damit einerseits zum individuellen Wissensbesitz, während sie andererseits den Kern eines konsensuellen, das heißt kulturell geteilten Verständnisses von den typischen Merkmalen der Geschlechter bilden. Geschlechterstereotype weisen damit, wie Schneider in seiner 2004 erschienenen Studie »The Psychology of Stereotyping«[319] darlegt, eine duale Struktur auf, da sowohl individuelle als auch konsensuelle Stereotypanteile und ihre jeweilige Wirkung betrachtet werden müssen.[320]

Im Gegensatz zu anderen Stereotypen weisen Geschlechterstereotype noch eine weitere duale Struktur auf, indem sie sowohl deskriptive als auch präskriptive Anteile haben. Während die deskriptiven, also »beschreibenden« Anteile traditionelle Annahmen über Frauen und Männer umfassen, beziehen sich die präskriptiven, also »vorschreibenden« Anteile auf Erwartungen darüber, wie Männer und Frauen sein und sich verhalten sollten. Werden deskriptive Annahmen – z. B. Frauen »sind« einfühlsam, Männer dominant und

315 Aufgrund der inzwischen fast hundertjährigen Tradition von Konzeptionen und Theorien zu Stereotypen, welche in den 1960er Jahren um eine breite Forschung zu Geschlechterstereotypen erweitert wurde, und der daraus resultierenden Masse an Forschungsliteratur wird im Folgenden nur ein kurzer Überblick zum Thema geboten.

316 Vgl. Eckes, Thomas: Geschlechterstereotype: Von Rollen, Identitäten und Vorurteilen, in: Becker, Ruth/Kortendiek, Beate (Hrsg.): Handbuch Frauen- und Geschlechterforschung. Theorie, Methoden, Empirie, 3., erw. u. durchg. Aufl., Wiesbaden 2010, S. 178–189, hier: S. 179.

317 Vgl. ebd. S. 178.

318 Ebd.

319 Schneider, David J.: The Psychology of Stereotyping, New York 2004.

320 Vgl. Eckes, Geschlechterstereotype (2010), S. 178.

zielstrebig – verletzt, so folgt typischerweise Überraschung, während hingegen aus einer Verletzung der präskriptiven Annahmen – Frauen »sollen« einfühlsam, Männer dominant sein – in der Regel Ablehnung oder Bestrafung resultiert.[321] Da Verletzungen der stereotypen Erwartungen, wie 2003 von Prentice und Carranza aufgezeigt wurde, nur selten zu einer Änderung der Stereotype führen[322], bezeichnet Eckes Geschlechterstereotype als »in hohem Maße änderungsresistent«[323].

Unter Stereotypisierung versteht man Prozesse, bei welchen stereotypgestütztes Wissen auf konkrete Individuen angewandt wird, wobei sich der Vorgang der Stereotypisierung aufgrund des Geschlechts einer Person zumindest in den ersten Sekunden automatisch und implizit, das heißt ohne bewusste Kontrolle vollzieht.[324]

Was die konkreten Inhalte von Geschlechterstereotypen betrifft, so dominiert in der Forschung seit vielen Jahren ein konsistentes Bild: Während Frauen mit Konzepten der Wärme, Expressivität und Gemeinschaftsorientierung (»communion«) in Bezug gesetzt werden, erfolgt die Verbindung von Männern mit Konzepten der aufgabenbezogenen Kompetenz oder Instrumentalität, auch Maskulinität und Selbstbehauptung (»agency«).[325] Diese geschlechterbezogenen Merkmale haben sich nicht nur als kulturell invariant herausgestellt[326], sondern weisen auch eine hohe Stabilität über die Zeit auf.[327]

Mit Blick auf die Tatsache, dass Frauen durchgängig Wärme- bzw. Expressivitätsmerkmale, Männern ebenso konsistent Merkmale von Kompetenz und Instrumentalität zugeschrieben werden, haben sich zwei theoretische Erklärungsmodelle herauskristallisiert, welche sich jedoch nicht gegenseitig aus-

321 Vgl. ebd.

322 Vgl. Prentice, Deborah A./Carranza, Erica: Sustaining Cultural Beliefs in the Face of Their Violation: The Case of Gender Stereotypes, in: Schaller, Mark/Crandall, Christian S. (Hrsg.): The Psychological Foundations of Culture, Mahwah 2003, S. 259–280.

323 Eckes, Geschlechterstereotype (2010), S. 178.

324 Vgl. ebd. S. 178; Zemore, Sarah E./Fiske, Susan T./Kim, Hyun-J.: Gender Stereotypes and the Dynamics of Social Interaction, in: Eckes, Thomas/Trautner, Hanns M. (Hrsg.): The Developmental Social Psychology of Gender, Mahwah 2000, S. 207–241.

325 Vgl. Eckes, Thomas: Geschlechterstereotype: Frau und Mann in sozialpsychologischer Sicht, Pfaffenweiler 1997.

326 Vgl. Williams, John E./Best, Deborah L: Merasuring Sex Stereotypes: A Multination Study, Newbury Park, CA 1990.

327 Vgl. Bergen, David J./Williams, John E.: Sex Stereotypes in the United States Revisited: 1972–1988, in: Sex Roles. A Journal of Research, Heft 24 (1991), S. 413–423; Spence, Janet T./Buckner, Camilla E.: Instrumental and Expressive Traits, Traits Stereotypes, and Sexist Attitudes: What do they Signify?, in: Psychology of Women Quarterly, Heft 24 (2000), S. 44–62.

schließen, sondern eine Reihe von konzeptionellen Berührungspunkten aufweisen:[328]

Eaglys Theorie der sozialen Rollen (»social role theory of sex differences and similarities«) basiert auf der Annahme, dass Frauen und Männer die für ihre jeweilige soziale Rolle typischen Merkmale aufweisen: Da Frauen überwiegend die Rolle der Hausfrau oder Berufsrollen mit eher niedrigem Status, Männer hingegen die Rolle des Ernährers und Berufsrollen mit hohem Status ausüben, ergäben sich nach Eagly mit Wärme/Expressivität bzw. Kompetenz/Instrumentalität die Kerninhalte der jeweiligen Geschlechterstereotype.[329]

Fiskes entwickelte mit ihrem Stereotypinhaltsmodell (»stereotype content model«) hingegen eine abweichende Theorie, welche die Inhalte von Stereotypen sowohl vom Status der Gruppen als auch der Art der Interdependenz (kooperativ vs. kompetitiv) zwischen den Gruppen bestimmt sehen will. Sehr stark verkürzt ausgedrückt ergibt sich nach diesem Modell das traditionelle Frauenstereotyp aus einer Kombination des niedrigeren sozialen Status' von Frauen in der Gesellschaft und der kooperativen Interdependenz mit Männern, während sich das traditionelle Männerstereotyp aus deren hohem gesellschaftlichen Status und der (im beruflichen Kontext) kompetitiven Orientierung gegenüber Frauen speist.[330]

Als untergeordnete Kategorien der Globalstereotype konnten durch Befragungen und Studien bestimmte Substereotype – bei Frauen etwa Hausfrau, Karrierefrau und Bunny – ausgemacht werden[331]; diese grenzen sich zwar inhaltlich stark voneinander ab und sind auf der globalen Ebene stereotypkonträr, tragen aber dennoch nicht zu einer Veränderung oder Individualisierung der Globalstereotype bei. 2002 konnte Eckes in einer Studie zu den Dimensionen von Substereotypen die soziostrukturelle Hypothese des von Fiske entworfenen Stereotypinhaltsmodells bestätigen;[332] auf der Grundlage von Ergebnissen dieser Studie ergibt sich folgende Taxonomie[333]:

328 Vgl. Eckes, Geschlechterstereotype (2010), S. 179f.

329 Vgl. Eagly, Alice H.: Sex Differences in Social Behavior: A Social-role Interpretation, Hillsdale 1987; Eagly, Alice H./Wood, Wendy/Diekman, Amanda B.: Social Role Theory of Sex Differences and Similarities: A Current Appraisal, in: Eckes, Thomas/Trautner, Hanns M. (Hrsg.): The Developmental Social Psychology of Gender, Mahwah 2000, S, 123–174. Sowie: Eckes, Geschlechterstereotype (2010), 179f.

330 Vgl. Fiske, Susan T.: Stereotyping, Prejudice, and Discrimination, in: Gilbert, Daniel T./ Fiske, Susan T./Lindzey, Gardner (Hrsg.): The Handbook of Social Psychology, Bd. 2, Boston 1998, S. 357–411; Eckes, Geschlechterstereotype (2010), S. 180.

331 Vgl. Clifton, A. Kay/McGrath, Diane/Wick Bonnie: Stereotypes of Women: A single category?, in: Sex Roles. A Journal of Research, Heft 2 (1976), S. 135–148.

332 Vgl. Eckes, Thomas: Paternalistic and Envious Gender Stereotypes: Testing Predictions from the Stereotype Content Model, in: Sex Roles. A Journal of Research, Heft 47 (2002), S. 99–114.

333 Tabelle entnommen aus: Eckes, Geschlechterstereotype (2010), S. 182.

Wärme	Kompetenz niedrig	hoch
Hoch	**Paternalistische Stereotype** niedriger Status, kooperative Interdependenz (z. B. die Hausfrau, der Softie)	**Bewundernde Stereotype** hoher Status, kooperative Interdependenz (z.B die Selbstbewusste, der Professor)
Niedrig	**Verachtende Stereotype** niedriger Status, kompetitive Interdependenz (z. B. die Spießerin, der Prolet)	**Neidvolle Stereotype** hoher Status, kompetitive Interdependenz (z. B. die Karrierefrau, der Yuppie)

Aufschlussreich sind hierbei insbesondere die paternalistischen und neidvollen Stereotype, da beide auf jeweils spezifische Weise zur Aufrechterhaltung der Geschlechterhierarchien beitragen: Da die paternalistischen Stereotype mit deren Zuschreibung von Wärme-Merkmalen von vielen Männern und Frauen positiv bewertet werden, können sich Männer selbst als frei von sexistischen Tendenzen wahrnehmen, rücken sie doch Frauen in ein »positives Licht«. Die neidvollen Stereotype hingegen tragen zur Rechtfertigung für fortgesetzte Diskriminierung bei, da in männlich dominierten Bereichen erfolgreiche Frauen als unfaire, sozioemotional kalte Konkurrentinnen wahrgenommen werden.[334]

Zuletzt sei auf Konzepte des Sexismus eingegangen, welche stark verwandt sind mit Geschlechterstereotypen, lassen sich doch unter Sexismus »kategoriegestützte Kognitionen (Stereotype), Affekte (Vorurteile) und Verhaltensweisen (Diskriminierung) fassen, die auf einen ungleichen sozialen Status von Frauen und Männern hinwirken«[335].

Traditioneller (offener) Sexismus zeichnet sich vor allem durch drei Aspekte aus: »(a) stereotypkonforme Betonung von Geschlechtsunterschieden, (b) Glaube an eine Minderwertigkeit von Frauen (relativ zu Männern) und (c) Befürwortung herkömmlicher Geschlechterrollen«[336]. Um jedoch auch »versteckten« Sexismus wie etwa die Leugnung fortgesetzter Diskriminierung erfassen und messen zu können, entwickelten sich mit dem modernen Sexismus[337] und dem Neosexismus[338] zwei (konzeptuell eng verwandte) alternative Konzepte.

Wie bereits erwähnt, können stereotype Merkmalszuschreibungen auch positiv konnotiert sein; warum sich fortgesetzte Diskriminierung von Frauen und

334 Vgl. ebd., S. 182f.
335 Ebd, S. 183.
336 Ebd.
337 Vgl. Swim, Janet K. et al.: Sexism and Racism: Oldfashioned and Modern Prejudices, in: Journal of Personality and Social Psychology, Heft 68 (1995), S. 199–214.
338 Vgl. Tougas, Francine et al.: Neosexism: Plus Ça Change, Plus C'est Pareil, in: Personality ans Social Psychology Bulletin, Heft 21 (1995), S. 842–849.

deren gleichzeitige positive Gesamtbewertung nicht ausschließen, lässt sich mit der Theorie des ambivalenten Sexismus erklären: Die duale Struktur von Sexismus setzte sich zusammen aus hostilem und benevolentem Sexismus, also aus ablehnenden und wohlwollenden Einstellungen. Der sexistische Charakter der Benevolenz erscheint im Gewand des Kavalierstums oder der Ritterlichkeit[339] und zeichnet sich aus durch

> (a) Belohnung von Frauen bei Erfüllung ihrer traditionellen Rollen (bei Verletzung der Rollenerwartung resultiert Bestrafung, d.h. Hostilität), (b) Begrenzung auf soziale Situationen mit klar definierten geschlechtstypischen Rollen (z.B. bei Dominanz des Mannes und Submissivität der Frau im hierarchisch strukturierten beruflichen Umfeld), (c) Teil einer betont frauenfreundlichen Selbstdarstellung von Männern, allerdings nur bezogen auf »gute« Frauentypen wie die Hausfrau oder die typische Frau[340].

Geschlechterstereotype und Sexismus nehmen auch auf Form und Verlauf sozialer Interaktionen massiven Einfluss. Das Auftreten geschlechtstypischen Verhaltens wird von Tendenzen zur Selbstdarstellung, das heißt zur zielgerichteten Kontrolle von Informationen über die eigene Person bestimmt:[341] Laut einer klassischen Studie[342] etwa gaben Frauen bei dem erwarteten Zusammentreffen mit einem attraktiven Mann dann ein rollenkonformes Bild von sich, wenn auch der Mann traditionelle Rollenvorstellungen hatte, beschrieben sich aber bei nichttraditionell eingestellten Männern eher rollenkonträr. Zudem bestimmt auch der sogenannte behaviorale Erwartungseffekt geschlechtstypisches Verhalten; dieser beschreibt den Prozess der Anpassung einer Person an (nicht explizit genannte) Erwartungen einer anderen Person.[343]

2.1.2) Geschlechterstereotype und Sexismus im Werk Hilsenraths

Betrachtet man die Werke Hilsenraths, so fällt zunächst als eine Gemeinsamkeit aller Romane die Existenz eines männlichen Hauptprotagonisten auf; den Rezipientinnen und Rezipienten werden demnach sämtliche Figuren und Situationen mit dem männlichen Blick und zudem aus der Perspektive eines Heterosexuellen vorgeführt.

339 Vgl. Schmerl, Christiane/Steinbach, Dieter: Ritterlichkeit: Eine indirekte Form von Misogynie?, in: Schmidt, Hans D./Schmerl, Christiane/Krameyer, Astrid (Hrsg.): Frauenfeindlichkeit: Sozialpsychologische Aspekte der Misogynie, München 1973, S. 56–79.

340 Eckes, Geschlechterstereotype (2010), S. 184.

341 Vgl. ebd., S. 185.

342 Vgl. Zanna, Mark P./Pack, Susan J: On the Self-fulfilling Nature of Apparent Sex Differences in Behavior, in: Journal of Experimental Social Psychology, Heft 11 (1975), S. 583–591.

343 Vgl. Eckes, Geschlechterstereotype (2010), S. 185.

In Hilsenraths erstem Roman »Nacht«, welcher unter Ausblendung der wahren Täter und bei gleichzeitigem Verzicht auf moralische Reflexionen die Welt des Ghettos in Szene setzt, verläuft das Täter-Opfer-Schema nicht entlang der Geschlechterdichotomie; vielmehr werden Männer wie Frauen gleichermaßen als Opfer und Täter klassifiziert. Dennoch wird demonstriert, wie die Ghettobewohnerinnen aufgrund körperlicher Unterlegenheit und sexualisierter Ausbeutung auf doppelte Weise zum Opfer werden: Exemplifizieren lässt sich dies an der Figur Saras, welche Ranek, der sie zu schützen vorgibt, sexuell belästigt, ihrer Kleider beraubt und an einen anderen Mann verkaufen möchte (vgl. N 66). Als Sara sich hinter Raneks Rücken mit dessen Bekannten Sigi verbündet, erfolgt die negative Sanktion, indem Ranek sie brutal verprügelt (vgl. N 154), während Sigi verschont bleibt: Ranek bestraft so das Zuwiderlaufen Saras gegen die präskriptive Annahme weiblicher Submissivität. Debora hingegen, welche als einzige Figur des Romans Menschlichkeit und Kompetenz in sich vereint und den doppelten Opferstatus der Frauen explizit thematisiert (»Es sind doch Frauen. Sie können sich nicht wehren.« (N 271)), verstößt nicht gegen Raneks Erwartung, in seiner Maskulinität gebraucht zu werden:

> Er nahm ihre zitternde Hand in die seine, und er streichelte sie mechanisch. Wie kommt es nur, daß du so ruhig bist? fragte er sich. [...] Weil du plötzlich weißt, daß sie dich braucht? Und weil du es noch nie so sehr gewußt hast wie jetzt? (N 345)

Der Skrupellosigkeit der männlichen Protagonisten aus »Nacht« steht die Hilfsbereitschaft diverser Ghettobewohnerinnen entgegen; der Roman spiegelt so die Inhalte von Geschlechterstereotypen wider, wenn Frauen mit Konzepten von Wärme und Gemeinschaftsorientierung, Männer hingegen mit Selbstbehauptung in Verbindung gebracht werden. Dass diese Stereotype jedoch nicht konsistent durchgehalten, sondern auch gebrochen werden, die Ausnahmesituation des Lebens im Ghetto demnach eine Zerstörung der Geschlechterklischees hervorruft, lässt sich anhand der Darstellung eines Geschwisterpaars ablesen: Zunächst fungiert Mischa, der gerissene »Zigarettenjunge« mit den »weisen« Augen (N 373), noch als Beschützer und Ernährer seiner Schwester Ljuba[344]. Michas Einsicht jedoch, Ljuba nicht für immer vor der grausamen Realität des Ghettos beschützen zu können, lässt ihn ihr gegenüber hart werden, sodass die vorgenommenen starren Zuschreibungen – Ljuba als Verkörperung des paternalistischen, Mischa als Protoyp des bewundernden Stereotyps – nach und nach aufgelöst werden.

344 Die Charakterisierung der achtjährigen Ljuba evoziert einerseits das Bild der kindlichen, trotz des sie umgebenden Übels noch unverdorben Seele: »vollkommen unschuldig« (N 373), »unverdorben« (N 541) »Ljuba, ein Wort, so zärtlich wie eine Liebkosung, das ganz zu ihrem Gesichtchen paßte« (N 374), »süß« (N 438). Andererseits können diese Zuschreibungen auch als erotisch aufgeladen gelesen werden.

Wie auch in »Nacht« zeigt Hilsenraths Groteske »Der Nazi & der Friseur« die Protagonistinnen und Protagonisten zugleich als Opfer und Täter, Mitläufer und Nutznießer der politischen Verhältnisse.

Treten Frau Holle oder die Gräfin Kriemhild von Hohenhausen auf den ersten Blick als emanzipierte und sexuell aktive Frauen in Erscheinung, so offenbart sich bei näherer Betrachtung deren jeweilige – emotionale oder finanzielle – Abhängigkeit von männlichen Bezugspersonen. So fleht Frau Holle als prompte Reaktion auf die Nachricht vom Tod ihres Mannes Max an, sie mitzunehmen:

> Ich könnte für Sie kochen … könnte auf Sie aufpassen … und so schlecht bin ich doch nicht im Bett … wie? Und ich bin nicht anspruchsvoll … werde Ihnen auch nicht zur Last fallen … und wenn Sie mal 'ne jüngere haben … das kann ich verstehen … und ich sag' Ihnen nichts … aber ich will nicht allein bleiben … und Sie können mit mir machen was Sie wollen. […] Sie dürfen mich auch prügeln. […] Auch Hündchen spielen! (NF 127)

Dieser Artikulation ist Frau Holles Annahme von an sie gerichteten männlichen Erwartungen immanent, welchen sie sich aus Furcht vor der Absenz einer (maskulinen) Führungsperson in vorauseilendem Gehorsam unterordnen würde; diese Erwartungen entsprechen stereotypen, als spezifisch weiblich definierten Charakteristiken und Aufgabenbereichen, welche sich aus klar ausgewiesenen Komponenten – nicht entlohnte Hausarbeit, sexuelle Verfügbarkeit, Unterwerfung, Verständnis – zusammensetzt.

Während Schulz' Ehefrau Mira als liebevolle und rollenkonforme Hausfrau gezeichnet wird und so – durch niedrigen Status und kooperative Interpendenz – dem klassischen paternalistischen Stereotyp entspricht, steht die Majorität der übrigen Protagonistinnen mit ihrer sozioemotionalen Kälte dem Inhalt des Geschlechterstereotyps diametral entgegen. Somit ist auch hier die bereits in »Nacht« angelegte Tendenz zum Verweis auf die Zerstörung von Geschlechterklischees durch Ausnahmesituationen – Ghetto, Shoah, Krieg und Nachkriegszeit – ersichtlich. Extremstes Beispiel hierfür ist die als »Hexe« charakterisierte Veronja, an welcher die radikale Brechung und Umkehrung klar definierter geschlechtsspezifischer Stereotype vorgeführt wird. So steht der – auch und insbesondere auf sexueller Ebene sich manifestierenden – Dominanz Veronjas eine durch verschobene Machtverhältnisse erzwungene Submissivität des männlichen Protagonisten, welcher gequält und vergewaltigt wird, entgegen.

Der Entwurf einer durch ihre Abhängigkeit von Frauen unterjochten Männlichkeit findet sich – freilich in gänzlich divergenter Konstellation – auch in Hilsenraths Roman »Fuck America«, in welchem der Shoah-Überlebende Bronsky darunter leidet, seine Sexualität aus Mangel an Geld, Erfolg und Prestige nicht ausleben zu können:[345] »die Emigranten leben seit Jahren ohne Frauen mit Ausnahme der Strichmädchen natürlich, die sie ab und zu vernaschen« (FA 56). Bronsky stilisiert sich selbst als Opfer der amerikanischen Gesellschaft und ihrer Frauen, welche er für seine sexuelle Frustration verantwortlich macht, wie er auch die amerikanischen Männer, die »tüchtig anschaffen [müssen], um ihren Frauen ein schönes und bequemes Leben zu machen« (FA 148), als Leidtragende beurteilt: Im gleichen Zuge, wie diese sexistische Annahme die Hausfrauen-Rolle euphemisiert, negiert sie den männlich-hegemonialen Charakter der amerikanischen Gesellschaft. Aus dieser Perspektive erscheint die Verteidigung sexualisierter Übergriffe auf Frauen im Sinne einer Brechung der als dominant empfundenen Weiblichkeit nur stringent: Bronsky nimmt – ein klassischer Fall von »Victim blaming« (Täter-Opfer-Umkehrung) – diejenigen jungen Männer in Schutz, welche beim Petting übergriffig werden, und sieht die Schuld für Vergewaltigungen dezidiert bei den betroffenen Frauen:

> »Die jüdischen Mütter schicken ihre Töchter aufs College, damit sie sich einen Mann angeln. [...] Aber die Mädchen sind clever. Sie wissen, daß sie nicht geheiratet werden, wenn sie mit den Jungs im College herumficken. [...] So'n Mädchen sucht sich also einen Jungen aus, einen zukünftigen Doktor oder Rechtsanwalt oder was ähnliches, kutschiert mit ihm im Auto herum, fährt ins Drive-in-Kino, läßt ihn ein bißchen herumfummeln – das nennt man in diesem Land ›petting‹ –, ein bißchen, verstehen Sie, nicht zuviel, nicht zu wenig, läßt ihn vielleicht mal mit dem Finger rein, aber nicht zu tief, verstehen Sie, nur'n bißchen, macht ihn so richtig scharf, um ihn dann abblitzen zu lassen. [...] Man kann auch nicht von jedem Jungen erwarten, daß er sich an die Regeln des Pettings hält. Manche drehen eben durch, verlieren den Kopf. Ganz einfach. [...] Ich will damit sagen, daß das Mädchen den Jungen so scharf gemacht hat, daß er die Regeln des Pettings vergaß. Hat ihr den Schlüpfer runtergerissen und den Schwanz reingesteckt.«
> »Sie meinen, Herr Bronsky, daß das Mädchen selber dran schuld war?«
> »Das meine ich«. (FA 71 f.)

Die solcherart vorgenommene Bagatellisierung und Verharmlosung sexualisierter Gewalt, Ausdruck eines traditionellen Sexismus, lässt sich lesen als Strategie der Rechtfertigung mittels des Verweises auf die eigene doppelte Opferrolle, resultierend aus hegemonialer Weiblichkeit und Ohnmacht angesichts der eigenen, mit taktischem Kalkül erweckten libidinösen Triebe. Der in der zitierten Textpassage skizzierte Gesellschaftsentwurf stützt zudem ein Bild, welches die Zuweisung von Berufsrollen mit hohem Status (Doktor, Rechtsan-

345 Dass Bronsky genau wie die anderen Emigranten »noch nie ein privates Mädchen gefickt« (FA 59) hat, sieht er neben seiner finanziellen Situationen vor allem in seiner Erfolglosigkeit begründet, da »die geldgierigen amerikanischen Frauen« (FA 54) nur mit jungen Studenten schlafen: »Ein Student ist einer, den diese Weiber respektieren, weil aus ihm voraussichtlich mal was werden wird.« (FA 149).

walt) ausschließlich Männern vorbehält, während Frauen anstelle von Kompetenz eine arglistige Durchtriebenheit (»Aber die Mädchen sind clever« (FA 71)) attestiert wird.

In den Romanen »Das Märchen vom letzten Gedanken« und »Jossel Wassermanns Heimkehr« werden in der Beschreibung der untergegangenen Lebenswelt von Armeniern und Juden traditionelle Familienstrukturen und stereotypkonforme Geschlechterrollen geschildert: »Es gibt Dinge, die unter der Würde des Mannes sind. Dazu gehört auch das Kuhfladensammeln. Diese Aufgabe überließ man den Frauen« (MG 328). Mit der repetitiven Hervorhebung von Geschlechtsunterschieden (»Laß dir von Rebecca was zu essen und zu trinken geben, damit es ein guter Anfang ist, ein Zeichen für die Zukunft, denn du bist der Mann und sie ist die Frau« (JW 214)) geht auch die Überzeugung von einer Minderwertigkeit der Frau relativ zum Mann einher; so gilt bei den im »Märchen vom letzten Gedanken« dargestellten armenischen Dorfbewohnerinnen und -bewohnern die Geburt einer Tochter als Unglück: »Wenn Gott uns straft und wir keinen Sohn kriegen, sondern ein Mädchen, dann nennen wir es Zovinar« (MG 230). In »Jossel Wassermanns Heimkehr« drückt sich die ungleiche Bewertung der Geschlechter etwa dadurch aus, dass auf Jossels Betreiben hin seine Ehe geschieden wird, da Rebecca, deren Jungfräulichkeit als Voraussetzung für die Ehe gehandelt wurde, keine Kinder bekommen kann, während Jossel den Beweis seiner Fruchtbarkeit ja bereits erbracht hatte, indem er »schon mit sechzehn eine Schickse geschwängert hat« (JW 215). Anhand dieser Beispiele lassen sich alle drei traditionellen Sexismus auszeichnende Aspekte – stereotypkonforme Betonung von Geschlechtsunterschieden, Glaube an eine Minderwertigkeit von Frauen sowie Befürwortung herkömmlicher Geschlechterrollen – nachweisen.

Während im »Märchen vom letzten Gedanken« ausschließlich Männer als politische Akteure agieren, treten die als hilflose Opfer des Geschehens gezeichneten Frauen, an welchen (wie etwa bei der geschilderten Massenvergewaltigung der Armenierinnen) die Willkür und Grausamkeit junger Männer exemplarisch vorgeführt wird, ausschließlich in ihrer Funktion als Mutter, Ehefrau oder Amme in Erscheinung. Die Verhinderung des Ausbruchs aus ihrer geschlechtsspezifischen Hausfrauenrolle wie auch die Erlangung von Berufsrollen mit hohem Status wird in den armenischen Dörfern durch eine Bildungssperre für Frauen sichergestellt. Gleichzeitig wird in Form warnender, als Schreckensszenario inszenierter Erzählungen gebildeten Frauen aufgrund der Verweigerung häuslicher wie ehelicher »Pflichten« ihre Weiblichkeit abgesprochen:

> Die Jungen gingen zur Dorfschule, die Mädchen blieben zu Hause. Der frühere Muchtar von Yedi Su, [...] von dem es hieß, er habe alle weiblichen Dienstboten persönlich entjungfert, der sehr reich war und eine Respektperson, dieser Muchtar also hatte

> gesagt: Eine gebildete Frau ist der Ruin der Familie. [...] Und wie recht hatte der Muchtar. Beispiele und Warnungen gab es genug. Sogar der Priester hatte unlängst zu den Jungfrauen des Dorfes gesagt: Seht euch doch mal die gebildeten Weiber von Bakir an. Die Bildung steigt ihnen zu Kopf und der Hochmut zwischen die Beine. In ihren Tonirs geht das Feuer aus, und aus den Odas weicht der Hausfrieden. Ihre Männer sind lustlos und zahm, und sie haben Angst, denn wahrlich: der Dünkel des Weibes läßt den besten Männerknochen schrumpfen. [...] Ich habe in Bakir mal einen Mann gekannt, der hatte eine gebildete Frau. Und ratet mal, was er zu mir im Vertrauen gesagt hat? [...] Mein Weib ist kein Weib. Ihr Brunnen ist ausgetrocknet. Im Schenkelgestrüpp hausen die Djins. Ihr vertrockneter Kelch gleicht einer Vogelscheuche, und ihr warmer und schlüpfriger Wonneschlund einem lautlos keifenden Zwicker. (MG 352f.)

Durch Überspitzung, expressive Methaphorik, Periphrasen sowie die Tatsache, dass der Kommunikator zum Thema Sexualität ein Priester ist, tritt der humoristische Charakter der Passage zutage und entlarvt die Rede ihrer Lächerlichkeit. Mittels des hintergründigen Witzes gelingt Hilsenrath also zugleich die Darstellung von Geschlechterstereotypen sowie ihre Brechung.

Die Hinterfragung sexistischer Rollenzuweisungen durch die Thematisierung derselben mittels Elementen aus dem Bereich von Humor und Groteske wird auch durch einen spezifischen Modus bei der Rede von Religiosität erzielt: Wie bereits an einigen der Zitaten – etwa den Worten des Priesters oder der Auffassung von der Geburt eines Mädchens als Gottesstrafe – ersichtlich, werden die im »Märchen vom letzten Gedanken« zahlreich vorgenommenen religiösen Bezüge fast durchgängig sexuell aufgeladen oder ironisch zur Rechtfertigung der ungleichen Stellung der Geschlechter herangezogen. Gleiches gilt auch für »Jossel Wassermanns Heimkehr«; so wird hier etwa betont, dass zum Gottesdienst die Anwesenheit von zehn Männern, nicht jedoch zehn Frauen ausreiche, denn

> »Der liebe Gott lässt sich lieber von den Männern beschwichtigen, weil er den Frauen nicht traut. [...] Weil er zum Weibe gesagt hat: sei keusch, damals, als er das Weib aus der Rippe des Mannes geschaffen hat. – Sei keusch, hat er gesagt, aber es hat nichts genützt.«
> »Hat der liebe Gott Angst vor den Frauen?«
> »Das ist möglich«, sagte mein Großvater. (JW 167f.)[346]

346 Eine weitere Passage aus dem Roman bezieht sich ebenfalls auf die Genesis und unterwirft diese mit humoristischen Mitteln einer sexualisierten Deutung: »Oder soll ich von Anfang an beginnen, zum Beispiel, wie mein Vorfahre, der Adam, aus Dummheit nach dem Apfel haschte, den ihm Eva unter die Nase hielt und der er nicht widerstehen konnte, weil sie schwappende Brüste hatte, so ähnlich wie die Brüste meiner ersten Frau Rebecca oder die Brüste meiner zweiten Frau, die noch größer waren, aber ähnlich schwappten? [...] Schwappende Brüste haben eine hypnotische Wirkung. Man guckt eine Zeitlang hin. Und dann will man sie packen, damit sie endlich zur Ruhe kommen. Und man greift daneben, weil man hypnotisiert ist. Und man kriegt nur den Apfel zu packen. So ist das. Es ist kaum

Während in »Der Nazi & der Friseur« oder in »Fuck America« das wechselseitige Verhältnis der Geschlechter untereinander massiv mit Gewalt und Machtansprüchen verschränkt ist oder als auf reine Trieberfüllung fixiert beschrieben wird, finden sich bei »Jossel Wassermanns Heimkehr« Konzepte gegenseitiger Wertschätzung bis hin zur Liebe. Insbesondere der zwischen Reb Mordechai und seiner Frau Jette geführte Dialog, in welchem Vorschläge und Einwände beider Parteien gegenseitig gewürdigt werden, verweist auf eine gleichberechtigte Beziehung (vgl. JW 87–91). Gleichzeitig wird deutlich, dass dies kein Garant für die Auflösung traditioneller Geschlechterrollen ist oder ein Ende der Betonung stereotypkonformer Geschlechtsunterschiede einleitet; paradoxerweise scheinen diese Phänomene, wie etwa beim Paar Jankl/Rifke, noch verstärkt:[347] Der Grund für Jankls Wunsch einer Heirat mit der buckligen, zahnlosen Rifke liegt nicht nur in ihrer gegenseitigen aufrichtigen Zuneigung füreinander begründet – seine Entscheidung fällt auch im Bewusstsein seiner mangelnden Bildung und niederen Stellung:

> »Ich brauche kein schönes Mädchen«, sagte der Wasserträger plötzlich. »Was soll ich mit einem schönen Mädchen? Nein. Meine Frau darf nicht schön sein. Und auch nicht zu klug. Und auch nicht gebildet. Eine solche Frau würde mich nur auslachen. [...] Sie würde nie zufrieden sein, und sie würde mich verhöhnen, und sie würde versuchen, mich zu ärgern, bei Tag und bei Nacht. Sie würde mein Leben zur Hölle machen. Sie würde das Essen nicht salzen und den Ofen nicht heizen. Und eines Tages würde sie weglaufen mit einem anderen und besseren Mann. [...] Ich werde Rifke heiraten [...]. Weil sie die einzige im Schtetl ist, die mich mag«, sagte der Wasserträger, »die einzige [...] von der ich weiß, daß sie mir ein gutes Weib sein wird.« (JW 13ff.)

Diese Passage erinnert insofern an die aus dem »Märchen vom letzten Gedanken« zitierten abfälligen Äußerungen über gebildete Frauen, als dass auch hier das Konzept des ambivalenten Sexismus erkennbar wird, wenn Rifke aufgrund der zu erwartenden Erfüllung ihrer traditionellen Hausfrauenrolle benevolent beurteilt wird, Frauentypen mit höherem Status als dem des Mannes jedoch mit Hostilität in Form von abwertenden Behauptungen bedacht werden. Stereotypkonform den Konzepten von Wärme und Gemeinschaftsorientierung entsprechend, kommt Rifke darüber hinaus Jankls Bedürfnis nach Maskulinität

zu fassen, daß der liebe Gott alle Geschlechter des Menschen verflucht hat, nur, weil einer mal die Brust nicht vom Apfel unterscheiden konnte.« (JW 77).

347 Dies wird, in abgeschwächter Form, auch in der Beziehung zwischen den Großeltern deutlich, in welcher auch in der gegenseitigen Achtung und Liebe die Hierarchien niemals verschwimmen: Der Großvater der Erzählers »pflegte immer zu sagen: [...] man respektiert das menschliche Leben, wendet keine Gewalt an, prügelt keine Frauen, hält sie in Ehren, ißt kein Schweinefleisch oder sonstige Sachen, die nicht koscher sind [...]. Nun, so war er eben. Meine Großmutter widersprach ihm meistens, gab aber dann nach, sie konnte ihm aus den wasserblauen Augen lesen, lachte, wenn er lachte, und heulte, wenn er mal schlechter Laune war.« (JW 140f.).

und Selbstbehauptung indirekt entgegen, wenn sie mit »sanfter Stimme« (JW 278) bittet: »Jankl, hilf mir doch mit dem Brunnenrad und der schweren Kette. Du bist so stark« (JW 278); »Nimm mich in deine starken Arme« (JW 16).[348]

Während sich »Jossel Wassermanns Heimkehr« genau wie »Das Märchen vom letzten Gedanken« als Arbeit zum Gedenken an eine untergegangene Lebenswelt präsentiert, differiert der narrative Umgang mit dem Genozid, wenn zwar auf die explizite Thematisierung der Shoah verzichtet wird, der Völkermord an den Armeniern hingegen von der Planung über Legitimierungsstrategien bis hin zur Ausführung inszeniert wird. Indem so im »Märchen vom letzten Gedanken« die Perspektive von Opfern und Tätern gleichermaßen einsehbar gemacht wird, lässt sich hinsichtlich der Analyse textimmanenter Merkmale von Geschlechterstereotypen und Sexismus die Beobachtung machen, dass die verfeindeten Parteien – die Gruppe um den Müdir als Vertreter der Türken auf der einen, der gefolterte Armenier Wartan Kathisian auf der anderen Seite – in der Rede über Frauen übereinstimmen:

> Ich wollte vor allem heiraten, sagte dein Vater. Und ich wollte eine Frau aus meinem Heimatdorf. Das war der eigentliche Grund, warum ich zurückgekehrt bin. [...]
> Es gibt wohl keine Frauen in Amerika?
> Doch, Müdir Bey. Es gibt genug Frauen dort. Aber sie sind irgendwie anders. [...] Sie gehorchen ihren Männern nicht. Sie glauben, daß sie selbstständig sind. Und sie zeigen jedem ihre Beine.
> So wie bei den Franken? [...]
> Es ist dort drüben noch viel schlimmer, Müdir Bey.
> Dann muß es wirklich sehr schlimm sein, sagt der Müdir.
> Ja, sagte dein Vater. Es ist schlimm. (MG 108 f.)

An anderer Stelle wird die Übereinstimmung der Täter mit dem Opfer noch deutlicher:

> [Wartan, A.Z.]: – Zuerst hatte ich keine rechte Lust, diesen Abstecher nach Sarajewo zu machen, aber dann dachte ich mir, daß es ganz amüsant sein könnte, denn mein Onkel war Kaffeehausbesitzer.
> [Müdir, A.Z.] – Was soll denn so amüsant sein an einem Kaffeehaus?
> Es war kein richtiges Kaffeehaus, sondern eine Art Bordell. [...] Es war ein Kaffeehaus mit geheimen Zimmern, die man Séparées nannte. Es saßen auch Mädchen im Kaffeehaus herum, die käuflich waren, und die man nur in eines der Geheimzimmer mitzunehmen brauchte.

348 Diese Beziehung wird als »die große Liebe« (JW 280) klassifiziert – nicht zuletzt aufgrund der Tatsache, dass Jankl bei Rifke ausharrt, da er nicht ohne sie in den Himmel kommen will, denn Rifke muss noch warten, »vielleicht, weil Frauen länger warten müssen, da sie doch aus der Rippe des Mannes geformt wurden, der vor ihnen da war. Oder, weil sie's gewohnt waren auf Erden, hintenanzustehen.« (JW 279) Auch hier erfolgt eine das Geschlechterverhältnis ironisch thematisierende Deutung der Genesis.

> Und das wußten Sie?
> Die ganze Familie wußte es. […]
> Verstehe, sagte der Müdir.
> Einige der Herren lachten jetzt. Die türkischen Offiziere tuschelten untereinander.
> Sie wollten in Sarajewo nicht nur das Geld bei Ihrem Onkel abliefern. Sie wollten sich auch amüsieren? Der Müdir lächelte freundlich. Ich nehme an, daß ein bißchen Spaß … ehe man sich wieder verheiratet … der Seele gut tut, sozusagen: eine letzte Kostprobe der Freiheit?
> Sie sagen es, Müdir Bey. Ich dachte mir: erst mal nach Sarajewo fahren, das Geld abliefern, dann ein bißchen Spaß haben … in diesem Kaffeehaus … hatte das schließlich verdient nach all den schweren Jahren in Amerika, der harten Arbeit, der Einsamkeit … sagte mir: eine Weile sorglos leben, ehe du nach Hause fährst, heiratest und dich endgültig bindest.
> Das verstehen wir, Efendi, sagte der Müdir.
> Das verstehen wir, sagte auch der fette Wali, der jetzt leise und erregt zu kichern anfing. Sein feistes Gesicht glänzte. In Bosnien gibt es schöne Mädchen, sagte er, obwohl man sie nicht ganz so jung haben kann wie hier in den Bordellen von Bakir, die alle den Armeniern gehören. (MG 185)

Die zitierten Passagen verdeutlichen das brüderliche Einvernehmen der Männer in Bezug auf präskriptive Annahmen über Frauen und die Befürwortung traditioneller Geschlechterrollen: Beide Gruppen zeigen sich empört über die von Amerikanerinnen gewagten und als unmoralische Grenzüberschreitung wahrgenommenen Verletzungen der an sie gerichteten geschlechtsspezifischen Rollenerwartungen; diese Annahmen implizieren eine nicht zu hinterfragende Dominanz des Mannes bei Submissivität der Frau (»sie gehorchen ihren Männern nicht«) und die Einschränkung weiblicher Freiheit (»sie zeigen jedem ihre Beine«), wobei die Ambiguität letzterer Formulierung wohl weniger als Anstoß an aufreizender Kleidung zu verstehen ist als vielmehr Kritik an sexueller Selbstbestimmtheit von Frauen markiert. Die gemeinsame Akzeptanz des Besuchs von Sex-Arbeiterinnen wie auch die süffisant-gönnerhaften Reaktionen des Müdirs und seiner Männer verdeutlichen die intermaskuline, sich als starker Konnex erweisende und politische Differenzen ausblendende Solidarität der männlichen Chauvinisten.

Diese Beobachtungen lassen Rückschlüsse auf die kulturelle wie auch zeitliche Invarianz von Geschlechterstereotypen zu: Nicht nur stimmen die Türken und Armenier hinsichtlich Hierarchie und Rollen der Geschlechter überein; auch gelten in der von Hilsenrath in anderen Romanen charakterisierten christlichen oder jüdischen okzidentalen Gesellschaften des späten 20. oder frühen 21. Jahrhunderts identische Stereotype wie in der türkischen und armenischen Gesellschaft der 1910er-Jahre geschildert.

»Die Abenteuer des Ruben Jablonski« schildert die Flucht des gleichnamigen männlichen Protagonisten aus dem Ghetto und seine Reise, die ihn über den

Balkan bis nach Israel und schließlich von Frankreich nach Amerika führt. Die Erzählperspektive wird beherrscht vom Blick des männlichen Protagonisten Jablonski, der Frauen zumeist auf ihre Körperlichkeit reduziert, sodass die weiblichen Figuren blass und schematisch bleiben. Die wohlwollende Klassifikation von Frauentypen ergibt sich aus ihrer sexuellen Verfügbarkeit; die stereotypkonforme Verbindung mit Konzepten von Wärme und Femininität gilt nur für solche Frauen, welche zu sexuellen Handlungen mit Ruben bereit sind, während die anderen – zumeist als kühl, prüde oder langweilig empfunden und gemäß des verachtenden oder neidvollen Stereotyps gezeichnet – eine Abwertung erfahren. Betrachtet man die zwischengeschlechtlichen Begegnungen in der Gesamtheit des Romans, so lässt sich eine Verschiebung im Verhalten Rubens ausmachen: Während frühe Begegnungen mit Frauen mitunter noch von Achtung und Respekt im Umgang miteinander geprägt sind,[349] verleiht der sich regelmäßig über den Willen der Frau hinwegsetzende Ruben seinem sexuellen Verlangen im späteren Verlauf des Romans immer rücksichtsloser und gewaltsamer Ausdruck[350] (vgl. auch RB 140, 213 (!), 283):

> Es gelang mit tatsächlich, die Kellnerin dazu zu bewegen, mit mir ins Kino zu gehen. Als ich ihr im Dunkeln unter den Rock griff, schlug sie mich auf die Hand, so daß ich sie wieder wegziehen mußte. Ich versuchte es mehrmals, immer mit demselben negativen Erlebnis. Schließlich packte ich sie bei den Brüsten, aber sie schob meine Hand hartnäckig weg. Ich gab es auf und beschloß, sie nie wieder ins Kino oder sonstwohin einzuladen. (RJ 196)

> Als ich ihr aber dann unter das Kleid griff, wehrte sie mich ab. »Was ist los?« fragte ich. »Seit meiner Zeit im Bordell laß ich mich nie wieder von einem Mann berühren«, sagte sie. [...] Ich habe nichts gegen einen zärtlichen Kuss. Aber das, was Sie wollten, das nicht.«
> Ich war ungeduldig und versuchte es mit sanfter Gewalt. Ich hob ihr das Kleid auf und versuchte, ihr Höschen herunterzuziehen, aber sie stieß mich derart heftig zurück, daß ich es aufgab.
> »Wenn Sie es mit Gewalt versuchen«, sagte sie, »dann schreie ich. [...] Die Erinnerung ist zu stark. [...] Es war so schrecklich.«

---

349 Auch wenn das sexuelle Begehren des jungen Protagonisten alle Begegnungen mit Frauen dominiert, so lassen sich dennoch Anzeichen von Achtung und Respekt im Umgang miteinander ausmachen, etwa wenn Ruben Rebecca (»Ich habe es nie gewagt, ihre Brüste zu berühren«, RJ 31), Natascha oder Micki (»Micki sagte, sie könne nicht mit mir schlafen, da sie [...] ihr Jungfernhäutchen für den Mann aufgehoben hätte, den sie liebte. Ich respektierte das.« (RJ 94)) nicht gegen deren Willen berührt, sich vor dem Geschlechtsverkehr mit einer 13-Jährigen scheut (vgl. RJ 66) und beim Sex mit Iwonna sogar Schuldgefühle verspürt, da sie »wie eine Schwester« (RJ 137) für ihn ist.

350 Ihren deutlichsten Ausdruck findet der von Ruben gedachte Konnex zwischen Gewalt und Sexualität, der jeder liebevollen Beziehung entgegensteht, in seinem Ausspruch »Ich werde dich zu Tode ficken« (RJ 249).

> […] Sie tat mir leid. Ich war nicht mehr böse. Nach einer Weile verabschiedete ich mich. (RJ 237f.)

Symptomatisch für diese im Roman häufig auftretenden, schematisch ablaufenden Situationen sind nicht nur die Abwehrreaktionen der weinenden oder schreienden Frauen – vielmehr lässt sich ein wiederkehrendes Muster der Täter-Opfer-Umkehrung erkennen, wenn sich Ruben zum eigentlichen Geschädigten stilisiert, der erfolglos in die Frau investiert hat (»beschloß, sie nie wieder […] einzuladen« (RJ 196)), als Einsichtiger die versuchte Vergewaltigung aufgibt (vgl. RJ 140, 196 – »aufgeben« kann hier auch im Sinne von nachgeben gelesen werden) und der Frau verzeiht (»Ich war nicht mehr böse« (RJ 238)). Ruben vertritt somit einen zutiefst sexistischen, präskriptiven Anspruch, verknüpft mit der Forderung nach permanenter sexueller Verfügbarkeit von Frauen durch den Mann – ein Verharren auf der Einseitigkeit einer solchen Vereinbarung wird durch Rubens Verweigerung gegenüber einem »häßliche[n] Weib« (RJ 64) deutlich. Analog zu dieser Einstellung, welche Frauen lediglich als »ein[en] tolle[n] Fick« (RJ 272) klassifiziert, geht eine Austauschbarkeit der Partnerinnen und extreme Flüchtigkeit des männlichen Begehrens einher.

Die Beliebigkeit im Umgang mit Frauen aufgrund der Fixierung des männlichen Hauptprotagonisten auf bloße sexuelle Triebabfuhr zieht sich durch sämtliche Romane Hilsenraths und wird lediglich in seinem ersten und letzten Roman erkennbar durchbrochen: Während in »Nacht« Raneks Zuneigung zu Debora als – wenn auch ambivalentes, komplexes und durch die grausamen Lebensbedingungen im Ghetto schier unmögliches – Emotionsgebilde ausgewiesen wird, konstruiert Hilsenraths vorläufig letzter Roman »Berlin … Endstation« eine klischierte Liebesbeziehung zwischen dem Shoah-Überlebenden Lesche und der etwa dreißig Jahre jüngeren Armenierin Anahid.

»Berlin … Endstation« thematisiert die späte Remigration eines von den USA nach Deutschland zurückgekehrten Schriftstellers namens Lesche, welche zwar primär durch dessen Sehnsucht nach der deutschen Sprache motiviert ist, jedoch auch in Lesches Meinung begründet liegt, dass »der Mann in Europa immer noch respektiert [werde]. Anders als in Amerika. Die deutschen Frauen sind auch nicht so prüde« (BE 119). Diese deskriptiven sexistischen Annahmen sieht Lesche durch seine sexuellen Erfolge in Deutschland bestätigt: Die Protagonistinnen Anahid, Elisabeth und Sabine werden den Inhalten von Geschlechterstereotypen entsprechend durchgängig als fürsorglich, verständnisvoll und verzeihend, sexuell zugänglich, aber auch inkompetent[351] dargestellt: Hier greift das Konzept des ambivalenten Sexismus, wenn – gemäß des paternalistischen

351 Dies zeigt sich beispielsweise in den »unreifen« Gedichten Sabines oder in der Tatsache, dass die Armenierin Anahid, welche nicht einmal vom Musa Dagh weiß, über die Geschichte ihres Volkes erst von Lesche aufgeklärt werden muss (vgl. BE 150–161).

Stereotyps – durch die Charakterisierung der weiblichen Figuren mittels positiv konnotierter Wärme-Merkmale implizit dem Vorwurf einer abwertenden Darstellung von Frauen entgegengewirkt wird.

Zieht sich, wie bereits aufgezeigt werden konnte, eine Degradierung von Frauen zu Sexualobjekten durch sämtliche Romane Hilsenraths, so erfolgt in »Berlin … Endstation« erstmals eine Reflexion dieser Denk- und Verhaltensweise durch den männlichen Protagonisten:

> Lesche dachte daran, daß er sich als Achtzehnjähriger zum ersten Mal verliebt hatte. Dieses überwältigende Gefühl war aber bitter enttäuscht worden. Seit jener Zeit hatte er Frauen gegenüber seine Gefühle unterdrückt. Ein Leben lang waren Frauen nur Sexobjekte für ihn. Anahid war die erste, für die er etwas empfand. Er wußte nicht, ob es Liebe oder nur Zärtlichkeit war, auf jeden Fall war er in ihrer Gegenwart von echten Gefühlen durchdrungen […]. Fast schämte er sich, daß er vorhin daran gedacht hatte, sie heute abend zu vögeln, verbunden mit der Vorstellung, ihr Arsch sei wie Marzipan. (BE 152f.)

Der Gestus eines Schuldgeständnisses wird abgeschwächt durch den exkulpierenden Verweis auf die prägende Erfahrung der Zurückweisung; die Implikation eines (selbst)entlastenden Effekts findet sich auch in anderen Passagen des Romans, etwa durch eine stereotypkonforme Betonung von Geschlechtsunterschieden: Durch Fomulierungen wie »so seid ihr Männer nun mal« (BE 193) oder »Lesche war nicht der Mann, der solchen Verführungen widerstehen konnte« (BE 92) wird die Verantwortung des Protagonisten für seine (sexuellen) Handlungen implizit refusiert und auf biologische Determination verwiesen.

2.1.3) Zusammenfassung

Die Analyse der Werke Hilsenraths hinsichtlich des Nachweises rollenkonformer Geschlechterstereotype und sexistischer Annahmen gerät schnell in eine Falle, wird die spezifische Gestaltungsweise Hilsenraths, seine Verwendung komisierender Mittel aus dem Bereich von Groteske, Satire und Schwarzem Humor außer Acht gelassen, sind diesen Stilprinzipien doch gerade Verzerrungen, Überspitzungen und Stereotypisierung immanent. Demgemäß gestaltet sich auch eine Klassifizierung der in den Romanen dargestellten Geschlechterrollen in eindeutige Kategorien mit den Intentionen einer humoristische Brechung oder aber der Stützung stereotyper Klischees als extrem diffizil, ebenso wie gewisse Darstellungen nicht zweifelsfrei als sexistisch oder gegenteilig als subversive textimmanente Kritik an Sexismus zu lesen sind.

Das groteske Prinzip verliert im Laufe des Hilsenrathschen Gesamtwerks stetig an Bedeutung: Während es bei »Der Nazi & der Friseur« auf allen Ebenen

– von der Romanhandlung über die Figurengestaltung bis hin zu den Dialogen – meisterhaft umgesetzt wird, tritt es bereits in »Fuck America« und den nachfolgenden Romanen zugunsten realistischerer, weniger verzerrender Darstellungen stark zurück, bis in »Berlin … Endstation« nur mehr sehr wenige, kurze Passagen überhaupt grotesken Charakter aufweisen.[352] Gleiches gilt für andere komisierende Darstellungsweisen wie beispielsweise den Schwarzen Humor, welcher ebenfalls in den späteren Werken Hilsenraths nach und nach in den Hintergrund tritt oder ganz verschwindet.

Der zunehmende Verzicht Hilsenraths auf die Verwendung von Elementen aus dem Bereich von Humor und Groteske hat zur Folge, dass die durch die vorangegangene Analyse als sexistisch und stereotypkonform ausgewiesenen Figurengestaltungen und Sprechakte nicht vorbehaltlos als Subvertierung oder komische Brechung klassifiziert werden können, sondern auch ein undifferenziert sexistischer, Geschlechterstereotype konform wiedergebender Charakter der Werke in Betracht gezogen werden muss.

In »Nacht« und »Der Nazi & der Friseur« werden nicht nur mittels des starken Einsatzes grotesker, schwarzhumoriger Elemente bis dato gültige Täter-Opfer-Schemata unterlaufen und philosemitische Vereinbarungen entlarvt; Hilsenrath verweigert sich auch der Darstellung rollenkonformer Geschlechterstereotype: Während zwar in »Nacht« trotz der unmenschlichen Lebensbedingungen im Ghetto eine stereotypkonforme Ausstattung einiger weniger weiblicher Figuren mit Wärme-Merkmalen beobachtet werden kann, zeichnet sich in »Der Nazi & der Friseur« die überwiegende Mehrheit der Frauenfiguren durch sozioemotionale Kälte aus. Mit Debora und Veronja finden sich in beiden Romanen zwei dominante Frauenfiguren, welche sich zwar in ihrer moralischen Vollkommen- bzw. Verkommenheit als extreme Pole gegenüberstehen, die aber dennoch beide auf jeweils spezifische Weise geschlechtstypische Machtverhältnisse unterlaufen.

Die in »Fuck America« geschilderte Opferidentität des Protagonisten speist sich nicht nur aus den traumatischen Erlebnissen der Vergangenheit; die Darstellungen implizieren auch seine Unterlegenheit im Geschlechterverhältnis. Die aus der Perspektive Bronskys geschilderten sexistischen Annahmen werden

352 Ebendiese grotesken Passagen sind vom Autor jedoch bereits Jahrzehnte früher verfasst und abgedruckt worden; etwa in Zeitungen wie die Kurzgeschichte Dichterlesung (Dichterlesung 1978, in: Die Zeit, 17.03.1978.) sowie der Auszug über das Museum der unbewältigten Vergangenheit (Ich, der Angeklagte, in: Spiegel Spezial, 01.02.1989.), in Hilsenraths Satiresammlung von »Zibulsky oder Antenne im Bauch« von 1983 oder in Anthalogien (Ich bin von Natur aus ein Einzelgänger und singe nicht gerne im Chor, in: Deschner, Karlheinz (Hrsg.): Woran ich glaube, Gütersloh 1990, S. 111–114.). Es bleibt somit festzuhalten, dass Hilsenrath im Laufe der Zeit das Gebiet der Komik und Groteske vollständig verlässt; der letzte Roman mit betont humoristischen, allerdings stark in den Bereich der Tragikomödie spielenden Elementen ist »Jossel Wassermanns Heimkehr« von 1993.

dabei zu keinem Zeitpunkt ironisch gebrochen oder als komische Überspitzung entlarvt. Demgegenüber stehen die Romane »Das Märchen vom letzten Gedanken« und »Jossel Wassermanns Heimkehr«: Zwar werden hier ganz explizit tradierte Geschlechterrollen und ein sich durch stereotypkonforme Betonung von Geschlechtsunterschieden und Glaube an eine Minderwertigkeit von Frauen auszeichnender Sexismus geschildert; durch die grotesk überspitzten Darstellungen sowie die explizite Thematisierung der Ungleichheit der Geschlechter werden jedoch ebendiese Phänomene – vom Autor als vermeintliche Abbildung historisch-gesellschaftlicher Realitäten ironisch vorgeführt – zumindest im »Märchen vom letzten Gedanken« eindeutig humoristisch gebrochen und so ihre Lächerlichkeit herausgestellt.

In Hilsenraths letzten Romanen »Die Abenteuer des Ruben Jablonski« und »Berlin … Endstation« hingegen verzichtet der Autor bei Figurengestaltung und Sprechakten auf die Einbindung von Groteske und Schwarzem Humor. Gleichzeitig definiert sich der jeweilige männliche Protagonist über seine sexuellen Aktivitäten; bei beiden Romanen konnte der prävalente Sexismus der Protagonisten, in »Berlin … Endstation« darüber hinaus eine geschlechtsstereotype Gestaltung der Frauenfiguren aufgezeigt werden.

Letztlich bleibt festzuhalten, dass in allen Romanen Hilsenraths sexistische Annahmen bestätigt und rollenkonforme Geschlechterstereotype fortgeschrieben werden – die starke Differenz der rezeptionsästhetischen Wirkung liegt dabei in der Darstellung respektive der Einbindung komischer Elemente begründet: Erst die Verschränkung der Schilderungen mit Stilprinzipien aus dem Bereich der Komik verdeutlicht das kritische Anschreiben gegen das Dargestellte; sobald Hilsenrath jedoch auf die seine frühen Werke so prägende Komik verzichtet, ist der humoristische Angriff auf den Sachverhalt nicht mehr als ein solcher klassifizierbar. Hinsichtlich der Rezeptionsästhetik erweist sich damit die Absenz komischer Elemente als überaus wirkmächtig: Fehlt die ironische Brechung, bietet sich keine andere Lesart als eine von Hilsenrath vorgenommene Zementierung bestehender Geschlechterstereotype und die unkritische Wiederholung sexistischer Annahmen.

2.2) Das naturalistische Verständnis von Sexualität

Die mit der Analyse von Geschlechterstereotype und Sexismus begonnene Betrachtung des Hilsenrathschen Opus' unter genderorientiertem Ansatz soll unter Heranziehung eines weiteren Aspekts fortgeführt werden: Es folgen einige theoretische Überlegungen zum Konzept des biologischen Determinismus, bevor nach einem naturalistischen Verständnis von Sexualität in Hilsenraths Romanen gefragt wird.

2.2.1) Theorien wider einen biologischen Determinismus

> Man kommt nicht als Frau zur Welt, man wird es. Kein biologisches, psychisches, wirtschaftliches Schicksal bestimmt die Gestalt, die das weibliche Menschenwesen im Schoß der Gesellschaft annimmt. Die Gesamtheit der Zivilisation gestaltet dieses Zwischenprodukt zwischen dem Mann und dem Kastraten, den man als Weib bezeichnet.[353]

Diesen vielzitierten Sätzen de Beauvoirs ist der Widerspruch gegen alle deterministischen Zuschreibungen und Naturalismen immanent: In »Das andere Geschlecht« verweist de Beauvoir mit Nachdruck auf das »Werden« der Geschlechter durch soziale wie kulturelle Prozesse und stellt heraus, dass die gegensätzlichen Begriffspaare Natur/Kultur und ihre Verknüpfung mit dem Gegensatz der Geschlechter nicht naturgegeben, sondern vielmehr kultureller Provenienz ist.[354] De Beauvoir zielt somit auf eine Widerlegung tradierter, sich über biologischen Determinismus und Reduktionismus definierende Annah-

353 De Beauvoir, Simone: Das andere Geschlecht. Sitte und Sexus der Frau, Hamburg 2016, S. 334.

354 Vgl. Deuber-Mankowsky, Astrid: Natur/Kultur, in: von Braun, Christina/Stephan, Inge (Hrsg.): Gender@Wissen. Ein Handbuch der Gender-Theorien, Köln/Weimar/Wien 2009, S. 223–242, hier: S. 224; Konnertz, Ursula: Simone de Beauvoir: Das andere Geschlecht. Sitte und Sexus der Frau, in: Löw, Martina/Mathes, Bettina (Hrsg.): Schlüsselwerke der Geschlechterforschung, Wiesbaden 2005, S. 26–58, hier: S. 41.

men über Sexualität und Geschlecht. Die kritisierten Vorstellungen einer naturbedingten Sexualität sehen Konvergenzen zwischen biologischem Geschlecht[355] und psychologisch-charakterlichen Eigenschaften; die bereits dargelegten Geschlechterstereotype etwa, welche Frauen mit Konzepten von Wärme, Schwäche, Treue und Triebverzicht verbinden, Männern hingegen Kompetenz, Stärke und Triebhaftigkeit zugestehen, lassen sich zurückführen auf ebendiese naturalistischen Annahmen.[356]

Der Bereich der Sexualität stellte zu allen Zeiten und in divergenten Kulturen ein zentrales Gebiet der menschlichen (Selbst-)Reflexion dar; im Abendland lässt sich eine abstrakte Beschäftigung mit Sexualität insbesondere in Bezug auf die Entwicklung der Wissenschaft historisieren.[357] Eine sexualwissenschaftliche Forschung als eigenständige Disziplin, welche – genau wie 1907 von Bloch gefordert[358] – unterschiedlichste Wissenschaftszweige vereint, existiert seit über hundert Jahren; dennoch war der dominante Blickwinkel bis weit ins 20. Jahrhundert hinein ein rein männlicher.[359] Auch wenn sich heute eine generelle Verschiebung hin zu einer stärkeren Betonung kultureller wie soziologischer Faktoren ausmachen lässt, wurde die Sexualforschung doch lange von einer naturalistischen Vorstellungen von Sexualität beherrscht, welche diese – im Gegensatz zu modernen Entwürfen von Sexualität als Kultur- oder Diskursprodukt – häufig als ein zur »Naturausstattung« des Menschen gehörendes Grundbedürfnis definierte. Nicht zuletzt dadurch, dass Sexualität primär über ihre Fortpflanzungsfunktion bestimmt wurde, erfolgte eine Fixierung auf Heterosexualität:[360] »Sexualität wird zumeist nur mit heterosexuellen Beziehungen

355 Während bisweilen (z. B. innerhalb bestimmter Strömungen der Queer Studies) die Bipolarität von Geschlecht selbst schon als soziale Konstruktion angesehen wird, erscheint aus biologischer Sicht der geschlechtliche Dimorphismus, auf dem Evolution und Fortpflanzung beruhen, als natürlich. Hermaphroditen werden zwar durchaus anerkannt, gelten aber weiterhin als Ausnahmen, da die Fortpflanzung weder ohne die beiden Geschlechter männlich und weiblich auskommt, noch für ein weiteres Geschlecht eine Rolle vorsieht. Vgl. Lück, Detlev/Cornelißen, Waltraud: Geschlechterunterschiede und Geschlechterunterscheidungen in Europa – vorläufiges Fazit und Ausblick, in: Dies. (Hrsg): Geschlechterunterschiede und Geschlechterunterscheidungen in Europa, Stuttgart 2014, S. 289–300, hier: S. 289.

356 Vgl. Wrede, Birgitta: Was ist Sexualität? Sexualität als Natur, als Kultur und als Diskursprodukt, in: Schmerl, Christiane/Soine, Stefanie/Stein-Hilbers, Marlene/Wrede, Birgitta (Hrsg.): Sexuelle Szenen. Inszenierung von Geschlecht und Sexualität in modernen Gesellschaften, Opladen 2000, S. 25–43, hier: S. 26.

357 Vgl. Jensen, Heike: Sexualität, in: von Braun, Christina/Stephan, Inge (Hrsg.): Gender@Wissen. Ein Handbuch der Gender-Theorien, Köln/Weimar/Wien 2009, S.123–139, hier: S. 124.

358 Vgl. Bloch, Iwan: Das Sexualleben unserer Zeit in seinen Beziehungen zur modernen Kultur, Berlin 1907.

359 Vgl. Jensen, Sexualität, S. 124f.

360 Vgl. Wrede, S. 25.

im Erwachsenenalter gleichgesetzt, wenn nicht sogar reduziert auf den heterosexuellen Koitus als herrschende Sexualpraxis.«[361] Diesem Modell argumentativ folgend, welches vaginalen Geschlechtsverkehr als einzig richtige Form der sexuellen Befriedigung versteht, gelten andere Formen sexuellen Verhaltens und lustvoller Beziehungen als Ersatzbefriedigung oder gar widernatürliche Perversion; Homosexualität und Autoerotik werden tabuisiert oder geraten gar nicht erst ins Bewusstsein.[362] Erst mit Hirschfeld und seinem 1914 veröffentlichten Werk »Die Homosexualität des Mannes und des Weibes« lässt sich der Beginn der Homosexuellen-Bewegung verzeichnen.

Als herausragender Impulsgeber für die Sexualwissenschaft gilt Freud, dessen Theorien bis heute stark umstritten sind: Gemäß des Freudschen Triebmodells ordnen sich bei der Erwachsenensexualität die erogenen Zonen dem Primat der Genitalität – Freud selbst spricht vom »Primat des Phallus«[363] – unter. Der Autoerotismus werde aufgegeben und der Trieb richte sich – wenn alles »richtig« verlaufe und die heterosexuelle Orientierung gelinge – auf das andere Geschlecht; diesem Modell inhärent ist auch die Klassifizierung von Homo- und Autoerotik als fehlerhaft und anormal. Während die Libido des kleinen Mädchens männlicher Natur sei, da der Trieb immer aktiv, also männlich definiert ist, müsse das pubertierende Mädchen die aktive Libido verdrängen, um die ihr zugedachte gesellschaftliche Rolle der passiven, sexuell empfangen Frau einnehmen zu können. Auf physiologischer Ebene finde dieser Prozess Ausdruck in der Verlagerung der erogenen Zone von der Klitoris auf den Scheideneingang.[364] In diesem Modell wird nicht nur die Orientierung auf den Fortpflanzungsaspekt bei der psychosexuellen Entwicklung des Mädchens deutlich;[365] verschränkt damit tritt auch die Fixierung auf den hetereosexuellen Koitus offen zutage.

Während Millett Freud vorwirft, die Differenz der Geschlechter in einem rein biologisch-physiologischen Bereich zu verorten und damit die Bedeutung von Kultur und Sozialisierung gänzlich auszublenden[366], lassen sich nach Mitchell seine Theoreme nicht nur aus einer biologischen, sondern daneben auch aus

361 Ebd.

362 Vgl. ebd., S. 26.

363 Freud, Sigmund: Die infantile Genitalorganisation (Eine Einschaltung in die Sexualtheorie), in: Ders.: Werkausgabe in zwei Bdn., hrsg. von Anna Freud und Ilse Grubrich-Simitis, Bd. I: Elemente der Psychoanalyse, S. 330–333, hier: 330.

364 Vgl. Freud, Sigmund: Drei Abhandlungen zur Sexualtheorie, in: Ders.: Werkausgabe in zwei Bdn., hrsg. von Anna Freud und Ilse Grubrich-Simitis, Bd. I: Elemente der Psychoanalyse, S. 235–317; vgl. Wrede, S. 28f.

365 Vgl. ebd., S. 29.

366 Vgl. Millett, Kate: Sexus und Herrschaft. Die Tyrannei des Mannes in unserer Gesellschaft, München 1971; vgl. Schößler, Franziska: Einführung in die Gender Studies, Berlin 2008, S. 56.

einer sozial-kulturellen Perspektive lesen;[367] für sie stellt Freuds Psychoanalyse keine »Verklärung der patriarchalen Gesellschaft, sondern deren Analyse«[368] dar. Für eine Rehabilitierung Freuds setzt sich Mitchell auch darum ein, weil sie die von ihm beschriebene Ohnmacht der Frau und den (Penis-)Neid von Mädchen nicht in der Biologie begründet sieht, sondern in ihrem weiblichen Unterbewusstsein, in welchem ihre jahrtausendealte gesellschaftliche Unterwerfung eingeschrieben sei.[369]

Wrede liest das Triebmodell Freuds als eine Verquickung biologischer Einflüsse und weiblicher Sozialisation – letztere sei in der gesellschaftlichen Realität von Frauen gleichbedeutend mit ihrer Missachtung und Minderbewertung.[370]

Als weitere Vordenker der Sexualwissenschaft gelten neben Freud auch von Krafft-Ebing, der die Begriffe Sado- und Masochismus einführte, Ellis, Forel und Bloch; die moderne Epoche der Sexualforschung hingegen wird oftmals auf 1938 – das Gründungsjahr des Kinsey-Institutes – datiert.[371]

Jackson bezeichnet in ihrem Aufsatz »Sexualwissenschaften und die Universalisierung männlicher Sexualität« die Arbeiten von Ellis, Masters & Johnson und des Kinsey-Instituts als die drei bedeutendsten Meilensteine in der Entwicklung der Sexualforschung[372]. Gleichzeitig entlarvt sie jedoch die angeblich wissenschaftliche Objektivität dieser Forschungen als Farce: Gemäß ihrer Ausrichtung auf das biologische Modell finden sich bei Ellis und seinen Zeitgenossen die Fixierung auf das Primat von Heterosexualität und Koitus, wodurch Sex mit heterosexuellem Koitus gleichgesetzt wird – eine Annahme, welche Jackson als männlichen Chauvinismus und Biologismus begreift.[373] Auch wenn Kinsey und Masters & Johnson auf kulturelle Faktoren eingehen[374], definiert das von ihnen und Ellis vertretene »essentialistische«, auch als »natürliches« oder »hydraulisches« bezeichnete Modell, Sexualität als biologischen, unkontrollierbaren Drang, der – sollen keine Neurosen ausgebildet werden – befriedigt werden müsse. Dabei macht Jackson Kinsey den Vorwurf, »Frauen als Bedrohung für den ungehinderten Ausdruck der sexuellen männlichen ›Be-

367 Vgl. ebd., S. 57.
368 Mitchell, Juliet: Psychoanalyse und Feminismus. Freud, Reich, Laing und die Frauenbewegung, Frankfurt a. M. 1976, S. 11.
369 Vgl. Schlößler, S. 57.
370 Vgl. Wrede, S. 27–30.
371 Vgl. Jensen, Sexualität, S. 124f.
372 Vgl. Jackson, Margaret: Sexualwissenschaften und die Universalisierung männlicher Sexualität. Von Ellis über Kinsey zu Masters & Johnson, in: Schmerl, Christiane/Soine, Stefanie/Stein-Hilbers, Marlene/Wrede, Birgitta (Hrsg.): Sexuelle Szenen. Inszenierung von Geschlecht und Sexualität in modernen Gesellschaften, Opladen 2000, S. 99–115, hier: S. 99.
373 Vgl. ebd., S. 103.
374 So betont Kinsey die Bedeutung des Konditionierens, während für Masters & Johnson die sexuelle Funktion unbegrenzt formbar ist; vgl. ebd., S. 103f.

dürfnisse‹, als eine potentielle, wenn nicht sogar effektive Kontrollgewalt männlicher Sexualität«[375] zu betrachten. Jackson stellt demnach den antifeministischen Charakter des essentialistischen Modells heraus, welches sie als (pseudo)wissenschaftliche Legitimierungsstrategie zugunsten einer »Aufrechterhaltung und Reproduktion männlicher Vorherrschaft«[376] sowie als Versuch zur »Universalisierung der männlichen Sexualität«[377] entlarvt. Darüber hinaus kritisiert Jackson die einer naturalistischen Behauptung immanente Annahme, dass Herrschaft und Unterwerfung zum Wesen der Sexualität gehöre.[378]

Den einen biologischen Determinismus und Reduktionismus behauptenden sexualwissenschaftlichen Ansätzen diametral entgegen stehen Diskurse, welche eine naturalistische Interpretation von Sexualität und Geschlechterstabilität und die damit implizierten Prämissen – Fixierung auf den Koitus sowie auf Heterosexualität – nachhaltig infrage stellen: Seit Ende des 20. Jahrhunderts wird das Vorhandensein einer ausschließlich in der Natur begründeten Sexualität angezweifelt und es lässt sich in allen wissenschaftlichen Disziplinen die Tendenz zu einer stärkeren Akzentuierung soziologischer und kultureller Faktoren ausmachen. Auch Foucault hinterfragt 1977 in »Der Wille zum Wissen« die Konstruktion von Sexualität als naturhaftem, triebgesteuertem Vorgang, wenn er Sexualität als durch kulturelle, religiöse wie ästhetische Inszenierungen geformtes soziales Gebilde bestimmt und – ähnlich wie Millett – unmittelbar mit gesellschaftlichen Machtbeziehungen verknüpft sieht.

Wie bereits aufgezeigt, verwehrt sich de Beauvoir gegen deterministische Zuschreibungen, wenn sie biologische, psychologische wie auch marxistische Erklärungsversuche des Weiblichen als unzureichend kritisiert und die Bedeutung sozialer Kontexte für Geschlecht hervorhebt. Mit ihrem Verständnis von Weiblichkeit als dynamischer Kategorie greift sie dem Konzept des »Doing Gender« voraus[379] und gilt somit als gedankliche Wegbereiterin eines konstruktivistischen Entwurfs wie etwa dem Butlers, welche Geschlecht als Ergebnis performativer Akte begreift.

Nach Butler, welche sich an Foucaults These, dass die Idee des Geschlechts eines Individuums sich durch gesellschaftliche Regelwerke zu Sexualität bildet,[380] anlehnt, ist Geschlechtsidentität eine ambivalente Fiktion; sie forciert die kulturelle Sichtbarmachung eines durch »Zwangshetereosexualität« verdräng-

375 Ebd., S. 105.
376 Ebd., S. 100.
377 Ebd., S. 103.
378 Vgl. ebd., S. 106 ff.
379 Vgl. Schößler, S. 53 ff.
380 Vgl. Jensen, Heike: Judith Butler: Gender Trouble, in: Löw, Martina/Mathes, Bettina (Hrsg.): Schlüsselwerke der Geschlechterforschung, Wiesbaden 2005, S. 254–266, hier: S. 255.

ten homosexuellen Begehrens. In ihrer Performanztheorie verabschiedet Butler die einschlägige feministische Grundannahme der Trennung von sex und gender, indem sie diese beiden Größen als voneinander abgekoppelt begreift und die auf lediglich genau zwei – also männlich und weiblich – begrenzten Gender-Kategorien erweitert sehen will:[381] »Wenn wir [...] den kulturell bedingten Status der Geschlechtsidentität als radikal unabhängig vom anatomischen Geschlecht denken, wird die Geschlechtsidentität selbst zu einem freischwebenden Artefakt.«[382]

Somit können sowohl Foucault wie auch Butler[383] als Vordenker der Queer Studies angesehen werden: Diese zu Beginn der 1990er-Jahre entstandene Disziplin widmet sich der Untersuchung von Ausdrucksformen und Praktiken nicht-heteronormativer Sexualität. Dabei stellen die Queer Studies die Annahme einer natürlichen Geschlechteridentität nachhaltig infrage[384] und zielen insgesamt auf eine

> Denaturalisierung normativer Konzepte von Männlichkeit und Weiblichkeit, die Entkoppelung der Kategorien des Geschlechts und der Sexualität, die Destabilisierung des Binarismus von Hetero- und Homosexualität sowie die Anerkennung eines sexuellen Pluralismus, der neben schwuler und lebischer Sexualität auch Bisexualität, Transsexualität und Sadomasochismus einbezieht.[385]

Die kulturelle Genese von Perversionen lässt sich am Beispiel der medizinischen Konstruktion der Homosexualität[386] im 19. Jahrhundert ablesen:[387]

> Wurde noch im 18. Jahrhundert von sodomistischen Praktiken gesprochen, ohne daraus eine Identität abzuleiten, so gibt es seit dem 19. Jahrhundert homosexuelle Persönlichkeiten, die ausschließlich über ihr sexuelles Begehren definiert werden[388].

381 Vgl. Schößler, S. 95ff.

382 Butler, Judith: Das Unbehagen der Geschlechter, Frankfurt a. M. 1991, S. 23.

383 Nichtsdestotrotz positioniert sich Butler selbst als feministische Theoretikerin, die sich insbesondere mit den Phänomenen Macht, Geschlecht, Sexualität, Identität auseinandersetzt, weniger jedoch dezidiert mit Homosexualitätsforschung. Die Trennung einer Analyse der Sexualität von der des Geschlechts, wie sie ihrer Ansicht nach für einen Teil der Queer-Forschung kennzeichnend ist, erscheint Butler zudem problematisch. Vgl. Bublitz, Hannelore: Judith Butler zur Einführung, Hamburg 2002, S. 49.

384 Vgl. Schößler, S. 107.

385 Kraß, Andreas: Queer denken. Gegen die Ordnung der Sexualität, Queer Studies, Frankfurt a. M. 2003, S. 18.

386 Im Gegensatz zum Aspekt der Homosexualität wird auf theoretische Anmerkungen zu Bi- oder Transsexualität verzichtet, da diese Phänomene in den Hilsenrathschen Werken nicht auftauchen und daher für die Analyse irrelevant sind.

387 Vgl. ebd., S. 14. Der medizinische Fachausdruck »Homosexualität« wurde 1869 vom Schweizer Arzt Benkert geprägt.

388 Schößler, S. 109.

Foucault verweist, indem er zwei disparate Strategien im Umgang mit homosexuellem Begehren beschreibt, auf die Erfindung der Homosexualität als einer Art ganzheitlichen Identitätskonstruktes:

> Die Sodomie – so wie die alten zivilen oder kanonischen Rechte sie kannten – war ein Typ von verbotener Handlung, deren Urheber nur als ihr Rechtssubjekt in Betracht kam. Der Homosexuelle des 19. Jahrhunderts ist zu einer Persönlichkeit geworden, die über eine Vergangenheit und eine Kindheit verfügt, einen Charakter, eine Lebensform, und die schließlich eine Morphologie mit indiskreter Anatomie und möglicherweise rätselhafter Physiologie besitzt. Nichts von alledem, was er ist, entrinnt seiner Sexualität.[389]

Knoll kritisiert ebendiesen von Foucault beschriebenen Diskursivierungsprozess, wenn er beklagt, dass das »deviante Etikett ›homosexuell‹ [...] so beherrschend zu sein« scheint, dass »die Sichtweise der Homosexualität als ein Aspekt der Identität aufgesogen wird von der Sichtweise, die homosexuelle Identität wäre die Gesamtidentität des Homosexuellen: seine Person ist seine sexuelle Identität«[390]. Der herrschende Diskurs erhebt somit ein minoritäres sexuelles Begehren als zentral für die Identitätsbildung und fixiert die Gesamtidentität auf einen einzelnen Aspekt – diese Zuschreibung führt freilich den bisweilen an Homosexuelle gerichteten Vorwurf, sich ausschließlich über den Aspekt ihrer Sexualität zu definieren,[391] ad absurdum. Gleichwohl kann als positiver Effekt dieses pathologisierenden Etikettisierungsprozesses von Homosexualität die Entwicklung eines schwulen Selbstbewusstseins gewertet werden.[392]

2.2.2) Der heterosexuelle Koitus im Werk Hilsenraths

Wie soeben aufgezeigt, liegen der Annahme eines biologischen Determinismus von Sexualität mit der Fixierung auf Heterosexualität und Koitus zwei miteinander verschränkte Prämissen zugrunde. Im Hilsenrathschen Gesamtwerk lässt sich an zahlreichen Passagen nicht nur eine (männliche) Fokussierung auf den heterosexuellen Koitus bei gleichzeitiger Ausklammerung der Fortpflanzungsfunktion ausmachen; durch die Supposition des naturalistischen Modells wird implizit auch männliche Vorherrschaft verteidigt und legitimiert.

389 Foucault, Michel: Der Wille zum Wissen, S. 47.

390 Knoll, Christopher: Schwule Identität. Bd. 1 der Rosa Reihe des Projekts Soziale Netzwerke schwuler Männer im Zeichen von Aids, München 1993, S. 2.

391 Vgl. Schößler, S. 110.

392 Vgl. Maas, Jörg: Identität und Stigma-Management von homosexuellen Führungskräften, Wiesbaden 1999, S. 28f.

In »Nacht« erfolgt die Bestätigung des naturalistischen Modells etwa dadurch, dass die dargestellten Frauenfiguren Zärtlichkeiten wie »schmusen« (N 301), behutsames Sreicheln (vgl. N 39) oder gemeinsame Aktivitäten wie Spazierengehen (vgl. N 302) einfordern, während die männlichen Protagonisten auf den Koitus fokussiert sind. Zwar findet sich mit der Wirtin auch eine weibliche Figur, welche junge Männer in Form von Lebensmitteln für sexuelle Gegenleistung bezahlt; auf obszöne Vokabeln wird hier jedoch zugunsten der Formulierung »für die Liebe bezahlen« (N 303, 304) verzichtet. Anstelle der Beschreibung der intimen Begegnung zwischen dem impotenten Ranek und der Wirtin heißt es lapidar: »Sie [die Wirtin, A.Z.] machte ihm später keine Vorwürfe. Sie machte nicht mal ironische Bemerkungen. Sie sagte überhaupt nichts. Sie tat so, als wäre es auf einmal ganz unwichtig, ob er sie befriedigt hatte oder nicht« (N 327). Die Knappheit der Passage verdeutlicht die Ausblendung anderer Formen von Sexualität; indem diese implizit auf den bloßen Aspekt des Koitus verkürzt wurde, kann aus der männlichen Impotenz nur die Unmöglichkeit der weiblichen Befriedigung resultieren. Dem Penis wird somit die Signifikanz des alleinigen Kriteriums für eine gelingende Sexualität zugewiesen – ein deutliches Beispiel für das Primat des Koitus, neben welchem andere Ausdrucksformen von Sexualität nicht einmal als Surrogat geduldet werden. Gleichzeitig wird in »Nacht« jedoch auch ebendiese Fokussierung auf den heterosexuellen Koitus unterlaufen und ad absurdum geführt, wenn die essentialistische, in Wahrheit jedoch nicht existente Annahme eines permanenten männlichen Begehrens ausgespielt wird:

> »Was wollen Sie von mir?«
> »Den Apfel«, flüsterte sie; und sie beteuerte: »Ich will ihn nicht umsonst.« Sie hob ihr Kleid bis bis zum Hals hoch, und dabei blickte sie ihn herausfordernd an, als wollte sie ihm sagen: Das ist doch einen Apfel wert.
> »So was hab' ich schon gesehen«, sagte er und spuckte aus.
> »Wir können's neben der Kellertreppe machen.«
> […]
> »Geben Sie mir jetzt den Apfel?«
> »Nein… nicht jetzt… nachher.«
> »Bitte!«
> ›Sie wollen wohl schwindeln?‹
> »Nein… nicht schwindeln.« Sie zögerte. »Ich kann's nicht auf nüchternen Magen machen.«
> ›Unsinn!‹
> »Kein Unsinn. Ich werd' ohnmächtig, wenn Sie mich anfassen, wenn ich nichts im Magen hab'.«
> […]
> »Meinetwegen können Sie ohnmächtig werden… dann werden Sie wenigstens mal wissen, was ein richtiger Mann ist.« (N 279f.)

Nachdem die Alte, die mit dem Apfel in einen Keller verschwunden war, in welchen ihr der vom Gestank angeekelte Ranek nicht folgt, wieder zurückkommt, heißt es weiter: »›Ich hab's mir ja gleich gedacht, daß Sie's nicht ernst meinen [...]. Ich hab' schon öfter Kunden von Ihrer Sorte gehabt. Sind alle gleich. Sie wollen gar nicht, aber sie tun noch gern so, als ob sie's wirklich wollen‹« (N 281). Die Passage entlarvt die gesellschaftlich-kulturelle Prägung der Protagonisten als eine, welche die männliche Triebauslebung in Form des heterosexuellen Koitus zum naturalistischen Prinzip erklärt hat. Aufgrund der Verankerung dieser stereotypen Annahme im Denken beider Geschlechter richten beide Parteien wider besseres Wissen ihr Reden und Handeln danach aus: So fühlt sich Ranek entgegen mangelnder sexueller Begierde und trotz des Wissens um seine Impotenz implizit genötigt, auf das groteske Spiel der Alten einzugehen und die Rolle des lüsternen Mannes einzunehmen, welcher die ausgehungerte Frau um den Preis eines Apfels gnadenlos bis zur Bewusstlosigkeit koitiert. Zugleich werden die Bereitschaft zu diesem Akt sowie sexuelle Potenz als zentrale Kriterien für Männlichkeit par excellence ausgewiesen: »›Meinetwegen können Sie ohnmächtig werden... dann werden Sie wenigstens mal wissen, was ein richtiger Mann ist.‹« (N 280)

Auch wenn Hilsenrath in »Nacht« mit dem Klischee des auf reine Triebauslebung fixierten Mannes spielt, dürfen dennoch die Szenen nicht gänzlich aus ihrem narrativen Kontext herausgelöst werden, wird die Handlung doch vor dem Hintergrund des erbärmlichen Lebens im Ghettos verortet: Das nicht existente sexuelle Begehren des männlichen Protagonisten, einhergehend mit der Klassifizierung der Wirtin lediglich als »Futterquelle« (N 326) anstelle als Sexualobjekt, resultiert nicht zuletzt aus der extremen Entkräftung Raneks, so wie auch seine Impotenz – freilich neben psychischen Faktoren – aus der Unterernährung herrührt. Dennoch zeugen die Passagen von der tiefen Verankerung gesellschaftlich vermittelter naturalistischer Denkstrukturen, welche gar in der Extremsituation des Ghettos gegen die Auflösung, welche alle als zivilisatorisch-kulturelle Errungenschaften klassifizierten Moralvorstellungen erfasst und die Bewohnerinnen und Bewohner zu skrupellos egoistischem Handeln verleitet, resistent zu sein scheinen. Konnte in Kapitel 2.1 die extrem hohe zeitliche wie kulturelle Beständigkeit von Geschlechterstereotypen aufgezeigt werden, so wurde nun die Invarianz der Annahme eines biologistischen Modells deutlich.

In »Der Nazi & der Friseur« repräsentiert der grotesk überzeichnete Slavitzki das Bild des Mannes, welcher in Erwartung der Auslebung seines einmal erweckten und in der Folge kategorisch zu stillenden Sexualtriebs enthemmt und gewalttätig reagiert:

> Slavitzki wollte sich gleich in der ersten Nacht an meine arme Mutter heranmachen. Aber meine Mutter hatte »ihre Regel« und wehrte sich mit mageren Beinen und fetten

> Händen. [...] Aber davon wollte Slavitzki nichts wissen. Er versuchte es immer wieder, hatte das Gummiband losgebunden, stand nackt vor dem neuen Ehebett, zeigte sein Glied, machte meine arme Mutter ganz wirr, zankte mit ihr, kroch wieder unter die Bettdecke, feilschte, versuchte zu überzeugen, fing schließlich zu fluchen an, dann zu brüllen. Meine Mutter blieb standfest. [...] Als Slavitzki schließlich einsah, daß er verspielt hatte, kannte seine Wut keine Grenzen. Er stürzte wie ein Wilder aus dem neuen Ehebett, nackt, mit gerecktem Glied, Schaum auf den Lippe, Schweiß auf der flachen Stirn, verklebtem Haar... und stillte Wut und Juckreiz an mir. (NF 21f.)

Als Reaktion auf den verweigerten Koitus zieht Slavitzki die – von der Mutter gebilligte – Schändung eines wehrlosen Säuglings der Möglichkeit zu anderen, einvernehmlichen Formen der Triebabfuhr vor. Dieser wahnhafte, mit Besessenheit und Wut gepaarte Zustand rasenden Begehrens findet an späterer Stelle des Romans eine Parallele in Max Schulz' eigenem Verhalten, wenn dieser sich nach intensiven Belehrungen über eine kultivierte Sexualität schließlich dennoch unbeherrscht auf die Gräfin stürzt:

> Der Butler erklärte mir, daß Körper und Seele eine Einheit bilden [...], und daß die schlafende Seele erweckt werden soll wie die schlafende Seele der Geige in der Hand des rechten Geigers. Der Butler erklärte mir den Unterschied zwischen Freude und Vorfreude und wie die eine durch die andere erhöht wird [...], sprach über die Wichtigkeit des Vorspiels, das den Hauptakt belebt, dessen Echo wiederum durch das Nachspiel erhalten wird. [...] Daß die Kraft der Liebe die Fantasie beflügelt und imstande ist, irdische Dinge zu verwandeln: bis ein Finger kein Finger mehr ist, eine Zunge keine Zunge [...], ein Glied kein Glied, eine Scheide keine Scheide [...]! Und so fort!
> Der Butler erklärte mir, daß die Biene ihren emsigen Rüssel tief in den Kelch der Blume steckt, um den Honig zu sammeln, daß die Erde weiblich ist, aber der Regen männlich so wie die Sonne, daß das Weib den Mann empfängt und nicht umgekehrt [...]
> Mein Kopf dröhnte von soviel Theorie, und ich empfand es fast als Erlösung, als der Butler endlich die Zofe ins Zimmer rief, um den theoretischen Unterricht durch den praktischen abzulösen. [...]
> Ich vergaß im Augenblick der ›Großen Prüfung‹ alles, was ich gelernt hatte, lag angstschlotternd, mit aufgerissenen Froschaugen in ihren Armen, [...] sah mich durchstrahlt, durchleuchtet, durchschaut, verhöhnt, gedemütigt, kastriert. – Nur einmal ... im Laufe jener ersten Nacht ... raffte ich mich auf, kriegt eine Wut, wollte mich rächen, stieß einen fürchterlichen Fluch aus, warf mich auf die Gräfin und nahm sie im Sturmangriff, der drei Sekunden dauerte ... oder, um genau zu sein: dreieinhalb Sekunden.
> Und wissen Sie, was die Gräfin zu mir sagte?
> »Herr Finkelstein«, sagte sie, »Sie sind ein Barbar.« (NF 210ff.)

Durch die Bezeichnung als Barbar eröffnet die Gräfin eine Distinktion zwischen einer als unzivilisiert empfundenen, ungezügelten Triebhaftigkeit und einer auch die weiblichen Bedürfnisse berücksichtigenden kultivierten Sexualität. Somit wird aus der Perspektive der Gräfin die naturalistische Annahme einer angeborenen männlichen Determinierung zwar nicht zurückgewiesen, die Möglichkeit zur Überwindung derselben mittels Erziehung und Aufklärung jedoch nicht nur offengehalten, sondern auch vehement eingefordert.

Die zitierte Passage ist zudem symptomatisch für den in »Der Nazi & der Friseur« textimmanenten Umgang der Romanfiguren mit ihrer Sexualität, wird doch die zwanghafte Fixierung der männlichen Protagonisten auf den heterosexuellen Koitus die Verhaltensweise der weiblichen Figuren entgegengesetzt: Deren Entgegenkommen in Bezug auf den Koitus entspringt wie bei Veronja, Frau Holle, der Gräfin oder Minna entweder taktischem Kalkül respektive in Erwartung einer Gegenleistung oder aber geschieht explizit aus dem Wunsch nach körperlicher Nähe heraus:

> Plötzlich umschlang sie [Hanna Lewisohn, A.Z.] mich, rollte mich auf den Rücken, warf sich auf mich hinauf, setzte sich auf mein hartes Glied, ließ es in ihrem Schoß verschwinden, saß wie ein Käfer auf mir, kroch aber wieder herunter, riß plötzlich meinen Kopf hoch und preßte ihre Lippen auf die meinen.
> Das war unser erster Kuß.
> Hab ich dich scharf gemacht, lieber Itzig? Willst du wissen, ob sie einen Orgasmus gehabt hat?
> Beim Küssen, lieber Itzig. Mehrere Male. Dann stieß sie mich weg, drehte mir den Rücken zu und ließ mich nicht mehr ran. Die ist ein bißchen verrückt. Ein bißchen sehr. (NF 284f.)

Im Falle Lewisohns wird die männliche Annahme der Notwendigkeit des Koitus zur Erlangung des weiblichen Orgasmus ad absurdum geführt: Hilsenrath entwirft mittels grotesker Stilprinzipien eine »verkehrte Welt«, in welcher der Sexualakt degradiert wird zum Vorspiel des Kusses, welcher zumindest aus weiblicher Perspektive zum eigentlichen Höhepunkt der sexuellen zwischengeschlechtlichen Begegnung wird.

Während in »Nacht« und »Der Nazi & der Friseur« naturalistische Annahmen auf Handlungsebene sowie mittels grotesker und schwarzhumoriger Stilprinzipien unterlaufen werden, verzichtet Hilsenrath auch in »Fuck America« beim Entwurf des auf sexuelles Verlangen reduzierten männlichen Protagonisten nicht auf die Einbindung humoristischer Elemente; die Komik zielt jedoch nicht auf die Brechung eines biologistischen Determinismus. Vielmehr wird diese Annahme unterstützt, wenn der vom Gedanken an sexuelle Triebauslebung beherrschte Bronsky gar die eigene kreative Leistung seinem Penis zubilligt (vgl. FA 101f.).[393] Die im imaginierten Dialog vorgenommene Trennung zwischen der

393 »Fuck America« lässt sich im Gesamten als großangelegte Verschränkung der Bereiche Sexualität und Schreiben lesen: Beginnend beim sexuell aufgeladenen Titel über den expliziten Konnex zwischen Potenz und therapeutischem Schreiben bis hin zu Bronskys Bezeichnung seines Penis' als »Dichterschwanz« (z.B. FA 116) lassen sich zahlreiche Belege für den Konnex dieser beiden Motive finden; vgl. dazu Kapitel 3.1.3.

eigenen Person als Repräsentant der Vernunft und dem Glied als personifiziertem Bedürfnis der sexuellen Triebauslebung lässt sich vor dem Hintergrund des Romans als performativer Akt der Schuldentlastung lesen: Einem naturalistischen Verständnis von der männlichen Libido als eigenständige, von der Ratio losgelöste Kraft ist zugleich das Lossprechen von Verantwortung immanent. Aus dieser Denkstruktur resultiert die Inschutznahme von Vergewaltigern im Zuge einer Verschiebung der Schuld auf die Frau, welcher die Erweckung des – als biologisch nicht zügelbar erklärten – männlichen Sexualtriebs unterstellt wird:

> »Es ist bekannt, daß die Jungs im College in ihren Schlafsälen um die Wette onanieren. Aber das ist nicht jedermanns Sache. Man kann auch nicht von jedem Jungen erwarten, daß er sich an die Regeln des Pettings hält. Manche drehen eben durch, verlieren den Kopf. Ganz einfach. […] Ich will damit sagen, daß das Mädchen den Jungen so scharf gemacht hat, daß er die Regeln des Pettings vergaß. Hat ihr den Schlüpfer runtergerissen und den Schwanz reingesteckt.«
> »Sie meinen, Herr Bronsky, daß das Mädchen selber dran schuld war?«
> »Das meine ich.« (FA 72)

Diese Passage zeigt neben der Selbstverständlichkeit der Grundannahme des naturalistischen Triebmodells auch auf, inwieweit der heterosexuelle Koitus als normativer Standard von Sexualität begriffen wird, während Autoerotik oder Petting anstelle oder als Ergänzung zu einer gelingenden Sexualität als unzureichendes Substitut gekennzeichnet wird, das »nicht jedermanns Sache« (FA 72) ist.

Wird in »Fuck America« der männlichen Sexualität unhinterfragt eine aufgrund biologischer Mechanismen determinierte triebgesteuerte Sexualität zugrunde gelegt, so wird der angebliche »Ekel« und »Männerhaß« (beides FA 114) der amerikanischen Frau auf ihre Sozialisation und Erziehung zurückgeführt: Die seit frühester Kindheit anerzogenen Ängste und Hemmnisse gegenüber dem Mann im Allgemeinen und dem Penis im Besonderen steht in dieser Logik dem männlichen Bedürfnis nach ungehemmter Triebauslebung diametral entgegen:

> Zuerst mußt du viele Piepen für sie springen lassen, denn jede Amerikanerin weiß genau, wieviel ein Mann für sie ausgeben muß. Das hängt mit ihrem Selbstwertgefühl zusammen und mit ihrer Selbsteinschätzung und ihren Komplexen und ihrem Männerhaß, und auch mit der Stellung der Frau in diesem Land und ihrer Erziehung zum kostbaren Geschlechtsobjekt in einer konformen Gesellschaft. […] wenn sie endlich bereit ist, dann wirst du zu einem Fick eingeladen, darfst sie aber nicht anrühren, wenigstens nicht sofort. Und weißt du warum? Weil sie erst ein paar Gläschen Whisky saufen muß, um ihren Ekel zu überwinden und ihre Hemmungen und all die Ängste, die ihr von Kindheit an eingebläut worden sind. […] Und erst dann […] wenn ein Weib so richtig besoffen ist, dann darfst du die [sic!] immer noch nicht anrühren. Dann taumelt sie nämlich ins Badezimmer, um eine Dusche zu nehmen, damit sie steril wird.

> Und dann [...] mußt auch du ins Badezimmer, damit auch du steril wirst.
> So ist das. Und dann kommst du raus, nackt und sauber und steril und darfst sie immer noch nicht anrühren. Denn inzwischen ist sie halbwegs wieder nüchtern geworden und braucht noch ein paar Gläschen Whisky. [...] Und erst dann, ja, erst dann oder etwas später, dann kannst du sie endlich ficken. Aber es wird ein ganz mieser Fick sein [...]. (FA 114f.)

Neben der unverhohlenen Misogynie des Redners offenbart die Passage eine Gegenüberstellung zwischen »Natur« und »Kultur«: Das als naturgegeben klassifizierte männliche Begehren des heterosexuellen Koitus wird gegen eine als anormale gesellschaftliche Erziehung von Frauen zu einer pathologischen Abneigung gegen jedwede Art von Sexualität ausgespielt.

Ist die Narration in den Hilsenrathschen Romanen, von wenigen Ausnahmen abgesehen, dem männlichen Blick unterworfen, so wird – nicht zuletzt aufgrund der überaus komplexen Romanstruktur – im »Märchen vom letzten Gedanken« der vorherrschende Androzentrismus aufgebrochen; die kurze, emphatische Erzählung der Amme Bülbül ist eine der seltenen Passagen mit dezidiert weiblicher Perspektive auf Sexualität, welche hier den Beigeschmack von Schmerz und Tod erhält:

> - Und eines Tages, sagte Bülbül, da kam ein Prinz auf einem weißen Pferd, um ein armes, kleines Waisenkind zu entführen. Das Waisenkind war ich. Irgendwann wurden wir vor dem Imam getraut. Und ich erinnere mich, wie der Imam sagte: Heiratet eure Jungfrauen. Friede sei über unserem Propheten Mohammed, der die Armen und die Waisen liebt.
> Und Bülbül sagte: Der Prinz führte mich in sein Zelt, und dort zeigte er mir, was er zwischen den Beinen hatte, und das war schrecklich anzusehen. Denn es sah aus wie der Tod, der plötzlich lebendig wird.
> - Als mir der lebendige Tod zwischen die Beine gerammt wurde, schrie ich zu meinem Vater im Himmel, aber mein Vater lachte und sagte: Siehe, es ist nicht der Tod, sondern der Schmerz, aus dem alles Leben entsteht. Du hättest dir Bienenwachs zwischen die Beine schmieren sollen, mein Täubchen, oder Hammelfett, damit die Dornen ihre Stacheln verlieren oder die ängstlich, dicht aneinandergeschmiegten Ohrläppchen sich öffnen... und das Häutchen, das so zart ist wie das Blatt einer jungen Rose und angeblich so zäh wie das Trommelfell auf der Trommel des Münadis von Bakir... nun... damit auch das geschmeidig wird, um den Schmerz einzulassen.
> - Und so [...] wurde ich damals durchbohrt und wußte, daß der Mensch nur aus Fleisch und Blut ist, also: durchbohrbar.
> - Was ist nicht durchbohrbar? fragte Wartan.
> - Die Seele, sagte Bülbül. Auch Gedanken. (MG 263f.)

Das Primat des Penis wird hier auf mehreren Ebenen aufgebrochen: Nicht nur wird – anstelle von in Hilsenraths Romanen sonst üblichen Gemeinplätzen wie »Loch ist Loch« (FA 56) – erstmals das weibliche Geschlechtsteil thematisiert und präzisiert, gleichzeitig erfolgt eine Betrachtung des Penisses aus der weiblichen Perspektive. Die Attribuierung als alles durchbohrender lebendiger Tod erinnert an die radikalfeministische These vom männlichen Geschlechtsteil als Waffe; insbesondere die Formulierungen »rammen« und »durchbohren« wecken diese Assoziation.[394]

Hilsenrath verbindet in der zitierten Szene groteske und märchenhafte Elemente[395]; während die Narration mit der Entführung des Waisenkinds durch den Prinzen mit dem weißen Pferd sowie mit der anschließenden Hochzeit das klassische »Happy End« eines Märchens persifliert, nimmt die Erzählung aus Bülbüls Sicht eine mystische und zugleich grauenhafte Wendung. Der heterosexuelle Koitus, für die männlichen Protagonisten der Hilsenrathschen Romane erklärtes Ziel ihrer zwischengeschlechtlichen Beziehungen, erhält aus der weiblichen Perspektive eine extrem negative Konnotation von Gewalt, Tod und Schmerz, welche auch durch die komische Nuancierung keine Abschwächung erfährt.

So wie im Falle Bülbüls, welche von ihrem Mann geschlagen und misshandelt wird, bis sie ihn letztlich verlässt, wird die Qualität des Koitus in der Hochzeitsnacht als zentrales Kriterium für das spätere Gelingen der Ehe ausgewiesen: Dauerte es bei seiner ersten Frau »sieben Tage und Nächte, ehe es Wartan gelang, seine Frau zu erkennen« (MG 418) – diese »vernachlässigt« später ihre »Hausarbeiten und täglichen Pflicht« (MG 419) und stirbt im Kindbett –, so heißt es über die erste Nacht mit Anahit:

> Wartan erkannte sie gleich in der ersten Nacht. Und da war kein ausgetrockneter Brunnen, und da waren keine widerspenstigen Dornen. Da war eine dankbare, lustvolle Quelle, die belohnt werden wollte und dabei selber schenkte. Und all das, was knochig und hart war beim Mann und gnadenlos, wie es hieß, wurde sanft, und selbst die Lust, die sich selber suchte, suchte den anderen und wurde zärtlich. Es war, als hätte Christus Mann und Frau für immer zusammengeführt, solange sie atmeten. (MG 455)

Sexualität erhält in diesem Kontext nicht nur den Charakter eines von gegenseitiger Achtung geprägten Gebens und Nehmens; darüber hinaus wird die Verantwortung für weibliches Schmerz- oder Lustempfinden auch dem Mann übertragen:

---

394 Die Vorstellung vom Penis als Waffe bemüht beispielsweise auch Brownmiller: »Die Entdeckung des Mannes, daß seine Genitalien als Waffe zu gebrauchen sind, um damit Furcht und Schrecken zu verbreiten, muß neben dem Feuer und der ersten groben Steinaxt als eine der wichtigsten Entdeckungen in prähistorischen Zeiten angesehen werden.« Brownmiller, Susan: Gegen unseren Willen. Vergewaltigung und Männerherrschaft, Frankfurt a. M. 1978, S. 22.

395 Dass der Einsatz märchenhafter Elemente dem grotesker nicht entgegensteht, zeigt Dopheide in seiner Untersuchung der Romane »Jossel Wassermanns Heimkehr« sowie »Das Märchen vom letzten Gedanken« auf, in welchen Hilsenrath verschiedene Genres miteinander kombiniert und sich narrativer Mittel aus den Bereichen Märchen, Schwarzer Humor und Groteske bedient. Vgl. Dopheide, S. 150–168 sowie S. 244–250.

> - Sie hat einen ausgetrockneten Brunnen zwischen den Schenkeln, hatte er zu seinem Vater gesagt.
> Und sein Vater hatte gesagt: Ihr Brunnen ist nicht ausgetrocknet. Es liegt an dir, mein Sohn, geschickt und mit Geduld und sehr viel Zärtlichkeit nach Grundwasser zu bohren, und du wirst merken, wie schnell die Quelle wieder sprudelt. (MG 418f.)

Die Figur des Vaters nimmt die junge Ehefrau in Schutz und weist – freilich ohne die Fixierung auf den Koitus infrage zu stellen – Geschick, Geduld und Zärtlichkeit als die drei zentralen Grundbedingungen für ein beide Parteien erfüllendes Sexualleben aus. Damit steht er dem metaphysischen Gott-Vater Bülbüls diametral entgegen, welcher angesichts ihrer schmerzhaften Vergewaltigung durch den eigenen Ehemann lacht (vgl. MG 263f.).

Auch in »Jossel Wassermanns Heimkehr« wird Sexualität ausschließlich als Vollziehung des heterosexuellen Koitus definiert: Mittels Sätzen wie »Ich habe es dann richtig mit ihr gemacht« (JW 215) wird implizit eine Verkürzung von Sexualität auf den Koitus bei gleichzeitiger Herabwürdigung anderer Sexualpraktiken vorgenommen, welche als unzureichende Ersatzbefriedigungen abqualifiziert und als unnatürlich diskreditiert werden. Andererseits wird die dogmatische Fokussierung auf den Koitus durch die Einfallslosigkeit der Gesellschaft im jüdischen Schtetl satirisch gebrochen, welche für das fehlende Jungfernhäutchen der Braut keine andere Möglichkeit als den vorehelich vollzogenen Geschlechtsverkehr sehen will – Hilsenrath persifliert dies, wenn am Ende des Rätsels Lösung um die Streitfrage nach der Entjungferung ein Kochlöffel steht (vgl. JW 221).

Mit Jakob Bronsky aus »Fuck America« wurde die Figur eines männlichen, sich auf einer – angeblich biologisch eingeimpften – permanenten Jagd nach sexuellen Abenteuern befindenden Protagonisten vorgestellt; Jossel Wassermann und Ruben Jablonski sowie Lesche aus »Berlin ... Endstation« weisen identische Verhaltensmuster wie Bronsky auf; allen Charakteren gemein ist die Degradierung von Frauen zu bloßen Sexualobjekten, die bei einer Verweigerung des Koitus als »Bedrohung für den ungehinderten Ausdruck der sexuellen männlichen ›Bedürfnisse‹, als eine [...] effektive Kontrollgewalt männlicher Sexualität«[396] abgewertet werden.

Beim sexuellen Austausch mit Frauen nimmt Jablonski aus »Die Abenteuer des Ruben Jablonski« automatisch eine Übertragung der eigenen Fixierung auf die penile Penetration auf den weiblichen Part vor: »Ich sah gleich, daß sie ausgehungert war und noch heute Nacht einen Mann brauchte. ›Jablonski‹, sagte ich zu mir. ›Die ist ganz wild und scharf auf einen Schwanz.‹« (RJ 182f.). Dass andere Formen von Sexualität ausschließlich teleologisch als Vorspiel zum Koitus gedeutet werden, zeigt sich anhand Jablonskis Frustration und Verärgerung,

396 Jackson, S. 105.

wenn nach sexuellen Handlungen die weibliche Bereitschaft zum Geschlechtsakt ausbleibt.

Der weibliche russische Feldwebel Natascha verwahrt sich gegen die Annäherungsversuche Ruben Jablonskis, welcher »nicht widerstehen« (RJ 79) konnte, mit den Worten: »Sie sind ein Mann [...], solche niedrigen Gelüste sollten Sie beherrschen.« (RJ 80). Damit offenbart sie ein dem naturalistischen Konzept eines unzügelbaren Sexualtriebs diametral entgegenstehendes Verständnis von Männlichkeit und entkräftet zugleich prophylaktisch auf biologische Determinierung verweisende Exkulpationsversuche.

Der Figur der Natascha seien kontrastierend Lesches Freundinnen Anahid und Elfriede aus »Berlin ... Endstation« gegenübergestellt, welche sich auf dessen Versuche, die von ihm verschuldete Schwangerschaft der 16-jährigen Tochter Elfriedes namens Sabine mittels der Berufung auf genuin männliche Charaktereigenschaften zu entschuldigen, einlassen:

> Elfriede klang traurig, aber er hatte das Gefühl, daß sie ihm nicht mehr böse war. »Ich bin kein schlechter Mensch«, sagte Lesche. »Ich bin nur schwach und konnte Sabine nicht widerstehen.«
> »Du gibst also zu, ein Filou zu sein.«
> »Ja«, sagte Lesche, »ich habe mir später bittere Vorwürfe gemacht, aber was geschehen ist, ist nicht wiedergutzumachen.« (BE 96)

Mehr noch als Elfriede, welche Lesche nach dessen Berufung auf die männliche Unfähigkeit, sexuellen Angeboten zu widerstehen, eine euphemistische Allusion zu Don Juan oder Casanova herstellt, betont Anahid Konvergenzen zwischen biologischem Geschlecht und psychologisch-charakterlichen Eigenschaften, wenn sie Lesches Verhalten eindeutig biologischen Determinismen unterworfen sieht:

> »Ich fasse mich an den Kopf und frage mich, wie mir das passieren konnte.«
> »Leichtsinn«, sagte Anhaid, »so seid ihr Männer nun mal – immer drauflos, aber nicht an die Konsequenzen denken.«
> »[...] Ich habe ein paarmal mit ihr geschlafen. Sie war völlig unerfahren, und ich Idiot habe nicht aufgepaßt.«
> »Mach dir keine Vorwürfe«, sagte Anahid. »Vielleicht war es Schicksal.« (BE 193)

In der ersten Fassung des Romans[397] lautet die Formulierung wie folgt: »›Männlicher Leichtsinn‹, sagte Anahid, ›viele Männer handeln im Effekt [sic!] und fragen nicht nach den Konsequenzen.‹«[398]

Durch die Implikation eines Nexus' zwischen Geschlecht und Charaktereigenschaften vollzieht Anahid nicht nur einen performativen Akt der Freispre-

397 Einsehbar im Nachlass des Autors im Archiv der Akademie der Künste zu Berlin.
398 Erste Romanfassung von Hilsenraths »Berlin ... Endstation«. Einsehbar im Nachlass des Autors im Archiv der Akademie der Künste zu Berlin.

chung Lesches von jeglicher Schuld oder Haftung, sondern überträgt diese gleichzeitig auf Sabine, welche – folgt man der Logik dieser biologistischen Denkfigur – allein aufgrund ihres Geschlechts das Nachdenken über die Konsequenz hätte übernehmen müssen. Der Verweis auf das Schicksal als immersive, durch menschliches Handeln unbeeinflussbare Instanz und somit als Entschuldigung par excellence zwingt jede weiterführende Überlegung zum Abbruch und enthebt Lesche endgültig jedweder Verantwortlichkeit.

2.2.3) Homosexualität im Werk Hilsenraths

Eng mit der Fokussierung auf den heterosexuellen Koitus verknüpft erfolgt eine Abwertung männlicher wie weiblicher Homosexualität.

Eine Parallele zu der in den Hilsenrathschen Romanen prävalenten Dominanz der männlichen Sexualität bei gleichzeitiger Degradierung von Frauen und einer Ausblendung der weiblichen Perspektive findet sich auch in der Analyse homosexueller Figuren: Während Schwule in fast allen Romanen zumindest am Rande thematisiert werden, findet sich nur ein einziger, darüber hinaus unveröffentlichter Text Hilsenraths, welcher sich auf satirische Weise mit Feminismus auseinandersetzt und in diesem Zusammenhang Lesbianismus erwähnt[399]. Gemein ist allen Darstellungsweisen von Homosexualität ihre überwiegend negative Konnotation.

Die Abwertung männlicher Homosexualität erfolgt auf vier Ebenen: Erstens werden schwule Figuren mittels stereotypen Darstellungen feminisiert, pervertiert und als die genuin Anderen charakterisiert; dieser Aspekt wird insbesondere durch die stereotypkonforme Beschreibung des schwulen Friseurs mittels klischeehaften Formulierungen in »Nacht« deutlich: Er hat »einen tänzelnden Gang, so wie die Huren«, außerdem »geile Augen, und seine hohe Fistelstimme erinnerte einen irgendwie an Honig« (N 102), er lächelt »geziert« (N 381, 456), ist sehr eitel (vgl. N 380, 455), schmeichelt (vgl. N 380), und redet und agiert »unterwürfig« (N 104) und »ehrerbietig« (N 443). Im Umgang mit Frauen, in der Rede mit ihnen oder über sie dominiert Unsicherheit (vgl. N 443, 448) oder gar Angst (vgl. 491), den heterosexuellen Akt empfindet er als »ekelhaft« (N 465). Nichtsdestotrotz wird er von Frauen geschätzt; so verteidigt ihn Frau Dvorski gegenüber Ranek (vgl. 356), während der Portier des Bordells den Friseur verhöhnt (vgl. N 493).

In »Berlin … Endstation« werden die von dem sich als schwul ausgebenden Lesche vorgebrachten pejorativen Annahmen über homoerotische Wünsche vom homosexuellen Tischler durch dessen begeisterte Reaktion bestätigt:

399 Siehe dazu S. 120ff. der vorliegenden Arbeit.

> »Ich habe mal einen gehabt aus dem Bois de Boulogne. Er hat mir buchstäblich aus der Hand gefressen. Und alles gemacht, was ich wollte.«
> »Was gemacht?« fragte Tischler.
> »Nun, zum Beispiel hat er mir den Schwanz abgelutscht, und dann ließ er sich in den Arsch ficken. [...] Ich hab' mir den Arsch mit Honig eingeschmiert, und der Junge mußte alles ablecken.«
> »Toll«, sagte Tischler. (BE 175)

Neben der Bedienung stereotyper Annahmen über Habitus und implizit als pervers und repressiv typisierte sexuelle Wunschvorstellungen erfolgt die Abwertung Schwuler zweitens durch ihre Darstellung als unmoralische Charaktere: Als in den Romanen auftretende Homosexuelle genannt seien etwa der Saptieh, welcher im »Märchen« den gefolterten, an den Füßen aufgehängten Wartan Kathisian in den Mund »pimpert« (MG 84), der (wenn auch »geläuterte«) Nazi Fritz Tischler, ein »Lustmörder« (RJ 260) sowie der Mann, von welchem Lesche bei seiner Übernachtung im Obdachlosenheim bedrängt wird:

> Nachts spürte er den heißen Atem eines Mannes auf seinem Nacken. Er spürte auch, daß eine Hand seinen Schwanz umklammert hielt. Lesche wurde hellwach. Er schlug den Mann in seinem Bett auf den Kopf und stieß den Körper aus dem Bett.
> »Hau ab, du schwules Schwein«, zischte er.
> »Du siehst anders aus als die anderen«, sagte der Schwule, »und du riechst gut.«
> »Verschwinde«, sagte Lesche, »oder ich bring' dich um.« (BE 104)

Eine politische Komponente erhält die homoerotische Beziehung zwischen dem einarmigen türkischen Major und einem deutschen Offizier im »Märchen vom letzten Gedanken«, hält der Türke doch in der Dampfsauna den »Schwanz des Deutschen in der Faust«, als wäre er »nichts weiter als die Verlängerung vom Schwanz des großen deutschen Kaisers. – Und wir Türken halten uns daran fest [...]. Weil der Kaiser uns Kanonen gibt.« (MG 137). Die deutsche Beteiligung am Völkermord an den Armeniern wird somit durch eine – als ebenso unmoralisch klassifizierte – homosexuelle Beziehung versinnbildlicht. Demgegenüber steht die satirisch angestellte Überlegung, ob »ein gläubiger Moslem, der zufällig andersrum ist, am Ramadan auch einen Mann besteigen« (MG 522) dürfe: »Da müsste man mal den Imam fragen« (MG 522). Letztlich bleibt unklar, ob diese Passage – auch im Blick auf andere homophobe Tendenzen im Werk – die minoritäre sexuelle Orientierung der Lächerlichkeit preisgibt oder doch wohlwollend verstanden werden kann als satirische, subversive Kritik an der von muslimischen oder anderen religiösen Instanzen vertretenen Intoleranz gegenüber Homosexualität.

Das auffallendste Merkmal pejorativer Bewertung Schwuler im Hilsenrathschen Werk ist die literarische Bestätigung eines von homophoben Gruppen bis heute erhobenen Vorurteils, nämlich die Engführung von Homosexualität und

Pädophilie: So heißt es im »Märchen« über den homosexuellen türkischen Saptieh »mit dem Pferdegesicht«, er stamme »aus dem Dorf Sazan-Köy, wo es angeblich die schönsten Knaben geben soll. [...] – Einmal pimperte er einen Dreijährigen in den Hintern und das Kind wäre fast gestorben« (MG 84). Am deutlichsten findet der Konnex Ausdruck durch die Beschreibung des schwulen Friseurs und seiner Beziehung zu einem 12-jährigen Jungen im Ghetto in »Nacht«:

> Der Schwule hatte den Jungen an einem Wintertag im Jahr einundvierzig von der Straße aufgelesen. Der Junge war damals in einem katastrophalen Zustand gewesen, halb verhungert und blaugefroren.
> Damals war der Schwule allein gewesen und hatte sich gedacht: Du wirst den Jungen wieder aufpäppeln. Paß mal auf, wie rosig sein Kinderkörper in zwei bis drei Monaten aussehen wird. Und allein soll der Mensch nicht bleiben; man braucht doch immer jemanden, den man ins Herz schließen kann. Und so war's auch. Er gab dem Jungen tüchtig zu essen, und der Junge erholte sich rasch. Der Schwule wusch ihm den verlausten Kopf; sein Haar war üppig und weich; er ondulierte es und dann cremte er das Gesicht des Jungen mit der selbstgemachten Creme. Schließlich war man nicht umsonst Friseur; man verstand sich eben auf Schönheitspflege. Und so machte er den Jungen zurecht, wie er ihn für seine Zwecke haben wollte. [...]
> »Wird gemütlich werden... heute abend«, sagte der Friseur' [sic].
> Der Junge wußte nicht, wie er diese Anspielung deuten sollte. Vielleicht freut er sich auf die Suppe, dachte er und empfand selbst dabei Appetit; dann bemerkte er, daß der geile Blick des Friseurs auf seine Hosen gerichtet war, und es überlief ihn plötzlich heiß und kalt. (N 458 f.)

Dass – drittens – Sexualität zwischen Männern ohne weitere Begründung per se als verwerflicher Akt bewertet wird, zeigt sich durch die Besorgnis Ruben Jablonskis um seinen Freund Kurt, welcher bei einem Schwulen wohnt: »Kurt war ein sehr gutaussehender Junge. Ich hatte Angst, dass der Schwule ihn doch noch rumkriegen könnte.« (RJ 189). Während Ruben selbst zahlreiche Frauen sexuell belästigt, wird der einvernehmliche Sex zwischen zwei erwachsenen Männern als anstößig empfunden.

Letztlich wird in den Hilsenrathschen Werken durch die Gleichsetzung der Figuren mit ihrer sexuellen Identität Homosexualität als holistisches Identitätskonstrukt ausgewiesen: Mit der Ersetzung des Namens durch die bloße Bezeichnung »Schwuler« wird jegliche Individualität abgesprochen und die Gesamtidentität zugleich auf den einzelnen Aspekt des minoritären sexuellen Begehrens verkürzt. Während in »Nacht« eine solche Herabsetzung auf ein spezifisches optisches oder charakterliches Merkmal (die Alte, der Rote, der Bucklige) bei zahlreichen Figuren vorgenommen wird, verzichtet Hilsenrath mit Ausnahme der Bezeichnung »Schwuler« in seinen späteren Romanen weitestgehend auf ebensolche Reduktionen.

Für die fremdbestimmte Definition einer Gesamtidentität über einen singulären Aspekt, nämlich den der sexuellen Orientierung, lassen sich zwei Gründe anführen: Entweder speist sich der literarische Rollenauftritt einzig über die Homosexualität der Figur, diese tritt ausschließlich in ihrer Funktion als Schwuler auf und der Text funktioniert ohne weitergehende Charakterausstattungen – dies ist etwa bei der zitierten knappen Passage aus »Berlin ... Endstation« gegeben, trifft jedoch nicht auf »Nacht« zu – oder aber der Erzähler reduziert durch die ständige Verkürzung eigenmächtig sein Gegenüber auf dessen minoritäre sexuelle Orientierung, wobei die Gefahr der Lesart als Indikator für homophobe Tendenzen des Erzählers besteht.

Wie bereits erwähnt, treten im Gegensatz zu schwulen Figuren in den besprochenen Romanen Hilsenraths keine Lesbierinnen auf. Die einzige Erwähnung findet sich in einer bisher unveröffentlichten Satire mit dem Titel »Radikale Feministinnen«[400]. Der Text, welcher hier in ganzer Länge zitiert werden soll, ist nicht zuletzt aufgrund der mittels komischer Stilprinzipien aufgeworfenen Fragen nach der Beschaffenheit von Geschlecht als Natur- und Kulturprodukt von Bedeutung.

> Radikale Feministinnen
>
> »Eigentlich wollte ich Nonne werden«, sagte die eine.
> »Mein Doktor meinte: Wegen der Schwanzangst. Aber dann wurde ich Feministin.«
> »Bei mir ist das anders«, sagte die andere. »Mich hat einer sitzen lassen. Ein Mann natürlich. Jetzt hasse ich sie alle.«
> »Männer sind aggressiv. Der beste Beweis dafür ist das Schreckgespenst der männlichen Erektion.«
> »Wie ein Messer ins Fleisch.«
> »Hör auf damit. Mir wird übel.«
> »Man sollte sie alle kastrieren.«
> »Dann würde es keine Kriege mehr geben.«
> »Und keine Unterdrückung der Frau.«
>
> »Es ist ein Jammer, dass man sie braucht, um die menschliche Rasse fortzupflanzen.«
> »Das stimmt.«
> »Folglich können wir das vergessen.«
> »Was?«
> »Das mit dem Kastrieren.«
> »Leider.«
>
> »Nur den Geschlechtsverkehr zwischen Mann und Frau müsste man verbieten.«
> »Genau.«
> »Die Frage ist nur: wie sollen wir Kinder kriegen?«

400 Der Text ist einsehbar im Nachlass Hilsenraths im Archiv der Akademie der Künste zu Berlin.

»Sehr einfach.«
»Wie denn?«
»Wir holen das Sperma aus dem Labor.«

»Ich garantiere dir: wenn wir an die Macht kommen, ist es endgültig aus mit dem altmodischen Geschlechtsverkehr.«
»Klar.«
»Wir werden ihn verbieten.«
»Das ist besonders wichtig.«
»Keinem Mann darf es erlaubt sein, eine Frau zu besudeln.«
»Zu diskriminieren.«
»Seine Lust an ihr zu stillen.«

»Trotzdem wird es reaktionäre Fotzen geben, die trotz der Revolution hungrig nach einem steifen Schwanz schreien!«
»Die werden nicht lange schreien.«
»Glaubst du?« »Die feurigen Zungen der Lesben werden sie besänftigen.«
»Die Lesben werden viel zu tun haben.«
»Das ist unvermeidlich.«
–

»Wir werden frei sein!« »Es ist auch an der Zeit.«
»Wenn wir an der Macht sind, wird es nur noch Frauenkneipen geben.«
»Und wo sollen die Männer hingehen?«
»Sie können in den Imbissstuben rumsitzen.«

»Auch die Buchhandlungen wird man feminisieren.«
»Eintritt für Männer verboten?«
»Genau.«
»Da wird man endlich in Ruhe rumstöbern können, ohne belästigt zu werden.«
»Na, siehst du.«
»Und wo werden die Männer ihre Bücher holen?«
»Aus den öffentlichen Bibliotheken.«
»Wenn wir an der Macht sind, werden Männerwitze verboten werden, auch frauenfeindliche Bemerkungen oder solche, die als frauenfeindlich aufgefasst werden könnten.«
»Das betrifft besonders die Medien!«
»Die besonders.«
»Und wie ist es mit den diskriminierenden Fotos nackter oder halbnackter Frauen?«
»Dafür steht Zuchthausstrafe.«
»Es wird der Presse an den Kragen gehen.« »Besonders den Illustrierten.«

»Wenn es soweit ist, werden wir alle Phallussymbole verbieten!«
»Man müsste dann alle Bäume am Straßenrand absägen, alle Brückenpfeiler entfernen und die Zaunpfähle vor den Häusern der Bürger.«
»Das ist zu kompliziert.«
»Hast du andere Vorschläge?«
»Wir werden nur den Verkauf von Wachskerzen verbieten, außerdem den Verkauf von

Bananen und Fleischwürsten.«
»Da werden viele meckern.«
»Du meinst die Fleischer, die Obsthändler und die Fabrikanten von Wachskerzen?«
»Die vor allem.«
»Meckerer wird es immer geben. Die gibt es sowieso.«
»Da hast du eigentlich recht.«
»Jede Revolution hat ihren Preis.«
»Das kann man historisch belegen.«[401]

Zunächst ist ersichtlich, dass dieser auf »radikale Feministinnen« zielenden Satire ein Verständnis zugrunde liegt, welches das Konzept des Feminismus nicht als eine Bemühung um Gleichberechtigung, sondern als aggressive Forcierung männlicher Diskriminierung darstellt. Das feministische Engagement resultiere nicht aus der kritischen Erkenntnis der weiblichen Benachteiligung in von patriarchalen Strukturen geprägten Gesellschaften, sondern werde, so die überspitzte Darstellung, getragen von Frauen, welche sich entweder aus einer pathologischen »Penisangst« oder aufgrund frustrierender Lebenserfahrungen in eine extreme Misandrie flüchten – die Gründe für eine Hinwendung zum Feminismus können dieser Logik zufolge sowohl konnatal als auch nachträglich erworben sein. Mit dem Verweis auf die »Penisangst« scheint sich Hilsenrath satirisch an Freuds Theorie des »Penisneides« anzulehnen; während letzterer jedoch ausschließlich mit der Biologie der Frau begründet wird, kann die im Text behauptete Angst auf die im weiblichen Unterbewusstsein eingeschriebene Jahrtausende währende gesellschaftliche Unterwerfung zurückgeführt werden.

Wurde in Hilsenraths Romanen die Fixierung auf den heterosexuellen Koitus als ein zur Naturausstattung des Menschen gehörendes und damit das Verhalten der männlichen Protagonisten legitimierendes Grundbedürfnis ausgewiesen, so wird diese Annahme in der vorliegenden Satire erstmals grundlegend – wenn auch zutiefst ironisch – zurückgewiesen: In dem Moment, in welchem die Konzentration auf den Koitus nicht mehr als zwangsläufiger Biologismus begriffen wird, ist seine Vorherrschaft verhandelbar. Dieses Verständnis erlaubt den dialogführenden Feministinnen die Reduktion des zwischengeschlechtlichen Koitus auf eine Sexualpraxis von vielen, sodass er nun wie ebendiese anderen Formen auch modischen Erscheinungen unterlegen ist (»altmodischer Geschlechtsverkehr«) und seine Stellung als herrschende Sexualpraxis zugunsten weiterer, lange als mangelnde Ersatzbefriedigung abgewerteter Ausdrucksweisen sexuellen Verhaltens und lustvoller Beziehungen einbüßen kann.

Trotz der Ablehnung einer biologistischen Vorstellung von Sexualität, welche den Fokus auf den Koitus durch naturalistische Determination begründet sieht,

401 Hilsenrath, Edgar: Radikale Feministinnen. Einsehbar im Nachlass Hilsenraths im Archiv der Akademie der Künste zu Berlin.

werden mit dem Verweis auf männliche Aggression durchaus Konvergenzen zwischen dem biologischen Geschlecht und psychologisch-charakterlichen Eigenschaften hergestellt. Dieses Geschlechterstereotyp, entstanden aus der Umkehrung des mit Männern in Zusammenhang gebrachten positiv konnotierten Stereotyps von Stärke, wird somit als angeboren und nicht durch Sozialisation und Erziehung erworben betrachtet. Wie schon beim »Märchen vom letzten Gedanken« spielt Hilsenrath hier auf das Bild des Penis als Waffe an, welcher nicht nur auf individueller Ebene Gewalt und Schmerzen zufüge, sondern durch die jedem Mann konnatal eingeschriebenen Aggressions- und Omnipotenzphantasien auch globale Auswirkungen habe, wodurch ein Nexus zwischen Krieg und gesellschaftlicher Unterdrückung der Frau behauptet wird.

Die beklagte Diskriminierung vollzieht sich sowohl auf körperlich-sexueller als auch auf sozialer Ebene; einmal durch die herrschende Praxis des Koitus, welcher mit weiblicher Unterwerfung gleichgesetzt wird, zum anderen durch den Verweis auf die verminderte Lebensqualität in öffentlichen Räumen wie Bibliotheken oder Kneipen, in welchen sich die Frau immer wieder verbalen oder körperlichen sexistischen Angriffen ausgesetzt sieht. Während ersterer Vorwurf eine gleichberechtigte zwischengeschlechtliche Sexualbeziehung aus biologistischen Gründen als Unmöglichkeit postuliert, wird die mit einer sexistischen, stereotypkonformen Sozialisation und medialen Erziehung der Geschlechter einhergehende Diskriminierung von Frauen im gesellschaftlichen Alltag als veränderbar ausgewiesen.

Während die »radikalen Feministinnen« klischeehaft als skrupellose, humorlose[402] Kämpferinnen dargestellt werden, welche sich mit ihren grotesk überspitzten Forderungen gegenseitig überbieten, entwerfen sie selbst ein stereotypkonformes weibliches Rollenbild: Dieses definiert die Frau als genuin unbeflecktes (vgl. den sakralen Terminus »besudeln«), rein rezeptives, verletzungsoffenes und ohnmächtiges Objekt, welches sich ohne die angestrebte restriktive Gesellschaftsordnung nach feministischen Maßstäben nicht gegen patriarchale Strukturen wehren könne. Analog zur von männlichen Protagonisten aus den Romanen Hilsenraths mehrfach vorgenommenen Diffamierung selbstbewusster Frauen als »Huren« werden aus Perspektive der Feministinnen

402 Hilsenrath entwirft hier das Bild von männerhassenden Feministinnen, welche in ihrer Radikalität extrem humorlos sind, speist sich der Witz der Satire doch gerade aus der unfreiwilligen Komik, welcher den überzogenen, immer skurriler und unsinniger werdenden Forderungen zugrunde liegt. Damit begibt sich Hilsenrath in die Nähe des Klischees, Lesben seien von Grund auf ernsthaft und humorlos – siehe dazu auch folgenden Aufsatz: Kulick, Don: Humorless Lesbians, in: Chiaro, Delia/Baccaloni, Raffaella (Hrsg.): Gender and Humor. Interdisciplinary and International Perspectives, New York/London 2014, S. 85–99.

diejenigen Frauen, welche selbstbestimmt ihre Sexualität ausleben wollen, als »reaktionäre Fotzen« verleumdet.

Insgesamt ist der kurze Text deutlich erkennbar als geschlossene, konsequent durchkonstruierte Satire. Während also feministische Forderungen wie die nach gesellschaftlicher Sanktionierung von Frauenfeindlichkeit und Sexismus in allen Lebensbereichen – etwa in medialer Darstellung oder öffentlichen Einrichtungen – überspitzt und der Lächerlichkeit preisgegeben werden, bleibt eine Kritik an misogyner, androzentrischer und homophober Rede- und Verhaltensweise der männlichen Romanfiguren in Form von satirischer Entlarvung in den überwiegenden Fällen aus. Stattdessen wird in allen Werken ein trennender Dualismus zwischen Frauen und Männern eröffnet, welcher sich auf naturalistische Annahmen stützt und biologische Unterschiede durchgängig auf charakterliche und psychologische Eigenschaften überträgt.

2.2.4) Zusammenfassung

Das Vorhandensein biologistischer Annahmen von Sexualität konnte insofern bereits in allen Romanen Hilsenraths aufgezeigt werden, als in Kapitel 2.1 implizite oder explizite Bestätigungen konformer Geschlechterstereotypen, welche wiederum auf Vorstellungen einer Natürlichkeit von Sexualität zurückgeführt werden können, nachgewiesen wurden. Dabei wurde jedoch auch deutlich, dass innerhalb des Hilsenrathschen Gesamtwerks immense Diskrepanzen auszumachen sind und sich insbesondere das Frühwerk extrem von den späten Romanen unterscheidet, da Bemühungen um eine textimmanente Subvertierung und komische Brechung traditioneller Annahmen zunehmend verebben und spätestens mit den zuletzt erschienenen Romanen »Die Abenteuer des Ruben Jablonski« und »Berlin … Endstation« ganz zum Erliegen kommen.

Auch wenn »Nacht« und »Der Nazi & der Friseur« angesichts der Opfer-Täter-Perspektive kontrastieren, so weisen sie doch hinsichtlich der hier analysierten Kriterien eine hohe Übereinstimmung auf: Dank der stringenten Verwendung grotesker und schwarzhumoriger Stilprinzipien wird das naturalistische Prinzip an zahlreichen Passagen humoristisch entlarvt. Demgegenüber steht die in »Fuck America« vorgenommene Darstellung des männlichen Protagonisten als ein auf sexuelle Triebauslebung biologisch Determinierter bei gleichzeitiger Annahme einer auf »Männerhaß« zielenden Sozialisierung der amerikanischen Frau. Dies lässt zwei Lesarten zu: Einerseits beziehen sich die im Roman vorhandenen Erscheinungsformen des grotesken Silprinzips stark auf den Bereich der Sexualität, womit der Protagonist Bronsky – wird der Roman als reine Satire auf den American Dream gelesen – als ein mit ironischer Distanz gezeichneter, durch eine gnadenlos an Leistung orientierte Gesellschaft immer tiefer in seine nicht auslebbare sexuelle Begierde verstrickter Underdog verstanden werden, an welchem prototypisch die Herausbildung frauenverachtender Denk-, Verhaltens- und Sprachmuster humoristisch aufgezeigt wird. Andererseits verzichtet der Roman auf den stringenten Einsatz komischer Stilprinzipien; im Gegensatz zu Hilsenraths ersten beiden Romanen erscheint Groteske nur an gegenständlichen, nicht mehr an kontextuellen Bezügen, während Schwarzer Humor gänzlich wegfällt. Aufgrund des stilistischen und handlungstechnischen Realismus' wird eine humoristische Lesart erschwert und das Dargestellte selten als Subvertierung oder Persiflage erkennbar. Gleiches gilt für »Die Abenteuer des Ruben Jablonski« und »Berlin ... Endstation«. Aufgrund des Fehlens komischer Darstellungsmittel wird die in diesen Romanen prävalente Annahme eines biologischen Determinismus also nicht entkräftet.

Im »Märchen vom letzten Gedanken« sowie in »Jossel Wassermanns Heimkehr« wird eine realistische Darstellungsweise zugunsten der Einbindung zahlreicher märchenhafter Stilelemente aufgehoben, welche der Groteske zwar übergeordnet sind, diese jedoch nicht ausschließen. Während in zweiterem Roman mit dem titelgebenden Jossel Wassermann wie in allen Romanen die Erzählinstanz bei einem männlichen Heterosexuellen liegt, wird im »Märchen« erstmals die Universalisierung der männlichen Sexualität zugunsten einer Öffnung des Blicks auch auf weibliche Perspektiven aufgebrochen.

Als eine trotz der Divergenzen innerhalb des Gesamtwerks sämtliche Romane umfassende Gemeinsamkeit kann die Priorität des heterosexuellen Koitus konstatiert werden, während andere Formen von Sexualität lediglich im Bereich der Ersatzbefriedigung verortet und ausschließlich in enger Zusammenführung mit Erfolglosigkeit im Sinne eines nicht erreichten Koitus thematisiert werden.[403]

403 Eine Ausnahme scheint der Analsex zwischen Frau und Mann darzustellen, erfährt diese Praxis doch anstelle einer Abwertung die hierarchische Verortung noch über dem Koitus, so etwa in den Träumen der Figuren Max Schulz, Bronsky oder Lesche. Dabei darf jedoch nicht übersehen werden, dass bei den Wunschvorstellungen der männlichen Protagonisten Omnipotenzphantasien und Machtansprüche mindestens genauso präsent sind wie genuin sexuelles Begehren (siehe dazu Kapitel 3.2). So lässt sich Bronskys unbedingtes Verlangen, die Chefsekretärin vom Doubleday Verlag »in den Arsch zu ficken«, weniger als dezidierte erotische Phantasie als vielmehr metaphorisch ausgedrückte Sehnsucht nach Herrschaft und schriftstellerischem Erfolg lesen. Besonders deutlich wird diese Implikation bei der Betrachtung einer spezifischen Szene aus »Moskauer Orgasmus«, in welcher Hilsenrath seine Idee ausführlich umsetzt, das dem Verlagswesen immanente Machtgefälle zwischen Autor und Verleger mittels einer Sexparty darzustellen, bei welcher die Autoren von den Verlegern als »Demonstration zynischer Macht« »eingeseift« und »in den Arsch gefickt« werden, denn: »Alles im Leben ist eine Machtfrage« (alle Zitate MO 215).

Demgegenüber nimmt – fast ausschließlich männliche – Autoerotik[404] zwar einen hohen Stellenwert ein, gleichzeitig wird auch der Masturbation der Charakter eines gering bewerteten Surrogats zugewiesen; nicht zuletzt die Titulierung des von Bronsky verfassten Romans »Der Wichser« verweist im Kontext des Romans »Fuck America« auf die Pejoration dieser Praxis als Ausdruck hochgradiger Frustration, Erfolglosigkeit und Vereinsamung. Dem männlichen Jugendlichen gegenüber wird häufige Selbstbefriedigung als Gefahr für sein Leben dargestellt: Die in »Fuck America« zwischen Ratio und Sexualtrieb aufgemachte Unterscheidung findet sich auch in anderen Romanen Hilsenraths, so etwa im »Märchen vom letzten Gedanken«, in welchem – im Gegensatz zu »Fuck America« – diese Trennung jedoch nicht einer implizit vorgenommenen Strategie zur Exkulpierung des eigenen Verhaltens, sondern vielmehr als Warnung vor einer Korrumpierung des Verstandes dient.[405]

Angesichts der Deklaration des Koitus als normativem Standard von Sexualität und der Abwertung anderer Praktiken mag es verwundern, dass der Fortpflanzungseffekt, welcher eine Fixierung der Geschlechter auf den Koitus aus biologischer Sicht begründen würde, fast vollständig ausgeblendet wird.[406] Lediglich im »Märchen« sowie in »Jossel Wassermanns Heimkehr« – in den beiden Romanen also, in welchen die untergegangene Lebenswelt einer in kulturellen und religiösen Traditionen zutiefst verhafteten, in sich geschlossenen Gesellschaft heraufbeschworen wird – steht die Sexualität »im Zeichen von kollektiven Fruchtbarkeitswünschen«[407]. In »Nacht« findet sich hingegen eine Szene, welche trotz ihrer Knappheit die Prävalenz des Koitus unter Ausklam-

404 Der in allen Romanen als Alltäglichkeit deklarierten Onanie steht die Verschweigung weiblicher Selbstbefriedigung gegenüber; diese wird in »Jossel Wassermanns Heimkehr« als eine anormale, gesellschaftlich sanktionierte Praxis ausgewiesen, welche aufgrund ihrer Nachweisbarkeit (ausbleibende Blutung in der Hochzeitsnacht) Spott und gar die Gefährdung der Verheiratung nach sich zieht.

405 So heißt es im »Märchen«: »Das Schwänzchen ist ein heikles Spielzeug. Man kann nicht nur verblöden, wenn man mit ihm spielt, es kann auch die vernünftigsten Männer in *Parwanas* verwandeln. […] Ein Parwana ist ein morgenländischer Nachtschmetterling […]. Wenn nun ein Mann zu oft mit dem Beinchen spielt, das zwischen den Schenkeln sitzt, dann kann ihm die Liebe zu Kopf steigen. Dann hält er jedes Mädchen für seine Geliebte. Und oft kann er sie nicht von den Flammen des Tonirs unterscheiden. […] Dann hält sich der Liebende für einen Parwana, und er stürzt sich blindlings in die Flammen, die er für seine Geliebte hält.« (MG 299f.).

406 In »Fuck America« und »Ruben Jablonski« wird trotz der permanenten Fixierung auf Sexualität und gar dem expliziten Wunsch nach Koitus ohne Kondom (vgl. RJ 111) die Möglichkeit einer Schwangerschaft mit keinem Wort angedeutet. In »Nacht« und »Berlin … Endstation« werden mit dem namenlosen »Bankert« und Miriam zwei außereheliche Kinder nur am Rande erwähnt, und Miras Totgeburt in »Der Nazi & der Friseur« dient weniger der Thematisierung des Zeugungseffekts als vielmehr die Personifizierung der Schuld des Massenmörders Max Schulz deren Tiefe verdeutlicht.

407 Gerstenberger/Pohland, S. 90.

merung einer möglichen Schwangerschaft subversiv unterläuft, indem eine im Ghetto aus Not sich prostituierende und ungewollt schwanger gewordene Frau ihren Körper Doktor Blum, welcher die Abortion durchführen soll, anbietet: »Ich kann nicht bezahlen, aber wenn Sie auch mal mit mir wollen...« (N 583). Der groteske Witz, welcher sich aus der Idee der Bezahlung einer Abtreibung durch den erneuten Vollzug der die Schwangerschaft hervorgerufene Praxis speist, entlarvt die (männliche) Fixierung auf den Koitus bei gleichzeitiger Ausblendung des Zeugungseffekts.[408]

Insgesamt liegt der Darstellung literarischer Frauenfiguren und ihrer Wahrnehmung durch die verschiedenen männlichen Protagonisten ein nicht auflösbarer Dualismus zugrunde: Der Forderung nach permanenter sexueller Verfügbarkeit, welcher aus der essentialistischen Annahme eines aggressiven, alle Männer dominierenden und zwangsläufig zu befriedigenden Sexualtriebs resultiert, steht dem Wunschbild unberührter Frauen entgegen. Diese miteinander verschränkten und sich zugleich diametral gegenüberstehenden Erwartungen sind insbesondere in den Denkstrukturen der Protagonisten Bronsky, Kathisian, Wassermann, Jablonski und Lesche verankerte, welche eine schematische Einteilung von Frauen in zwei Kategorien eröffnen und implizit eine Hierarchisierung zwischen starren Rollenzuweisungen als »Heilige« oder »Hure« vornehmen.[409]

---

408 Während die männlichen Protagonisten, wie aufgezeigt wurde, den Koitus fokussieren, verwahren sich die weiblichen Figuren gegen eine vom männlichen Protagonisten geforderte unentgeltliche sexuelle Verfügbarkeit: Mit der weiblichen Bereitschaft zum Koitus geht in den überwiegenden Fällen eine – materielle oder immaterielle – Bezahlung einher: Neben Geld oder Lebensmitteln (z. B. im Ghetto oder in den Nachkriegsjahren) kann dies beispielsweise auch das Versprechen von Erfolg und Prestige (vgl. FA 146ff.) oder die Hoffnung auf Schuldentlastung (vgl. FA 273) sein. Die Frage nach den Gründen für die weibliche Verweigerung des Koitus kann nicht geklärt werden. Als plausible, in den Romanen zumindest als Implikationen angelegte Argumente seien die Befürchtung einer Schwangerschaft, mangelndes Lustempfinden beim Koitus, Angst vor gesellschaftlicher Sanktionierung, Verlust des Jungfernhäutchens und die als spezifisch weiblich ausgewiesene Engführung von Sexualität und Emotionen genannt. Das Wissen um letzteres wird dabei bisweilen von den männlichen Protagonisten bewusst genutzt: »Sie würde weinen, wenn ich es mit ihr machte. Vielleicht war sie noch Jungfrau. Du mußt sehr vorsichtig mit ihr sein, Jablonski. Du mußt ihr gut zureden und ihr versichern, daß du sie liebst« (JR 161).

409 Die Erwartung uneingeschränkter sexueller Verfügbarkeit von Frauen auf der einen Seite und die Abwertung der als potentielle Beziehungspartnerinnen wahrgenommen, sich aus Perspektive der Protagonisten unangemessen verhaltenen Frauen auf der anderen Seite zeigt sich namentlich bei der Begegnung zwischen Ruben Jablonski und der Sexarbeiterin Anisoara (RJ 109–112). Hier werden beispielhaft zahlreiche für die Begegnung zwischen den männlichen Protagonisten und weiblichen Figuren charakteristischen Aspekte deutlich: (a) die Benutzung der Frau als Sexualobjekt und die nach Indienstnahme vorgenommene Abwertung als »billige Hure«, (b) der ausgespielte Dualismus zwischen Heiliger (»Madonna«) und Hure, (c) die Einforderung von ungeschütztem Sex bei gleichzeitiger Missachtung des Zeugungseffekts und der Bezeichnung von Kindern als »Problem«, (d) die

Allen den Hilsenrathschen Romanen zugrundeliegenden Konzepten von Weiblichkeit ist die Grundannahme immanent, Frauen komme aufgrund biologischer Determination eine Stellung als passiven, rezeptiven Sexualobjekten zu. Die kulturelle Sozialisation der in den Hilsenrathschen gezeichneten armenischen und jüdischen Gesellschaften orientiert sich an ebendiesen naturalistischen Annahmen, während bei der amerikanischen Gesellschaft eine Erziehung zur Prüderie, aber auch zur Selbstständigkeit von amerikanischen Frauen auf Kosten der Männer beklagt wird. Letztlich werden die europäischen Frauen als Idealbilder dargestellt, welche bei sexueller Zugänglichkeit den Mann noch »respektieren«, wobei letztere Vokabel eine chauvinistische Selbstzufriedenheit über die nicht infrage gestellte patriarchale Gesellschaftsordnung ausdrückt.

---

grenzüberschreitenden männlichen Forderungen (Kuss, Verzicht auf Kondom) und die zur Erlangung derselben gezielt eingesetzte Liebesbeteuerung sowie (e) die beliebige Austauschbarkeit von Frauen trotz zuvor übereilt angemeldeter oberflächlicher Besitzansprüche (Heirat).

Teil 3: Die Verschränkung von Sexualität und Shoah im Werk Hilsenraths

»An jenem Morgen konnte ich meinen Schwanz nicht beruhigen. Zu Hause nahm ich gleich eine kalte Dusche. Es nützte nichts. Ich dachte an Auschwitz. Umsonst.«

Edgar Hilsenrath, Fuck America, S. 101.

3.1) Versehrtheit, Sexualität und Shoah

3.1.1) Der versehrte Körper

Im vorangegangenen Kapitel wurde kritisch die – auch im Werk Hilsenraths artikulierte – naturalistische Annahme beleuchtet, Sexualität sei rein biologisch und losgelöst von Historie und soziokulturellem Kontext zu betrachten. Die Bemühungen um eine Verabschiedung dieser traditionellen Denkweise dauern bis heute an; nur langsam verändert sich das Bewusstsein hin zu einem Verständnis von Geschlecht und Sexualität auch als Kultur- und Diskursprodukt.

Ähnliches lässt sich in Bezug auf den menschlichen Körper konstatieren: Galt dieser lange Zeit als geschichtslos und biologisch konstant, so beschäftigen sich seit etwa den 1980er-Jahren verschiedenste Disziplinen – angefangen bei der Literatur- und Geschichtswissenschaft über Kultur- und Medizingeschichte bis hin zu den Gender Studies – mit den sich stetig wandelnden Konzeptionen und Repräsentationen des Körpers.[410] Als bedeutender Meilenstein im Prozess der Historisierung des Körperverständnisses gelten die Arbeiten Foucaults, welcher den menschlichen Körper als im Spannungsfeld von Macht und Wissen historisch konstruiert wie auch diszipliniert betrachtet.[411]

Im Hinblick auf die äußerliche Versehrtheit ist zu differenzieren zwischen der literarischen Darstellung von Körperlichkeit, welche sich gemäß des grotesken Leibesbildes durch Monströsität, Hyperbolisierung und Deformierung auszeichnet, und solchen Figuren, welche explizit als physisch Versehrte ausgewiesen werden. Zweitens sei darauf hingewiesen, dass aufgrund mangelnder Trennschärfe und ausgehend von einem psychosomatischem Verständnis eine kategorische Differenzierung zwischen körperlicher und psychischer Ver-

410 Vgl. Krüger-Fürhoff, Irmela Marei: Der versehrte Körper. Revisionen des klassizistischen Schönheitsideals, Göttingen 2001, S. 7.

411 Vgl. Foucault, Sexualität und Wahrheit; Ders.: Wahnsinn und Gesellschaft. Eine Geschichte des Wahns im Zeitalter der Vernunft, Frankfurt a. M. 1969; Ders.: Die Geburt der Klinik. Eine Archäologie des ärztlichen Blicks, Frankfurt a. M. 1988; Ders.: Überwachen und Strafen. Die Geburt des Gefängnisses, Frankfurt a. M. 1976.

sehrtheit nicht geleistet werden kann. Bei der nun folgenden Analyse der Hilsenrathschen Werke wird dies insbesondere dann deutlich, wenn eine explizite Verschränkung psychischer und physischer Versehrtheit vorauszusetzen ist. Dabei dürfen bestehende Wechselwirkungen nicht aus dem Blick geraten, kann doch aus dem Verlust körperlicher Integrität eine seelische Versehrtheit resultieren, ebenso wie auf physischer Ebene sich manifestierende Symptome in einer vorangegangenen Traumatisierung oder einer anhaltenden seelischen Erschütterung begründet liegen können.

Zunächst soll in einer kurzen theoretischen Hinführung auf die Veränderung von Körperbildern sowie auf die Begriffe der Versehrtheit und des Traumas eingegangen werden: »Was genau unter einem ›versehrten Körper‹ zu verstehen ist, unterliegt ebenso historischen Veränderungen wie Vorstellungen davon, was ein ›schöner Körper‹ ist.«[412] Dem folgt die Analyse der in den Hilsenrathschen Romanen vorgenommenen Verschränkung der Motive physischer wie psychischer Versehrtheit, Sexualität und Shoah. Abschließend soll der Zusammenhang von Trauma – (Über)leben – therapeutischem Schreiben – Impotenz[413] beleuchtet werden.

Kulturelle Körperbilder und -wahrnehmungen unterlagen – und unterliegen bis heute – einem steten Wandel, wobei sich im 18. Jahrhundert mit der Entwicklung vom grotesken, durchlässigen Körper zum »homo clausus« die letzte Phase eines grundlegenden Umbruchs beobachten lässt:[414]

Wie bereits dargelegt,[415] rückt Bachtin in seiner Studie zu Rabelais das Groteske in den Kontext der mittelalterlichen Karnevalskultur und hebt – in Abgrenzung zu Kaysers Begriffsbestimmung – nicht den destruktiven, sondern vielmehr den komischen Charakter dieses Stilprinzips hervor. Von besonderer Bedeutung sind dabei die Ausführungen zur »groteske[n] Gestalt des Leibes«[416]: Bachtin stellt die Unversehrtheit und Isoliertheit des klassischen Körpers dem des grotesken entgegen, welcher sich in permanenter – physischer wie sozialer – Verbindung zu anderen Körpern wie auch in einem stetigen Prozess des Werdens und Vergehens befindet. Aus diesem Gedanken heraus erklärt sich die den mittelalterlichen Texten immanente Hervorhebung monströser Körperlichkeiten, Extremitäten und Körperöffnungen, konzentrieren sich die Darstellungen

412 Krüger-Fürhoff, S. 21.

413 Diese vier Themenbereiche erfahren in Hilsenraths Opus – namentlich in den Romanen »Fuck America« und »Die Abenteuer des Ruben Jablonski« – eine explizite Engführung; siehe dazu Kapitel 3.1.3.

414 Vgl. Krüger-Fürhoff., S. 8.

415 Siehe dazu S. 24ff.

416 Bachtin, Die groteske Gestalt des Leibes.

der grotesken Körper doch auf Phänomene körperlicher Grenzüberschreitungen.[417]

Diesem Bild des grotesken Körpers diametral entgegen steht der im 16. und 17. Jahrhundert entstandene »Leibeskanon der Neuzeit«[418], welcher vom Idealbild einer »völlig fertigen, abgeschlossenen, streng abgegrenzten, von außen betrachteten, unvermischten, individuell-ausdrucksvollen«[419] und unversehrten Körperlichkeit in Kunst, Literatur und Ästhetik des Klassizismus ausgeht, welches mit bis heute wirksamen Vorstellungen bürgerlicher Individualität kongruiert:[420]

> Alles was herausragt und absteht, alle scharf ausgeprägten Extremitäten, Auswüchse und Knospungen, das heißt, alles, was den Körper über seine Grenzen hinaustreibt, was einen anderen Körper zeugt, wird entfernt, weggelassen, zugedeckt, abgeschwächt. Genauso werden auch alle Öffnungen verdeckt, die in die Tiefe des Leibes hineinführen.[421]

Dieses normative Idealbild des formschönen, unversehrten, ästhetischen Körpers erfordert eine homogene, undurchlässige Körperkontur, einen individuellen, abgeschlossenen Leib, welcher als »Grenze der in sich geschlossenen, gegen andere Leiber und gegen die Welt abgeschirmten Individualität«[422] dient. Oesterles Vorschlag, den Klassizismus als eine alles Zufällige, Unwesentliche ausschließende Grenzziehungskunst zu verstehen[423], läßt sich somit nicht nur auf Malerei und Bildhauerei anwenden, sondern gleichermaßen körperhisto-

417 So heißt es bei Bachtin: »Der groteske Leib ist ein werdender Leib. Er ist niemals fertig, niemals abgeschlossen. [...] Die wesentliche Rolle im grotesken Leib spielen deshalb jene Teile, jene Stellen, wo der Leib über sich hinauswächst, wo er seine Grenzen überschreitet, wo er einen neuen (zweiten) Leib zeugt: der Unterleib und der Phallus. [...] Sie vor allem werden einer (zumeist positiven) Übertreibung, einer Hyperbolisierung ausgesetzt. [...] Die wesentlichen Ereignisse im Leben des grotesken Leibes, sozusagen die Akte des Körper-Dramas, Essen, Trinken, Ausscheidungen [...], Begattung, Schwangerschaft, Niederkunft, Körperwuchs, Altern, Krankheiten, Tod, Zerfetzung, Zerteilung, Verschlingung durch den anderen Leib – alles das vollzieht sich an den Grenzen von Leib und Welt, an der Grenze des alten und des neuen Leibes.« Vgl. ebd., S. 195ff. Sowie: Göbler, Frank: »Michail Michailovic Bachtin«, in: Jens, Walter (Hrsg.): Kindlers Neues Literatur Lexikon. Studienausgabe, Ba-Bo, Bd. 2, München 1998, 35–37, hier: S. 36f.

418 Bachtin, Die groteske Gestalt des Leibes, S. 202.

419 Ebd., S. 199.

420 Vgl. Krüger-Fürhoff, S. 9.

421 Bachtin, Die groteske Gestalt des Leibes, S. 199.

422 Ebd.

423 Vgl. Oesterle, Günter: »Vorbegriffe zu einer Theorie der Ornamente«. Kontroverse Formprobleme zwischen Aufklärung, Klassizismus und Romantik am Beispiel der Arabeske, in: Beck, Herbert/Bol, Peter C./Maek-Gérard, Eva (Hrsg.): Ideal und Wirklichkeit der bildenden Kunst im späten 18. Jahrhundert, Berlin 1984, S. 119–140, hier: S. 119.

risch aufschlüsseln:[424] »Der schöne Körper des ausgehenden 18. Jahrhunderts ist die ästhetische Entsprechung des *homo clausus.*«[425]

Der versehrte Körper ist jedoch weit mehr als nur »das prekäre Gegenstück zum kultur- und medizingeschichtlichen Konzept des *homo clausus*«[426]: Als Gegenentwurf zum »ganzen Menschen« impliziert die Rede vom »versehrten Menschen« auch eine über die reine Körperlichkeit hinausgehende Verwundung, welche psychischer oder gar moralischer Natur sein kann. Während in unser heutigen Auffassung der Begriff der Versehrtheit zumeist auf körperliche Verletzung reduziert wird, lässt die Definition dieser Vokabel im Grimmschen Wörterbuch von 1856, welche auf eine semantische Fülle des Wortfeldes verweist, auf einen tiefgreifenden Bedeutungswandel im Sinne einer Eingrenzung und Verkürzung schließen:

> die bedeutungsentwicklung des wortes besteht in fortschreitender einbusze. In älterer sprache wird *versehren* von jeder verletzung des körpers, sei sie schwer oder leicht, gebraucht [...], es wird in reicher entfaltung in übertragenem sinne angewendet, ferner bezeichnet es beschädigung, verletzung, beeinträchtigung, schädigung von unbelebtem [...]. im entwickelten neuhochd. dagegen hat sich das gebrauchsgebiet des verbums in auffallender weise verengt, es wird im allgemeinen als ein gewählter ausdruck empfunden und bezeichnet nur eine leichte, äuszere verletzung am lebenden körper; [...] die negation des part. perf. unversehrt gehört mehr dem allgemeinen sprachgebrauch an [...].
>
> 1) von äuszerer verletzung des lebenden körpers, in älterer sprache in ganz allgemeiner anwendung, von schwerer und leichter verletzung, dann allmählich eingeschränkt auf eine leichte äuszere verletzung. [...]
>
> 2) defloration: violare, [...] die ehre einer frau und damit die des ehemanns verletzen [...]
>
> 3) [...] in älterer sprache auf schwärende, eiternde verletzungen oder sonstige schäden der haut bezogen [...]
>
> 4) vereinzelt passivisch und intransitiv [...] krank werden, durch krankheit verderben [...]
>
> 5) transitiv auf unbelebtes bezogen. verletzen, beschädigen, beeinträchtigen, verderben [...]
>
> 6) die entfaltung des bildlichen freieren und übertragenen gebrauchs ist schon im vorhergehenden abschnitt mehrfach angedeutet. [...] verletzung im weitesten sinne des wortes, schädigung, herabsetzung, beleidigung, kränkung, schändung, entehrung u. ä.[427]

---

424 Vgl. Krüger-Fürhoff, S. 9.

425 Ebd.

426 Ebd., S. 10.

427 »versehren«, in: Deutsches Wörterbuch von Jacob und Wilhelm Grimm, 33. Bde, Leipzig 1884–1960, Bd. 12 I. Abteilung, V–Verwunzen, Sp. 1259–1262.

Der Grimmschen Definition zufolge ist demnach zumindest »in älterer sprache« nicht nur der Körper, sondern auch die menschliche Psyche versehrbar, ebenso wie in diesem Verständnis auch Ehre und Stellung eines Individuums der Versehrtheit anheim fallen können.[428]

Im gleichen Zuge, wie die Gebrüder Grimm den sich zuspitzenden, an semantischem Reichtum verlierenden Bedeutungswandel erläutern, erfolgt der Verweis auf die »gehobene nhd. Sprache«, welche »natürlich freier im gebrauch des verbums«[429] sei, ist es der literarischen Sprache doch möglich, verschüttete Sinnebenen wieder aufzugreifen[430] und sich anachronistisch auf Bedeutungsebenen zu beziehen, welche im Prozess der Etablierung von Umgangssprache verloren gegangen sind.

Im Folgenden soll eine Reaktualisierung des Begriffes vorgenommen werden, wenn unter der Bezeichnung Versehrtheit auf äußere (physische) wie auch innere (psychische) Verletzungen gleichermaßen Bezug genommen wird.

Während körperliche Versehrtheit – etwa durch Wunden, Narben oder fehlende Extremitäten – in vielen Fällen ersichtlich und fassbar ist, lassen sich psychische Beschädigungen weit weniger eindeutig klassifizieren. Zurückführen lässt sich psychische Versehrtheit zumeist auf eine tiefgreifende und dauerhafte seelische Erschütterung der Betroffenen, womit die Verbindung zum Begriff des Traumas gegeben ist, definiert die Psychologie ein Trauma doch als

> vitales Diskrepanzerlebnis zwischen bedrohlichen Situationsfaktoren und individuellen Bewältigungsmöglichkeiten, das mit Gefühlen von Hilflosigkeit und schutzloser Preisgabe einhergeht und so eine dauerhafte Erschütterung von Selbst- und Weltverständnis bewirkt.[431]

Das aus dem Griechischen stammende Wort Trauma (griech. τραύμα) bedeutet übersetzt »Wunde«, die Fachbereiche Medizin oder Biologie verstehen unter einem Trauma eine Verletzung lebenden Gewebes. Im Folgenden soll der Begriff des Traumas wie auch das zugehörige Adjektiv jedoch stets in psychischem Zusammenhang verwendet werden.

Als auf ein vitales Diskrepanzerlebnis eingeschränkt, versteht Fischer unter Trauma einen im Extremfall lebensbedrohlichen Typ von Ereignissen oder Lebensumständen wie beispielsweise Krieg und Verfolgung, Misshandlung oder sexuellen Missbrauch. Da die traumatische Wirkung jedoch nicht vom Ereignis allein ausgeht, sondern die objektive Gegebenheit der traumatischen Situation in ihrer Beziehung zum Individuum oder zur sozialen Gruppe gedacht werden

428 Vgl. Krüger-Fürhoff, S. 22.

429 »versehren«, in: Grimm, Sp. 1259.

430 Vgl. Krüger-Fürhoff, S. 23.

431 Fischer, Gottfried/Riedesser, Peter: Lehrbuch der Psychotraumatologie, München 1988, S. 79.

muss, spricht die Psychotraumatologie von einer »Dialektik von Subjektivität und Objektivität in der Extremsituation traumatischer Erfahrungen«[432]. Während frühere Forschungen eine traumatische Wirkung durch Angst oder Stress hervorgerufen sahen, verweist die moderne Traumaforschung auf das Erlebnis von Hilflosigkeit und schutzloser Preisgabe. Trauma wird als eine ins Leere laufende, die Betroffenen hilflos zurücklassende Kampf- oder Fluchtreaktion begriffen, wobei dissoziative Erlebnismuster begünstigt werden:[433] »Entrealisierung [...] stellt eine weit verbreitete psychotraumatische Abwehrform dar.«[434] Die Dissoziation mit all ihren Facetten ist dabei zunächst als Schutz der Person im direkten Augenblick der Traumatisierung vor dem vollständigen Erleben zu verstehen: Das Informationsverarbeitungssystem bricht zusammen, weshalb unverarbeitete Traumata nicht oder nur in fragmentierter Form erinnert werden,[435] sind sie doch »(noch) kein kohärenter und integrierter Bestandteil unserer persönlichen Biographie geworden«[436].

Die Shoah gilt als »Paradigma des psychischen Traumas«[437]. Dem Versuch, Shoah-Überlebende und ihre spezifische Auseinandersetzung mit der Vergangenheit zu verstehen und den unter einem »Überlebenden-Syndrom« leidenden, psychisch versehrten Betroffenen eine Behandlung zuteil werden zu lassen, lag ein psychopathologisches Paradigma zugrunde.[438] Bereits Ende der 1950er-Jahre veröffentlichten wissenschaftlichen Arbeiten über die Auswirkungen der schrecklichen Erlebnisse und Erfahrungen stand die Bezeichnung »Überlebender« als »separate psychisch-psychiatrische Kategorisierung einer bestimmten Personengruppe«[439] im Zentrum.[440] Die Forschung widmete sich der Erklärung von Verhaltensweisen Shoah-Überlebender, welche als Abwehrmechanismen dargestellte Symptome wie »Verdrängung, [...] Verleugnung, ver-

432 Fischer, Gottfried: Psychoanalyse und Psychotraumatologie, in: Mauser, Wolfram/Pietzcker, Carl (Hrsg.): Trauma. Freiburger literaturpsychologische Gespräche. Jahrbuch für Literatur und Psychoanalyse, Bd. 19, Würzburg 2000, S. 11–26, hier: S. 12.

433 Vgl. ebd., S. 13.

434 Ebd.

435 Vgl. Claas, Petra/Schulze, Christa: Prozessorientierte Psychotherapie bei der Traumaverarbeitung, Tübingen 2002, S. 66.

436 Ebd.

437 Zajde, Nathalie: Die Schoah als Paradigma des psychischen Traumas, in: Dies./Brunner, José (Hrsg.): Holocaust und Trauma. Kritische Perspektiven zur Entstehung und Wirkung eines Paradigmas. Tel Aviver Jahrbuch für deutsche Geschichte 39 (2011), Göttingen 2011, S. 17–39.

438 Vgl. Lomranz, Jacob: »Aintegration« – Ein komplementäres Paradigma zum Verständnis von Holocaust-Überlebenden, in: Brunner, José/Zajde, Nathalie (Hrsg.): Holocaust und Trauma. Kritische Perspektiven zur Entstehung und Wirkung eines Paradigmas. Tel Aviver Jahrbuch für deutsche Geschichte 39 (2011), Göttingen 2011, S. 223–241, hier: S. 223.

439 Zajde, S. 17.

440 Vgl. ebd.

schiedene dissoziative Störungen, Spaltungen, [...] Schuld- und Schamgefühle, Depression, Verzweiflung, Trauer«[441] aufwiesen.[442] Ein signifikantes Kennzeichen des Traumas ist auch die Auswirkung auf die Erinnerungsfähigkeit der traumatisierten Person, welche »nur eingeschränkt Zugang zur Erinnerung an die traumatische Erfahrung hat und diese nicht vollständig zu verbalisieren bzw. in eine chronologische oder narrative Ordnung zu bringen vermag«[443].

Diverse Studien erforschten und erforschen bis heute die Auswirkungen der psychischen Versehrtheit bei Shoah-Überlebenden, wobei kaum je auf den Rückgriff auf die Vokabel der Traumatisierung verzichtet wurde; dieser wurde mit Blick auf die Extremtraumatisierung durch die Shoah im Gegenteil sogar erweitert, um »wiederholende, länger andauernde, intensive oder massive traumatische Ereignisse«[444] zu fassen. Dennoch wurde und wird der Begriff des Traumas, gerade im Hinblick auf die Zusammenführung mit der Shoah, in der Wissenschaft kontrovers diskutiert.[445] Während etwa Zajde kritisiert, dass »das Trauma der KZ-Überlebenden zum Paradigma für psychisches Trauma im Allgemeinen«[446] mutiert sei, bezweifelt Lomranz, dass das Konzept der Posttraumatischen Belastungsstörung (PTBS) eine ausreichende Erklärung für das traumabedingte Verhalten von Shoah-Überlebenden bieten kann, da durch die psychopathologische Ausrichtung des Diskurses »nur pathologische Befunde zu erwarten [seien]. Gleichwohl gebe es Untersuchungen, die darauf hindeuten, dass viele Holocaust-Überlebende ihre Erfahrungen positiv verarbeiten und ein erfülltes Leben führen können.«[447]

441 Lomranz, S. 224.

442 Vgl. ebd., S. 223f.

443 Evers, Florian: Vexierbilder des Holocaust. Ein Versuch zum historischen Trauma in der Populärkultur, Berlin 2011, S. 16.

444 Lansen, Johan: Was ist ein Trauma?, in: Ders./Rossberg, Alexandra (Hrsg.): Das Schweigen brechen. Berliner Lektionen zu Spätfolgen der Schoa, Frankfurt a. M. 2003, S. 147–149, hier: S. 147f. So wurde beispielsweise der Begriff der »kumulativen Traumatisierung« angesichts der in vielerlei Hinsicht und über einen langen Zeitraum hinweg traumatisierten Juden im Unterschied zur bis dahin geltenden Auffassung von Einzeltraumata entwickelt. Vgl. Quindeau, Ilka: Trauma und Geschichte. Interpretationen autobiographischer Erzählungen von Überlebenden des Holocaust, Frankfurt a. M. 1995, S. 4.

445 Siehe dazu insbesondere folgenden Band: Brunner, José/Zajde, Nathalie (Hrsg.): Holocaust und Trauma. Kritische Perspektiven zur Entstehung und Wirkung eines Paradigmas. Tel Aviver Jahrbuch für deutsche Geschichte 39 (2011), Göttingen 2011.

446 Zajde, S. 19.

447 Die Herausgeber im Editorial über den Beitrag von Lomranz: Brunner, José/Zajde, Nathalie: Editorial, in: Dies. (Hrsg.): Holocaust und Trauma. Kritische Perspektiven zur Entstehung und Wirkung eines Paradigmas. Tel Aviver Jahrbuch für deutsche Geschichte 39 (2011), Göttingen 2011, S. 7–14, hier: S. 13.

3.1.2) Die Sexualisierung versehrter Körper im Werk Hilsenraths

Das Motiv der körperlich wie seelisch Versehrten findet seine literarische Entsprechung in allen Romanen Hilsenraths, wobei in den überwiegenden Fällen eine enge Verschränkung mit der Shoah angelegt ist. Zahlreiche Protagonistinnen und Protagonisten der Hilsenrathschen Romane werden als hochgradig Traumatisierte gekennzeichnet, welche durch ihre Erlebnisse und ein quälendes »Überlebenschuld-Syndrom« gezeichnet sind: Die Auswirkungen der durch Verfolgung, (sexualisierte) Gewalt, Deportation, Aufenthalt im KZ und Überlebenskampf im Ghetto erlittenen Erfahrung physischer und psychischer Demütigung finden ihren Niederschlag in allen Bereichen des Lebens. Zwar endet die akute körperliche Erniedrigung wie das systematische Aushungern der Opfer mit der Befreiung des KZ oder Ghettos, aufgrund seelischer Erschütterungen bleibt den Protagonisten jedoch auch noch lange nach 1945 eine körperliche und/oder psychische Versehrtheit eingeschrieben.

Während in den späteren Romanen Hilsenraths der Fokus auf den Folgen der Traumatisierung durch die Shoah liegt und die Erlebnisse der Protagonistinnen und Protagonisten in Form von Erinnerungen rekapituliert werden, ist die Handlung des Romans »Nacht« ausschließlich im Ghetto verortet: Indem das Geschehen unbestimmte Zeit nach der Deportation Raneks ins Ghetto einsetzt und kurz nach dessen Tod endet, lassen sich ausnahmslos alle Protagonistinnen und Protagonisten als physisch wie psychisch Versehrte klassifizieren, treten doch sämtliche Figuren als in den skrupellos-egoistischen Überlebenskampf Involvierte auf. Durch die Tatsache, dass die »Exterminatoren des Ghettos [...] zwar als anonymer Schrecken allgegenwärtig«[448], jedoch »nirgendwo konkret sichtbar oder personal faßbar«[449] sind, beschränkt sich das Personal von »Nacht« auf die Ghettobewohnerinnen und -bewohner: Zurückgeworfen auf ihre nackte, von Hunger, Kälte und Krankheit gezeichnete Existenz, werden angesichts der grotesken, gleichgültigen Welt sämtliche Moralvorstellungen ihrer Gültigkeit enthoben und ad absurdum geführt – ein Prozess, welcher auch vor dem Umgang mit Sexualität nicht Halt macht, etwa wenn Moische seine Frau, deren voreheliche Jungfräulichkeit und Treue er lobt, gegen ihren Willen zur Prostitution zwingt, um Brot zu erhalten (vgl. N 211f.).

Bei der Betrachtung des Protagonisten Ranek wird deutlich, dass Sexualität entpersonalisiert wird, dabei jedoch nicht in erster Linie – wie etwa in »Der Nazi & der Friseur« – zur Befriedigung von Macht- und Gewaltansprüchen dient; vielmehr fungiert der Beweis zur Fähigkeit zum Koitus mehr und mehr als

448 Dopheide, S. 97.
449 Ebd.

Selbstbestätigung der eigenen verbliebenen Kräfte. In einer verstörenden Szene imaginiert Ranek beim Versuch, ein am Boden liegendes Mädchens zu vergewaltigen, die Stimme Saras, welche zuvor seine Impotenz entlarvt hatte:

> »Komm zu mir! Du hast doch gegessen! Versuch's noch mal! [...] Du mußt beweisen, daß du noch nicht körperlich und seelisch erledigt bist. Es war ja alles Lüge. Du bist bestimmt noch ein Mann.« Seine knochigen Hände tasteten über das Kleid der Schlafenden; er wußte auf einmal, daß es nicht Sara war, aber jetzt [...] wollte er nicht mehr zurück. Er dachte nur daran, daß er noch nicht erledigt war; er spürte Druckknöpfe und riß sie mit einer unsicheren, hastigen Bewegung auf. Das Mädchen hatte nichts unter dem Kleid an. Er hatte es sich ja gedacht, daß sie längst alle überflüssigen Kleidungsstücke für Brot eingetauscht hatte; sie war eben auch nur eine der Ärmsten unter den Armen, ein Abfallfresser wie er selbst, ein Mensch, der nicht mehr besaß als die Fetzen auf seinem Leib. Er spuckte wütend in die Hände und riß ihre dürren Schenkel auseinander. [...]
> Sie wehrte sich noch eine Weile, stumm und ohne Kraft. Dann gab sie plötzlich nach. Armes, verhungertes Ding, dachte er. (N 261 f.)
> Debora schlief neben dem Mehlsack. Als Ranek wieder nach oben kam und den Sack öffnete, wurde sie wach.
> »Was ist los, Ranek?«
> Er antwortete nicht. Er schöpfte mit der hohlen Hand etwas Mehl heraus, wickelte es in Zeitungspapier und schlurfte wieder die Treppe hinunter.
> Sie hörte ihn mit dem Mädchen flüstern. Sie wußte sofort, was geschehen war.
> Als er zurückkam, sagte er: »Im Tausch für Zigaretten.«
> Warum lügt er, dachte sie, aber sie sagte ihm nichts.
> Dann ging er ins Zimmer, ohne ein weiteres Wort zu verlieren. (N 261 f.)

Die Szene verdeutlicht in besonderer Weise die Verschränkung von körperlicher und seelischer Versehrtheit sowie ihre Auswirkung auf den Bereich der Sexualität: Der Akt der versuchten Vergewaltigung lässt sich weniger als Suche nach Triebbefriedung lesen als vielmehr als verzweifeltes Aufbäumen gegen die Einsicht, »körperlich und seelisch erledigt« (N 261) zu sein. Sexuelle Potenz wird nicht nur als Beweis von Männlichkeit par excellence ausgewiesen; Hilsenrath führt auch das Motiv der Sexualität als Quelle allen Lebens ad absurdum, indem sich der zu Tode erschöpfte Ranek durch den koitalen Akt selbst sein Überleben beweisen, sich gleichsam ins Leben zurückkatapultieren will.[450] Dabei zeigt der

450 Dies erinnert an die von den polnischen Sexualwissenschaftlern Giza und Morasiewicz 1973 durchgeführte Studie zu männlicher Sexualität im KZ, welche »zeigt, dass Sexualität im KZ Auschwitz für männliche Häftlinge [...] im Kontext der Rückbesinnung auf eine körperliche Identität zu verstehen ist. Und zwar sollte hier durch die Revitalisierung von Sexualität dem Verlust der eigenen Männlichkeit [...] entgegengewirkt werden, was ebenso als Strategie der ›Rehumanisierung‹ verstanden werden kann. Deutlich zeigt dies ein Ergebnis der Giza/Morasiewicz-Studie zur Onanie männlicher Häftlinge im KZ Auschwitz. So stellten die beiden Ärzte fest, dass die untersuchten Überlebenden im KZ sich nur äußerst selten im Lager selbst befriedigten, nämlich etwa einmal in zwei oder drei Monaten. Dies taten sie laut

Autor gleich dreifach auf, dass sich Ranek trotz seiner im Kampf um das Überleben angeeigneten Skrupellosigkeit dennoch des Unrechts der versuchten Vergewaltigung bewusst ist, indem er das Mädchen bemitleidet, sie mittels einer Handvoll Mehl bezahlt sowie Debora gegenüber Scham empfindet, was sich durch die Lüge und anschließende Stummheit äußert.

Raneks Empfindung von Scham und Schuld verweist auf die in »Nacht« prävalente Auflösung schematischer Täter-Opfer-Zuschreibungen; Hilsenrath zeigt den Protagonisten als im Spannungsfeld zwischen jüdischer Opferidentität einerseits und der scheinbar unumgänglichen Entwicklung zum Täter andererseits gefangen: Damit zeichnet Hilsenrath die Entstehung des Phänomens der Überlebensschuld nach, welchem sich zahlreiche, rückblickend nach der eigenen Verantwortung für das eigene Überleben und den Tod Millionen anderer fragende Shoah-Überlebende ausgesetzt sahen – mit der Einschränkung, dass Ranek das Ghetto nicht überleben wird.

Der schlurfende Gang Raneks sowie seine Scham erinnern darüber hinaus an die in Bezugnahme auf Primo Levi angestellten philosophischen Überlegungen Giorgio Agambens über die »Muselmänner« im KZ, deren Körper er sowohl auf physischer Ebene – im Moment der Erschöpfung – als auch auf psychischer Ebene – im Moment der Scham – erniedrigt und gebrochen sieht.[451] So schreibt Agamben: »In der Scham hat das Subjekt einzig seine Entsubjektivierung zum Inhalt, wird es Zeuge des eigenen Untergangs, erlebt mit, wie es als Subjekt verloren geht.«[452] Auch wenn Ranek durch den Prozess der Verrohung und Abstumpfung seine Empfindungen verliert, schämt er sich dennoch seiner Entsubjektivierung – wobei er durch die Scham paradoxerweise Subjekt und Entsubjektivierter zugleich ist.

Ähnlich stark wie die von Hunger, Siechtum und Krankheiten – insbesondere Flecktyphus – gezeichneten Körper der Lebenden sexualisiert werden, erfolgt eine Sexualisierung der Toten, manifestiert sich die Gestaltung des Grotesken in »Nacht« doch insbesondere durch die Engführung von Sexualität – normaler-

---

der Studie nicht, weil sie das sexuelle Bedürfnis hatten, sondern ›weil sie sich wieder einmal am Leben fühlen wollten.‹« Sommer, Robert: Maskulinität und sexuelle Ausbeutung. Bordellgänger in Konzentrationslagern, in: Frietsch, Elke/Herkommer, Christina (Hrsg.): Nationalsozialismus und Geschlecht. Zur Politisierung und Ästhetisierung von Körper, »Rasse« und Sexualität im »Dritten Reich« und nach 1945, Bielefeld 2009, S. 156–179, hier: S. 168f. Sommer bezieht sich auf folgende polnische Studie: Giza, Jerzy St./Morasiewicz, Wiesław: Z zagadnień popędów w obozach koncentracyjnych. Przyczynek do analiz tzw. KZ-syndromu, in: Przegląd Lekarski 1 (1973), S. 29–41.

451 Vgl. Kristensen, Stefan: Leiblichkeit und Zeugenschaft. Zur Phänomenologie und Ästhetik von Trauerarbeit, in: Alloa, Emmanuel/Fischer, Miriam (Hrsg.): Leib und Sprache. Zur Reflexivität verkörperter Ausdrucksformen, Weilerswist 2013, S. 183–198, hier: S. 183.

452 Agamben, Giogio: Was von Auschwitz bleibt. Das Archiv und der Zeuge (Homo sacer III), Frankfurt a. M. 2003, S. 91.

weise Quelle kreatürlichen Lebens – mit Motiven des Todes,[453] wie beispielhaft an folgender Passage aufgezeigt werden kann:

> Der Rote beachtete Debora gar nicht. Er starrte nur den Toten an; dann drehte er sich ruckartig um. In seinen Froschaugen leuchtete es hell auf. Er zerrte die alte Frau von der Treppe weg und stieß sie gegen die rissige Mauer.
> »Was tun Sie?« keifte die Alte.
> »Jetzt hat's Zeit mit Raneks Zähnen«, grinste der Rote, während er den rostigen Hammer gleichmütig unter seine Jacke schob, »[...] aber Ranek läuft mir nun nicht mehr davon.«
> Er hob der alten Frau das Kleid hoch, und seine haarigen Hände fuhren gierig über ihre nackte, vertrocknete Haut. »Sie kriegen das Fleisch nachher«, lachte er. Dann riß er ihr das Kleid mit hastigen Bewegungen vom Leib und warf sie auf den Boden. Die alte Frau wehrte sich verzweifelt. »Nicht hier«, keuchte sie, »nicht doch ... nicht hier neben dem Toten.«
> Debora ging stumm an dem Paar vorbei, das ineinander verkrampft [sic!] sich wie das Vieh auf der Erde wälzte. Ihre Kehle war ausgetrocknet, ihr ganzer Körper schmerzte, als wäre er eine einzige, große, offene Wunde. Wie tief war der Mensch gesunken! Wie sehr hatte man ihn erniedrigt! Sie wollte zurückblicken, um Ranek ein letztes Mal zu sehen, aber sie konnte jetzt nicht. Das Lachen des Roten schallte ihr heiser aus dem Hausflur nach, und es kam ihr plötzlich vor, als stimme auch der Tote unter der Treppe in dieses Gelächter ein. (N 630f.)[454]

Das Groteske dieser Szene speist sich erstens aus dem Geschehen selbst, zweitens aus der Anstößigkeit und Unangemessenheit der Darstellung und manifestiert sich als Anomalie des Handelns – der Rote schreckt trotz direkter Nähe zum Toten nicht vor einer Vergewaltigung zurück. Die beklemmende Atmosphäre, das Lachen des Mannes sowie das imaginierte Gelächter des Toten und die groteske Überzeichnung ins Irreale schaffen eine Verquickung von Lachen und Grauen,[455] wobei Dopheides Bewertung zuzustimmen ist, die Textstelle befinde sich »an der Untergrenze des noch als komisch Realisierbaren«[456].

Durch die Engführung von Sexualität mit Motiven der Krankheit, des Alters und des Todes stellt Hilsenrath der Unversehrtheit des klassischen Leibes den grotesken Körper entgegen, welcher sich nach Bachtin in einem stetigen Prozess

453 Vgl. Dopheide, S. 105ff.

454 Eine weitere Passage, welche die Engführung von Sexualität und Tod offenlegt, beschreibt die sexuelle Erregung zweier Prostituierten beim Anblick eines auf der Straße liegenden Toten, welcher von Ranek und einem Jungen weggetragen wird: »Der Hure schoß das Blut vor Erregung ins Gesicht [...]; sie beugte sich so weit wie möglich vor, um besser sehen zu können; ihre Arme schlenkerten nervös, die großen Brüste wippten. Die Leute feuerten Ranek und den Jungen an, und die Hure stimmte mit ihnen ein. Die zweite Hure war eine kleine Schwarze; auch sie war erregt. [...] Der Polizist sagte wieder zu der Hure: »Komm schon noch 'ne Nummer schieben.« (N 446f.).

455 Vgl. Dopheide, S. 108.

456 Ebd., S. 109.

des Werdens und Vergehens befindet. Indem Hilsenrath die grotesken Körper in der brutalen, verrohten Umgebung des Ghettos verortet, wo Vergänglichkeit und Zersetzung des menschlichen Leibes eben nicht einem natürlichen Prozess, sondern der Logik einer skrupellosen Vernichtungspolitik der deutschen Nationalsozialisten folgen, wird die groteske Körpergestaltung noch potenziert.

Die Verbindung von Sexualität und Tod sowie die schockierende Kombination von Begrifflichkeiten und heterogenen Sinnelementen - Tote, Zähne, Hammer, gleichmütig, Fleisch, nackte vertrocknete Haut, Vieh, offene Wunde, Gelächter - unterstreichen die Monströsität und Absurdität in einer entfremdeten, gleichgültigen Welt, wo der »Nexus zwischen Ursache und Wirkung«[457] zerrissen wurde. Hilsenrath demonstriert in der zitierten Passage - bei völligem Verzicht auf Reflexionen über Zustandekommen des Ghettos und mittels eines provozierenden Rollentauschs von Opfern und Tätern - die Versehrtheit aller dreier Figuren auf psychischer wie physischer Ebene: An der Gestalt des Roten wird exemplarisch die systematisch vorangetriebe Enthumanisierung und der völlige Verlust ethischer Werte der körperlich und sexuell ausgehungerten Ghettoinsassinnen und -insassen aufgezeigt; eine Darstellung, welcher die Auflösung der tabubehafteten Verbindung von Tod und Trieb immanent ist. Die alte Frau, allen gängigen Schönheitsidealen zuwiderlaufendes Objekt der Begierde, protestiert nicht gegen den Akt der Vergewaltigung an sich, sondern lediglich gegen die öffentliche Lokalität der Tat und die Nähe zum Toten[458], während Debora - als Folge der im Ghetto aufgehobenen Grenzen von Intimität und Scham - die Szenerie stumm und ohne einzugreifen passiert.

Das metaphorische Bild der »Wunde«, welches den Konnex zwischen dem Dualismus Körper/Psyche auf semantischer Ebene verstärkt, fungiert als literarische Überleitung von der Thematisierung körperlicher hin zu der seelischer Versehrtheit: Deboras aus Erschöpfung und Unterernährung herrührender Schmerz wird potenziert durch ihre Verzweiflung über den Verlust Raneks, den zu betrauern in der Welt des Ghettos, wo Sterben und Tod omnipräsent sind, in der sie umgebenden Gesellschaft nur Unverständnis oder Hohn hervorruft.

Wie bereits erwähnt, zeigt sich in der Darstellung versehrter Körper das Korrelat zum Konzept des »homo clausus«: Hilsenrath distanziert sich in »Nacht« von der seit dem Klassizismus kanonisierten Auffassung vom »schönen«, unversehrten Leib, welcher sich aus der Darstellung abgeschlossener, individueller, unversehrter Körperlichkeit speist. Stattdessen bedient sich der Autor bei der Figurengestaltung hyperrealistischer wie auch grotesker

457 Cramer, Thomas, S. 19.

458 Hilsenrath scheint in dieser Szene die Grenze zwischen Tod und Sexualität aufzuheben. Spiegelt in anderen Zusammenhängen die wiedererlangte Fähigkeit zur Erektion das Über- und Weiterleben wider (siehe dazu Kapitel 3.1.3), so rückt der Autor hier Sexualität in die Nähe von Tod und Vergänglichkeit.

Stilprinzipien, wobei klare Gattungszuordnungen angesichts der geschilderten grauenvollen Zustände verschwimmen müssen: So stellt beispielsweise die Entindividualisierung ein spezifisches Charakteristikum für die Darstellung des grotesken Körpers dar – gleichzeitig resultierte aus der im Zuge der NS-Vernichtungspolitik betriebenen Ghettoisierung und systematischen Dehumanisierung tatsächlich der Verlust von Subjektivität und Individualität der Opfer.

Die der grotesken Darstellung immanente kontinuierliche physische wie soziale Verbindung der Körper, die körperliche Grenzüberschreitung und Zerstückelung zeigt sich in »Nacht« insbesondere bei der Beschreibung des überfüllten Schlafsaals im Nachtasyl, in welchem die zusammengepferchten Leiber als miteinander verwobene, jeglicher Identität beraubte Masse, als »wirre[s] Knäuel halbnackter Gestalten« (N 29) erscheinen und gleichzeitig nur als vereinzelte, förmlich zerstückelte Extremitäten wahrgenommen werden. »Während sie zum Fenster gingen, streifte Ranek die vielen Beine auf dem Holzgestell mit einem raschen Seitenblick. Wie Bindfäden, dachte er. Zwischen den Beinen entdeckte er einen Kopf« (N 46).[459] Während bei der Darstellung des grotesken Leibes gewöhnlich der Rückgriff auf eine positive – im Sinne von vergrößernde – Hyperbolisierung (etwa Monströsität) erfolgt, werden die als vom Körper abgetrennt erscheinenden Gliedmaßen der Ausgehungerten als fadendünn apostrophiert. Im weiteren Verlauf der Passage heißt es:

> Zwischen den Beinen entdeckt er einen Kopf mit auffällig langem Haar. Er machte Rosenberg darauf aufmerksam.
> »Das ist die Langhaarige«, sagte Rosenberg. [...] »Sie hurt nicht.«
> »Keuschheit? Das gibt es nicht mehr.«
> Rosenberg feixte. »Laß mich doch ausreden. Ich meine, daß sie nicht mit dir huren wird.«
> »Weil ich nicht bezahlen kann?«
> »Nicht nur deshalb ... die geht auch mal ohne.«
> Ranek stutzte. Dann zuckte er die Achseln. Rosenberg wußte also, daß er impotent war... (N 46)

Die Passage verdeutlicht, dass körperliche, psychische und moralische Versehrtheit der grotesken Figuren auch über den Bereich der Sexualität ausgehandelt wird, und offenbart darüber hinaus die soziale Deklassierung Raneks, welcher in der Hierarchie des Ghettos noch unter der bereits durch die Bezeichnung »Langhaarige« entindividualisierten Frau angesiedelt ist.

459 Auf rezeptionsästhetischer Ebene evoziert die Beschreibung der Körper das Bild der Leichenberge aus den Lagern und deutet so möglicherweise bereits auf das Schicksal der Figuren hin.

Im Hinblick auf »Nacht« bleibt festzuhalten, dass der schockierende Hyperrealismus sowie die Einbindung der Groteske bei einer Überbetonung des Grauenhaften zulasten der ambivalenten Lachstimmung zwar einer Erotisierung, nicht jedoch einer expliziten Sexualisierung der physisch wie auch psychisch Versehrten im Wege steht. Eine Verschränkung der Motive Sexualität, Versehrtheit und Shoah findet in »Nacht« letztlich dadurch statt, dass der körperlich und psychisch versehrte Körper als »Korrektiv der Rede vom ›ganzen Menschen‹«[460] dient: Ebenso wenig wie es im Ghetto unversehrte Menschen geben kann, lässt sich das menschliche Dasein ohne einen Bezug zu Sexualität denken. Dadurch, dass der körperliche und moralische Verfall der Opfer im Ghetto auch auf sexueller Ebene ausgehandelt und sichtbar gemacht wird, verleiht Hilsenrath der physischen wie psychischen Befindlichkeiten der Figuren Ausdruck. Indem die eingebundenen sexuellen Motive förmlich als Spiegel für Körper und Seele fungieren, lässt sich in »Nacht« bereits eine Tendenz ausmachen, welche in den späteren Werken sogar noch verstärkt zutage tritt: Vor dem Hintergrund eines Verständnisses, welches Sexualität als integralen, unmöglich auszublendenden Bestandteil der menschlichen Existenz fasst, wird diese auch in tabubehafteten Verschränkungen wie etwa mit der Shoah nicht ausgeklammert, sondern erhält einen substanziellen Stellenwert innerhalb der Romane.

In »Der Nazi & der Friseur« führt Hilsenrath den soeben skizzierten Ansatz fort: Während in »Nacht« Sexualität als Ausdruck und Folgeerscheinung des Erlebten gelesen werden kann, so wird in Hilsenraths zweitem Roman die (gewaltsame) sexuelle Erfahrung als zentraler Ausgangspunkt, gleichsam als Ursache für die Entwicklung des Protagonisten ausgewiesen.

Die erste gedankliche Reflexion des Säuglings Max Schulz, anhand welcher sich die spätere unmoralische, alle ethischen und humanistischen Ansprüche verweigernde Charakterentwicklung bereits ablesen lässt, erfolgt direkt im Anschluss an dessen Vergewaltigung durch den Stiefvater Slavitzki:

> Hat der liebe Gott nicht die Unschuld erfunden, damit sie zertreten wird ... hier auf Erden? Und werden die Schwachen und Wehrlosen nicht von den Starken überrumpelt, niedergeknüppelt, vergewaltigt, verhöhnt, in den Arsch gefickt? Zu gewissen Zeiten sogar einfach beseitigt? Ist es nicht so? Und wenn es so ist ... warum behaupten Sie dann, daß Max Schulz spinnt? (NF 24)

Ohne die eigenen Absonderlichkeiten, aufgrund welcher Minna und Slavitzki Max eine Schwachsinnigkeit attestieren, zu verbergen[461], entkräftet Max Schulz

460 Krüger-Fürhoff, S. 10.

461 So heißt es in »Der Nazi & der Friseur«: »Als Junge schlug ich seltsame Purzelbäume. Ich konnte auch Radschlagen, verstand es, meine Glieder zu verrenken, [...] zog Grimassen,

den Vorwurf der Verrücktheit mit dem Verweis auf die ihn umgebende gesellschaftliche Wirklichkeit, welche ihm im Hinblick auf seine Karriere in Nazideutschland – und auch Israel – in seinem unmoralischen Verhalten Recht zu geben scheint.

Zwar sieht Minna Slavitzki in der Verantwortung für den »Dachschaden« (NF 29) ihres Sohnes, sie bezieht ihre Anschuldigungen jedoch auf die gemäß der grotesken Gestaltung des Leibes gezeichnete Monströsität dessen Penis', welcher »ganz einfach zu groß [...] und zu lang [war]. Der stieß an seinen Hinterkasten an. Oder sein Dach. Und was entstand: Ein Dachschaden!« (NF 28f.). Durch diese groteske Verkürzung, welche die Traumatisierung des Vergewaltigten auf rein medizinisch-körperlicher Ebene sucht, gibt Hilsenrath die Negation einer Wechselwirkung zwischen gewaltsamen sexuellen Erfahrungen und den daraus resultierenden psychischen Folgeschäden der Lächerlichkeit preis. Nichtsdestotrotz – und darin besteht eine der großen Leistungen des Romans – werden zu keinem Zeitpunkt simplifizierende Deutungsmuster angeboten, welche den Massenmörder Max Schulz alias Itzig Finkelstein aufgrund seines frühkindlichen Traumas der Verantwortung für seine Taten im Erwachsenenalter entheben.

Während in Hilsenraths späteren Romanen die seelische Erschütterung der Protagonisten durch die Shoaherfahrung ihren Ausdruck gerade in der Sexualität – etwa in Form von Bindungsunfähigkeit, besessener Triebhaftigkeit oder Impotenz – findet, so verhält sich der vielfach zum Opfer sexualisierter Gewalt gewordene Massenmörder Max Schulz (abgesehen von einer mit ödipalen Zusammenhängen begründeten Neigung zu adipösen Frauen) in Liebe und Sexualität betreffenden Angelegenheiten geradezu erschreckend »normal«: Als Kompensationshandlung für die erlittene Extremerfahrung wählt der seelisch Versehrte Max Schulz nicht die sexuelle Erniedrigung anderer, sondern die durch die Politik des eliminatorischen Antisemitismus des NS-Regimes ermöglichte Auslebung seiner Gewalt- und Omnipotenzphantasien. Noch in Israel bezieht er sein Selbstbewusstsein aus terroristischen Aktivitäten, politischer Agitation und Soldatentum, während er gleichzeitig eine liebevolle Beziehung zu seiner Ehefrau Mira pflegt.

Eine Verbindung zwischen psychischer wie körperlicher Versehrtheit und Sexualität findet sich in »Der Nazi & der Friseur« insbesondere im Hinblick auf die Frauenfiguren des Romans: Für die überzeugte Nationalsozialistin Frau Holle etwa birgt der Anblick des an der Wand tänzelnden Schattens ihres eigenen »nichtarischen« (NF 83) Holzbeins Assoziationen zu ihrer 59-fachen Vergewaltigung durch die Russen:

lachte oft ohne Grund, stotterte, warf Steinchen auf kleine Mädchen, [...] schlug Fensterscheiben ein« (NF 28).

> … als wollte er [der Schatten] sich jeden Moment auf das einsame Bett stürzen und auf die einsame ängstliche Frau, die sie selbst war, eine arische Frau […]. Und später […], da hatte der Schatten tückisch gegrinst, tückisch jawohl, so wie ein Russe grinst oder ein Jude beim Anblick einer schutzlosen deutschen Frau oder vieler schutzloser deutscher Frauen. (NF 83f.)

Während sie den Russen vorwirft, »sich nicht einmal um das Holzbein gekümmert« (NF 93, vgl. auch NF 94) zu haben, begehrt der »seelisch kastriert[e]« (NF 101) und mit einem »Minderwertigkeitskomplex« (NF 101) behaftete amerikanische Major Frau Holle gerade aufgrund ihrer körperlichen Versehrtheit.

Frau Holle und Hanna Lewisohn, welche beide mit Max alias Itzig eine sexuelle Verbindung eingehen, können hinsichtlich mehrerer Aspekte als zwei sich diametral gegenüberstehende Frauenfiguren betrachtet werden: Während die auch nach 1945 linientreue, von der Richtigkeit des Massenmords überzeugte Nationalsozialistin Frau Holle primär als physisch Versehrte charakterisiert wird – obwohl für eine seelische Versehrtheit nicht zuletzt aufgrund ihrer vielfachen Vergewaltigung durch die Russen durchaus plausibel argumentiert werden kann –, wird die Jüdin und ehemalige Tänzerin Hanna Lewisohn als »wirklich verrückt« (NF 282) ausgewiesen. Die Versehrtheit beider Frauen – die eine Nationalsozialistin, die andere jüdisches Opfer – rekurriert letztlich in beiden Fällen auf die Shoah, wenn die in antisemitischen Ressentiments verhaftete Frau Holle den Juden vorwirft, ihr Bein »verhext« zu haben, und die Traumatisierung Hanna Lewisohns in den Umständen ihres Überlebens begründet liegt, war sie doch jahrelang vor der Gestapo in einer Wohnung versteckt worden und erinnert sich verzerrt an einen buckligen »Zwerg«, einen »Menschenfresser« (beides NF 285), der sie drei Jahre auf eine Bank geschnallt und angestarrt haben will (vgl. NF 286f.). Anhand der Gegenüberstellung dieser beiden Frauenfiguren lässt sich ersehen, inwiefern Hilsenrath mittels des Motivs der Versehrtheit die Tendenz der Deutschen, sich nach 1945 angesichts der eigenen Verluste in einen Opferdiskurs einzureihen, ad absurdum führt: Das wahre Opfer, die aufgrund rassischer Verfolgung traumatisierte Lewisohn, wird später in der Heilanstalt zwangsgefesselt; demgegenüber steht die nur körperlich versehrte Frau Holle, die in ihrer ideologischen Verblendung die Verantwortung für die erlittenen Erfahrungen – Verlust des Beins, Tod des Ehemanns, Vergewaltigung durch die Russen – externalisiert. Frau Holle personifiziert damit die im Deutschland der Nachkriegszeit usuelle selbstentlastende Strategie der Schuldverdrängung und Bagatellisierung der NS-Verbrechen bei gleichzeitiger Selbststilisierung zum Opfer.

Ähnlich wie bei »Nacht« verweigert sich Hilsenrath auch in »Der Nazi & der Friseur« einer Gestaltung unversehrter Körper, wobei die Grenze zwischen den körperlich und/oder seelisch versehrten Körpern einerseits und den gemäß der grotesken Gestalt des Leibes gestalteten Körperlichkeiten andererseits verschwimmen. Die gleichsam aus den Fugen geratene Welt wird durch die psychische Versehrtheit beinahe aller Figuren und die Verzerrung von Proportionen ausgewiesen, was an der Shoah-Überlebenden Mira – hochgradig traumatisiert, stumm, sich selbst erniedrigend, monströs in ihren Ausmaßen – deutlich sichtbar wird. Die Beschreibung der Vorgänge an Schauplätzen wie Ghetto und KZ, die Thematisierung der Massenmorde erfolgt so dicht und unmittelbar, dass angesichts der schieren Unbegreiflichkeit der Shoah die Kategorien des Denkens versagen müssen – es erscheint unmöglich, die Welt weiterhin mit vertrauten Denkmustern zu beschreiben. Hilsenrath trägt dieser Tatsache durch den literarischen Rückzug auf die Groteske Rechnung sowie dadurch, dass Sexualität mit Gewalterfahrungen verschränkt und entpersonalisiert, Schönheitsideale aufgelöst und ästhetischen Kriterien eine Absage erteilt wird. Deutlichstes Beispiel für diese Tendenz ist die als verstörende Parodie auf die Grimmsche Hexe aus »Hänsel und Gretel« zu lesende Figur Veronja, welche gemäß der grotesken Leibesdarstellung gezeichnet wird: Die »Akte des Körper-Dramas« (Ausscheidungen, Begattung, Körperwuchs, Altern, Tod, Zerfetzung) werden gespielt und das »als ›ekelhaft‹ auf den ästhetischen Kriminalindex«[462] gesetzte Austreten von Körperflüssigkeiten wird beschrieben. Die Beziehung zwischen Max Schulz und Veronja lässt sich als Vorwegnahme der grotesken Täter-Opfer-Verkehrung verstehen, wird der »machtlose Gott«, »Herrenmensch« und Massenmörder doch zum Opfer der Polin, welche zuvor unter dem NS-Terror hatte leiden müssen.[463] Indem die einzige Figur des Romans, welche aufgrund ihrer Gestaltung nach Maßgabe klassizistischer Schönheitsideale (»groß und blond« NF 204) zum Objekt sexueller Begierde wird, die antisemitische Gräfin darstellt, erhalten in einer Welt, in welcher alle moralischen Maßstäbe versagt haben, herkömmliche und von den Deutschen als »arisch« klassifizierte Normen den Beigeschmack von Gewalt, Perversität und Tod.

Die Motive Sexualität, Versehrtheit und Shoah durchziehen letztlich den Roman in seiner Gesamtheit, lassen sich doch alle Figuren aufgrund ihrer mittel- oder unmittelbaren Betroffenheit durch Krieg und Judenvernichtung als Täter und zugleich als Opfer klassifizieren. Gerade aufgrund der Tatsache, dass die Grenzen dieser Kategorien aufgelöst werden, können ausnahmslos alle als Versehrte betrachtet werden können. Sexualität gerät in dieser grotesken Welt zu einem von positiven Emotionen und spezifischen Individuen losgelösten Instrument zur Ausübung von Macht und Gewalt.

462 Menninghaus, Winfried: Ekel. Theorie und Geschichte einer starken Empfindung, Frankfurt a. M. 1999, S. 16.

463 Vgl. Dopheide, 138; vgl. Graf, Andreas: Mörderisches Ich. Zur Pathologie der Erzählperspektive in Edgar Hilsenraths Roman Der Nazi & der Friseur«, in: Kraft, Thomas (Hrsg.): Edgar Hilsenrath. Das Unerzählbare erzählen, München 1996, S. 135–149, hier: S. 144.

In Hilsenraths Roman »Fuck America« findet sich – wie auch bei »Nacht« – der Konnex zwischen Versehrtheit, Sexualität und Shoah insbesondere im Motiv der Impotenz des Protagonisten: An ihr lässt sich nicht nur deutlich die Verschränkung von physischer und psychischer Versehrtheit ablesen; es zeigt sich auch, dass die der Traumatisierung geschuldeten körperlichen Symptome wie Priapismus, erektile Dysfunktion oder Verstummen nur durch Trauerarbeit und die (wenn auch nicht bewusst vorgenommene) psychoanalytische Freudsche Technik von Erinnerung – Wiederholen – Durcharbeiten geheilt werden können.[464]

Dass die Traumatisierung Bronskys in der Shoah begründet liegt, zeigt sich unter anderem in der Schilderung seiner Geburt und ersten Lebensjahre, welche groteske Ergänzungen erfahren, indem der Protagonist sein Wissen um die Vernichtung der Juden nachträglich seiner Erinnerung einschreibt:

> »Am Anfang war die Angst«, sagte ich. [...] Es war, als hätte ich schon damals als kleiner Embryo gewußt, daß der Augenblick der Geburt zugleich ein Todesurteil ist. [...]
> Ich sah auch die Hebamme in einer weißen Schürze. Sie hatte riesige Hände, vor denen mir schauderte, weil ich wußte, daß diese riesigen Hände bald zupacken würden, um mich, Jakob Bronsky, zu packen und auf die Schlachtbank zu ziehen.«
> »Welche Schlachtbank?«
> »Die Schlachtbank, die wir ›die Erde‹ nennen. [...]
> Zwei Männer standen in unserem Garten und guckten durchs Fenster. [...] Die beiden Nazis standen dort in voller Uniform, mit Hakenkreuzbinden und allem Drum und Dran. Sie guckten auf den Bauch meiner Mutter und unterhielten sich. [...] ›Es wird ein Jude‹, sagte der eine. [...] ›Paß auf‹, sagte der erste wieder. ›Wenn er groß genug ist, dann stecken wir ihn in die Gaskammer‹. [...]
> Als ich beschnitten wurde, standen die beiden Nazis wieder vor dem Fenster. Der eine sagte zum anderen: ›Damit wir ihn später erkennen. Mit so einem verstümmelten Schwanz wird er niemandem einreden können, er sei arisch.‹« (FA 214ff).

Durch diese als früheste Erinnerung des Protagonisten apostrophierte Schilderung stellt Hilsenrath einen mehrfach verschränkten Nexus zwischen Sexualität, Versehrtheit und Shoah her:

Zunächst wird die Traumatisierung durch die Shoah als derart tiefgreifende seelische Erschütterung ausgewiesen, dass aus ihr eine pejorative Neubewertung der gesamten Existenz des Individuums resultieren muss; die psychische Versehrtheit erfordert nicht nur eine nachträgliche destruktive Umschreibung der eigenen Erinnerungen, sondern findet ihren Niederschlag auch in Bronskys Sicht auf eine nunmehr als grausam, gleichgültig und grotesk wahrgenommene Welt. Damit kann die zitierte Passage als literarische Umsetzung der modernen

464 Freilich gibt es diverse weitere Arten der Traumatherapie, welche in den Hilsenrathschen Werken jedoch keine Rolle spielen.

Traumadefinition gelesen werden, welche bei den Betroffenen durch ein Gefühl von »Hilflosigkeit und schutzloser Preisgabe«[465] eine »dauerhafte Erschütterung von Selbst- und Weltverständnis«[466] sieht.

Zugleich erhält die qua Geburt erlangte Zugehörigkeit zum Judentum durch die Assoziation mit Gewalterfahrung, Tod und körperlicher Verstümmelung eine Abwertung, zumal die Brit Mila nicht als Signum des Bundes mit Gott, sondern vielmehr als Erkennungszeichen für Feinde, als »Markierung seiner unaufhebbaren Alterität«[467] ausgewiesen wird. Somit stellt der eigene Penis, dessen Beschneidung in den Augen der christlichen Welt als Verlust von körperlicher Integrität wahrgenommen wird, eine permanente, unentrinnbare Konfrontation mit antisemitischer Verfolgung und Vernichtung dar,[468] wodurch der Sexualität stets ein Rückverweis auf die eigene Opferidentität immanent ist. In »Ruben Jablonsksi« wird dieser Aspekt durch eine Erzählung von Lindberg, eines Freundes Jablonskis, explizit thematisiert und eine Verschränkung zwischen Sexualität, körperlicher »Versehrtheit« durch Beschneidung sowie Judenverfolgung hergestellt, wenn es heißt:

> Lindberg hatte den Krieg in Holland überlebt. Er lebte dort als Holländer mit holländischem Namen. »Kein Mensch wußte, daß ich Jude bin«, sagte er. »[...] Irgendwie kriegte ich das hin. Das Problem war nur beim Ficken. Ich hatte deutsche Freundinnen, und die durften natürlich nicht merken, daß ich beschnitten war. Einmal sagte mir ein Mädchen: Ich möchte mal deinen Schwanz sehen. Du hast ihn gespürt, sagte ich, das genügt.« »So kann man leicht erwischt werden«, sagte ich. »Ja, ein Schwanz ist eine heikle Sache«, sagte Lindberg. (RJ 198)

In einem Tagebucheintrag Bronskys, welcher einen der stärksten satirischen Angriffe auf den American Dream innerhalb des Romans »Fuck America« darstellt, heißt es:

465 Fischer/Riedesser, S. 79.

466 Ebd.

467 Horch, Hans Otto: Grauen und Groteske. Zu Edgar Hilsenraths Romanen, in: Stüben, Jens/Woesler, Winfried (Hrsg.): Wir tragen den Zettelkasten mit den Steckbriefen unserer Freunde. Acta-Band zum Symposium »Beiträge jüdischer Autoren zur deutschen Literatur seit 1945« (Universität Osnabrück, 2. – 5. 1991), Darmstadt 1993, S. 213–226, hier: S. 224.

468 In Tišmas »Kapo« versucht der Protagonist vor sich selbst die Illusion, nicht Jude zu sein, angesichts der Frauen, welcher er sexuell missbraucht, durch den Blick auf sein unbeschnittenes Glied aufrechtzuerhalten: »Auf dem Grund ihrer Sinne, hinter ihren Augen, sah er auch sich selbst: nackt, mager wie ein Skelett, voller Narben und Grind, mit aufgerissenen Augen, zitternden Händen, versteiftem Glied, das er ihnen entgegendrängte, stolz auf seine [...] Potenz. Stolz auch, weil er unbeschnitten war, was den Frauen nichts bedeutete, ihm aber doch, denn wenn er es ihnen in unbeschnittenem Zustand zeigte, befreite er sich vom eigenen Zweifel, daß er noch Jude war, [...] weil er endlich nicht mehr bedauerte, Leid zuzufügen, sondern es genoß und das mit dem erigierten, unversehrten Glied bewies.« Tišma, Kapo, S. 318f.

> Es stimmt nicht, daß die Liebe hier nur eine reine Geldfrage ist. Wer in diesem Land ein Mädchen will, das nicht auf den Strich geht [...], für den ist die Liebe vor allem eine Frage seiner Erfolgsausstrahlung, die er als Mann tagtäglich unter Beweis stellen muß. Wenn du, Jakob Bronsky, so ein Mädchen triffst, dann wird sie dich fragen: Wer ist Jakob Bronsky? Warum schreibt er in einer Sprache, die hier nicht »in« ist und nur von gewissen Greenhorns gesprochen wird? Was wird er erreichen mit seinem Geschreibe? Wahrscheinlich nichts. Was weiß Jakob Bronsky vom »american way of life«? Weiß Jakob Bronsky, daß nur der Erfolg etwas gilt und sonst nichts? Ist er ein Kerl, der sich rücksichtslos durchsetzt und doch an den lieben Gott glaubt? Weiß er, daß unsere Welt eine heile Welt ist? Glaubt Jakob Bronsky an die Unfehlbarkeit unseres Systems? [...] Wird sein Einkommen 150 Dollar wöchentlich übersteigen, damit man sagen kann: Der ist mindestens 150 Dollar wöchentlich wert! [...] Muß ich seinen Schwanz erdulden? Lohnt es sich? (FA 93f.)

Hilsenrath postuliert somit die Unmöglichkeit, als Shoah-Überlebender und Emigrant in den USA die Erfahrung einer erfüllenden Partnerschaft und Sexualität machen zu können: Indem »Erfolgsausstrahlung« (FA 94) und vorbehaltlose Loyalität zur amerikanischen Kultur als zentrale Kriterien zur Erlangung dieser ausgewiesen werden, wird eben nicht nur die Chancenlosigkeit des Individuums Jakob Bronsky offengelegt, sondern die Übertragbarkeit von dessen Situation auf die Gesamtheit der jüdischen Emigranten deutlich. Die Aneinanderreihung der in Form rhetorischer Fragen dargelegten Ansprüche mutet insbesondere darum grotesk an, weil die angestrebte Exklusion implizit auf gerade diejenigen Männer zu zielen scheint, welche aufgrund ihrer Shoah-Erfahrung die Fragen unmöglich bejahen können: Die Aufforderung zum Glauben an einen liebenden Gott und eine »heile« Welt an diejenigen zu richten, deren Vergangenheit von Ghetto oder KZ, dem Verlust von Freunden und Angehörigen und dem Wissen der geplanten Ausrottung des eigenen Volkes geprägt wurde, ist beißende Ironie. Vor dem Hintergrund des grotesken Briefwechsels von 1939 zwischen Nathan Bronsky und dem antisemitischen amerikanischen Generalkonsul, welcher mit Berufung auf das Quotensystem eine Einreise der verfolgten Juden – oder deren Asche – für das Jahr 1952 in Aussicht stellt (vgl. NF 7–12), bedeutet auch die Forderung, als Jude an die Richtigkeit und Unfehlbarkeit des amerikanischen Systems zu glauben, eine Zumutung.

Letztlich nimmt Hilsenrath eine Parallelisierung von Ghetto und amerikanischer Erfolgsgesellschaft vor, indem er beiden sozialen Gefügen eine Skrupellosigkeit im Zusammenleben attestiert, welche in der Frage nach der bloßen »Verwertbarkeit« des Gegenübers kumuliert[469] – eine auch den Bereich der Se-

469 Damit begibt sich Hilsenrath argumentativ in die Nähe einer insbesondere von der DDR-Regierung kolportierten Denkfigur, die eine Parallele zwischen dem faschistischen Nationalsozialismus und den ebenfalls als faschistisch und imperialistisch charakterisierten USA sehen will. Der bulgarische Kommunist Georgi Dimitroff definierte »Faschismus an

xualität maßgeblich beeinflussende und prägende Grundhaltung. Somit wird im gleichen Zuge, wie den traumatisierten Shoah-Überlebenden die Integration in die Gesellschaft verweigert wird und sie – genau wie in Europa – als genuin anders wahrgenommen werden, auch die Möglichkeit zur Erlangung gleichberechtigter, liebevoller Partnerschaften und zur Auslebung ihrer Sexualität genommen, was wiederum die Affinität Bronskys und anderer Emigranten zu Prostituierten erklärbar macht.

Es ist auffällig, dass die Sexualisierung der weiblichen Figuren in den Hilsenrathschen Romanen zu weiten Teilen mit einer Entpersonalisierung der Frau, ihrer Degradierung zum Sexualobjekt und der Fokussierung der männlichen Protagonisten auf ihre bloße sexuelle Verwertbarkeit einhergeht. Eine Erotisierung in Form einer sinnlichen Darstellung sexueller Vorgänge sowie einer empfindsamen, positiven Beschreibung von Körper und/oder Charakter der weiblichen Figur hingegen findet sich nur extrem selten – in einigen dieser wenigen Ausnahmen aber wird eine explizite körperliche Versehrtheit, welche in direktem oder indirektem Zusammenhang mit einem Genozid steht, thematisiert. Deutlichstes Beispiel hierfür sind die Figuren Anahit aus dem »Märchen vom letzten Gedanken« sowie Iwonna aus »Die Abenteuer des Ruben Jablonski«.

Das »verbrannte Mädchen« (MG 445) Anahit wurde als Säugling von Wartan, ihrem späteren Ehemann, als einzige Überlebende aus dem von Hamidije niedergebrannten Dorf gerettet (vgl. MG 427ff.): »Sie hatte kein Gesicht mehr. Nur noch Augen. Aber die Augen leuchteten, als ob sie Christus gesehen hätten.« (MG 439). Die Beschreibung Anahits als junger Frau, welcher der Schilderung der Hochzeitsnacht vorgelagert ist, folgt der des Kindes und führt diese zugleich fort, wenn es heißt:

> Sie war keine schöne Frau, denn sie hatte ja kein Gesicht, und ihr Körper war voller Brandwunden und Narben. Aber Anahit bewegte sich mit Anmut und Stolz, und die Augen in dem verbrannten Gesicht leuchteten nach wie vor, denn sie hatte ja Christus gesehen.
> Wartan erkannte sie gleich in der ersten Nacht. Und da war kein ausgetrockneter Brunnen, und da waren keine widerspenstigen Dornen. Da war eine dankbare, lustvolle Quelle, die belohnt werden wollte und dabei selber schenkte. Und all das, was knochig und hart war beim Mann und gnadenlos, wie es hieß, wurde sanft, und selbst die Lust, die sich selber suchte, suchte den anderen und wurde zärtlich. Es war, als hätte Christus Mann und Frau für immer zusammengeführt, solange sie atmeten. (MG 455)

der Macht« am 2. August 1935 in seinem Bericht auf dem VII. Weltkongress der Kommunistischen Internationale als »die offene, terroristische Diktatur der reaktionärsten, chauvinistischsten, am meisten imperialistischen Elemente des Finanzkapitals«, womit diese gängige Faschismus-Theorie (auch Dimitroff-Formel genannt) auch die USA als faschistische, da kapitalistische Staatengemeinschaft markiert.

Durch die Verbrennungen, den Verweis auf Christus sowie die gelungene Hochzeitsnacht konstruiert Hilsenrath explizit eine Verschränkung zwischen körperlicher Versehrtheit, Sexualität und dem an den christlichen Armeniern begangenen Völkermord, welchen der Autor explizit als »Holocaust« (MG 447, MG 211) ausweist. Indem die körperliche Versehrtheit als sichtbares Zeichen für die Zugehörigkeit zu einer verfolgten religiösen Minderheit fungiert, lässt sich darüber hinaus eine Parallele zu »Fuck America« ausmachen: Die lebenslängliche Brandmarkung Anahits und die motivische Zusammenführung mit der christlichen Religion erinnert an die von Bronsky nachträglich modifizierte Erinnerung an seine Brit Mila, ist dem beschnittenen Penis doch – zumindest im Bewusstsein des traumatisierten Shoah-Überlebenden – für immer der unleugbare Verweis auf eine in der Zugehörigkeit zum Judentum begründete Opferidentität immanent.

Analog zur Beschreibung Anahits wird auch Ruben Jablonskis Freundin Iwonna nicht trotz, sondern gerade aufgrund ihrer offensichtlichen körperlichen Versehrtheit eine eigentümliche Schönheit zugesprochen. Während Anahit jedoch bereits als Säugling eine besondere Ausstrahlung attestiert wird, geht Jablonskis Entdeckung der Schönheit Iwonnas ein Prozess des Kennenlernens und eine Einfühlung in ihre tragische Lebensgeschichte voran. So hat die erste Erwähnung Iowannas noch den Charakter einer nüchternen Personenbeschreibung: »Iwonna war nicht hübsch. Sie war zweiundzwanzig, trug einen langen Pferdeschwanz und hatte Narben im Gesicht. Ihr Körper war ausgemergelt vom langen Hunger, und sie hatte sich anscheinend noch nicht erholt.« (RJ 113). Nachdem Iwonna ihre erschütternde Geschichte erzählt hat – Tod der Familie im Ghetto, Flucht, Versteck bei einem polnischen Bauern, der sie vergewaltigt und quält, Rückkehr ins Ghetto und Beteiligung am Warschauer Aufstand, erneute Flucht – beginnen Jablonski und Iwonna ein zartes Verhältnis:

> Nachts, als bereits das Licht im großen Saal gelöscht war, kam Iwonna zu mir. Sie kuschelte sich unter meine Decke und schmiegte sich an mich. »Du kannst meinen Körper berühren, aber nicht angucken«, sagte sie.
> »Warum?«
> »Wegen der vielen Narben, schlimmer als im Gesicht.«
> »Von dem polnischen Bauern?«
> »Ja, das Schwein«, sagte Iwonna.
> […]
> Wir liebten uns, und ich merkte, daß ich sie dabei ununterbrochen streichelte. Ich liebte Iwonna nicht, aber ich empfand eine Art brüderlicher Zärtlichkeit für sie. Vielleicht war es auch Mitleid wegen der Narben und ihrer Häßlichkeit und allem, was sie erlitten hatte. (RJ 117ff.)

Zunächst fällt auf, dass die »Häßlichkeit« Iwonnas nicht unmittelbar aus ihrer Vernarbung heraus erklärt wird, ja mit dieser nicht einmal verknüpft zu sein scheint. Zweitens wird deutlich, dass Jablonski sein pejoratives Urteil über Iwonnas Äußerlichkeit nicht revidiert; durch sein Mitleid erkennt er lediglich die Ursache für seine Zuneigung in ebendiesem Elend der Existenz liegend.

Erst die – wieder mit einem Rekurs auf ihre tragische Vergangenheit versehene – dritte Thematisierung Iwonnas in einem Brief Jablonskis an seine Mutter offenbart einen Prozess, an dessen Ende der Protagonist nach Überwindung seines Mitleids fähig ist, Iwonnas spezifische Schönheit zu erkennen:

> Habe jetzt auch eine Freundin. Sie heißt Iwonna Abramowitsch und hat den Aufstand im Warschauer Ghetto mitgemacht. Ihre Eltern und ihre kleine Schwester sind im Ghetto gestorben. Sie war eine Zeitlang bei einem polnischen Bauern versteckt, der sie geschlagen hat. Stell dir vor: der Bauer hat brennende Holzscheite auf ihrer Haut ausgedrückt. Deshalb hat sie viele Narben. Auch im Gesicht. Sie ist häßlich und doch irgendwie schön. Wie soll ich dir das erklären. Ich glaube, es ist ihre schöne Seele, die das ausstrahlt. (RJ 120)[470]

Zusammenfassend können einige Parallelen zwischen der literarischen Darstellung Anahits und Iwonnas festgehalten werden: Indem beide Frauen eine Erotisierung des durch einen Genozid mittelbar oder unmittelbar versehrten Körpers erfahren, unterläuft Hilsenrath das klassizistische weibliche Schönheitsideal. Dabei wird der Verlust von körperlicher Integrität als Positivum attribuiert, aus welchem die eigentümliche Schönheit und Ausstrahlung der Frauen erst resultiert. Während bei Anahit jedoch die Anziehung durch ihre leuchtenden Augen und die Anmut ihrer Bewegungen bereits durch Äußerlichkeiten ersichtlich ist, muss die verborgene Schönheit Iwonnas erst durch einen Prozess der Einfühlung und emotionalen Hingabe entdeckt werden.

Auch die literarische Darstellung des Sexualaktes unterscheidet sich wesentlich von den in den Romanen zahlreich geschilderten übrigen sexuellen Begegnungen mit derbem, obszönem Vokabular, findet sich hier doch der Rückgriff auf verschleiernde Formulierungen wie »Wir liebten uns« (RJ 119) oder »Wartan erkannte sie« (MG 455). Insbesondere die von Sinnlichkeit und Erotik geprägte lyrische Schilderung der Hochzeitsnacht ist im Hilsenrathschen Werk einzigartig.

Während bei Iwonna zwar mehrfach auf ihre tragische Vergangenheit eingegangen wird, die Symptome einer daraus folgenden Traumatisierung jedoch angesichts des Ausmaßes der körperlichen Versehrtheit in den Hintergrund treten, erfolgt bei der Beschreibung der namenlos bleibenden Frau ohne Brüste eine explizite Verschränkung zwischen physischer und psychischer Versehrtheit, wobei der Verlust der körperlichen Integrität, anders als bei Iwonna und

470 In der Erzählung fällt auf, dass Jablonski zwar auf die körperliche Gewalt, welche Iwonna angetan wurde, mit Faszination und ungläubigem Entsetzen reagiert (»Stell dir vor«), die sexuelle Gewalterfahrung jedoch mit keinem Wort erwähnt.

Anahit, aus der männlichen Perspektive heraus keine Beeinträchtigung ihrer Schönheit darzustellen scheint:

> Es waren noch einige Frauen unter den Emigranten. Die eine hatte keine Brüste. Sie wurde im KZ als Versuchsobjekt für medizinische Experimente benützt, und dort hatten die SS-Ärzte ihr beide Brüste abgeschnitten. Sie sah wirklich gut aus.
> Sie mochte dreißig sein, hatte große, dunkle Augen und braunes Kraushaar.
> [...]
> »Sie ist eine schöne Frau«, sagte der Rechtsanwalt, »nur sehr scheu, weil sie immer Angst hat, jemand könnte die fehlenden Brüste entdecken.« (RJ 232ff.)

Die selbstbewusst vorgetragene Erklärung des Rechtsanwalts entbehrt angesichts der Aussagen der Betroffenen selbst jeglicher Legitimation und entlarvt die unhinterfragte Übertragung des auf Schönheitsideale fokussierten männlichen Blickes auf die Frau. Die Schilderung der Brustamputierten führt die Vermutung des Rechtsanwalts schon darum ad absurdum, weil die eigene weibliche Ästhetik in ihren Augen eine negative Konnotation haben muss, resultierte aus der männlichen Bestätigung ihrer Schönheit doch die jahrelange Zwangsprostitution im Lager. Ihre Zurückhaltung und Befangenheit im Umgang insbesondere mit Männern liegt daher nicht in der Angst vor Entlarvung ihrer Amputation, sondern vielmehr in den Erlebnissen ihrer jüngsten Vergangenheit begründet: »Ich habe den Auschwitzschock noch nicht überwunden.« (RJ 235) Nach dem Bericht über die Vergasung ihres Mannes und ihrer zwei kleinen Kinder (vgl. JR 235) kommt sie auf ihr eigenes Schicksal zu sprechen:

> »Was beunruhigt Sie so?«
> »Eigentlich sind es die Bilder aus der Vergangenheit, die mich nicht schlafen lassen. Ich kann sie nicht verscheuchen, so sehr ich mich auch bemühe. [...]
> Ich war sechsundzwanzig, als ich nach Auschwitz kam«, sagte sie. »Nachdem man mir meine Kinder weggenommen hatte, untersuchten mich die SS-Ärzte und steckten mich gleich ins Bordell. Ich konnte nichts machen. Entweder das Bordell, sagten sie, oder das Gas.«
> »Wie lange haben Sie das ausgehalten?«
> »Zwei Jahre«, sagte sie. »Ich mußte mit Hunderten von Männern schlafen, obwohl ich mit sechsundzwanzig älter als die meisten war, aber die SS fand, daß ich schön sei.«
> [...]
> Ich streichelte sie und küßte sie dann. Sie ließ sich widerstandslos küssen. Als ich ihr aber dann unter das Kleid griff, wehrte sie mich ab.
> »Was ist los?« fragte ich.
> »Seit meiner Zeit im Bordell laß ich mich nie wieder von einem Mann berühren«, sagte sie.
> »Aber ich habe Sie doch geküßt.«
> »Küssen ist Zärtlichkeit«, sagte sie. »Ich habe nichts gegen einen zärtliche Kuß. Aber das, was sie wollten, das nicht.«
> Ich war ungeduldig und versuchte es mit sanfter Gewalt. Ich hob ihr das Kleid auf und

versuchte, ihr Höschen herunterzuziehen, aber sie stieß mich derart heftig zurück, daß ich es aufgab.
»Wenn Sie es mit Gewalt versuchen«, sagte sie, »dann schreie ich.«
»Geschlechtsverkehr kann auch zärtlich sein«, sagte ich. »Ich bin kein SS-Mann, und Sie sind nicht mehr im Bordell.«
»Ja, ich weiß«, sagte sie. »Aber ich kann nichts dafür, wenn mich Männern anekeln. Die Erinnerung ist zu stark. Ich kann es einfach nicht.«
»Wann haben sie die medizinischen Experimente mit Ihnen gemacht?«
»Das war nachher«, sagte sie, »nachdem sie mich aus dem Bordell entlassen hatten.«
»Man hat Ihnen die Brüste abgeschnitten?«
»Ja, aber nicht nur das, sie nahmen meine Eierstöcke heraus und stellten noch einiges mit mir an, an das ich mich gar nicht erinnere. Es war so schrecklich.« (RJ 236ff.)

Diese Passage lässt sich als eine der deutlichsten, gänzlich unchiffrierte Engführung physischer und psychischer Versehrtheit, Sexualität und Shoah im Hilsenrathschen Werk klassifizieren, wobei erstmals auch ein explizit thematisierter Konnex zwischen sexueller Gewalterfahrung und der Auswirkung derselben auf das spätere Sexualleben hergestellt wird. Während Iwonna auch nach ihrer Vergewaltigung durch den sadistischen polnischen Bauern und dessen Sohn Sexualität als beglückendes Moment wahrnehmen und erleben kann, gelingt der »Frau ohne Brüste« (noch) nicht die gedankliche Abkoppelung des heterosexuellen Koitus von der Konnotation mit Gewalt, Schmerz und Erniedrigung. Dennoch beweist sie, dass sie die Nähe des männlichen Körpers trotz ihrer Vorgeschichte als positiv erlebbar wahrnehmen kann, solange behutsame Berührungen und Küsse nicht als sexuell aufgeladen, sondern als Ausdruck von Zärtlichkeit registriert werden.

Dem Shoah-Überlebenden Lesche, Protagonist aus »Berlin … Endstation«, scheint die positive Verarbeitung seiner Erfahrungen von Verfolgung, Ghetto und sexueller Gewalt gelungen zu sein, führt er doch – nicht zuletzt aufgrund seiner Rückkehr in die ersehnte Sprachheimat und nach der beglückenden Begegnung mit Anahid – ein, so wirkt es, erfülltes Leben. Die Traumatisierung des Protagonisten offenbart sich erst gegen Ende des Romans, als er nach einem Schlaganfall in seiner Vergangenheit gefangen ist: »Er erlebte den Holocaust wieder und wieder.« (BE 213). Eine Station seiner Erinnerung zeigt Lesche als Opfer sexueller Gewalt durch eine polnische Bäuerin:

Eine ungefähr sechzigjährige Bäuerin öffnete die Tür. […]
»Ich bin kein Jude«, sagte Lesche.
»Na, das werden wir gleich herausfinden«, sagte die Bäuerin. »Zeig mir mal deinen Schwanz.« […] »Also doch ein Jude«, lachte sie. […]
»Du bist ein hübscher Junge«, sagte sie. »Hast du schon mal eine alte Frau gefickt?«
»Nein, ich habe überhaupt noch kein Mädchen gefickt.«
[…]

»Ich hab' ein Loch zwischen den Beinen«, sagte sie. »Da mußt du dein Ding reinstecken.«
Sie umklammerte sein Glied. »Das steht ja gar nicht«, sagte sie ärgerlich. [...]
Es gelang ihm halbwegs. Er vögelte sie mit schlaffem Schwanz.
»Vierzehn Jahre bist du, und fast so wie ein Achtzigjähriger. Kannst du ihn nicht steifer kriegen?«
»Ich versuch's die ganze Zeit«, sagte Lesche, »aber bei einem Beschnittenen steht das Ding nie ganz.«
»Das sind doch faule Ausreden«, sagte Dorota, »gerade das Gegenteil ist der Fall. Die Bauern erzählen, daß die Juden besonders potent sind.«
»Das sind Gerüchte«, sagte Lesche.
»Dann leck mich mal«, sagte sie. [...]
Lesche tat, wie ihm geheißen. Als ihm schlecht wurde, unterbrach er den Akt, beugte sich über den Bettrand und übergab sich. [...]
Er hatte Angst, daß sie die Polizei rufen würde, wenn er sie nicht befriedigte, und so gab er sich die größte Mühe. Sie schrie vor Lust. Ihr alter Bauernkörper bäumte sich auf, als hätte man ihr eine Spritze verpaßt.
»Du bist gar nicht so schlecht«, sagte sie. »Ich zeig' dir morgen noch ein paar Tricks, daß dir Hören und Sehen vergehen wird. [...] Wir werden jeden Tag zusammen Spaß haben. Ihr Juden habt doch Grütze im Kopf. Ich erklär's dir, und du wirst das schnell kapieren.«
»Ja«, sagte Lesche, und er hoffte, daß sie ihn jetzt in Ruhe lassen würde.
[...]
Sie quälte ihn absichtlich. Bei jeder Kleinigkeit schlug sie ihn mit der Reitpeitsche. [...]
Der Hauptpunkt aber lag darin, daß er sie nicht mehr befriedigen konnte. Er ekelte sich vor ihr und hatte keine Erektionen mehr. (BE 216ff.)

Zwischen Lesches Erinnerungen an seinen sexuellen Missbrauch durch Dorota und einem zu Beginn des Romans geschilderten Angsttraum, in welchem er sich als Opfer seiner alten Wirtin sieht, besteht ein deutlicher Nexus:

Einmal träumte er nachts, daß die alte Frau leise die Tür öffnete und ihn im Schlaf beobachtete. Sie schob die Decke beiseite und kroch zu ihm ins Bett. »Ich will nur mal Ihren Schwanz sehen«, sagte sie.
»Es ist ein Schwanz wie jeder andere«, sagte seine eigene Stimme im Traum.
»Nein«, sagte sie, »ein beschnittener Schwanz ist anders.«
Sie schob die runzlige Hand unter seine Hose. Er stieß sie weg, aber sie griff wieder nach seinem Schwanz.
»Ach, zieren Sie sich doch nicht so«, sagte sie. »Gönnen Sie doch einer alten Frau ihr kleines Vergnügen.
Lesche keuchte und sagte: »Was wollen Sie?«
»Nur mal lutschen«, sagte sie. Sie nahm ihr Gebiß aus dem Mund und sagte: »Ich hab die Zähne rausgenommen. Es tut nicht weh.« Dann nahm sie sein Glied in den alten Mund. Lesche kriegte trotz seines Ekels einen Ständer. Sie lutschte keuchend. Dann kam er und wachte auf. Das Zimmer war dunkel und leer. (BE 32)

Die zitierten Passagen weisen unverkennbare Parallelen auf: Erstens wird Lesche offensichtlich als Opfer sexueller Gewalt ausgewiesen. Zweitens wird ein spezifisch jüdischer Opferdiskurs bemüht, indem die Motivation für den sexuellen Missbrauch im antisemitischen Denkmuster der beiden Frauen begründet liegt: Durch die Zugehörigkeit zum Judentum und den beschnittenen Penis wird Lesche als der genuin Andere ausgewiesen, wobei rassistische Stereotype wie die jüdische Potenz aufgerufen werden. Drittens rufen beide Begegnungen beim Protagonisten Ekel hervor, wie auch die rezeptionsästhetische Wirkung auf diese spezifische Empfindung zielt: Laut Menninghaus weisen nahezu alle Ekel-Diskurse die Merkmale von hohem Alter und Weiblichkeit auf; die *vetula*, die ekelhafte alte Frau, ist schon seit der Antike eine traditionsmächtige Chiffre und »Inbegriff alles Tabuisierten: abstoßender Haut- und Formdefekte, ekelhafter Ausscheidungen und sogar sexueller Praktiken – ein obszöner, verwesender Leichnam schon zu Lebzeiten«[471].

Lesches im Roman geschilderte permanente Suche nach Sexualpartnerinnen macht zwar deutlich, dass sich – anders als etwa bei der Brustamputierten aus den »Ruben Jablonski« – seine psychische Versehrtheit nicht durch eine bleibende Antipathie gegenüber Sexualität im Allgemeinen manifestiert; gerade in Anbetracht der Jugendlichkeit seiner Freundinnen (Sabine ist 16, Anahid 28, Lesche hingegen knapp 60 Jahre alt) kann jedoch als Folge auf das traumatisierende Erlebnis sexualisierter Gewalt und Erniedrigung ein tiefschürfender Ekel und eine Abscheu vor der Verschmelzung von Alter und Weiblichkeit vermutet werden. Unterstützt wird diese Annahme durch das hohe Alter explizit herausstellende Beschreibungen wie »graue[n] Haarsträhnen« (BE 215), »runzlige Hand« (BE 32), »alter Mund« (BE 32) oder »Gebiss« (BE 32), sowie groteske, Krankheit und Tod implizierende Formulierungen: »Ihr alter Bauernkörper bäumte sich auf, als hätte man ihr eine Spritze verpaßt« (BE 218). Die abstoßende Beschreibung Dorotas steht der Anahids diametral entgegen, bei welcher »die positiven Regeln des ›ästhetischen‹ Körpers – die schlank-elastische Kontur ohne Fettansätze, tadellose jugendliche Festigkeit und ununterbrochene, falten- und öffnungslose Linienführung der Haut«[472] als Strategien zur Ekelvermeidung herangezogen werden: »Anahid wirkte auf ihn wie eine Heilige. Sie muß einen Arsch wie aus Marzipan haben, dachte er.« (BE 149), »Ihr Körper war wie Seide« (BE 164).

Abschließend soll mit der Fokussierung verschiedener Hilsenrathscher Protagonisten auf sexuelle Abenteuer auf einen letzten Aspekt der Verschränkung von Sexualität, Shoah und seelischer Versehrtheit eingegangen werden. In Kapitel 2.2.2 wurde die fieberhafte Jagd Bronskys und Jablonskis nach Möglich-

471 Menninghaus, S. 16.
472 Ebd.

keiten zur sexuellen Triebauslebung und die pejorative Klassifikation aller Frauen zu Sexualobjekten aus gender-orientierter Perspektive beleuchtet, wobei bewusst auf eine Verortung der analysierten Szenen in den Kontext der Handlungsebene verzichtet wurde. Im Folgenden soll die Untersuchung dieses Aspekts neu aufgenommen, dabei der Fokus jedoch auf die biografischen Hintergründe der Protagonisten gelegt werden, um mit Bezugnahme auf deren traumatische Erlebnisse Erklärungsmuster für das zuvor aufgezeigte Verhalten anzubieten und die Annahme zu belegen, dass die Fokussierung der männlichen Protagonisten auf den heterosexuellen Geschlechtsakt in der durch die Shoah erfahrenen seelischen wie körperlichen Versehrtheit begründet liegt.

Erstens lässt sich die Jagd Bronskys und Jablonskis nach sexuellen Begegnungen als verzweifelte Suche nach Nähe, Vertrautheit und Akzeptanz lesen, wobei beide Protagonisten als Reaktion auf die stete Zurückweisung durch ihre Umwelt ihre Annäherungsversuche zunehmend intensivieren, bis zuletzt das Miteinander der Geschlechter als skrupelloser, von gegenseitiger Ausbeutung geprägter Machtkampf begriffen wird. Indem Bronsky innerhalb der amerikanischen Gesellschaft das Recht auf ein Eingeständnis seiner Einsamkeit abgesprochen wird (vgl. FA 186), seiner Herkunft, Sprache und Vergangenheit Verachtung entgegenschlägt sowie sich sein »Wert« anhand der Kriterien Geld und Erfolg durch Fremdzuschreibungen bemisst (vgl. FA 94), erfährt er eine zutiefst ablehnende Haltung durch die amerikanischen Frauen. Erst im Verhältnis mit der Psychologin Mary Stone[473], in welchem sich die Begehrlichkeiten umkehren – sie fordert sexuelle Erfüllung ein, während er auf der Suche nach psychologischer Behandlung ist –, fühlt sich Bronsky durch eine Frau als Mensch und Individuum akzeptiert: Indem er in der Psychologin eine für seine Emotionen empfängliche Zuhörerin (vgl. FA 259) findet, kann die durch den Schreibprozess eingeleitete Überwindung seines Traumas durch das Erzählen, die mündliche Tradierung seiner Lebensgeschichte einen gelungenen Abschluss finden. Dass sich Bronskys »Geständnis« bereits ohne Inanspruchnahme professioneller Hilfe in einem Stadium höchster Reflexion befindet und Mary Stones wenige Nachfragen lediglich bekräftigenden oder repetitiven Charakter haben, unterstreicht die These, dass Bronsky in Wahrheit nicht der psychologischen Ex-

473 Die Begegnung mit der Fernsehpsychologin Mary Stone ist zwar nur eine imaginierte. Doch auch hier nimmt Bronsky eine Spaltung zwischen seinen Ichs als »Penner« und »Dichter« vor, wenn zumindest ein Teil seiner Persönlichkeit die Zusammenkunft in der Realität verortet sehen will: »Ich, der Penner Jakob Bronsky, bin nicht sicher, ob der Dichter Jakob Bronsky weiß, daß diese Briefe und auch das Telegramm [die Korrespondenz mit Mary Stone, A.Z.] nur in seiner Einbildung existieren. Ich bin nur sicher, daß der Dichter Jakob Bronsky den Fernseher heute Nacht nicht ausschalten wird« (FA 212), sodass Mary Stone wie versprochen nach ihrer Sendung »aus dem Bildschirm steigen« und in sein »Bett schlüpfen« (FA 212) kann.

pertise der Therapeutin, sondern vielmehr eines fürsorglichen Gegenübers bedarf. So kann auch angenommen werden, dass seine Jagd nach körperlicher Nähe nicht ausschließlich sexuelle Triebabfuhr sucht, sondern zumindest partiell als Streben nach Zuhörerschaft, weiblicher Anerkennung und ehrlichem Interesse an seiner Person gelesen werden kann.[474]

Genau wie in »Fuck America« erzählt auch der Roman »Ruben Jablonski« von den Ursachen einer Traumatisierung sowie von der zunehmenden Manifestation ihrer Symptome. Dabei wird erkennbar der Prozess des Niedergangs empathischer Fähigkeiten gerade im Umgang mit Frauen nachgezeichnet, verliert der Protagonist Ruben Jablonski im Laufe des Romans doch zunehmend seine moralischen Skrupel: Dominieren in der Begegnung mit Rebecca (vgl. RJ 31), Micki (vgl. RJ 94) und Martha (vgl. RJ 66) noch Zurückhaltung und Akzeptanz, so macht er sich in späteren zwischengeschlechtlichen Begegnungen – etwa mit einem Mädchen vom Kibbuz (vgl. RJ 140), der Kellnerin (vgl. JR 196), der Brustamputierten (vgl. JR 238) und zwei französischen Frauen (vgl. RJ 283) – zum Teil schwerer sexueller Übergriffe schuldig. Die zunehmende Bindungsunfähigkeit Jablonskis, welche ihren Ausdruck in der – auch durch die Namenlosigkeit unterstrichenen – Austauschbarkeit der Frauenfiguren gegen Romanende findet, kann so als Symptom seiner tiefen Traumatisierung gelesen werden. Parallel zur Bedeutungsabnahme der sozialen Komponente von Beziehungen – so war etwa der emotionale Aspekt in den früheren Beziehungen zu Iwonna oder Mickie zentraler Bestandteil des Verhältnisses – intensiviert Jablonski seine Jagd nach sexuellen Abenteuern, woraus gemäß der sich verstärkenden Wechselwirkung von Ursache und Folge wiederum eine Entpersonalisierung resultiert. Begegnungen wie die mit der Prostituierten Anisoara verdeutlichen die tiefe Ambivalenz des Protagonisten, dessen Unfähigkeit, verlässliche Bindungen einzugehen, der verzweifelten Suche nach einer liebevollen Beziehung – geäußert durch den Wunsch, Anisoara mitzunehmen und zu heiraten (vgl. RJ 110f.) – diametral entgegensteht.

Für den Protagonisten Lesche kann letztlich Gleiches gelten, liegt die Motivation für seine Remigration nach Deutschland doch – neben der ausschlaggebenden Sehnsucht nach der Sprachheimat – auch in der Suche nach sexueller Erfüllung und einer Frau (vgl. BE 17) begründet; die vergangenen 36 Jahre in Amerika, wo die Frauen »einen großen Bogen« (BE 7) um ihn machten, werden deprimiert als »Leben voller Frust und Begierde« (BE 7) abqualifiziert. Nach zahlreichen sexuellen Abenteuern wird die fast messianisch charakterisierte

474 Diese Lesart legte auch Rolf Seeliger in seiner Rezension von »Fuck America« in der Tageszeitung nahe, wenn er schreibt: »[Bronsky] ist auf der ständigen Suche nach einer Frau, die ihm seine Wünsche erfüllt und ihm zuhört, wenn er seine schrecklichen Erinnerungen beschwört. Die populärste amerikanische Psychologin tut's. Da kann er endlich über seine Vergangenheit sprechen.« Seeliger, Rolf: Witze als letzte Waffe, in: Tageszeitung, 16.9.1980.

Begegnung mit Anahid als Wendepunkt in Lesches Leben ausgewiesen, welcher nach einer Enttäuschung im Jugendalter »Frauen gegenüber seine Gefühle unterdrückt [hatte]. Ein Leben lang waren Frauen nur Sexobjekte für ihn. Anahid war die erste, für die er etwas empfand.« (BE 152).

Hilsenraths literarische Gestaltung der besessenen Jagd Bronskys und Jablonskis nach sexuellen Begegnungen, welche sich als Suche nach Nähe und Vertrautheit lesen lassen, findet eine Entsprechung in der psychologischen Forschung zu traumatisierten Shoah-Überlebenden: Klein, selbst Überlebender, beschäftigte sich intensiv mit den (bisweilen verzögert auftretenden) Affekten und Nachwirkungen schwerer Traumatisierung von Shoah-Überlebenden, wobei er »eine Periode des Agierens aggressiver und sexueller Phantasien«[475] feststellte: Mit der »physischen Erholung, der schrittweisen Befriedigung ihrer starken oralen Bedürfnisse in ihrer neuen Umgebung und dem Zusammenwachsen einer Gemeinschaft [...] fingen die Überlebenden wieder an, libidinöse Bindungen« einzugehen und »Liebesbeziehungen aufzubauen«[476].

Zweitens kann die stete Jagd Bronskys und Jablonskis nach sexuellen Abenteuern als Suche nach Selbstbestätigung verstanden werden, wobei auch diese Lesart einen expliziten Nexus zwischen Sexualität, Shoah und Versehrtheit sieht, lässt sich doch die Fokussierung der männlichen Protagonisten insbesondere auf den heterosexuellen Koitus als einen Akt verstehen, mittels dessen eine Versehrtheit verleugnet und die eigene seelische wie körperliche Integrität bewiesen werden soll.

Diese Deutung, welche den Fokus auf Sexualität in der Motivation zur Selbstvergewisserung der körperlichen und seelischen Unversehrtheit begründet sehen will, wird unterstützt durch den in »Fuck America« und »Nacht« verwendeten Ausdruck des »Erledigtseins«, welcher auf eine über die körperliche Versehrtheit hinausgehende Komponente verweist, ist der Vokabel doch der Hinweis auf die psychische Konstitution und damit die Konnotation von »gebrochen«, »verloren«, »vernichtet« immanent.[477] Wie schon in »Nacht« wird diese Formulierung – verstärkt durch die Redundanzen – in Bronskys Dialog mit der Therapeutin über seine Traumatisierung und sexuelle Impotenz verwendet:

»›Jakob Bronsky war erledigt?‹

›Jakob Bronsky war erledigt.‹« (FA 265)

---

475 Hillel, Klein: Überleben und Versuche der Wiederbelebung. Psychoanalytische Studien mit Überlebenden der Shoah und mit ihren Familien in Israel und in der Diaspora. Hrsg. von Biermann, Christoph/Nedelmann, Carl, Cannstatt 2003, S. 225.

476 Ebd., S. 226.

477 Von Zanthier begreift – in Bezug auf Gerstenberger/Pohland – die Vokabel »erledigt« sowie die damit zusammenhängende Impotenz Raneks und Bronskys dagegen als »Symptom des Außenseitertums«. Von Zanthier, S. 126; vgl. auch S.117. Sowie: Gerstenberger/Pohland, S. 76.

Analog dazu heißt es nach Bronskys Bericht über seinen Genesungsprozess eine Seite darauf:

»›Jakob Bronsky war nicht mehr erledigt?‹ ›Jakob Bronsky war nicht mehr erledigt.‹« (FA 266) Dass Bronsky den Ausdruck des »Erledigtseins« auch vom körperlichen Symptom der Impotenz abgekoppelt denkt und zur Thematisierung schwerer seelischer Versehrtheit heranzieht, zeigt die Rede über seine Familie:

> »Im Jahre 1952 fuhren wir alle nach Amerika. Plötzlich war es leicht mit den Einwanderungsvisen. [...] Aber es war zu spät, verstehen Sie. Es war zu spät.« »Weil Jakob Bronsky erledigt war?«
> »Nicht nur deshalb. Irgendwie waren wir alle erledigt. Wir waren nicht mehr dieselben. Im Grunde war auch mein Vater ein gebrochener Mann, obwohl er das nicht zugeben wollte.« (FA 265)

Abschließend soll eine weitere Annahme aufgeworfen werden, welche ebenfalls einen Zusammenhang zwischen der Jagd des Hilsenrathschen Protagonisten Jakob Bronsky nach sexueller Triebauslebung und seiner durch die Erfahrung der Shoah körperlichen und seelischen Versehrtheit hergestellt sehen will.

Erstens kann die Überlegung, ob die Forcierung sexueller Abenteuer mit dem Wunsch nach einer Möglichkeit zur erfolgreichen Verdrängung des Erlebten einhergehen könnte, Plausibilität beanspruchen: Wenn den Protagonisten im Moment des Koitus die kurzzeitige Ausblendung der beginnenden Depression (Jablonski), der nur scheinbar positiv verarbeiteten Vergangenheit (Lesche) oder die durch den Schreibprozess erneut klar vergegenwärtigten Erinnerungen an Ghetto und Flucht (Bronsky) gelänge, so ließe sich hierin ein weiterer Grund für deren fieberhaften Drang nach sexueller Triebauslebung ausmachen. Diese These wird unterstützt durch eine Passage aus »Fuck America«, in welcher der sexuell frustrierte Protagonist Bronsky davon träumt, »dieser blöden Kuh [Shirley Schwarz, A.Z.] deinen Streß, deine Einsamkeit, deine Sehnsüchte, deine Träume, deine Wahnvorstellungen mit deinem Samen zwischen die Beine« (FA 183) zu schießen. Dies verdeutlicht, dass der Protagonist weniger auf sexuelle Lust fokussiert ist als vielmehr darauf, sich »durch sexuelle Kontakte von der Last der verdrängten Vergangenheit«[478] zu befreien und »die Frustrationen des Exils und des Lebens eines sozial und gesellschaftlich Unterprivilegierten«[479] abzuladen.

Zweitens wurde den Protagonisten durch die Erfahrung von Verfolgung, Ghetto und Flucht eine normale Kindheit und Jugend verwehrt sowie durch das vorzeitige Herausreißen aus der schulischen Laufbahn die Möglichkeit erschwert, ein Ziel über den bloßen Überlebenswunsch hinaus – etwa die Erlan-

478 Von Zanthier, S. 128.
479 Ebd.

gung eines bestimmten Berufes – anzustreben[480], was wiederum ein mit der Traumatisierung einhergehendes Gefühl von Leere, Sinn- und Ziellosigkeit verstärkt. Sowohl das Bedürfnis eines Nachholens unbeschwerter Jugendjahre als auch Orientierungslosigkeit und das Fehlen langfristiger Ziele aufgrund der verwehrten Ausbildungschancen könnten die Promiskuität und Fixierung auf prompte Befriedigung begünstigen.

3.1.3) Die Verknüpfung der Motive (Über)leben – Schreiben – Impotenz

Zunächst sei angemerkt, dass die Verschränkung der Motive Schreiben – (Über)leben – Shoah – Identität – Impotenz den einzigen Komplex darstellt, bezüglich dessen die prominente Einbindung von Sexualität in den Hilsenrathschen Werken in Forschung und Rezeption große Beachtung zuteil wurde, dabei jedoch eine ambivalente Wahrnehmung erfuhr: Im Hinblick auf den Roman »Fuck America« erreichte in der feuilletonistischen Kritik die Diskussion um eine Zuordnung der Hilsenrathschen Werke zur Pornografie ihren Zenit, wobei die Anzahl an Rezensentinnen und Rezensenten, welche Hilsenrath der Pornografie bezichtigten, genau derjenigen entsprach, welche diesen Vorwurf ablehnten[481] und damit zumindest in Ansätzen den Konnex von Sexualität und Shoah als funktional motiviert identifizierten.

Die große Beachtung der motivischen Verschränkung von Überleben, Schreiben und Impotenz in der Forschungsliteratur kann sowohl ihrer Bestimmtheit und emphatischen Artikulation in den Romanen selbst als auch deren Häufigkeit geschuldet sein, benennen doch »Fuck America« und »Die Abenteuer des Ruben Jablonski« ganz explizit, »Nacht« und »Berlin … Endstation« zumindest in Anklängen diesen Zusammenhang: In »Fuck America« erfolgt eine detaillierte Nachzeichnung der Symptome der Traumatisierung sowie des Genesungsprozesses durch das therapeutische Schreiben, während bei »Ruben Jablonski« zwar ebenfalls der Prozess in seiner Gesamtheit thematisiert, jedoch zusammenfassend auf wenigen Seiten abgehandelt wird. Mit Ranek steht auch in »Nacht« im Zentrum des Geschehens ein seelisch erschütterter und impotenter Protagonist, welcher bereits einige der Symptome der Shoah-Überlebenden Bronsky und Jablonski aufweist, wobei aufgrund Raneks Tod im Ghetto kein kathartischer Genesungsprozess erfolgen kann. Der Protagonist

480 So heißt es im Roman »Die Abenteuer des Ruben Jablonski«: »Im Ghetto hatte ich oft an die Befreiung gedacht und an das Leben nach dem Krieg. Aber nie war mir bewußt, daß ich eigentlich dann eine Karriere anfangen müßte.« (RJ 294)

481 Vgl. Vahsen, S. 133.

wird bereits am Ausgangspunkt des Romans als ein psychisch, physisch und moralisch Versehrter klassifiziert und beschrieben; die charakterliche Entwicklung hin zu Egoismus und Skrupellosigkeit sowie der Prozess der Entsubjektivierung und körperlichen Entkräftung Raneks werden nicht verfolgt und nachgezeichnet, sondern durch nachträgliche Reflexionen oder Dialoge sichtbar gemacht. »Berlin … Endstation« spiegelt letztlich die Situation desjenigen Shoah-Überlebenden wider, welchem die positive Verarbeitung seiner Erfahrungen – nicht zuletzt aufgrund der Herausbildung einer neuen gesicherten Identität als Schriftsteller – gelungen zu sein scheint und rekurriert nur in Ansätzen auf die Traumatisierung und die Methoden zu ihrer Überwindung.

Von Zanthier formuliert im Blick auf »Fuck America« (hier noch unter dem früheren Titel »Bronskys Geständnis« bezeichnet) eine treffende Zusammenfassung des verschränkten Komplexes von Schreiben – (Über)leben – Shoah – Identität – Impotenz und benennt dabei einige zentrale Aspekte, wenn sie schreibt:

> Die zerstörte Identität eines Ghettoüberlebenden ist der Ausgangspunkt der Reflexion über das Schreiben in Hilsenraths Roman Bronskys Geständnis. Der Protagonist des Romans, Bronsky, leidet an einer Krankheit, der seine Erlebnisse in der nationalsozialistischen Todesmaschinerie zugrunde liegen. Sie äußerst sich in einer extremen Persönlichkeitserschütterung, deren Symptome Selbstentfremdung, Persönlichkeitsspaltung, Sprachverunsicherung, Erinnerungslosigkeit und Impotenz sind. Zur Therapie wird für Bronsky das Schreiben, das mit der Mobilisierung der verdrängten Erinnerung einhergeht: Es weckt die Lebensgeister und wirkt sich identitätsstiftend aus. Die zurückgewonnene kreative Potenz wird im Roman mit der wiedererwachten sexuellen Potenz in Verbindung gebracht. Diese metaphorische Verbindung läßt sich als eine Schöpfungsphantasie entschlüsseln.[482]

3.1.3.1) Seelenmord, Verstummen und Impotenz

In »Fuck America« wird Jakob Bronsky und seiner Familie der Verlust ihrer Identität – hervorgerufen durch die Traumatisierung aufgrund der Verfolgung und des jahrelangen Versteckens im Keller – durch den Blick in den Spiegel bewusst:

> »Nathan Bronsky blickte lange in den Spiegel«, sagte ich.
> Dann gab er den Spiegel seiner Frau und auch Jakob.
> ›Unsere Augen haben sich verändert‹, sagte seine Frau. […]
> ›Du hast recht‹, sagte Nathan Bronsky. ›Unsere Augen haben keinen Glanz mehr.‹
> ›Ich glaube, wir haben unsere Seelen im Keller verloren‹, sagte Nathan Bronsky.
> […]

482 Von Zanthier, S. 123.

> Sie gingen zurück in den Keller, um ihre Seelen zu suchen, aber sie konnten sie nicht finden. (FA 19)

Der Blick in den Spiegel und die anschließende Reflexion kann erstens als metaphorischer Akt der »Selbstbeschauung«[483] gelesen werden, welcher einen Verlust nicht nur der Identität, sondern auch der Individualität widerspiegelt: Durch die antisemitische Verfolgung auf einen einzelnen Aspekt ihrer Persönlichkeit, nämlich die Zugehörigkeit zum Judentum, reduziert, wurde den Bronskys jegliche Individualität abgesprochen; demgemäß hat auch die Erfahrung von Flucht und Verstecken im Keller »eine andere als die individuell menschliche Dimension«[484] – selbst im Sterben ist man noch Teil der »sechs Millionen«. Der Überlebende Bronsky fühlt sich so in die Schicksale der Ermordeten ein:

> Ich habe in sechs Millionen Körpern gewohnt, so lange, bis ihre Namen gelöscht wurden. Einmal huschte ich in den Körper eines Vierzehnjährigen. Dort weilte ich längere Zeit. Sein Ich wurde mein Ich, seine Geschichte… meine Geschichte. (N 243)

Nach dieser Einleitung erzählt Bronsky zunächst vom Schicksal des »einen Bronsky, der mit den sechs Millionen gestorben ist« (N 242), anschließend die Geschichte seines Überlebens.

Zweitens erinnert der durch den Blick in den Spiegel offenbarte Verlust der Seele stark an den vom Psychologen Niederland in Bezug auf die traumatisierten Shoah-Überlebenden angewandten Begriff des »Seelenmordes«[485]: »An Millionen Menschen wurde, wie wir heute wissen, tatsächlicher Mord verübt. An den meisten derjenigen, die entkamen und überlebten, war es Seelenmord.«[486] Niederland nimmt eine Engführung von »Seelenmord« und »Überlebenden-Syndrom« vor, wobei sich beide Konzepte auf die Konstitution Bronskys übertragen lassen: Durch die dissoziative Identitätsstörung wird dessen Leiden unter einer »Überlebensschuld« (survivor guilt)[487] ersichtlich – ein Phänomen, von wel-

483 Ebd.

484 Ebd., S. 124.

485 Niederland, William G.: Folgen der Verfolgung: das Überlebenden-Syndrom. Seelenmord, Frankfurt a. M. 1980. Mit der Vokabel »Seelenmord« greift Niederland dabei auf einen Begriff zurück, welcher zuvor von Anselm Feuerbach in »Kaspar Hauser« (1832) und von August Strindberg in seiner Besprechung von Ibsens »Rosmersholm« (1887) verwendet worden war. Vgl. Wurmser, Léon: Das Rätsel des Masochismus. Psychoanalytische Untersuchungen von Über-Ich-Konflikten und Masochismus, Heidelberg 1993, S. 20f.

486 Niederland, S. 234.

487 Der Begriff der »Überlebensschuld« im Zusammenhang mit der Shoah wurde von Anfang an mit dem Konzept einer »unbewusste[n] Imitation des Angreifers oder eine[r] unbewusste[n] Identifikation mit diesem« assoziiert. Durch den »Makel der Kollaboration« stieß der Begriff der Überlebensschuld daher auf Ablehnung. Leys, Ruth: Die »Überlebensschuld« im psychoanalytischen Diskurs – Ein kurzer historischer Überblick, in: Brunner,

chem zahlreiche Überlebende zeugen; so heißt es etwa in den von Agamben zitierten Worten Wiesels: »Ich lebe und daher bin ich schuldig. Ich bin noch hier, weil ein Freund, ein Kamerad, ein Unbekannter an meiner Stelle gestorben ist.«[488] Indem Bronsky das Ich seiner imaginierten alternativen Lebensgeschichte mit dem Tod in der Gaskammer enden lässt, verleiht er seiner Schuld, überlebt zu haben, Ausdruck. Erst nach seiner Genesung gelingt es ihm, das Überleben als Positivum zu begreifen – nicht jedoch in Form einer unkritischen Hinnahme oder gar Dankbarkeit, sondern durch eine Verknüpfung des eigenen Überlebens mit der Frage nach dem Sinn und der eigenen Verantwortung (vgl. FA 267).

Neben dem Verlust von Identität und Individualität, dem Gefühl der Überlebensschuld sowie der dissoziativen Persönlichkeitsspaltung lässt sich als weiteres Symptom der Traumatisierung durch die Shoah Bronskys Verstummen lesen, wobei die rückblickende Erzählung von der eigenen Stummheit erneut mit dem Blick in den Spiegel eingeleitet wird:

> Als der Krieg zu Ende war, blickte ich zum ersten Mal nach vielen Jahren in den Spiegel. Mein Gesicht hatte keinen Ausdruck, meine Augen waren leer. Ich war außerdem stumm. Völlig stumm. Ich redete kein Wort. Kein einziges Wort. Wenn mich die Leute ansprachen, nickte ich oder schüttelte den Kopf [...]. Die Leute glaubten, ich sei ein bißchen verrückt. (FA 261)

Das Schweigen Bronskys ist zunächst als Folge der Unausprechlichkeit des Erlebten zu begreifen, sprengt doch das allein das Wissen und umso mehr das Er- und Überleben der Shoah die Grenzen des Sagbaren. Die Unzulänglichkeit der Sprache, welche niemals die Erfahrungen der Überlebenden fassen kann, thematisierend, beschreibt Levi die Einsicht in die Notwendigkeit einer neuen Sprache zur adäquateren Rede über die Shoah und zur Erfassung der Lager- oder Ghettowirklichkeit:

> Ebenso wie unser Hunger nicht mit der Empfindung dessen zu vergleichen ist, der eine Mahlzeit ausgelassen hat, verlangt auch unsere Art zu frieren nach einem eigenen Namen. Wir sagen »Hunger«, wir sagen »Müdigkeit«, »Angst« und »Schmerz«, wir sagen »Winter«, und das sind andere Dinge. Denn es sind freie Worte, geschaffen und benutzt von freien Menschen, die Freud und Leid in ihrem Zuhause erlebten. Hätten die Lager länger bestanden, wäre eine neue, harte Sprache geboren worden [...].[489]

José/Zajde, Nathalie (Hrsg.): Holocaust und Trauma. Kritische Perspektiven zur Entstehung und Wirkung eines Paradigmas, Göttingen 2011, S. 86–115, hier: S. 87.

488 Agamben, S. 77.

489 Levi, Primo: Ist das ein Mensch? Ein autobiografischer Bericht, München 1992, S. 148f.

Hilsenrath überträgt – ähnlich wie auch Schwartz-Bart oder Kosinski in ihren Romanen[490] – die eigene Sprachproblematik auf seinen Protagonisten[491], wenn er Bronsky angesichts der Erkenntnis, die eigenen Erlebnisse nicht in Worte fassen zu können, verstummen lässt: Der auf psychologischer Ebene vorhandene Sprachverlust wird somit durch eine Übertragung auf die physische Ebene noch verstärkt.

Eng verknüpft mit dem Unsagbarkeitstopos ist die Tatsache, dass Bronskys Stummheit in der vorangegangenen seelischen Erschütterung begründet liegt, was durch eine Parallelisierung zur Figur der Shoah-Überlebenden Mira aus »Der Nazi & der Friseur« verdeutlicht werden kann: Auch Mira, welche als Einzige eine Massenexekution überlebte, nach ihrer Flucht aus dem Massengrab aufgegriffen und in ein KZ deportiert wurde, wo sie bis zum Skelett abmagerte, verstummt aufgrund der Traumatisierung und erlangt ihre Sprache erst durch die Unabhängigkeitserklärung Israels[492] wieder. Der Unterschied zwischen Miras und Bronskys Verstummen und plötzlicher Genesung – bei beiden Figuren erfolgt die Wiedererlangung der Sprache nicht im Zuge eines Prozesses, sondern ist durch ein entscheidendes Schlüsselmoment indiziert – besteht jedoch darin, dass Miras Lossagung vom Schweigen auf eine extrinsische Motivation zurückzuführen ist, Bronskys Wiederfinden der Sprache jedoch, indem es auf den aus eigener Kraft begonnen Schreibprozess rekurriert, intrinsisch motiviert ist.

Ebenfalls eng verknüpft mit dem Ausmaß der grauenhaften Erlebnisse, welche zu beschreiben und zu verarbeiten unmöglich scheinen, lässt sich die Stummheit Bronskys auf eine Furcht vor einer potentiellen Re-Traumatisierung durch den bloßen Akt des Erzählens zurückführen: Der Psychologe Niederland, welcher seinen Patientinnen und Patienten Unwille bei der Beantwortung von Fragen zu ihren Erlebnissen sowie eine Untertreibung in der Schilderung derselben attestiert, führt diese Tendenz auf die Angst der Überlebenden zurück, dass sie »bei der Exploration ihrer Erlebnisse die Selbstkontrolle verlieren und

490 So verstummen die Protagonisten aus Schwartz-Barts »Der Letzte der Gerechten« und Kosinskis »Der bemalte Vogel« aufgrund ihrer Erlebnisse und aus Protest gegen eine als grausam empfundene Welt. Vgl. Brecheisen, S. 209.

491 Hilsenrath, dessen Depressionen wie die seiner Protagonisten ab dem Moment des gelingenden Schreibprozesses verschwunden sind (vgl. TF 50), thematisiert in zahlreichen Aufsätzen sein Verhältnis zur und seine »Schwierigkeiten mit der (deutschen) Sprache« (TF 12): Vgl. dazu beispielsweise »Zu Hause nur in der deutschen Sprache« (TF 7–15); »Das Gesicht des Fremden trägt meine Züge« (TF 30–40); »Lesen Sie mal den Arc de Triomphe« (TF 50–56), »Magenbeschwerden und Fremdsprachen« (TF 141–145).

492 Von Zanthier weist darauf hin, dass Mira ihre Sprache wiedergewinnt, indem ihr »im Rahmen einer staatlichen Organisation die Sicherheit eines Zuhauses garantiert und gleichsam eine kollektive Identitätsmöglichkeit angeboten wird. Die Wiedererlangung der Sprache hat in ihrem Fall mit dem Gewinn einer staatlich gesicherten nationalen Identität zu tun.« Von Zanthier, S. 126.

seelisch unter der Wucht der aufkommenden Erinnerungen an den Terror zusammenbrechen könnten«[493].

Letztlich lässt sich die Stummheit Bronsyks, dessen emotionale Abstumpfung, innere Leere und Desinteresse durch die Ausdruckslosigkeit von Augen und Gesicht erkennbar wird, auch als Rückzug aus der als gleichgültig und grausam wahrgenommenen Welt begreifen. Dass der Kommunikationsverlust zwischen dem Shoah-Überlebenden und seiner Umwelt von Wechselseitigkeit geprägt ist und das Verstummen sogar als Reaktion auf die Ablehnung und das Nicht-Wissen-Wollen der Außenwelt gelesen werden kann, zeigt das Verhalten des Arztes, welcher den unter schweren Depressionen leidenden Ruben Jablonski behandeln soll:

> Mein Vater hatte beschlossen, mich zu einem berühmten Nervenarzt zu bringen. [...] Mein Vater schilderte ihm hastig meinen Lebenslauf. Der Arzt hatte wenig Zeit und dachte gar nicht an eine Gesprächstherapie.
> »Also Sie waren im KZ?«, sagte er.
> »Im Ghetto«, sagte ich.
> »Das ist dasselbe«, sagte er. Er machte ein paar Notizen und sagte dann: »Die Depressionen sind Spätfolgen des Konzentrationslagers. Wir hatten hier einige ähnliche Fälle.«
> Das klang ziemlich oberflächlich, und ich wußte im selben Moment, als er das sagte, daß er sich irrte. [....]
> »Wir werden Ihren Sohn mit Elektroschocks behandeln«, sagte Dr. Larivé. (RJ 287)

Der Hinweis auf die Gesprächstherapie sowie Jablonskis Begründung seiner Depression mit dem Scheitern des Schreibprozesses (vgl. RJ 282, 290) verdeutlichen, dass sich der Protagonist der Modi, welche zu seiner Genesung beitragen könnten, sehr genau bewusst ist, ihm jedoch zumindest der ein Gegenüber verlangender Weg – ein therapeutisches Gespräch – von der ihn umgebenden Welt verweigert wird.

Nachdem als Folge der Traumatisierung bisher auf die Motive von Überlebensschuld, Entsubjektivierung, Verlust von Identität und Persönlichkeitsspaltung sowie das Verstummen eingegangen wurde, sei im Folgenden mit der Impotenz der Protagonisten das zentralste, zugleich physische wie psychische Versehrtheit abbildende Symptom beleuchtet:

Sowohl Ranek als auch Bronsky leiden unter erektiler Dysfunktion, wobei dieses Motiv zumindest partiell unter denselben Vorzeichen steht: So versinnbildlicht die Impotenz der Protagonisten beider Romane erstens das Scheitern der Selbstvergewisserung durch die Sexualität – der Körper verweigert nicht nur den Nachweis der Männlichkeit, sondern verleiht auch der inneren Leere, dem Identitätsverlust und der Erinnerungslosigkeit der Protagonisten Ausdruck. Im

493 Niederland, S. 230.

Roman »Nacht«, in welchem die GhettobewohnerInnen auf ihre bloße Körperlichkeit zurückgeworfen und reduziert werden, dient die sexuelle Selbstbestätigung insbesondere dem Beweis der Überlebensfähigkeit – umgekehrt deutet die Impotenz Raneks auf das psychische wie auch körperliche Ende, die Erschöpfung und den Tod des Protagonisten hin: »Im Fortpflanzungsakt bedeutet die Sexualität Leben. [...] Ranek gehört durch seine Impotenz bereits dem Tod.«[494] Indem die Impotenz sexuelle Interaktion und Selbstvergewisserung unmöglich macht, wird dem Selbst die durch den Sexualakt angestrebte Transzendierung verweigert: Weder kann Ranek in der sexuellen Ekstase über sich hinausgehen, noch sich auf biologischer Ebene fortpflanzen.[495]

Vor diesem Hintergrund bedeutet die Impotenz des Protagonisten auch, dem »nationalsozialistischen Ausrottungsgebot zu unterliegen«[496]. Indem nämlich die physische wie psychische Versehrtheit und Brechung der Opfer durch die NS-Vernichtungspolitik auch das Symptom der Impotenz hervorruft, sichern sich die Täter – welch zynische Philosophie – in letzter Konsequenz auch die Permanenz der Rassenpolitik über den Fortbestand ihrer politischen Herrschaft hinaus, bleibt sie doch den Körpern der Opfer eingeschrieben und wird dadurch zugleich fortgeschrieben. Ausgehend davon kommt der Überwindung der erektilen Dysfunktion durch die Shoah-Überlebenden eine nicht zu unterschätzende Bedeutung zu: Indem die Protagonisten Bronsky und Jablonski aus eigener Kraft die Traumatisierung bewältigen und, damit verschränkt, die Impotenz überwinden können, gelingt ihnen zugleich der finale Triumph über die NS-Täter, welche ihre Macht auf politischer Ebene zwar längst eingebüßt, auf psychischer Ebene jedoch durch die emotionale, gedankliche und körperliche Beherrschung der Opfer indirekt hatten fortführen können. Vor diesem Hintergrund erschließt sich eine weitere Lesart der Erkenntnis Bronskys, »daß es nicht genügt, wenn man bloß überlebt. Überleben ist nicht genug.« (FA 276): Die wiedererlangte Fähigkeit zu sexuellen Aktivitäten ermöglicht nicht nur die biologische Fortpflanzung; da der Bezwingung der Impotenz die Bewältigung der Traumatisierung immanent ist, besteht auch die Hoffnung, die Nachgeborenen von gravierender psychischer Versehrtheit verschonen und die transgenerationale Weitergabe von Traumata weitgehend verhindern zu können.

Mit diesen Überlegungen verknüpft ist die im vorangegangenen Kapitel vorgenommene Betrachtung des redundanten Rückgriffs auf die Vokabel »erledigt«, welche sowohl den Verlust von Empfindungen und Emotionen als auch der Erektionsfähigkeit bezeichnet. Indem dem Shoah-Überlebenden Bronsky die Gesundung auf körperlicher wie seelischer Ebene gelingt und er die

494 Von Zanthier, S. 117f.
495 Vgl. Gerstenberger/Pohland, S. 76.
496 Ebd.

Selbstzuschreibung als »Erledigter« bewusst ablegt (»Jakob Bronsky war nicht mehr erledigt.« (FA 266)), wehrt er sich gegen die Kontinuität einer Opferidentität; eine These, welche nicht zuletzt durch die im direkten Anschluss an Bronskys Bekenntnis zur eigenen Genesung stehende imaginierte Remigration nach Deutschland unterstützt wird: Nicht trotz, sondern gerade aufgrund der Bewusstmachung der lange verdrängten Erfahrungen, welche ihm von den deutschen Tätern zugefügt worden waren, will sich der Shoah-Überlebende von einer passiven, durch antisemitische Fremdzuschreibungen oktroyierten Opferidentität befreien. Das Wiedererwachen der Potenz ermöglicht Bronsky die Bestätigung und Fortschreibung dieser neu erarbeiteten, positiven Identität auch auf sexueller Ebene, was sich in den nachfolgenden zwischengeschlechtlichen Beziehungen durch seine zielstrebige Einnahme des aktiven, handelnden Parts äußert.

Ein weiterer Aspekt der motivischen Impotenz zielt auf die Verschränkung von sozialen und sexuellen Fähigkeiten: Der Verlust der sexuellen Potenz unterstreicht das doppelte Außenseitertum der Protagonisten, welche sich in der ohnehin von der Mehrheitsgesellschaft ausgeschlossenen Gemeinschaft zusätzlich isoliert fühlen.[497] Auch darum lässt sich die Impotenz Raneks und Bronskys zwar durchaus als »Verlust der Kommunikation«[498] lesen; dennoch darf umgekehrt die Erektionsfähigkeit und die damit einhergehende Auslebung von Sexualität in den Hilsenrathschen Romanen nicht uneingeschränkt als Beweis für eine Empathie- oder Bindungsfähigkeit der Protagonisten verstanden werden. Sowohl in »Nacht« als auch in »Fuck America« erfolgt nämlich im gleichen Zuge, wie sich der männliche Protagonist seinem Verlust von Identität ausgesetzt sieht, eine Funktionalisierung von Sexualität; der sexuelle Akt erfährt sowohl auf emotionaler als auch biologischer Ebene eine Ablösung, indem er weder auf ein gemeinsames sinnliches Erleben noch auf Fortpflanzung zielt.[499] Wird der Körper in »Nacht« zur bloßen Ware degradiert, welcher in der auf Skrupellosigkeit und Ausbeutung basierenden Gesellschaft des Ghettos der Beschaffung von Lebensmitteln dient, so gerät auch in »Fuck America« der weibliche Körper zum käuflichen Sexualobjekt, während sich der Marktwert des Mannes durch Geld, Prestige oder Erfolg bemisst. Die Protagonisten beider Romane werden somit durch die sie umgebende Gesellschaft zum »seelenlosen Gegenstand«[500] verdinglicht. Dadurch, dass weder Ranek noch Bronsky private sexuelle Beziehungen unterhalten, kann ihre Impotenz, welche Traumatisierung und Identitätsverlusts auf körperlicher Ebene sichtbar macht, auch keine Aus-

497 Vgl. ebd., S. 76; vgl. von Zanthier, S. 117, S. 126.
498 Gerstenberger/Pohland, S. 76.
499 Vgl. ebd.
500 Ebd., S. 76.

wirkungen auf bestehende soziale Bindungen haben – eine Beobachtung, welche auch für den Protagonisten Jablonski gilt. Diese Entwicklung schreibt sich auch im Anschluss an den Genesungsprozess fort: Genauso, wie die Aufgabe des selbstauferlegten Schweigens zwar die Wiedererlangung kommunikativer, nicht jedoch zwangsläufig emotionaler und sozialer Fähigkeiten bedeutet, so beweist auch der Rückgewinn der sexuellen Erektion nicht die Eignung der Protagonisten Bronsky und Jablonski, Beziehungen einzugehen: Frauen werden auch weiterhin als permanent verfügbare Sexualobjekte klassifiziert, die aus Gründen der Selbstvergewisserung, der Bestätigung der männlichen Potenz wie auch zur Zementierung von Machtansprüchen zu benutzen als nicht verwerflich dargestellt wird. Insgesamt verliert der sexuelle Akt zu keinem Zeitpunkt seinen Charakter als »autistische Aktion«[501] und bleibt stets – auch nach der Genesung der Protagonisten von physischer und psychischer Versehrtheit – losgelöst von emotionalen, sinnlichen oder Fortpflanzung intendierenden Faktoren.

Da der Beginn des selbsttherapeutischen Schreibprozesses Bronskys zeitlich vor dem Ausgangspunkt der Handlung von »Fuck America« liegt, erfahren die Rezipientinnen und Rezipienten von der vorangegangenen Impotenz des Protagonisten erst am Ende des Romans, als Bronsky gleichsam als Conclusio des Gespräches mit der Therapeutin Mary Stone festhält: »Wenn der Schwanz steht, ist man seelisch gesund«[502] (FA 266). Somit kann die im Laufe des Romans thematisierte Jagd des Protagonisten nach sexuellen Begegnungen wie auch die Onanie rückblickend als gezielte Maßnahme des Protagonisten verstanden werden, sich die Fähigkeit zur Erektion des Gliedes zu vergegenwärtigen und sich ihrer in repetitiven Akten immer wieder aufs Neue zu versichern. Damit verknüpft, lässt sich die sexuelle Aktivität Bronskys als Freude an der nach langer, quälender Phase der erektilen Dysfunktion wiedererlangten sexuellen Potenz erklären.

Auch Ruben Jablonski besucht nach Überwindung der kurzen impotenten Phase, welche er genau wie Bronsky aufgrund der Ghettoerfahrung erlitten hatte und durch den Eintritt in die Schriftstellerei therapieren konnte, eine Prostituierte: »Einmal ging ich zu einer Nutte, um meine Potenz zu überprüfen. Es war alles in Ordnung. Die Nutte sagte bewundernd: ›Na, junger Mann, Sie haben ja einen riesigen Ständer.‹ Ich war glücklich.« (RJ 294). Die Passage weist somit als Motivation für den sexuellen Akt explizit die – durch die Worte der Prostituierten noch überhöhte – Bestätigung der eigenen Potenz aus, welche metapho-

501 Ebd.

502 Diese offensichtliche Verkürzung ist nur vor dem Hintergrund des »Geständnisses« Bronskys erklär- und haltbar und darf keinesfalls als eine das Gesamtwerk Hilseraths durchziehende These gelesen werden, konstruiert Hilsenrath doch zahlreiche Protagonisten, welche offensichtlich seelisch versehrt sind und dennoch nicht an erektiler Dysfunktion leiden.

risch für ganzheitliches Wohlbefinden, für psychische und physische Gesundheit steht.

3.1.3.2) Erinnern und (Er)Schreiben

Eng verschränkt mit der sexuellen Impotenz und der Traumatisierung sind die miteinander verwobenen Motive des Erinnerns und Schreibens:

Zunächst lässt sich eine Engführung von Erinnern, Erzählen und Schreiben einerseits und (Über)Leben andererseits ausmachen: Auch im Bewusstsein der Unzulänglichkeit der Sprache sowie der Gefahr einer Re-Traumatisierung durch das Erinnern bedeutete für zahlreiche überlebende Autorinnen und Autoren das Schreiben zugleich Überleben. Lind verleiht diesem Spannungsfeld Ausdruck, wenn er dem Protagonisten seines Romans »Landschaft in Beton« die Worte in den Mund legt: »Ich suche immer Worte. Ich kann alle gebrauchen. Große, kleine, magere, dicke, und die schwächsten sind mir noch lieber als gar keine... Wer nicht redet, kommt um!«[503]

Auch Hilsenraths Protagonist Jablonski räumt dem Schreiben eine lebensnotwendige Funktion ein, wenn er dezidiert die Motive Schreiben und Leben, Überwindung von Impotenz und Depression zu einem »positiven Deutungsfeld«[504] gruppiert:

> Ich war glücklich. Ich hatte keine Depressionen mehr, konnte schreiben und war nicht mehr impotent. Was konnte ich mehr vom Leben erwarten.
> Mein Vater hatte mich einmal gefragt: »Was willst du eigentlich werden, Junge?«
> Und ich habe geantwortet: »Gar nichts, Vater. Ich will atmen und leben und schreiben.«
> Im Ghetto hatte ich oft an die Befreiung gedacht und an das Leben nach dem Krieg. Aber nie war mir bewußt, daß ich eigentlich dann eine Karriere anfangen müßte. Ich wollte keine Karriere. Wie gesagt: Ich wollte atmen und leben und schreiben. Ich glaube, die Toten im Schlamm des Ghettos hätten mir recht gegeben. Was war schon eine Karriere im Vergleich mit meinem jetzigen Glück, der Tatsache, daß ich meine Potenz und meine Männlichkeit wiedergewonnen hatte und das Bewußtsein, wieder schreiben zu können. Ich holte tief Atem und spürte, daß ich lebe. (RJ 294)

Indem die zitierte Passage die Relevanz des Schreibprozesses nicht nur in Bezug zur eigenen Vergangenheit als Shoah-Überlebender, sondern darüber hinaus explizit zu den »Toten im Schlamm des Ghettos« setzt, wird dem Schreiben eine über die reine selbsttherapeutische Funktion hinausweisende Qualität zugebilligt:

503 Lind, Jakov: Landschaft in Beton, München 1984, S. 167.

504 Hoven, Heribert: Die Ästhetik des Geschlechtsverkehrs oder Anmerkungen zum Thema: Sexualität im Werk Edgar Hilsenraths, in: Kraft, Thomas (Hrsg.): Edgar Hilsenrath. Das Unerzählbare erzählen, München 1996, S. 191–201, hier: S. 197.

> Während das Wiedergewinnen des Erinnerungsvermögens auf die individuelle Dimension der Person Bronsky und seine Heilung zielt, ist das künstlerische Verarbeiten des Erlebten gleichzeitig ein Schritt auf die kollektive Geschichte und Identität eines verfolgten und weitgehend vernichteten Volkes zu. Die individuelle Geschichte wird von Hilsenrath insofern ausdrücklich als ein Teil der kollektiven Geschichte thematisiert.[505]

Der Text kann somit als Ablegen eines Zeugnisses gelesen werden, wodurch ihm wiederum ein aufklärerischer Impetus immanent ist, indem die Shoah als vergangene Realität beglaubigt wird, zur Erinnerung gemahnt und eine Wiederholung des Zivilisationsbruchs verhindert werden soll. Diese funktionale Intention von Zeugnisliteratur findet sich auch in »Fuck America«: Hier wird sie durch die letzten Sätze von »Fuck America« unterstrichen, wenn Bronsky seinen Roman dezidiert von der nachgeborenen Tätergeneration gelesen wissen will:

> Interviewer: »Herr Bronsky. Haben Sie dem deutschen Volk irgend etwas zu sagen?«
> Bronsky: »Den Alten hab ich nichts zu sagen. Die wissen Bescheid.«
> Interviewer: »Und den Jungen?«
> Bronsky: »Den Jungen möchte ich sagen, daß sie mein Buch lesen sollen.«
> Interviewer: »Ihr Buch über das jüdische Ghetto?«
> Bronsky: »Mein Buch gegen Gewalt und Unmenschlichkeit!« (FA 277f.)

Damit benennt Bronsky klar die aufklärerische Intention seines autobiografisch motivierten, durch seine Vergangenheit als Shoah-Überlebender Authentizität beziehenden Werks, und nimmt gleichzeitig für sich selbst die Position des Zeugen in Anspruch.

Der Zeugenschaft liegen jedoch diverse Paradoxa zugrunde;[506] Kristensen formuliert in Bezug auf die Philosophie Merleau-Pontys seine These wie folgt, wenn er aufzeigen möchte, dass

> der Zeuge einer Katastrophe – derjenige, der dem nackten Überleben zu entkommen versucht – das Paradox des Ausdrucks erlebt, und zwar in radikalisierter Form. Der Zeuge sagt aus, was niemand zu hören vermag. Er sieht sich der Aufgabe gegenübergestellt, eine Erfahrung auszudrücken, die strukturell darin besteht, jede Möglichkeit von Erfahrung zu tilgen. Sein Zeugnis ist deshalb ebensosehr eine Beschreibung von Geschehenem als auch eine performative Geste, dank derer er wieder ins Leben zurückkehren, d. h. einen neuen Bezug zu sich selbst herzustellen vermag.[507]

Zeugenschaft kann auf psychischer Ebene auch als Trauerarbeit verstanden werden; vor diesem Hintergrund ist die Wiederherstellung des angesprochenen »neuen Bezugs zu sich selbst« von besonderer Bedeutung, schließt der Zeuge doch

505 Von Zanthier, S.132.
506 Vgl. Kristensen.
507 Ebd., S. 191.

als trauernde Person zwei Subjekte in sich ein: das bisherige Subjekt, das etwas erlebt hat, und das gegenwärtige Subjekt, das versucht, sich wieder aufzurichten. [...] Diese Spaltung in zwei Personen ist für die Struktur des Zeugnisses spezifisch und gibt zu verstehen, inwiefern jedes Zeugnis eine solche Spaltung erzeugt: der Zeuge tritt an die Stelle derer, für die er Zeugnis ablegt; dadurch ist der Andere, dessen Wort getragen wird, zugleich anwesend und abwesend. Wenn der Zeuge das Wort ergreift, ist er notwendigerweise zwei: der Schweigende und der Sprechende, derjenige, der sich in seinen traumatischen Erlebnissen verloren hat, und derjenige, der einen Sinn daraus zu machen versucht.[508]

Dieses Konzept thematisiert die Persönlichkeitsspaltung, wie sie in besonderer Weise in der Shoahliteratur traumatisierter Überlebender ihren Niederschlag findet: Genau wie im Gedicht »Radix, Matrix« von Paul Celan, in welchem die Spaltung zwischen einem lebendigen und einem toten Ich offenbar wird,[509] macht auch Hilsenrath, wie bereits mehrfach aufgezeigt wurde, die dissoziative Identitätsstörung seines traumatisierten Protagonisten Bronsky sichtbar, indem dieser zwei Biografien – die des Vergasten und die des Shoah-Überlebenden – imaginiert.

Die Verschränkung von Trauer und Kreativität wurde bereits von Freud beleuchtet[510]; auch Klein machte in ihrer psychoanalytischen Studie zum Charakter von Trauerarbeit die Beobachtung, dass sich einige Menschen im Zuge der Trauerarbeit, »unter dem Druck der Versagungen und Qualen«[511] und als Kampf gegen das »innere Chaos«[512] kreativen und schöpferischen Tätigkeiten zuwenden.[513] Hilsenraths Protagonisten Bronsky und Jablonski spiegeln diesen Prozess wider, wenn sie sich zunächst in einem von Passivität, Stummheit, Depression und Betäubung geprägten Zustand befinden und erst, indem Schmerz und Trauer nicht nur zugelassen werden, sondern auch in Form von kreativer Produktivität eine Sublimierung erfahren, der Prozess einer Genesung von Psyche und Körper eingeleitet wird.

508 Ebd., S. 194.

509 Vgl. Celan, Paul: Radix, Matrix, in: Ders.: Die Gedichte. Kommentierte Gesamtausgabe in einem Band, hrsg. und kommentiert von Barbara Wiedemann, Ulm 2005, S. 140; Vgl. Kristensen, S. 194f. Die Motive von Entfremdung, Isolation, Depersonalisation und Depression thematisiert Celan seit seinen frühen Gedichten, wobei nach der »Niemandsrose« die Gefährdung des Ichs eine neue Dimension annimmt. Vgl. Bleier, Stephan: Körperlichkeit und Sexualität in der späten Lyrik Paul Celans, Frankfurt a. M. 1998, S. 187.

510 Vgl. Freud, Sigmund: Trauer und Melancholie (1917). Kristensen weist jedoch darauf hin, dass Freud in seinem berühmten Aufsatz zwar den Konnex zu kreativem Schaffen thematisiert, der Text jedoch weniger Trauer als vielmehr das Phänomen der Melancholie behandelt.

511 Klein, Melanie: Die Trauer und ihre Beziehung zu manisch-depressiven Zuständen, in: Gesammelte Schriften, Bd. I, 2, S. 159–199, hier: 186.

512 Ebd., S. 188.

513 Vgl. Kristensen, S. 194.

Insbesondere bei Bronsky wird die Entwicklung vom passiven und stummen Opfer, welches alle Erinnerungen verdrängt hat und vergessen zu haben glaubt, zum aktiven Zeugen nachgezeichnet. Gleich zu Beginn des Romans benennt Hilsenrath mit dem Verweis auf »Erinnern« und »Aufschreiben« die zwei zentralen, zur Bewältigung der Traumatisierung notwendigen Schritte:

> Hör zu Bronsky. Versuch dich zu erinnern. Während des Krieges. Was ist damals geschehen? Verdammt noch mal. In deiner Erinnerung ist ein Loch. Ein dunkles abgrundtiefes Loch. Versuch es auszufüllen. Zieh die Ereignisse von damals, die du verdrängt hast, aus dem Abgrund heraus. Versuch es wenigstens. Und dann schreib es auf. (FA 30)

Das Erinnern scheint hier einerseits den Charakter eines »Wiederholens« im Sinne Kierkegaards[514] zu besitzen: Nach diesem bedeutet das zusammengesetzte Verb (»wieder holen«) nicht nur ein Rückbesinnen auf den Ablauf der eigenen Erfahrungen und Erlebnisse; vielmehr wird diesen durch den Prozess der Wiederholung ein neues Verständnis eingeschrieben. Damit ist dem retrospektiven Wieder-Holen und im schriftlichen Niederlegen der wiedergewonnenen Erinnerung zugleich eine vorwärtsgewandte Bewegung immanent: Das »Bezeugen erzeugt also seinen eigenen Möglichkeitshorizont«[515]. Durch die Erinnerung schreibt der Protagonist Bronskys mit der eigenen Vergangenheit zugleich auch seine Zukunft fort und gewinnt in diesem Zuge die Selbstbestimmung über sein Ich und sein Leben zurück; somit ist der Prozess des Erinnerns und Schreibens gleichbedeutend mit der Wiedererlangung von Subjektivität und Identität. Dass das Erleben der Shoah die Erfahrung einer radikalen Entsubjektivierung bedeutet, zeigt Hilsenrath in mehreren Romanen auf; insbesondere in »Nacht« wird das Leben Raneks als von hoher Fremdbestimmung gezeichnet.[516]

Gleichzeitig ist jedoch auch dem Verlust von Erinnerung eine Entsubjektivierung inhärent, verliert der Mensch doch die Interpretationshoheit über seine Vergangenheit und damit letztlich über sein ganzes Leben. Durch den Prozess des Erinnerns und Erzählens gewinnt Bronsky seine Sprache wieder, wobei von der »Ohnmacht sprechen zu können, heißt wieder an das eigene Vermögen anzuknüpfen, überhaupt sprechen zu können«[517]. Indem er die traumatisierende Vergangenheit erinnert, niederschreibt und der Psychologin darlegt, findet eine Resubjektivierung statt; Bronsky wird somit durch den Akt des Erinnerns,

514 Vgl. dazu Kierkegaard, Søren: »Die Wiederholung« (1843).

515 Kristensen, S. 195.

516 Zwar hat Ranek noch die Möglichkeit, seinen Tod herauszögern und im vorgegebenen Rahmen um sein Überleben zu kämpfen, weswegen er die Härte und Skrupellosigkeit im Denken und Handeln überhaupt erst entwickelt. Dennoch ist sein Leben fremdbestimmt, wurde ihm doch das Recht auf Leben von den NS-Rassentheoretikern abgesprochen.

517 Kristensen, 197.

Schreibens und Zeugnisablegens wieder zum selbstbestimmten Subjekt. Damit kann der in »Fuck America« und »Ruben Jablonski« geschilderte Schreibprozess als ein selbsttherapeutischer Akt gelesen werden: Die von sich selbst entfremdeten, gespaltenen Protagonisten finden im Schreibprozess zurück zu sich selbst und bilden dabei eine neue, gesicherte Identität heraus – die des Schriftstellers.

Analog zur Erinnerung kann auch die kreative Arbeit als ein Wieder-Holen von Verlorengegangenem klassifiziert werden, rekurriert Jablonski doch bei seinen zunächst misslingenden Schreibversuchen auf zurückliegende Anstrengungen: »Ich versuchte, [...] *wieder* (Hervorhebung A.Z.) an meinem Ghettoroman zu arbeiten, aber die Sätze gelangen irgendwie nicht« (RJ 284).

Insgesamt liegt dem Erinnern eine paradoxe Struktur zugrunde, bedeutet es doch zugleich Tod und (Über)leben. Einerseits verbietet sich der Ghettoinsasse Ranek selbst das Erinnern, da dem Zurückdenken an frühere Tage der Schmerz des Verlusts innewohnt und die Erinnerung gleichsam zur Folter wird:

> »Ich denke nicht mehr zurück. Das ist vorbei.«
> »Ich glaube Ihnen nicht. Gegen Erinnerungen sind wir machtlos.«
> »Ich dränge sie zurück.«
> »Das kann man. Aber nicht immer.«
> Er überlegte ein wenig.
> Dann sagte er: »Sie haben recht, ganz kann man sie nie streichen, es gibt immer wieder Augenblicke, wo alles wieder da ist; das ist dann so, als würde man auf eine Folterbank gespannt, und die Bilder grinsen einen an. Nur die Toten haben keine Erinnerungen.« (N 50)

Im Verbot, Erinnerungen an frühere Tage zuzulassen, glaubt Ranek eine adäquate Möglichkeit des Selbstschutzes, eine Überlebensstrategie für die skrupellose Welt des Ghettos gefunden zu haben. Dabei verkennt er, dass die Verdrängung gleichzeitig ein Weiterleben verunmöglicht, weil es »die Kommunikation mit dem Vergangenen und Gegenwärtigen ausschaltet und dabei auch Hoffnung auf Zukünftiges eliminiert«[518]. Pollak weist in seiner Studie über die Lebensgeschichten von Shoah-Überlebenden als Identitätsarbeit darauf hin, dass

> die Erinnerung an das Vorher und die Hoffnung auf das Nachher [...] ein wesentlicher Aspekt der Identitätsarbeit [ist], über die die Person trotz extremster aufgezwungener Veränderungen ihrer sozialen Umwelt sich der eigenen Kontinuität und Identität versichert. Erinnerung ist aufs engste mit Zukunftsprojektionen verbunden.[519]

Dass Ranek die schmerzhaften Erinnerungen nicht zulässt und sich damit selbst seiner Identität und Zukunft beraubt, kann bereits als früher Hinweis auf seinen

518 Gerstenberger/Pohland, S. 77.
519 Pollak, Michael: Die Grenzen des Sagbaren. Lebensgeschichten von KZ-Überlebenden als Augenzeugenberichte und als Identitätsarbeit, Frankfurt a. M. 1988, S. 13.

späteren Tod gelesen werden. Denjenigen Protagonisten Hilsenraths, welche das Ghetto überleben konnten, gelingt die Gesundung, das Weiterleben als (auch sexuell) selbstbestimmte Individuen erst nach der Einsicht, sich den belastenden Erinnerungen stellen und diese verarbeiten zu müssen. Die Romane legen nahe, dass es im Rekurs auf die Vergangenheit nicht reicht, die schmerzhaften Erlebnisse geistig zu vergegenwärtigen – sie müssen einer Festschreibung und Permanenz unterliegen: Erst die Fixierung der Erinnerungen in Form einer schriftlichen Niederlegung kann als Möglichkeit der Gesundung, als potentielle Strategie zur Verhinderung eines »Rückfalls« in die kurzfristig entlastende, langfristig jedoch tödliche Verdrängung von Erinnerungen gelten.[520]

Der therapeutische Schreibprozess steht dabei in mehrerer Hinsicht in engster Verbindung zur Sexualität; so heißt es in »Fuck America«:

> DER WICHSER macht Fortschritte. Ich brauche einen neuen Bleistift. Ich brauche auch eine Frau. Je mehr ich schreibe, desto mehr juckt mein Schwanz. Mein Bedürfnis nach Sex steht in direkter Verbindung mit meiner schöpferischen Leistungskraft und dem Glauben an meine Kunst. (FA 93)

Die Engführung von Sexualität und Schreibprozess wird erstens durch den gleichermaßen provokativen, programmatischen wie auch hintergründig-ironischen Titel des Romanprojekts »Der Wichser« ersichtlich: Die Provokation speist sich einerseits daraus, dass die Thematik der Judenvernichtung mit einer verpönten, tabuisierten sexuellen Handlung wie der Onanie in Verbindung gebracht wird: »Mein Buch hat aber nichts mit Wichsen zu tun. Es ist ein ernstes Buch.« (FA 62) Dass Bronsky seinen Roman dennoch so benennt, verweist auf über den wörtlichen Sinngehalt, also die reine sexuelle Handlung hinausgehende Bedeutungsebenen und kann zunächst als Anspielung auf die Einsamkeit, Isoliertheit und sexuelle Frustration der jüdischen Emigranten im Amerika im Allgemeinen und des Protagonisten im Besonderen gelesen werden: Deren Außenseitertum und Vereinzelung findet ihren Ausdruck eben auch in der Sexualität.

Die zweite Provokation liegt in der Konnotation des Onanierenden als einem von Gott Verstoßenen: Das 1. Buch der Tora berichtet von Onan, welcher sich dem biblischen Vermehrungsgebot widersetzte, indem er seinen Samen auf die Erde fallen und verderben ließ, woraufhin er von Gott getötet wurde (vgl. Bereschit 38, 8–10). Dass sich auch Bronsky dem göttlichen Prokreationsgebot

520 Diese Lesart ist deutlich in den Romanen Hilsenraths angelegt; die Darlegungen beziehen sich jedoch freilich ausschließlich auf Werke Hilsenraths und sind keine normativen Festschreibungen, bleibt doch die Entscheidung, ob und wann sich den Erlebnissen zu stellen sinnvoll ist, jeder und jedem Traumatisierten selbst überlassen. Semprún etwa legte durch seinen programmatischen Romantitel »Schreiben oder Leben« (1995) nahe, dass ihn eine verfrühte Erinnerung an die verdrängte Traumatisierung das Leben gekostet hätte.

widersetzt,[521] kann auf seine traumatisierenden Erfahrungen durch die Shoah zurückgeführt werden, aufgrund welcher er – wie bereits aufgezeigt wurde – seinen Erinnerungen an die Geburt nachträglich eine negative, mit Gewalt und Tod konnotierte Bewertung einschreibt: »Am Anfang war die Angst. [...] Als hätte ich gewußt, daß der Augenblick der Geburt zugleich ein Todesurteil ist« (FA 214). Diese Vorwegnahme des späteren Grauens lässt sich zugleich als Verweigerung Bronskys verstehen, Kinder zu zeugen und diese in einer als »Schlachtbank« (FA 215) wahrgenommenen Welt der Gefahr einer fremdbestimmten Opferidentität auszusetzen.[522] Das Motiv des vergeudeten fruchtbaren Samens[523] erhält besondere Brisanz dadurch, dass gerade für Juden als einerseits auserwählte, andererseits ewig bedrohte diasporische Minderheit die Zeugung von Nachkommen entscheidend ist – eine Überlegung, welche Hilsenrath in seinem Roman »Das Märchen vom letzten Gedanken« nahelegt, in welchem Sexualität nicht mehr »im Zeichen individualistischer Identitäskonstruktion [sic!], sondern zunehmend im Zeichen von kollektiven Fruchtbarkeitswünschen«[524] steht. So wie die Figur Onan von Gott verstoßen ist und die jüdischen Emigranten als Ausgestoßene in der amerikanischen Gesellschaft dahinvegetieren, so handelt auch Bronskys Ghetto-Roman »Der Wichser« von den von Gott und den Menschen Verlassenen, durch ihre Zugehörigkeit zum Judentum gleichsam »negativ Erwählten«[525].

Auch wenn sich Bronsky auf den ersten Blick dem göttlichen Fortpflanzungsgebot zu widersetzten scheint, so kann doch sein Buch als Schöpfung anderer Art gelesen werden: »Bronsky stellt in seinem Bekenntnis den Vorgang des Schreibens in denselben eruptiven Hervorbringungszusammenhang wie den sexuellen Akt. Schreiben ist keine Sublimation für Sexualität, es ist dem Zeugungsakt identisch.«[526] Bronskys Werk kann somit als eine Art »Gegenschöpfung«[527] verstanden werden, als

> Protest gegen seinen Schöpfer, den Gott der Juden. Für Bronskys Selbst- und Funktionsverständnis als Schriftsteller ist dies sehr wichtig, denn es heißt, daß die Bedeutung der schriftstellerischen Tätigkeit über die Heilung hinausgeht und nicht dem Autor

521 Vgl. von Zanthier, S. 131.

522 Vgl. ebd.

523 Diesem Thema nähert sich Hilsenrath auch in seiner Satire »Spielplatz der Versäumnis«, in welchem der gealterte Protagonist Zibulsky im imaginierten Dialog mit seiner verstorbenen Mutter bekennt, dass seine Gedanken immer öfter zum Spielplatz des Versäumnisses fliegen: »Dort spielen alle Kinder, die ich nicht gezeugt habe oder versäumt hatte zu zeugen. Es sind Tausende, Mutter. [...] Dort laufen sie alle herum: das Ergebnis meines vergeudeten Samens.« (ZA 94).

524 Gerstenberger/Pohland, S. 90; vgl. von Zanthier, S. 129ff.

525 Von Zanthier, S. 131.

526 Gerstenberger/Pohland, S. 87.

527 Von Zanthier, S. 131.

allein, sondern vielmehr den »negativ Erwählten« gilt, den in der Shoah Umgebrachten, den »sechs Millionen«.[528]

Die Lesart vom Roman als »Gegenschöpfung« für die »negativ Erwählten« wird noch verstärkt durch die Diktion im »Ruben Jablonski«, welche den Schreibprozess als Katharsis und schicksalhafte Vorsehung bestimmt:

> »Vielleicht solltest du abwarten«, sagte Lindberg. […] »Irgendwann wirst du es in dir spüren, daß die Zeit reif ist. Und dann setzt du dich auf deinen Arsch und legst los. Alles muß fließen. Es muß aus dir herausfließen wie aus einer Quelle.«
> »Ich werde mir das zu Herzen nehmen«, sagte ich. (RJ 198)

Bronskys Romantitel »Der Wichser« ist auch als Anspielung auf den Kulturbetrieb zu lesen: »Der Germanist Rosenberg sagte: ›Ein hintergründiger Titel! Die Kritiker werden sich den Kopf zerbrechen.‹« (FA 73). Hilsenrath kritisiert mit den Mitteln der Satire die Doppelmoral eines deutschen Literaturbetriebs, welcher einerseits das Motto »sex sells« verinnerlicht hat, dessen Prüderie andererseits Verlegung und Vertrieb der Hilsenrathschen Ghetto- und Shoah-Romane »Nacht« und »Der Nazi & der Friseur » zu verhindern gesucht hatte.

Zuletzt kann der Romantitel »Der Wichser« als gänzlich unchiffrierter Hinweis auf die Verschränkung von kreativer und sexueller Potenz gelesen werden, als Indiz für die im Zuge des therapeutischen Schreibens überwundene erektile Dysfunktion.[529] Auf diese folgt zunächst der Priapismus:

> An jenem Morgen konnte ich meinen Schwanz nicht beruhigen. Zu Hause nahm ich gleich eine kalte Dusche. Es nützte nichts. Ich dachte an Auschwitz. Umsonst. Ich ging zu Bett, […] faltete die Hände, fing zu beten an, obwohl ich kein Gläubiger war, fluchte dann, alles vergeblich. »Hör zu«, sagte ich zu meinem Schwanz, »ich werde mit dir reden. Vernünftig. Ich weiß, daß du heute feiern willst, weil wir das Fünfte Kapitel beendet haben. Wir haben es geschafft. […]«
> »Ich will mich aber nicht entspannen«, sagte mein Schwanz. »[…] Hab' ich dir nicht beim Schreiben des Fünften Kapitels geholfen? Hast du es nicht aufs Papier gezaubert? Woher stammt deine Kraft? Wer steckt hinter deiner Phantasie? Denk mal nach, Jakob Bronsky!« (FA 101f.)

Die zitierte Passage kann als eine Art Zusammenführung der Verschränkungen gelten, sind ihr doch mit den Themen Schreiben, Shoah, Sexualität und Versehrtheit in Form von Identitätsstörung alle zentralen Motive immanent.

---

528 Ebd., S. 131f.

529 Dieser prozessuale Vorgang, welcher als kathartisches Heilverfahren apostrophiert wird, wird dabei mittels Metaphern aus dem Umfeld der Sexualität vorweggenommen: »In deiner Erinnerung ist ein Loch. Ein dunkles abgrundtiefes Loch.« (FA 30); »wie aus einer geheimen Quelle war es aus mir herausgeflossen« (RJ 292); »›Wie sind Sie Schriftsteller geworden?‹ – ›Ich wurde geschlaucht.‹« (FA 277)

Erstens wird erneut die Ich-Spaltung des Protagonisten offenbar, welche sich in der grotesken Dialogführung Bronskys mit der personalen Figuration[530] seines Gliedes manifestiert. Indem diesem die Schreibleistung zugebilligt wird, zeigt sich - zweitens - einmal mehr die von Hilsenrath literarisch konstruierte Abhängigkeit von sexueller und kreativer Potenz, welche als aufs Engste miteinander verwobene Größen gezeichnet werden: Der Zeugungsakt ist ein literarischer.[531]

530 Auch Nathan Bronsky führt einen Dialog mit einem personifiziertem Körperteil: »Täglich spreche ich mit meinem Magengeschwür. Das erzählt mir seltsame Dinge: Es erzählt mir von Gaskammern und Erschießungskommandos. Es erzählt mir von schwarzem Rauch. Die Nazis werden alle Juden umbringen. Uns auch.« (FA 9). Dopheide ist zuzustimmen, wenn er hier die »grausame und die menschliche Vorstellungskraft übersteigende Realität des Holocaust in eine banale Alltagssituation gekleidet« sieht. Dopheide, S. 145.

531 Dies wird letztendlich mittels einer Passage aus »Fuck America« verdeutlicht, in welcher Bronsky bei der sexuellen Begegnung mit einer Prostituierten die kreative Fortführung seines Romans imaginiert: »Ich wollte gerade sagen: Mach's nicht so schnell, der Spaß kostet drei Dollar - aber da kam es mir schon. Ich sah plötzlich tausend Kakerlaken auf einem weißen Blatt Schreibpapier. Ich sah meinen Bleistiftstummel zwischen den Kakerlaken. Ich schrieb hand- und fingerlos: FÜNFTES KAPITEL. [...] Ich hörte den warmen Sprühregen lachen, als das schwarze, fette, große Mädchen meinen Samen gegen den Ford spuckte.« (FA 78).

3.2) Sexualität – Macht – Gewalt

3.2.1) Begrifflichkeiten zur Beschreibung sexualisierter Gewalt

Als eine Gemeinsamkeit, welche trotz vorhandener Divergenzen alle Hilsenrathschen Romane umfasst, kann die explizite Engführung von sexuellen Bezügen mit den Motiven Macht und Gewalt ausgemacht werden. Der Verschmelzung der Größen Geschlecht, Macht und Gewalt wurde auch auf dem Gebiet der Geschlechterforschung Rechnung getragen, wobei aus gendertheoretischer Perspektive insbesondere das Machtverhältnis zwischen Männern und Frauen wie auch der Kampf um Kontrolle über den weiblichen Körper von zentralem Interesse ist. Im Folgenden soll die Verschränkung von Sexualität und Macht- und Gewaltverhältnis zusätzlich in Bezug zur Shoah gesetzt werden, sodass das Machtverhältnis innerhalb gewisser Täter-Opfer-Konstellationen – etwa zwischen Juden und Deutschen, Verfolgten und Verfolgern – genauso zu thematisieren sein wird wie geschlechtsspezifische Aspekte, etwa das Verhältnis zwischen Sex-Arbeiterinnen und Ghettobewohnern oder Shoah-Überlebenden.

Zunächst sei festgehalten, dass sich die Konzepte »Macht« und »Gewalt« grundsätzlich nicht getrennt voneinander behandeln lassen; dementsprechend stellt die Gewaltforschung des 20. Jahrhunderts diese beiden Begriffe stets aufeinander bezogen dar. Während bei den romanischen Sprachen bereits seit der Antike die Vokabeln Macht und Gewalt eine begriffliche Abgrenzung erfahren, lässt sich in der deutschen Sprache eine solche Grenze kaum ziehen, bezeichnet das Wort Gewalt doch sowohl die »rohe, gegen Sitte und Recht verstoßende Einwirkung auf Personen (lateinisch violentia)«[532] als auch das »Durchsetzungsvermögen in Macht- und Herrschaftsbeziehungen (lateinisch potestas)«[533]. In seinen Studien über den Gewaltbegriff verweist Imbusch darüber

532 »Gewalt«, in: Die Brockhaus Enzyklopädie Online, Artikel vom 19.10.2015, Permalink: https://staatsbibliothek-2berlin-1brockhaus-1de-1751860603.erf.sbb.spk-berlin.de/sites/default/files/pdfpermlink/gewalt-340f2419.pdf (07.10.2016).

533 Ebd.

hinaus auf zahlreiche weitere Bedeutungsebenen im deutschen Sprachraum, wo Trennschärfe gegebenenfalls durch das Ausweichen auf andere Sprachen – beispielsweise das Englische (violence/power) – erzielt wird, welche die lateinische Wurzel vis/violens und potentia/potestas eindeutig mitreflektieren.[534] Insgesamt meint Gewalt die Anwendung von physischem wie psychischem Zwang gegenüber Menschen.[535]

Die Begrifflichkeiten zur Beschreibung des Konnex zwischen Macht/Gewalt und Sexualität wie »sexueller Übergriff«, »sexueller Missbrauch«, »sexuelle Gewalt« oder »sexualisierte Gewalt« werden meist synonym verwendet, akzentuieren jedoch im wissenschaftlichen Diskurs unterschiedliche Phänomene. »Sexuelle Gewalt« oder »sexualisierte Gewalt« bezeichnet dabei grundsätzlich jeden Zusammenhang von Macht, Gewalt und Sexualität, der »die Integrität von Menschen verletzt oder beeinträchtigt«[536]. Durch die Verwendung des Gewaltbegriffs wird die körperliche wie psychische Versehrtheit des Opfers verdeutlicht. Die aus der feministischen Bewegung heraus entstandene Formulierung »sexualisierte Gewalt« wird dabei als Gegenbegriff zum Schlagwort der »sexuellen Gewalt« verstanden und soll explizit betonen, dass nicht die Sexualität als solche problematisch ist, sondern vielmehr die »gewaltvolle Machtausübung, die sich des Mediums der Sexualität in unterschiedlichen Formen bedient«[537]. »Sexualisierte Gewalt« meint damit nicht nur direkte, körperliche, auf ihre Sexualität bezogene Gewalt gegenüber Frauen und Männern, sondern auch darüber hinausgehende Grenzüberschreitungen wie etwa »Verletzung des Schamgefühls, verbale Erniedrigung, psychische Nötigung zu sexuellen Handlungen etc.«[538]

Der in den juristischen Diskurs eingegangene Terminus »Sexueller Missbrauch« bezeichnet Handlungen an Minderjährigen oder erwachsenen widerstandsunfähigen Personen, die entweder gegen deren Willen vorgenommen werden – so etwa bei Inhaftierten – oder aber denen die Betroffenen – beispielsweise Kranke oder Behinderte – »aufgrund ihrer Unterlegenheit nicht wissentlich zustimmen«[539] können. Die zumeist erwachsenen Täter machen sich dabei ihre Positionen und Machtmittel zunutze, um ihre eigenen (sexuellen)

---

534 Vgl. Imbusch, Peter: Der Gewaltbegriff, in: Heitmeyer, Wilhelm/Hagan, John (Hrsg.): Internationales Handbuch der Gewaltforschung, Wiesbaden 2002, S. 26–57, hier: S. 29.

535 Vgl. »Gewalt«, in: Die Brockhaus Enzyklopädie Online.

536 Reh, Sabine/Baader, Meike S./Helsper, Werner et al.: Sexualisierte Gewalt in pädagogischen Institutionen – eine Einleitung. Sondierungen und Verständigungen zu einem bislang vernachlässigten Thema, in: Thole, Werner/Baader, Meike/Helsper, Werner et al. (Hrsg.): Sexualisierte Gewalt, Macht und Pädagogik, Berlin/Toronto 2012, S. 13–23, hier: S. 15.

537 Ebd.

538 Amesberger, Helga/Auer, Katrin/Halbmayr, Brigitte: Sexualisierte Gewalt. Weibliche Erfahrungen in NS-Konzentrationslagern, Wien 2004, S. 19.

539 Reh et al., S. 15.

Bedürfnisse auf Kosten der Opfer zu befriedigen. Demgegenüber bezeichnet die Formulierung »sexueller Übergriff« in prinzipiell symmetrischen Beziehungen gegen den Willen von Beteiligten vorgenommene Handlungen.[540]

Seit Freud – und oftmals im Rekurs auf seine Werke – befassen sich zahlreiche Theorien mit dem Zusammenhang von Sexualität, Macht und Gewalt, so etwa die Arbeiten von Wilhelm Reich, Michel Foucault oder Kate Millett. So wie die Größen Macht und Gewalt nicht getrennt voneinander gedacht werden können, so existiert auch eine Verschränkung von Macht und Sexualität. Kate Millett formuliert dies wie folgt:

> Der Koitus spielt sich nun aber in keinem Vakuum ab; obwohl er an sich eine rein biologische und körperliche Tätigkeit zu sein scheint, ist er doch so tief im größeren Zusammenhang der menschlichen Handlungsweisen verankert, daß man ihn als Mikrokosmos einer großen Anzahl von Haltungen und Werten betrachten kann, die zusammen die Kultur ausmachen. Unter anderem dient der Koitus als Modellfall für Sexualpolitik auf intimster Basis.[541]

Im patriarchalen Sozialgefüge sieht Millett die Beziehung zwischen den Geschlechtern durch die Herrschaft[542] des Männlichen über das Weibliche dominiert und bezeichnet dieses System als »eine äußerst kluge Art ›innere[r] Kolonisation‹«[543]. Diese komme fast ohne Gewalt aus, da der Sozialisierungsprozess so perfekt und die allgemeine Zustimmungen zu seinen Werten so hoch sei, dass das Patriarchat keine gewaltsamen Mittel zur Durchsetzung seiner Interessen zu benötigen scheine. Stattdessen habe die patriarchalische Gewalt eine sexuell orientierte Gewaltanwendung: die Vergewaltigung.[544] Diese sei historisch »immer als ein Vergehen unter Männern angesehen worden, weil ein Mann die Frau eines anderen ›mißbrauchte‹«.[545]

Dass dies innerhalb gewisser Strukturen auch heute noch so angesehen wird, zeigt sich insbesondere im Kontext von Krieg oder Verfolgung, in welchem sich Sexualität, Macht und Gewalt als »Antriebskräfte männlicher Vergewaltigungsstrategien«[546] erweisen. Konservative oder dezidiert rechte Argumenta-

540 Vgl. ebd.
541 Millett, S. 31.
542 Millett beruft sich beim Herrschafts-Begriff auf folgende Definition von Max Weber: »Herrschaft im ganz allgemeinen Sinn von Macht, d. h. der Möglichkeit, den eigenen Willen dem Verhalten anderer Personen aufzudrängen, kann in den verschiedensten Formen auftreten.« Weber, Max: Wirtschaft und Gesellschaft, Tübingen 1921, S. 603.
543 Millett, S. 33.
544 Vgl. ebd., S. 54ff.
545 Ebd., S. 56.
546 Pohl, Rolf: Die Zerstörung der Frau als Subjekt: Macht und Sexualität als Antriebskräfte männlicher Vergewaltigungsstrategien im Krieg, in: Gender Initiativkolleg (Hrsg.): Gewalt und Handlungsmacht. Queer_Feministische Perspektiven, Frankfurt a. M. 2012, S. 113–124.

toren wie van Creveld[547] bestimmen Militär und Krieg als »kulturell und entwicklungspsychologisch notwendige[n] Männlichkeitsbeweis«[548] und Initiationsritual, welches jungen Männern die Abhängigkeit von der Mutter austreiben sowie zukünftig gegen weibliche Einflüsse immunisieren solle.[549]

Kriegs- oder Massenvergewaltigungen dienen in diesem Zusammenhang als intermaskuline Kommunikationsform[550] und zielen demnach nicht nur auf die Demütigung des männlichen Feindes, sondern auch auf die Bestätigung der »eigene[n], heterosexuell normierte[n] und destruktiv aufgeladene[n] soldatische[n] Männlichkeit«[551].

Im Gegensatz zu diesen Positionen, welche den Blick auf männliche Befindlichkeiten richten oder Vergewaltigung als Vergehen unter Männern betrachten, wollen insbesondere feministische Positionen das Augenmerk auf die Frauen, auf das Leiden der Opfer gerichtet sehen. Dabei wird der besondere Charakter sexualisierter Gewalt betont: Jelinek begreift sexuelle Gewalt im Krieg gar als Angriff auf das »weibliche Selbst«, welcher letztlich auf das »Ausradieren« der Frau selbst zielt.[552]

Mit dem Aspekt der sexuellen Gewalt gegen Frauen im Krieg eng zusammen hängt die kulturelle Konstruktion von Gender als eine Konstruktion der Ver-

547 Van Creveld, Martin: Frauen und Krieg, München 2001.

548 Pohl, S. 114.

549 Vgl. ebd.

550 Vgl. Seifert, Ruth: Krieg und Vergewaltigung. Ansätze zu einer Analyse, in: Stiglmayer, Alexandra (Hrsg.): Massenvergewaltigung. Der Krieg gegen die Frauen, Freiburg 1993, S. 85–108, hier: S. 96ff.

551 Pohl, S. 115; vgl. Mischkowski, Gabriela: Sexualisierte Gewalt im Krieg. Eine Chronik, in: mecida mondiale e.V./Griese, Karin (Hrsg.): Sexualisierte Kriegsgewalt und ihre Folgen, Frankfurt a. M. 2004, S. 17–56, hier: 52.

552 So heißt es bei Jelinek: »Und diese Geschlechterkonstruktion, die im wesentlichen [sic!] immer noch gilt, wird im Krieg zur völligen Annihilierung des weiblichen Opfers. Das, was nicht sein darf, das weibliche Selbst, das, wenn es schön ist, gesehen werden darf, das fühlen muß, wenn es nicht hören will, aber natürlich auch dann, wenn es, um sich zu retten, gern hören und gehorchen würde, dieses Unselbst also ist die Frau, sie ist ein Das, aber, als Frau, soll sie benutzt werden für das einzige, wofür sie da ist: Körper zu sein. Sie muß Körper sein oder sie darf gar nichts sein. Und sein darf sie ohnedies nicht, egal was sie ist. Zuvor soll sie aber noch – als Körper – verwendet werden und dann weggeschmissen, wie ein schmutziges, zerknülltes Papiertaschentuch. Eine Verwendung wird man für sie noch haben, und es ist immer dieselbe, es ist das, wofür sie bestimmt ist, denn dafür hat die Natur ihr die Löcher gelassen, und alle kann man sie benutzen. Die Kultur ist männlich, und alles Fremde ist das Nicht-Eigene, das Nicht-Männliche. Der Sieger ist männlich, und auch wenn der Besiegte männlich ist, wird er aufs äußerste gedemütigt, da man ihn zur Frau macht, zum Weiblichen, zum Verweiblichten, man denke nur an die berüchtigten Folterfotos aus dem Abu Ghraib-Gefängnis, wo die männlichen Opfer als Frauen benutzt werden und einander gegenseitig benutzen müssen, während der Frau die Rolle des Mannes zugespielt wird, aber natürlich muß sie sie auch wieder abgeben, diese Rolle, die ihr ja nicht zusteht«. Jelinek, Elfriede: Das weibliche Nicht-Opfer. Frauen im KZ, Vortrag im Jüdischen Museum, Wien 23.06.2004. http://www.elfriedejelinek.com/fopfer.htm (13.02.2017).

letzungsoffenheit des weiblichen Körpers: Während Männlichkeit als unangreifbar und verletzungsmächtig konstruiert wird, wird das biologisch weibliche Geschlecht als verletzungsoffen, permanent penetrierbar und vergewaltigungsgefährdet wahrgenommen.[553] Wenn die Frau so als labiles Moment der Gemeinschaft betrachtet wird, ist über die Annahme der weiblichen Verletzungsoffenheit die gesamte Gruppe potentiell angreifbar.[554]

Für eine Analyse der Motive Sexualität, Macht und Gewalt in Hilsenraths »Der Nazi & der Friseur« kann insbesondere die Repressionshypothese Wilhelm Reichs fruchtbar gemacht werden: In seinem 1933 erschienen Werk »Massenpsychologie des Faschismus«[555] versucht Reich, welcher trotz seiner reduktionistischen Betrachtungsweise[556] bis heute als bedeutender Vertreter der sozialpsychologischen Faschismustheorie gelten darf, die Zusammenhänge zwischen Sexualunterdrückung, autoritären Charakterstrukturen und Faschismus zu er-

553 Vgl. Amesberger et al., S. 31. Popitz verweist in seinem Werk »Phänomene der Macht« auf die grundsätzliche Verletzungsoffenheit bzw. Verletzungsmächtigkeit eines jeden Menschen. Erst die gesellschaftlichen Strukturen führen eine ungleiche Verschiebung auf die Geschlechter herbei, sodass die kulturelle Konstruktion nun Männlichkeit mit Verletzungsmächtigkeit, Weiblichkeit hingegen mit Verletzungsoffenheit gleichsetzt. Dieser dominante schematische Diskurs erfährt jedoch durchaus Kritik; so schreibt Dinges: »Das Muster der hegemonialen Männlichkeit hält für die Wahrnehmung einer verletzungsoffenen Männlichkeit bzw. von Männern als Opfer von Gewalt kein Vokabular bereit. Die Forschung zum Verhältnis von Geschlecht und Gewalt ist durch eine nachhaltige Ausblendung männlicher Verletzungsoffenheit geprägt. Allenfalls wird dem männlichen Kind eine, angesichts der Macht der Erwachsenen gegebene, Verletzungsoffenheit zugestanden. [...] Mit der Ausbildung einer erwachsenen Männlichkeit verliert er gemäß dieser impliziten Konstruktion von Geschlecht die Verletzungsoffenheit. Eine Folge der geschlechtlichen Polarisierung von Täter- und Opferstatus ist, dass in sozialwissenschaftlichen empirischen Forschungen zum Verhältnis von Geschlecht und Gewalt bislang mit wenigen Ausnahmen Frauen nur als Opfer und Männer nur als Täter adressiert wurden. Auf diese Weise reproduzieren die kriminologische und ein Großteil der Geschlechterforschung die kulturelle Konstruktion der geschlechtlichen Verteilung von Verletzungsmacht und -offenheit. Das Gleiche lässt sich für Versuche der therapeutischen Bewältigung von Gewalt feststellen. Therapieangebote richten sich an weibliche Opfer und männliche Täter. Erst in jüngerer Zeit sind in Deutschland Studien erschienen, die sich entweder mit Formen weiblicher Gewalt oder mit männlichen Opfererfahrungen befassen.« Dinges, Martin: Männer als Täter und als Opfer – zwischen Verletzungsmacht und Verletzungsoffenheit, 28.06.2012–30.06.2012 Stuttgart, in: H-Soz-Kult, 28.11.2011 (www.hsozkult.de/event/id/termine-17942).

554 Vgl. Seifert, Ruth: Weiblichkeit, kriegerische Gewalt und männliche Macht. Zur Funktion von sexueller Gewalt im Krieg und im Frieden, in: Dohnal, Johanna (Hrsg.): Gewalt gegen Frauen, Frauen gegen Gewalt. Tagungsdokumentation Bd. 2, Wien 1994, S. 175–185, hier: 178.

555 Reich, Wilhelm: Die Massenpsychologie des Faschismus, Köln/Berlin 1971.

556 Foucault etwa schreibt gegen eine Repressionshypothese des Sex, wie sie auch Reich vertreten hat, an: Vgl. Foucault, Der Wille zum Wissen, S. 21–53.

klären. Mit Hilfe der »Sexualökonomie«[557] wollte Reich die Anfälligkeit für die faschistische Ideologie in der »moralische[n] Hemmung der natürlichen Geschlechtlichkeit des Kindes«[558] begründet sehen. Er geht davon aus, dass der autoritäre Staat ein großes Interesse an der autoritären Familie hegt, ist sie doch seine »Struktur- und Ideologiefabrik«[559], in welcher die sexuellen und ökonomischen Interessen des autoritären Systems verknüpft sind:

> Die moralische Hemmung der natürlichen Geschlechtlichkeit des Kindes [...] macht ängstlich, scheu, autoritätsfürchtig, gehorsam, im autoritären Sinne »brav« und »erziehbar«; [...] kurz, ihr Ziel ist die Herstellung des an die autoritäre Ordnung angepaßten [...] Untertans. Als Vorstufe dazu durchläuft das Kind den autoritären Miniaturstaat der Familie, an deren Struktur sich das Kind zunächst anpassen muß, um später dem allgemeinen gesellschaftlichen Rahmen einordnungsfähig zu sein. *Die autoritäre Strukturierung des Menschen erfolgt [...] zentral durch Verankerung sexueller Hemmung und Angst am lebendigen Material der sexuellen Antriebe.*[560]

Menschen, welche in ihrer Jugend und Kindheit extremst lustfeindlichen und autoritären Einflüssen ausgesetzt waren, erführen nach Reich eine chronische Verhärtung ihrer Charakterstruktur, wobei alle lebendigen Energien in Destruktivität umgewandelt würden und eine wachsende innere Spannung nach destruktiver Entladung dränge. Die tieferen Wurzeln von Gewalt lägen demnach in vorangegangenen Störungen sowie in der unbewussten Verknüpfung von sexueller Lust mit Angst, Ekel und Schuldgefühlen. Während in matriarchalisch geprägten Gesellschaften vielfältige lustvolle Beziehungen wie beispielsweise der liebevolle Körperkontakt des Babys zur Mutter gepflegt und gefördert würden, würden diese in patriarchalen Gesellschaften mehr oder weniger gestört und unterdrückt; an die Stelle von Selbstregulierung und Selbstentfaltung träte autoritäre Fremdbestimmung und eine Erziehung unter Druck und Gewalt.[561]

Reich geht ferner davon aus, dass die Sexualität bei massiver Unterdrückung und Verdrängung Wege der Ersatzbefriedigung beschreite und sich so die »natürliche Aggression zum brutalen Sadismus«[562] steigere.

557 Der Begriff der Sexualökonomie bezieht sich »auf die Regulierungsweise der biologischen Energien oder, was dasselbe ist, des sexuellen Energiehaushalts des Individuums. Sexualökonomie meint die Art, in der ein Individuum mit seiner biologischen Energie wirtschaftet – wieviel davon es eindämmt, wieviel davon es orgastisch entlädt. Die Faktoren, die diese Regulierungsweise bestimmen, sind soziologischer, psychologischer und biologischer Natur.« Reich, S. 10.

558 Ebd., S. 55.

559 Ebd.

560 Reich, S. 55f.

561 Vgl. Senf, Bernd: Massenpsychologie des Faschismus (1998). Ein Hinweis auf das richtungweisende Werk von Wilhelm Reich, S. 1f. http://www.berndsenf.de/pdf/Die%20Massenpsychologie%20des%20Faschismus.pdf.

562 Reich, S. 57.

Unter Sadismus wird im Allgemeinen die besonders intensive Form von Aggressivität verstanden; engere Bestimmungen sehen den Begriff jedoch vor allem durch zwei wesentliche Kennzeichen charakterisiert:

> 1) Sadismus ist die Ausdrucksform einer auf den anderen gerichteten destruktiven Dynamik, die sich triebhaft äußert und lustvoll entlädt; sie ist mehr oder weniger eng und unmittelbar an Sexualität gebunden. Sadismus ist *sexualisierte Destruktivität.*
> 2) Sadistische Intentionen als Phantasien oder Handlungen zielen auf die Bemächtigung des anderen, auf ein totales Verfügen über ihn [...]. Dominanz – Subordination in extremer Zuspitzung wird zum sexualisierten Thema; es geht nicht in erster Linie um Aggressivität oder Grausamkeit, sondern um *Beherrschung.* [...] Destruktiv ist die sadistische Dynamik deshalb, weil sie in dem anderen etwas zu brechen, etwas zu zerstören trachtet, nämlich dessen Eigenständigkeit und Selbstbestimmung.[563]

Dass Sadismus nicht allein als Problematik einiger weniger sexuell Devianter, sondern als gesamtgesellschaftliches Phänomen vorhanden ist, zeigt sich darin, dass »in einer breiten Schicht der Bevölkerung eine ständige Bereitschaft vorhanden ist, mit sadistischen Affekten zu reagieren«[564]. Sadismus ist von erheblicher sozialer Relevanz, weil er auftritt als

> passageres Phänomen, als eine *vorübergehende Sexualisierung destruktiver Impulse* in Form von sadistischen Einfällen, Phantasien und Aktionen, *die unmittelbar in soziales Handeln eingehen* [...]. Von sehr seltenen Einzelfällen abgesehen, geht diese Bedrohlichkeit nicht von den eigentlich sexuell Devianten aus, sondern von den sexuell »normalen« durchschnittlichen Mitmenschen.[565]

Die Einbringung sadistischer Impulse in soziale Handlungen als nichtsanktioniertes Verhalten lässt sich freilich in der sozialen Realität nur schwer verwirklichen – es bedarf besonderer Umstände und einer gesellschaftlich verankerten Motivation und Legitimation. Soziale Legitimation kommt da zustande, wo bestimmte Menschen dehumanisiert und abstrakte Ideen und Werte propagiert werden, welche diese Gruppe als nichtmenschlich und unwürdig definiert.[566] Innerhalb des Systems der NS-Konzentrationslager waren daher die Bedingungen für Sadismus als soziales Handeln hergestellt, wurden doch Jüdinnen und Juden, aber auch Kommunistinnen und Kommunisten sowie Homosexuelle als Untermenschen definiert und der Willkür ausgeliefert.[567]

563 Schorsch, Eberhard/Becker, Nikolaus: Angst, Lust, Zerstörung. Sadismus als soziales und kriminelles Handeln. Zur Psychodynamik sexueller Tötungen, Gießen 2000, S. 41.
564 Ebd., S. 42.
565 Ebd.
566 Vgl. ebd., S. 45.
567 Vgl. ebd., S. 46f.

3.2.2) Sexualität, Macht und Gewalt im Werk Hilsenraths

In allen Romanen Hilsenraths spielt die Frage nach Macht- und Gewaltverhältnissen eine maßgebliche Rolle, wobei zunächst auffällt, dass die Größen Macht und Gewalt eine enge Verschränkung mit der Täter-Opfer-Konstellation aufweisen. Im gleichen Zuge, wie dem deutschen Nationalsozialismus ein eliminatorischer Antisemitismus zugrunde lag, wurde die Ausrottung alles »Jüdischen« zum staatstragenden Element. Der Shoah-Literatur sind folglich mit den Fremdzuschreibungen Deutsche und Juden zwei Parteien vordefiniert, deren Verhältnis durch ein – scheinbar eindeutig gelagertes – Gefälle von Macht und Gewalt charakterisiert ist. Hilsenrath zeichnet denn in seinen Romanen auch unerbittlich nach, wie die durch die Staatsmacht legitimierte Gewalt gegen Juden auf gesellschaftlicher Mikroebene verwirklicht wurde. Darüber hinaus legt Hilsenrath jedoch auch offen, welche Auswirkungen der eliminatorische Antisemitismus auf die Prozesse des sozialen Agierens innerhalb der jüdischen Gemeinschaft selbst nach sich zog. Gegen einen philosemitischen Diskurs anschreibend, zielt Hilsenrath – ohne die Deutschen der Verantwortung für ihre Taten zu entheben – darauf, das Bild des genuin moralisch integren Juden infrage zu stellen und die skrupellos egoistischen, bloßes Überleben intendierenden Handlungsmechanismen verfolgter oder im Ghetto inhaftierter Juden aufzuzeigen: So geht die Gewalt in den Hilsenrathschen Romanen auch von den Opfern aus.

Die Besonderheit des Hilsenrathschen Romans »Nacht« liegt in erster Linie in der nahezu vollkommenen Unsichtbarkeit der Verantwortlichen und wahren Täter begründet. Der Absenz der Faschisten, welche »zwar als anonymer Schrecken allgegenwärtig«[568] bleiben, aber »nirgendwo konkret sichtbar und personal faßbar«[569] werden, diametral entgegen steht ihre wahre Omnipotenz und Machtfülle, welche sich nur scheinbar zugunsten Einzelner innerhalb der (jüdischen) Ghettogemeinschaft verschiebt. Indem die eingepferchten Gefangenen die inhumanen Verhaltensweisen der Täter scheinbar imitieren und im werkimmanenten Kontext die Verantwortung für dargestellte Gewalt und Skrupellosigkeit übernehmen, wird das Macht- und Gewaltmonopol der Deutschen vordergründig aufgebrochen. Gerade dadurch, dass die Inhaftierten in ihrem Überlebenskampf sich selbst überlassen werden, potenziert sich aber letztlich die Macht der Faschisten, greifen sie doch indirekt in die intimsten Sphären der Inhaftierten ein, wenn sie für deren – scheinbar selbstgewählte – charakterliche Einwicklung hin zu Skrupellosigkeit, Egoismus und Triebhaftigkeit die Verantwortung tragen. Als Schlüsselfigur für dieses zynische und

568 Dopheide, S. 97.
569 Ebd.

letztlich antisemitische Verständnis, welches die Juden selbst in der Verantwortung für den im Ghetto fortschreitenden Verlust zivilisatorischer Werte wie Hilfsbereitschaft und Nächstenliebe sehen will, dient die Figur Debora: Durch ihre moralische Integrität und Unbestechlichkeit wird die Verabschiedung humanitärer Verhaltens- und Denkstrukturen, wie sie Ranek und zahlreiche andere Protagonistinnen und Protagonisten unter dem Druck des Überlebenskampfes vornehmen, als eine aus eigenem Willen heraus getroffene, keineswegs alternativlose Entscheidung suggeriert. Nicht zuletzt aufgrund dieser problematischen, aber potentiell begründbaren Lesart heraus wurde der ersten Ausgabe von »Nacht« durch verlagsinterne Streitigkeiten die Rezeption verweigert: Der damalige Werbeleiter des Kindler-Verlags Landau setzte sich vehement gegen eine Publikation des Romans ein, da er »befürchtete, die dem philosemitischen Stereotyp entgegenstehende Darstellung der Juden in *Nacht* könnte antisemitische Ressentiments bedienen und Anklang in rechtradikalen [sic!] Gruppierungen finden«[570].

Diese Position übersieht jedoch, dass Hilsenrath in »Nacht« auf Handlungsebene zwar eine Umkehrung der Täter-Opfer-Konstellation vornimmt, den Rezipientinnen und Rezipienten jedoch eine historische Einordnung der Situation in den Kontext des eliminatorischen Antisemitismus der NS-Zeit durchaus zutraut und die wahren Täter nicht ihrer Verantwortung enthoben sehen will. Obwohl oder gerade weil die Vollstreckung der Todesurteile vordergründig den Inhaftierten überlassen wird, verschiebt sich das in »Nacht« dargestellte Verhältnis von Macht und Gewalt in letzter Konsequenz in keiner Weise zugunsten der Opfer: Ein System zu schaffen, welches die Opfer nötigt, wiederum Menschen aus ihren eigenen Reihen zum Opfer zu machen, ist doppelt perfide. Gleichzeitig – und darin liegt das Paradoxon – legt die Darstellung jüdischer Figuren in »Nacht« zu keiner Zeit eine Schuldlosigkeit der Ghettobewohnerinnen und -bewohner nahe. Im Gegenteil wird gerade anhand der Hauptfigur Ranek deutlich, wie das Opfer seinerseits zum Täter werden kann.

Auch jenseits einer genderorientierten Perspektive wird dabei schnell ersichtlich, dass Ranek – genau wie die übrigen Ghettobewohner – seinen Kampf um das Überleben auf Kosten (physisch oder psychisch) Schwächerer austrägt, woraus wiederum eine doppelte Opferrolle der Frau[571] resultiert: Als Ghetto-

570 Vahsen, S. 36.

571 Debora thematisiert das Leid der Frauen als doppelte Opfer, welche zusätzlich zum harten Leben im Ghetto noch die Grausamkeiten der Männer erdulden müssen: Der Rote lachte. »Ich hab' die beiden ein bißchen verprügel. […]« »Gestern wurde eine von Sigi die Treppe heruntergeworfen«, sagte Debora hart, »und später kam ein anderer und hat sie vergewaltigt… und jetzt auch Sie! Es sind doch Frauen. Sie können sich nicht wehren.« »Ach was, Frauen!« Die Stimme des Roten wurde schrill. »Gesindel ist's, Gesindel von der Straße, das nirgendwo hingehört.« (N 270f.) Indem sich Debora auf das Konzept der weiblichen Ver-

bewohnerin ebenso Hunger, Kälte und Krankheiten ausgesetzt wie der Mann, wird sie zudem von diesem wirtschaftlich und sexuell ausgebeutet.[572] Die hierarchisierte Ordnung innerhalb der Ghettogemeinschaft definiert sich demnach über Geschlechtsspezifika und stellt den Mann, gleichgültig ob physisch überlegen oder als Folge des langen Hungers zu Tode entkräftet, immer noch über das als schwach apostrophierte weibliche Geschlecht.

Diese Konstellation findet beispielsweise deutlichen Niederschlag in der gleich zu Beginn des Romans geschilderten Beziehung zwischen Sara und Ranek: Obwohl Ranek geschwächter als die erst kürzlich ins Ghetto gelangte Frau ist und über weniger Besitz verfügt als sie, nimmt er ab dem ersten Moment der Begegnung eine Vormachtstellung ein, welche ihren Höhepunkt im sexualisierten Übergriff findet und dadurch zugleich festgeschrieben wird:

> »Noch nicht lange hier?« fragte er verblüfft.
> »Seit heute Morgen erst«, sagte sie zögernd.
> [...]
> »Müde?« grinste er.
> Sie nickte.
> »Nichts zu fressen, wie?«
> »Nicht nur davon«, sagte sie, »aber wenn man den ganzen Tag auf Wohnungssuche ist...« Dann fragte sie plötzlich: »Wohin laufen all diese Leute?« [...]
> »Wahrscheinlich zum Flußufer«, sagte Ranek gleichgültig, »irgendwo müssen sie sich doch verstecken. Heute Nacht wird man sie alle zusammenraffen und zum Bug transportieren... zum Erschießen. Es gibt hier wieder zuviel Obdachlose.«
> [...]
> Ihr Gesicht hatte sich verändert. Es war vor Angst völlig verzerrt und wirkte im Halbdunkel der Straße wie eine Fratze. Die Frau hatte ihre Fingernägel in seine zerschlissene Jacke festgekrallt; ihr Körper zuckte wie unter Peitschenhieben.
> Er fluchte überrascht. Da er einen Nervenschock vermutete, ließ er nicht locker und umspannte ihre Hände wie mit einem Stahlring. Sie standen ineinander verkrampft. Er war der Anstrengung nicht gewachsen, und eine wieder eintretende, sekundenlange Blutleere im Kopf machte ihn benommen. [...]
> Während der Zuckungen waren seinen Hände unwillkürlich unter ihren Mantel gekommen; er hatte sie dort gelassen. [...] Obwohl er keine Gier dabei empfand, tastete er dann langsam unter das Hemd, unter den Büstenhalter der Frau. Eine Weile hielt er ihre weichen, vollen Brüste in seinen Händen.
> Die Frau machte sich jetzt frei. »Geben Sie mir eine Zigarette«, sagte sie nur. (N 20ff.)

---

letzungsoffenheit beruft und die Verletzungsmacht der Männer anprangert, eröffnet sie eine an biologischen Geschlechtskriterien orientierte Täter-Opfer-Zuschreibung. Demgegenüber weigert sich der »Rote,« einen Zusammenhang zwischen der Erfahrung sexualisierter Gewalt und Geschlechtszugehörigkeit anzuerkennen.

572 Als dritte Bürde der Frau, welche in »Nacht« allerdings kaum thematisiert wird, erweist sich die Tatsache, dass ihr zusätzlich die Folgen sexueller Begegnungen aufgetragen werden und sie sich dementsprechend mit der Verantwortung für Schwangerschaft und Kind allein gelassen sieht.

Raneks übergeordnete Machtposition gegenüber der frisch eingetroffenen, obdachsuchenden Sara resultiert erstens aus seiner Erfahrung, was die Lebenswelt des Ghettos betrifft; in der Erniedrigung Saras durch rhetorische Fragen nach Müdigkeit und Hunger sowie im grausamen Hinweis auf die Erschießung Obdachloser scheint die Intention zu liegen, die eigene Überlegenheit genießerisch zur Schau zu stellen und sich auf Kosten der noch Schwächeren zu profilieren. Zweitens speist sich Raneks Machtstellung auch aus der Zugehörigkeit zum männlichen Geschlecht, verspricht sich Sara von seiner Anwesenheit doch Hilfe im Überlebenskampf und Schutz vor Vergewaltigung (vgl. etwa N 74f., N 182). Dabei ist es groteskerweise Ranek selbst, welcher Sara nicht nur auf sexueller, sondern auch auf ökonomischer Ebene skrupellos ausbeutet:

> Ranek hatte ihr nur das Allernotwendigste gelassen. Sogar die Schuhe nahm er ihr fort [...]. Zuerst hatte Sara sich geweigert die Sachen herzugeben und sich mit Händen und Füßen gewehrt, als er sie auszog; dann aber [...] gab sie nach. Vielleicht hatte sie auch eingesehen, daß es nicht viel Zweck hatte, ihm Widerstand zu leisten. (N 138f.)

Nachdem Sara ein vor Ranek versteckt gehaltenes Paar Seidenstrümpfe gegen Lebensmittel eintauschen will, begibt sie sich, anstelle selbstständig loszuziehen, sogleich in ein neues Abhängigkeitsverhältnis mit Sigi. Als Ranek von dem hinter seinem Rücken getriebenen Handel erfährt, schiebt Sigi sogleich die Schuld auf Sara und hetzt Ranek aus Selbstschutzgründen auf, sie zu verprügeln (vgl. N 148–154). Die Passage verdeutlicht eindrücklich das in »Nacht« gezeichnete patriarchalisch geprägte Macht- und Gewaltverhältnis: Auch wenn die männlichen Figuren grundsätzlich in einem kompetitiven Verhältnis zueinander stehen, aktiviert sich, sobald eine Frau aus der Abhängigkeit von männlichen Partnern oder einem rollenkonformen Verhalten auszubrechen droht, der prompte Reflex einer intermaskulinen Solidarität, wodurch hegemoniale Männlichkeit zementiert wird.

Dass männliche Vorherrschaft dabei zu weiten Teilen auf sexueller Ebene ausgehandelt wird, zeigt sich nicht nur anhand des Paares Ranek/Sara[573]; die über das Verhältnis von Macht, (sexualisierter) Gewalt und Abhängigkeiten determinierte Figurenkonstellation scheint so oder ähnlich auch auf andere Paare innerhalb der Ghettogemeinschaft übertragbar – etwa auf Moische und seine Frau:

> Seine Frau hatte schon am frühen Morgen Wäsche gewaschen: einige Wollstrümpfe, seine langen Unterhosen, einen Schal und ihr dünnes, wie Glas durchsichtiges Nachthemd, über das die Leute Witze rissen und das er ihr verboten hatte anzuziehen.

573 Die Hilflosigkeit und Verzweiflung Saras ausnutzend, wird Ranek sexuell übergriffig (vgl. N 22), und fordert wenig später als Gegenleistung für einen halben Schlafplatz Sexualverkehr mit ihr (vgl. N 34). An anderer Stelle versucht Ranek, Saras sexuelle Dienste für ein Stück Brot an Dvorski zu verkaufen (vgl. N 66).

> […] Er ließ sie nicht aus den Augen. Er merkte, daß sie nicht ganz bei der Sache war. Sie kann das Bordell nicht vergessen, dachte er grimmig… […]
> Sie begann jetzt, die nassen Wäschestücke aufzuhängen; weil sie schwanger war, bewegte sie sich schwerfällig… ein Anblick, der ihn mit Ekel erfüllte; trotzdem wandte er nicht den Kopf weg und beobachtete sie weiterhin verbissen. Er dachte jetzt daran, wie er sich damals entschlossen hatte, sie ins Bordell zu schicken. […] Er entsann sich noch genau an die heftigen Szenen, die ihm seine Frau gemacht hatte, die widerlichen Tränen, die Selbstmorddrohungen. […] … ja, ein gutes Weib war sie gewesen, Köchin, Waschfrau, Krankenpflegerin und Bettmatratze. […] Sie hatte es nicht verdient, was er ihr angetan hatte, aber daran waren eben der Krieg schuld und der Hunger, dieser verfluchte Hunger. […]
> Es war nicht leicht gewesen, seiner Frau die Aufnahme im Bordell zu verschaffen. Sie war weder hübsch noch jung… […] Das Bordell war ein guter Ort. Dort gab's Brot in Hülle und Fülle- Seine Frau hatte das schließlich eingesehen.
> Er war jeden Tag vor dem Bordell auf und ab spaziert. […] bis sich dann das Fenster öffnete und sie ihm ein kleines Paket mit Lebensmitteln herunterwarf.
> Das Gesicht dort oben am Fenster war mit jedem Tag fetter geworden, jedoch auch er hatte mit der Zeit etwas Gewichtszunahme bei sich feststellen können. Für seine Begriffe war das ein Zeichen gewesen, daß es ihm und seiner Frau ausgezeichnet ging und daß sie allen Grund hatten, dem Schicksal dankbar zu sein […].
> Aber alles war nicht so glatt abgelaufen, wie es am Anfang ausgesehen hatte. Sie wurde schwanger. Und eines Tages […] hatte man sie auf die Straße gesetzt…
> […] Er beobachtete sie eine Weile. Seine schlechte Laune schlug bald in Haßgefühle um; sie richteten sich nicht gegen sie, denn was sie getan hatte, war seine Schuld gewesen… und außerdem… sie hatte ja eine schöne Stange Geld mitgebracht, genug, um davon ein paar Monate lang Brot zu kaufen. Sein Haß galt dem Kind, das sie in ihrem Schoß trug; dem Bankert.
> Er dachte für sich: der verfluchte Bankert. Du mußt ihr wieder mal nachts mit den Fäusten auf den fetten Bauch hauen, damit sie ihn los wird. (N 210ff.)

Die zitierte Passage offenbart einerseits die mittels Groteske und Schwarzem Humor darstellte »verdrehte« Welt des Ghettos, in welcher das Bordell als »guter Ort« (N 211) apostrophiert wird und der Mann die Prostitution seiner eigenen Ehefrau forciert. Auch scheint sich der Hass Moisches auf das Ungeborene nicht auf den fremden Vater, sondern allein auf die durch die Schwangerschaft hervorgerufene Arbeitsunfähigkeit seiner Frau zu beziehen. Gleichzeitig jedoch macht die Umkehrung der Verhältnisse Halt vor den gesellschaftlichen Machtverhältnissen, welche auch im Ghetto entlang geschlechtsspezifischer Linien verlaufen. Dies ist umso bemerkenswerter, als der männliche Part offensichtlich vom weiblichen ökonomisch abhängig ist; so ist sich Moische sehr wohl der Tatsache bewusst, ohne das Einkommen seiner Frau wohl nicht überleben zu können. Dennoch bleibt die männliche Vormachtstellung innerhalb der zwischengeschlechtlichen Beziehung unangetastet, fügt sich Moisches Frau nach den anfänglichen »heftigen Szenen« doch schnell in die ihr zugedachte Rolle als

Prostituierte und Ernährerin ihres Mannes – welcher damit zugleich die Rolle des Zuhälters einnimmt. Auch schreckt Moische nicht vor wiederholter körperlicher Gewaltanwendung zum Zwecke der Abtreibung zurück, wenn er überlegt, seiner Frau »wieder mal nachts mit den Fäusten auf den fetten Bauch [zu] hauen« (N 212). Die unverhohlene Brutalität gegenüber seiner Frau ist doppelt zynisch: Nachdem er sie zur Prostitution gezwungen und dadurch ihr sexuelles Selbstbestimmungsrecht massiv verletzt hat, greift er nun auch in ihr reproduktives Selbstbestimmungsrecht ein, indem er durch rohe Gewalt eine Abortion intendiert.

Dass die Frau trotz allem bei ihm bleibt, lässt auf ein tiefes Abhängigkeitsverhältnis schließen, welches aus einer emotionalen Bindung, aus reiner Hilflosigkeit und Angst vor dem Alleinsein, aus religiösen Motivationen oder aus zutiefst verinnerlichten gesellschaftlichen Konventionen resultieren könnte – oder aus einem Konglomerat all dieser Gefühle. Insgesamt lässt sich schon die Namenlosigkeit dieser Frau als Indiz für die Abhängigkeit von Moische deuten, kann ihre Nennung doch niemals ohne Rückbezug auf ihren Mann erfolgen.

Moische selbst stellt durch die Anweisungen an seine Frau – Arbeit als Prostituierte, Verzicht auf das Nachthemd – seine Befehlsgewalt unter Beweis; gleichzeitig wird deutlich, dass er sich mit den negativen Auswirkung seines Handelns nicht auseinandersetzen will: Während er, korrumpiert durch die Lebensmittel, das abstrakte Wissen um die Arbeit seiner Frau im Bordell akzeptieren kann, entwickelte er dennoch einen Hass auf das Ungeborene und verweigert die direkte Konfrontation mit der sexuellen Verfügbarkeit seiner Frau, welche durch die öffentliche Nacktheit im »wie Glas durchsichtige[n] Nachthemd« versinnbildlicht wird.

Insgesamt spiegelt »Nacht« eine von patriarchalen Macht- und Gewaltstrukturen weitgehend durchsetzte Gesellschaft wider. Die Vorherrschaft von Männern mag zunächst angesichts einer Gemeinschaft, deren soziale Akteurinnen und Akteure im Kampf um das nackte Überleben jegliche humanistischen Übereinkünfte verabschiedet haben und in der das »Recht des Stärkeren« zu dominieren scheint, nicht verwundern: Ihre zumeist physische Überlegenheit und eine von Kindesbeinen an geschlechtsrollenstereotype Sozialisierung hin zu kompetitivem und dominantem Verhalten scheint in diesem sozialen Gefüge männliche Hegemonie zu befeuern. Bei näherer Betrachtung wird jedoch das Paradoxe der Situation deutlich: Anhand des Beziehungsgeflechts zwischen Moische und seiner Frau sowie Ranek und Sara konnte gezeigt werden, dass der männliche Part zwar eine Machtposition innehat, welche ihren Ausdruck in der sexuellen wie ökonomische Ausbeutung von Frauen und der ihnen zugefügten

Gewalt findet. Gleichzeitig sind es jedoch oftmals die weiblichen Romanfiguren, welche das Überleben des Mannes im Ghetto – direkt oder indirekt – sichern.[574]

In Kapitel 2.1.2 konnte gezeigt werden, dass die in »Nacht« gezeichneten Romanfiguren zum überwiegenden Teil explizit geschlechtsrollenspezifisches Verhalten aufweisen; so wird das weibliche Personal fast durchgängig mit Konzepten von Wärme (Hilfsbereitschaft, Gemeinschaftsorientierung) verbunden, während die männlichen Figuren Dominanz, Härte und Selbstbehauptung verkörpern. Insgesamt lässt sich auch in der grotesken, von Siechtum und Tod geprägten Ghettowelt das Konzept des »doing gender« nachweisen. Dies ist insofern für die Analyse von Sexualität, Macht und Gewalt bedeutsam, als dass die Ghettobewohnerinnen und -bewohner auch und gerade in der existenziellen Not und nach dem Verlust eines selbstbestimmten Lebens darum ringen, ihre fragile Geschlechtskonstruktion zu sichern oder zu erneuern. Raneks Bemühung, sich selbst und anderen zu beweisen, noch nicht gänzlich »erledigt« zu sein, spielt sich eben darum auf der Ebene sexualisierter Gewalt ab: Unter Aufbietung seiner letzten Kräfte und trotz – oder gerade aufgrund – des Wissens um seine Impotenz wählt Ranek, um seine Männlichkeit zu untermauern, genau den Akt, welcher eine Verschränkung von Gewalt, Macht und Sexualität darstellt, nämlich die Vergewaltigung (N 260ff.).

Hilsenraths »Der Nazi & der Friseur« liest sich in weiten Strecken wie eine groteske literarische Umsetzung der Repressionshypothese Reichs, welcher die Anfälligkeit für die faschistische Ideologie in der Unterdrückung und Verdrängung der natürlichen Sexualität des Kindes durch extremst lustfeindliche und autoritäre Einflüsse sucht.

Zunächst sei jedoch die Frage angerissen, inwiefern eine Heranziehung der Thesen Reichs gerechtfertigt ist: In der Forschung wurde mehrfach die Überzeugung vertreten, dass »Der Nazi & der Friseur« vor allem als groteske zeitpolitische Satire, keineswegs als psychologisch oder realistisch orientierter Entwicklungsroman (allenfalls als eine Art Anti-Bildungsroman) konzipiert ist.[575] Dennoch ist Grafs These zuzustimmen, dass der Roman nicht den Handelnden in Form soziologischer Erklärungsmuster eine exkulpierende Hintertür offenlässt, sondern Hilsenrath vielmehr die individuelle Verantwortlichkeit seiner Figuren betone: Max wurde nicht zum Täter, weil er Opfer seiner Verhältnisse wurde, sondern jedem Verbrechen gehe stets eine Entscheidung zu

574 Durch den Zwang zur Prostitution (Moische), den Verkauf ihrer Kleider (Ranek, Sara), die Pflege (Hure Betti pflegt Ranek), Lebensmittel (die Wirtin gibt ihm zu essen). In vielen Fällen überleben die Männer, aber nicht die Frauen: Betti, Moisches Frau und Sara sterben.

575 Vgl. Dopheide, S. 193; vgl. Graf, Andreas, S. 145; vgl. Kneip, Birgit: Zwischen Angriff und Verteidigung. Satirische Schreibweise in der deutschen Erzähl- und Dokumentarprosa 1945–75, Frankfurt a. M. 1993, S. 156.

Inhumanität voraus.[576] Nichtsdestotrotz bleibt festzuhalten, dass sämtliche Figuren des Romans nicht als individuelle Persönlichkeiten, sondern vielmehr als Typen auftreten; in diesem Sinn klassifiziert Dopheide auch die im Roman thematisierten sozialpsychologischen Aspekte als Teil der Figurentypisierung.[577] Vor diesem Hintergrund darf Hilsenraths literarische Konstruktion der Figur Max, an welchem sozialpsychologische Theoreme wie die Faschismusanalyse Reichs und Freudsche Dogmen (etwa Ödipuskomplex oder Kastrationsangst) mittels Groteske und Schwarzem Humor exemplifiziert werden[578], als eindeutiges Interpretationsangebot des Autors verstanden werden.

Die bereits in Nacht angelegte Täter-Opfer-Umkehrung treibt Hilsenrath in seinem zweiten Roman »Der Nazi & der Friseur« auf die Spitze und bricht sie zugleich mehrfach; mit dem Protagonisten Max Schulz wird ein Opfer zum Täter und wiederum zum Opfer: Als Kind Gewalt und sexuellem Missbrauch ausgesetzt, wird Max als skrupelloser SS-Scherge zum Massenmörder, gerät nach 1945 bei der Flucht durch die polnischen Wälder in die Gewalt der »Hexe« Veronja, vollzieht einen Identitätswechsel zum Juden, wird in Palästina zum Helden im Kampf gegen die britische Mandatsmacht, um sich schließlich im neugegründeten Israel eine mustergültige kleinbürgerliche Existenz aufzubauen.

Diese Groteske kreist in ihrer Gesamtheit um die Frage nach Macht, wobei sich skrupellose sexualisierte Gewalt immer wieder als das effektivste Mittel zur Erlangung und Zementierung von Herrschaft erweist. Während in »Nacht« die Grenze zwischen Opfern und Tätern sexualisierter Gewalt jedoch noch weitestgehend geschlechtsspezifisch verläuft, so wird in »Der Nazi & der Friseur« diese Trennung aufgehoben, wenn die *vetula*, die abstoßende alte Frau, Max mit Gewalt zu ihrem Sexsklaven degradiert.

Im Alter von sieben Wochen wird Max – vor den Augen seiner Mutter Minna – zum ersten Mal Opfer des brutalen sexuellen Missbrauchs durch seinen Stiefvater Slavitzki; eine traumatisierende Erfahrung, die sich tief in sein Bewusstsein einschreibt und seine künftige Wahrnehmung der Welt bestimmt.

In Merleau-Pontys »Phänomenologie der Wahrnehmung« heißt es wie folgt:

> Die Sexualgeschichte eines Menschen liefert einen Schlüssel zu seinem Leben überhaupt, weil sich in der Geschlechtlichkeit des Menschen seine ganze Weise, zur Welt zu sein, projiziert, die Weise seines Verhaltens zur Zeit und zu anderen Menschen.[579]

Gemäß Merleau-Ponty wird die Welt über den leiblichen Zugang zu ihr erfahren; die Art und Weise, wie Sexualität erlebt und ausgelebt wird, lässt daher Rück-

576 Vgl. Graf, Andreas, S. 140.
577 Vgl. Dopheide, S. 193.
578 Vgl. Kneip, S. 156.
579 Merleau-Ponty, Maurice: Phänomenologie der Wahrnehmung, Berlin 1974, S. 190.

schlüsse darauf zu, wie ein Mensch die Welt begreift.[580] Erotische Körperreaktionen gehen auf »leibliche Empfindungen zurück, die den eigenen Körper/einen selbst mit der sozialen Außenwelt verbinden«[581]. Dabei legen insbesondere die »Umstände früherer Verbindungen […] den Grundstock für künftige Erfahrungen, weil sie die Modalitäten des Erfahrungmachens verändern«[582].

Dass sich die frühe Erfahrung sexualisierter Gewalt für Max als prägend erweist, er als Reaktion auf die Traumatisierung ein destruktives Bild des sozialen Weltgefüges konstruiert und dieses durch die Erfahrung wiederholter Vergewaltigungen fortschreibt, zeigt sich an folgender Passage, welche nicht zufällig im direkten Anschluss an die Beschreibung der ersten Vergewaltigung des Säuglings Max geschrieben steht:

> Hat der liebe Gott nicht die Unschuld erfunden, damit sie zertreten wird… hier auf Erden? Und werden die Schwachen und Wehrlosen nicht von den Starken überrumpelt, niedergeknüppelt, vergewaltigt, verhöhnt, in den Arsch gefickt? Zu gewissen Zeiten einfach beseitigt? Ist es nicht so? Und wenn es so ist… warum behaupten Sie dann, daß Max Schulz spinnt?

Die obszöne Formulierung »in den Arsch gefickt« weist in ihrer Doppeldeutigkeit auf das erfahrene Leid der analen Vergewaltigung hin, steht aber zugleich auch als Sinnbild für die tiefste Form von Demütigung schlechthin. Damit wird schon zu Beginn des Romans deutlich, dass in Hilsenraths »Der Nazi & der Friseur« Sexualität eben nicht konstruiert wird als ein primär der körperlichen Befriedigung dienender Akt, sondern vielmehr als Mittel zur Geltendmachung eigener Herrschaft oder Überlegenheit und zur Unterdrückung anderer fungiert. Davon zeugt insbesondere das Verhalten von Max' Stiefvater Slavitzki, welcher sich über Jahre hinweg einer nicht auflösbaren Verschränkung von Sexualität und Gewalt zur Festigung seiner Rolle als brutaler Patriarch und – im wahrsten Sinne des Wortes – Phallokrat bedient. Obgleich nur die erste Vergewaltigung des Säuglings Max durch Slavitzki explizit beschrieben wird, erfolgt auch in den späteren, am Rande erwähnten Gewalttätigkeiten und sexuellen Vergehen an Minna und Max eine Engführung von Sexualität und Gewalt:

> Darf ich Ihnen nun folgendes Gespräch schildern, das eines Tages beim Mittagessen zwischen meiner Mutter, der Minna Schulz, die wegen Slavitzkis Perversitäten aufrecht stand, weil sie nicht sitzen konnte, und meinem Stiefvater stattfand… meinem Stiefvater, der mürrisch auf seinem Stammplatz saß, schon ein wenig besoffen, im ver-

580 Vgl. Benkel, Thorsten: Die Konstruktion der sexuellen Wirklichkeit. Körperwissen, Medienbilder und die Logik der Prostitution, in: Lewandowski, Sven/Koppetsch, Cornelia: Sexuelle Vielfalt und die UnOrdnung der Geschlechter. Beiträge zur Soziologie der Sexualität, Bielefeld 2015, S. 67–98, hier: S. 69.

581 Ebd., S. 70.

582 Ebd.

färbten Turnhemd und Unterhose, unter der sein schlaffes Geschlechtsglied hervorragte. (NF 27)

Itzig Finkelstein wußte natürlich, daß mein Stiefvater mich ab und zu vergewaltigte, aber er wußte nicht, daß mein Stiefvater mich auch schlug. (NF 32)

An anderer Stelle heißt es:

Marschmusik dröhnte in mein Kinderzimmer. Ich konnte von meinem Kellerfenster schwere Geschütze von unten sehen [....]. Besonders gut gefielen mir die forschen Stiefel der Offiziere. Die waren blank und schwarz, knirschten auf dem Straßenpflaster, kümmerten sich nicht um Glasscherben, lachten das Pflaster aus, hatten hochmütige Nasen, blinzelten mir zu und erfüllten mich mit geheimen Wünschen. (NG 25f.)

Alle drei zitierten Passagen verdeutlichen auf jeweils differierende Weise, inwiefern sich für Max aufgrund seiner frühkindlichen Erfahrungen und Erlebnisse die Komponenten Sexualität, Gewalt und Macht zu einer untrennbaren Einheit verbinden: Dem geschändeten, erniedrigten Kind erscheint sexualisierte Gewalt als alltägliche Erfahrung, während die Erlangung von Stärke, Autorität und männlicher Identität – all das, was Soldatentum in den Augen des Kindes repräsentiert – als unbewusste Chance zum Ausbruch aus der Unterdrückung durch Slavlitzki erkannt und zugleich mit sexuellen Wünschen aufgeladen wird: So sieht Reich die Wirkung des Militarismus durch einen libidinösen Mechanismus begründet, hervorgerufen durch die »sexuelle Wirkung der Uniform, die erotisch aufreizende, weil rhythmisch vollendete Wirkung der Parademärsche«[583] und den »exhibitionistische[n] Charakter des militärischen Auftretens«[584].

Die Bezeichnung Slavitzkis als »Meisterficker« verdeutlicht darüber hinaus die dem sexuellen Akt eingeschriebene Funktion der Hierarchisierung, verweist die groteske Bezeichnung doch nicht nur auf die Potenz und Monströsität seines – gemäß der grotesken Gestalt des Leibes hyperbolisierten[585] – Gliedes, sondern impliziert zugleich Slavitzkis übergeordnete Machtposition, welche durch das brutale Ausleben seiner Sexualität besiegelt wird.

Letztlich können selbst die Stöcke Slavitzkis, mit welchen er Max und Minna regelmäßig verprügelt, als Phallussymbol erkannt werden (vgl. NF 57). Diese Lesart wird umgekehrt durch die Konnotation von Slavitzkis Penis als Revolver unterstützt; dazu schreibt Dopheide:

Das Gummiband, mit dem Slavitzki sein Glied immer am Schenkel festbindet, enthält die Konnotation des Halfterbandes von Revolverhelden aus Wildwestfilmen und signalisiert damit den ambivalenten Charakter seines Geschlechtsteils: Der Penis ist

583 Reich, S. 57.
584 Ebd.
585 Vgl. Bachtin, Die groteske Gestalt des Leibes, S. 196.

> zugleich Instrument zur sexuellen Befriedigung und Waffe zur Verletzung anderer […].[586]

Die Rede Hitlers auf dem Ölberg, eine groteske Parodie der biblischen Bergpredigt, kann für die Entwicklung des Protagonisten Max Schulz als zentraler Wendepunkt des Romans gelten, reflektiert er doch erstmals in aller Deutlichkeit den Zusammenhang zwischen seiner Situation als geprügelter, vergewaltigter Junge und der folgenden Entwicklung hin zum Massenmörder:

> Ich sah den gelben und den schwarzen Stock, sah auch das Glied Slavitzkis, und das hing am gelben und am schwarzen Stock, war ein Teil davon, grinste höhnisch, war ein Wahrzeichen meiner Ohnmacht. Pausenlos hämmerten die Worte des Führers in meinem Schädel: »Verflucht sei der Stock in der Hand des falschen Meisters. So der Stock aber den Meister wechselt…« […] Und da sagte ich mir: […] Jetzt ist's aber genug! […] Du wirst den Hintern nicht mehr hinhalten. Höchste Zeit, daß du selber mal den Stock in die Hand nimmst, den gelben und den schwarzen.« (NF 57f.)

Die Affinität zu Hitler, der wie ein Messias gefeiert und angebetet wird (vgl. NF 59), teilt Max mit »den Unzufriedenen ganz Deutschlands« (NF 50):

> hier sind die verkrachten Existenzen versammelt […]: die, die irgendwann mal eins aufs Dach gekriegt haben – vom lieben Gott oder von den Menschen: […] die Perversen ohne Partner und die Impotenten, Leute mir Würgerhänden, die bisher nicht würgen durften, weil ihnen gesagt wurde, sie dürften nur streicheln, […] vor allem die Verhinderten – die, die gerne mal möchten und nicht können. (NF 65f.)

Beide zitierten Passagen behaupten einen Konnex zwischen der Erfahrung von Gewalt und Unterwerfung einerseits und der Hinwendung zum Faschismus andererseits: Der von den Nationalsozialisten propagierte eliminatorische Antisemitismus wird als legale Möglichkeit angesehen, die aufgrund jahrelanger (realer oder imaginierter) Repressionen angestauten Spannungen destruktiv zu entladen. Der Roman bezieht sich bei der Frage nach den erlittenen Repressionen auch explizit auf die Ebene der Sexualität: So fällt Max seinen Entschluss, die Opferidentität gegen die Rolle des Täters zu tauschen und selbst loszuschlagen, als Reaktion auf den Gedanken an die eigene Vergewaltigung; auch werden ausdrücklich die »Perversen ohne Partner und die Impotenten« genannt.

Somit stimmt die These Reichs, mittels welcher Max' Hinwendung zum Faschismus und seine Entwicklung zum Massenmörder mit dem repressiven psychosozialen Kontext erklärt werden kann, auffällig mit der von Hilsenrath explizit angebotenen Lesart überein. Reich geht davon aus, dass die in patriarchalen Gesellschaften, im »autoritären Miniaturstaat der Familie«[587] vorherr-

586 Dopheide, S. 124.
587 Reich, S. 55.

schende Erziehung mittels Gewalt und Druck eine ambivalente Einstellung zu Autoritäten fördert: Als zentralen Faktor jeder kleinbürgerlichen Struktur am »Übergang von der Pubertät zur völligen Erwachsenheit« sieht er die »Rebellion gegen die Autorität bei gleichzeitiger Anerkennung und Unterwerfung«[588]. Während sich Max im realen Leben seinem Peiniger Slavitzki unterordnet, suchen die angestauten Aggressionen – zumindest vorläufig – ein Ventil in seinen Träumen:

> Oft träumte ich von einem langen Messer. Damit schnitt ich Slavitzkis Glied ab, klebte es mir an, weil es länger war [...], rannte ins Wohnzimmer, dann ins Schlafzimmer, sah den gliedlosen Slavitzki im Bett neben meiner Mutter, sah seinen neidischen Blick, sah, wie er in sich zusammenkroch, wegkroch, mir Platz machte, sah, wie meine Mutter sich freute, mich streichelte, mein Glied streichelte, das lange, mit ihren fetten Fingern, wachte dann auf.
> Ich träumte auch von dem gelben Rohrstock und von dem schwarzen, sah beide in meiner Hand. Ich konnte Slavitzki im Traum nicht sehen, aber ich hörte ihn brüllen... ganz deutlich... hörte seine Stimme, wußte, für wenn [sic!] die Schläge bestimmt waren, hörte das Klatschen: Stock gegen Fleisch. (NF 33)

Die Passage offenbart, in welch hohem Ausmaß Max die Verquickung von Sexualität, Macht und Gewalt verinnerlicht hat: Mit dem Akt der Penektomie, welcher die inzestuöse Handlung des Kindes durch gewaltsame Aneignung des stiefväterlichen Gliedes erst ermöglicht, geht die Entthronisierung Slavitzkis einher, wobei dessen Erniedrigung erstens durch den »neidischen Blick«, zweitens durch Redundanzen der Formulierung (»zusammenkroch, wegkroch, mir Platz machte«) betont wird. Dass die direkt darauf folgende Passage, in welcher Max davon träumt, Slavitzki zu verprügeln, den Charakter einer im sexuellen Sinne sadistischen Handlung erhält, erklärt sich sowohl durch die Nähe zur Schilderung der direkt vorangegangenen inzestuösen Szene als auch durch die Formulierung »Klatschen: Stock gegen Fleisch«, wodurch die Assoziation von Nacktheit erzeugt wird.

Max' Traum verbildlicht nicht nur das Phänomen der Kastrationsangst, welche bei Max aufgrund der frühkindlichen Erinnerungen an seine Beinahe-Kastration (vgl. NF 13) sehr stark ausgeprägt sein dürfte, sondern ist darüber hinaus als groteske literarische Variation des Ödipuskomplexes lesbar: Das Streben nach (sexueller) Inbesitznahme der Mutter bei gleichzeitiger aggressiver Rivalität zum (Stief)Vater lässt sich unschwer als ödipale Konfliktsituation deuten.

588 Ebd., S. 60.

Auch wenn Max die Ablösung von der Mutter nie gänzlich gelingen wird,[589] so erweisen sich doch der Eintritt in die SA und die skrupellose Beteiligung an der Judenverfolgung als entwicklungspsychologisches Initiationsritual und Beweis der Männlichkeit:

> Am Tag nach der Bergpredigt trat ich in die Partei des Sohnes des Vorsehung ein, wurde sozusagen Mitglied. [...] Slavitzki und ich ließen uns auch in den Kampfverband der SA einschreiben [...]. Als es soweit war war und Hitler uns bestieg, sozusagen: sich in den Sattel schwang und zu uns sagte: Hüh! ... da rannten Slavitzki und ich in den nächstbesten Laden, kauften zwei schmucke Uniformen und zwei Paar blanke Stiefel, schnallten die Sturmriemen fest, betranken uns, torkelten durch die Straßen, trafen überall Gruppen von Uniformierten, die Volksfeinde verprügelten, halfen dabei, prügelten mit, schwitzten, rülpsten, lachten, onanierten, furzten... [...]
> Als wir mit unseren Stiefeln und in unseren schmucken Uniformen nach Hause kamen, riß meine Mutter vor Staunen die Augen auf, wackelte mit dem fetten Hintern, kicherte, zeigte ihre mageren Beine, wurde ganz aufgeregt, sagte zu Slavitzki: »Na, Anton, jetzt siehst du wie ein Mann aus.« Und zu mir: »Du auch. Aber such dir einen anderen Hintern«. (NF 62f.)

Der aneinandergereihten Aufzählung der barbarischen Aktionen und Obszönitäten (»prügelten mit, schwitzten, rülpsten, lachten, onanierten, furzten«) kommt eindeutig die Funktion zu, die »eigene, heterosexuell normierte und destruktiv aufgeladene soldatische Männlichkeit«[590] zu bestätigen – eine Bestätigung, welche durch Minna explizit wiederholt und damit festgeschrieben wird. Ihr Ausspruch hat gleichsam performativen Charakter, erklärt Minna doch mit wenigen Worten Max' Phase der Kindheit als unwiederbringlich abgeschlossen. Auf diese konstative Feststellung folgt sogleich ein direktiver Sprechakt, wenn Minna ihren Sohn zur endgültigen Besiegelung dessen Männlichkeit auffordert, sich »einen anderen Hintern« zu suchen und damit die Loslösung von der Mutterbindung konsolidiert sehen will.

Letztlich endet Max' Kindheit, indem er von den sexualisierten Repressionen durch Slavitzki in ein neues autoritäres Abhängigkeitsverhältnis entlassen wird: Max wird zum willfährigen, skrupellosen Untertanen des faschistischen NS-Staates. Es ist kein Zufall, dass sich sein Kadavergehorsam gänzlich mit dem eigenen Interesse nach uneingeschränkter Gewalt- und Machtausübung deckt: Nach Reich resultiert aus der Sexualverdrängung die Suche nach Wegen der Ersatzbefriedigung, wodurch etwa aus der natürlichen Aggression ein brutaler Sadismus werden kann.

Wie bereits aufgezeigt, fügt sich Max der repressiven Familienstruktur, welche sich nicht nur in Form der sexualisierten und körperlichen Gewalt Slavitzkis

589 So bezieht Max beispielsweise seine Neigung zu adipösen Frauen darauf, dass auch seine Mutter dick war.

590 Pohl, S. 115; vgl. Mischkowski, S. 52.

manifestiert, sondern durch ihre Billigung zugleich von Minna mitgetragen und stabilisiert wird. Für Max findet die Konfrontation mit Sexualität ihren Beginn in der traumatischen Vergewaltigungen durch Slavitzki und setzt sich fort in der Bewusstmachung der Prostitution seiner Mutter. Angesichts dieser Omnipräsenz von Sexualität scheint zunächst fraglich, ob Reichs These der Sexualverdrängung auf Max' Charakterentwicklung anwendbar ist, wird innerhalb des autoritären Familiengefüges sexuelle Triebauslebung doch weder tabuisiert noch mit religiös beladenen Ehr- und Moralvorstellungen beladen. Dennoch erweist sich der schwere sexuelle Missbrauch, wodurch Max eine unauflösliche Verschränkung von Sexualität, Macht und Gewalt verinnerlicht, in seiner Konsequenz als ähnlich prägend wie die von Reich geschilderten Auswirkungen repressiver Sexualverdrängung: An der Figur des Max werden die Zuschreibungen von Autoritätshörigkeit, Gehorsam und Erziehbarkeit derart grotesk überhöht, dass er sich nach dem Krieg den angeblichen »Siegern« anpasst und auch nach dem vollzogenen Identitätswechsel zum Juden ein an die autoritäre Ordnung angepasster Staatsbürger bleibt – er ist der perfekte Untertan.[591]

Beide innerhalb der autoritären Familienstruktur auftretenden Auswüchse, sowohl die permanente Konfrontation mit einer negativ erlebten Sexualität als auch eine rigide Sexualverdrängung führen dazu, dass Sexualität mit Gewalt, Angst und Ekel besetzt wird und niemals als beglückendes Erlebnis und Austilgung jeglicher Art von Erniedrigungstendenzen wahrgenommen wird: Wenn, so Reich, Sexualität »aus den naturgemäß gegebenen Bahnen der Befriedung ausgeschlossen ist, so beschreitet sie Wege der Ersatzbefriedigung verschiedener Art. So zum Beispiel steigert sich die natürliche Aggression zum brutalen Sadismus«[592].

Max' Beteiligung an der Shoah wird von ihm ganz bewusst als Möglichkeit wahrgenommen, den Drang nach Beherrschung, Machtausübung und gewalttätiger Destruktivität ausleben zu können. Bereits im Kindesalter und damit

591 Hilsenraths Figur des Max Schulz erinnert denn auch an andere literarische Charaktere, beispielsweise Zacharias aus Brochs »Die Schuldlosen« oder Diederich Heßling aus Manns »Der Untertan«, an welchen satirisch die (gemäß der einschlägigen Definition Glasers gestaltete) kleinbürgerliche Spießer-Identität entlarvt wird. In Brochs Kommentaren zum Werk heißt es über Zacharias: »der Zwischenschicht halbproletarischen Mittelstandes entstammend, also spezifischer Spießer, geduckt von allem, was oben ist, dafür auf jeden trampelnd, der sich unter ihm befindet, er ist Repräsentant jener ganzen Zacharias-Rasse, die überall im gleichen Nebel von Opportunismus und Moralschlagworten lebt, Nebelmensch, dem alles gestattet ist, weil das Undurchdringliche ihm den Nebenmenschen verhüllt.« Broch, Hermann: Die Schuldlosen. Roman in elf Erzählungen, Kommentierte Werkausgabe, hrgs. von Paul Michael Lützeler, Bd. 5, Frankfurt a. M. 1974, S. 315. Zur Definition des Spießer-Begriffs siehe auch: Glaser, Hermann: Spießer-Ideologie. Von der Zerstörung des deutschen Geistes im 19. und 20. Jahrhundert und dem Aufstieg des Nationalsozialismus, Köln 1978.

592 Reich, S. 57.

lange bevor es die nationalsozialistische Rassenlehre Max erlaubt, seinen mörderischen Sadismus staatlich legitimiert auszuleben, zeigen sich seine sadistische Triebe: Wenn er diese in Form von Tierquälereien (vgl. NF 29) oder Gewalt gegen »kleine Mädchen« und »Jungens, die schwächer« sind (NF 28), entlädt, verleiht er seinem zunächst noch unbewussten Wunsch nach Beherrschung Schwächerer Ausdruck. Im Zuge der Friseurlehre reflektiert er erstmals seine mörderischen Phantasien:

> Gibt es denn etwas Edleres als den menschlichen Schädel? Und macht es nicht Spaß, das Edle zu formen, zu gestalten, zu verschönern... weil man gerade bei dieser und ähnlicher Arbeit das Gefühl hat, es könnte auch Spaß machen, das Edle zu zertrümmern? Man ist so nah dran. Mit den Händen. Da juckt es einen manchmal... so ganz komisch, wissen Sie. Da ist ein Kopf! Und der ist deinen Händen ausgeliefert! (H 38)

Gerade die Betonung des »Ausgeliefertseins« verdeutlicht eindrücklich, dass die sadistischen Intentionen Max' weniger auf Grausamkeit als vielmehr auf Beherrschung zielen; des weiteren wird der zutiefst destruktive Charakter (»das Edle zu zertrümmern«) der sadistischen Dynamik offensichtlich. Seine Beteiligung an der Judenvernichtung wird retrospektiv wie folgt geschildert:

> »Und Günter hat immer gesagt: ›Der Max Schulz. Der ist auch ein ganzer Kerl.‹«
> [...]
> »Alles hat er erzählt... mein Günter... auch von den langen Gräben... und wie die Gefangenen hineinpurzelten... einer auf den anderen... ›Und der Max Schulz‹, hat Günter gesagt... ›der Max Schulz... der saß gewöhnlich auf dem Rand des langen Grabens... das Gewehr über'm Knie... 'nen Zigarettenstummel im Mund... meistens schräg... festgeklebt [...] und gegrinst hat der... der Max Schulz... der hat immer gegrinst. Er hat die Leute grinsend erschossen.‹«
> Max Schulz nickte. Er nahm sich noch eine Camel, zündete sie an, streichelte den Beinstumpf der alternden Frau, streichelte das haarige graue Dreieck, zupfte ein bißchen daran, kratzte sich, kratzte sich am Hintern, dachte wieder: das juckt nicht mehr... das war einmal.
> »Wir hatten verschiedene Methoden«, sagte Mal Schulz. [...] Zuweilen ließen wir sie lebendig in den Graben springen, befahlen ihnen, sich lang hinzulegen, und erschossen sie von oben. Das war meine Spezialität. Von oben nach unten. Vom Grabenrand. Wenn einer tot war, dann legte sich der nächste auf ihn rauf. [...]« (NF 121 f.)

Den zutiefst verinnerlichten repressiven und autoritären Machtstrukturen, welche gemäß Reich dem Sadismus zugrunde liegen, verleiht Max durch die Richtung der Erschießungen (»von oben nach unten«) Ausdruck. Die Befriedigung, welche Max aus der mörderischen Machtausübung zieht und durch das entspannte Grinsen bei der Tat selbst wie auch das lässige Rauchen und Nicken im Anschluss an die Erzählung Frau Holles deutlich wird, scheint nicht nur kurzfristiger Natur zu sein, ist doch das »Jucken des Hinterns«, Symbol für die erlittene Erniedrigung und Ohnmacht, nach seiner Beteiligung am Massenmord verschwunden. So gelingt es ihm, nach der ungehemmten Auslebung seiner sadistischer Impulse ein scheinbar »normales«, unauffälliges und angepasstes Leben zu führen.

Dass sich das Vorhandensein von Sadismus bei Max nicht nur in Form der Befriedigung bei totaler Beherrschung anderer, sondern auch auf sexueller Ebene ausdrückt, wird durch die Verortung des Berichts über den Massenmord in die »Liebespausen« (NF 118) und die Einbettung in eine sexuelle Rahmenhandlung mit Frau Holle sichtbar gemacht.[593] Die dem Sadismus immanente Gewalt und Zerstörung wird zwar auf die retrospektive Narration ausgelagert, findet jedoch in der realen, durch sexuelle Spannung angereicherten Handlung eine Entsprechung in der Anwesenheit eines Toten, der nackten Leiche des Soldaten hinter dem Kanonenofen (vgl. NF 116). Eine Verschränkung von Gewalt und Geschlechtskonstruktion wird darüber hinaus dadurch impliziert, dass Max die Bestätigung seiner Männlichkeit (»ein ganzer Kerl«) im Rekurs auf seine Skrupellosigkeit beim Massenmord zugesprochen wird.

In Palästina respektive Israel bietet sich Max einmal mehr die Möglichkeit, seine sadistische, hinter einem zur Schau getragenen fanatischen Zionismus verborgene Neigung unter gesellschaftlicher Anerkennung zu realisieren, wenn er als Terrorist und Soldat für die »Beherrschung der Welt« (NF 368), die »Weltherrschaft des Judentums« (NF 272) kämpft. Als er sich schließlich in die Shoah-Überlebende Mira verliebt, wird deutlich, dass aufgrund tiefsitzender sadistischer Neigungen seine libidinösen Wünsche in Richtung einer sexualisierten Destruktivität tendieren:

> Wenn ich an sie denke, dann kriege ich Lust, zuzustoßen, zu zertrümmern, aufzufressen, mir einzuverleiben, verliere dabei guten Samen… und nachdem ich den Samen verloren hab, da möchte ich wieder alles ausspucken, zusammenflicken, streicheln, versöhnen… aber nicht loslassen, als müßte ich es festhalten, um es wieder zu fressen.
> […]
> Wissen Sie, was Liebe ist? Ich weiß es nicht genau. Aber ich glaube, daß das, was ich, der Massenmörder Max Schulz, für Mira empfinde… das, glaube ich, muß es sein… ich meine bloß… Liebe! (NF 381)

Max nimmt in dieser Passage eine deutliche Differenzierung zwischen Triebhaftigkeit und Liebe vor, wobei erstere eindeutig mit sadistischer Destruktivität parallelisiert wird: Für Max gehen sexuelles Begehren und Triebabfuhr einher mit der Lust an Gewalt und Zerstörung; gleichzeitig nimmt das Verlangen nach Besitzergreifung und Beherrschung der Partnerin überhand, sodass die körperliche Vereinigung beim Koitus imaginiert wird als kannibalistisches Einverleiben.

593 Gleiches gilt für die Begegnung mit Veronja: Auch in den »Liebespausen« (NF 157) mit ihr erzählt Max von den Massenerschießungen (vgl. NF 157f.).

Der Sexualität, welche hier den Charakter einer zerstörerischen Triebhaftigkeit zugewiesen bekommt, steht das Konzept von Liebe diametral entgegen: Erst wenn der Prozess der rauschhaften Triebabfuhr seinen Abschluss im Orgasmus gefunden hat, erfährt Max das Bedürfnis nach Zärtlichkeit und Versöhnung, wobei er sich der sicheren Wiederkehr seiner sadistischen Begierde bewusst ist. Auffällig ist in diesem Zusammenhang auch der plötzliche Pronomen-Wechsel: »Wenn ich an *sie* denke« zu »als müßte ich *es* festhalten, um *es* wieder zu fressen«[594] (NF 381, Hervorhebung A.Z.). Rekurrierend auf das Freudsche Strukturmodell des pychischen Apparats handelt das Es nach dem Lustprinzip: Dieses äußert sich bei Max in seiner Begierde nach sadistischer sexueller Befriedigung, welcher wiederum mit dem Trieb nach oralem Einverleiben einhergeht. Die Nicht-Überwindung der oralen Phase, nach Freud die primitivste Stufe der psychosexuellen Entwicklung, sowie sein Sadismus weisen Max als paraphil aus und lassen auf eine Hemmung seiner sexuellen Entwicklung schließen – eine These, welche mit Bezugnahme auf Reich bereits erläutert wurde.

Max scheint ganz bewusst die groteske Dialektik, welche sich aus der Gegenüber- beziehungsweise Nebeneinanderstellung von »Liebe« und »Massenmörder« ergibt, zu betonen. Während Max einerseits Versöhnung und einen Neuanfang mit Mira (vgl. NF 381) ersehnt, onaniert er unaufhörlich beim Gedanken an ihre Symptome der Traumatisierung durch die grauenhaften Shoah-Erlebnisse: »Seit Mira in mein Leben hineinstieg… mit all dem Fett und all den stummen Schreien… onaniere ich Tag und Nacht.« (NF 381). Somit scheint sich Max, seiner sadistischen Neigung folgend, in Mira nicht trotz, sondern gerade aufgrund ihrer Opferidentität und der damit einhergehenden Adipositas verliebt zu haben; dieses Gefühl wird noch potenziert durch die Tatsache, dass er als Verursacher für ihre Traumatisierung infrage kommt. Max' Macht, die sich innerhalb der grotesken Täter-Opfer-Beziehung auf verschiedenen Ebenen manifestiert, resultiert somit erstens daher, dass er mit hoher Wahrscheinlichkeit an der Erschießung von Miras Familie beteiligt war; er trägt so für Miras – wenn auch nicht physischen, so doch seelischen – Tod (vgl. NF 381) die Verantwortung.[595] Eine weitere Machtbeziehung entsteht und konstituiert sich auf der Grundlage von Max' geheimem Wissen – indem er Mira seine mörderische Vergangenheit bewusst vorenthält, missbraucht und hintergeht er sie. Gerade

594 Das »es« kann freilich auch als Versachlichung der Liebespartnerin gelesen werden, womit der in der oben zitierten Passage (vgl. NF 381) evozierte Dualismus zwischen Emotionen und Trieb unterstrichen wird.

595 So heißt es im Text: »Ob ich dort war! In Wapnjarka-Podolsk? Dort… wo alle Juden erschossen wurden… außer zwei… einer alten Frau und einer jungen Frau [gemeint ist Mira, A.Z.]… obwohl die auch erschossen wurden… nur nicht richtig?« (NF 381).

aufgrund dieses Schweigens jedoch gestaltet sich die Beziehung mit Mira als harmonisch und zärtlich: »Wir küßten uns lange und innig.« (NF 412).

In Max' früheren Beziehungen zu Frau Holle und der Gräfin Kriemhild einerseits und der »Hexe« Veronja andererseits nimmt Sexualität einen zentralen Stellenwert ein. Während hingegen die Gräfin ausschließlich und Frau Holle zumindest partiell sexuelle Verfügbarkeit als Gegenleistung für materielle Leistung oder soziale Sicherheit anbieten, so gestaltet sich das Verhältnis zwischen Max und Veronja radikal anders: Hilsenrath verweigert auf der Ebene von Geschlechterkonstellation, Romanhandlung und Historie die klassische Opfer-Täter-Konstellation, wenn eine Frau als Vergewaltigerin des Mannes auftritt, Max Schulz als negativer Romanheld von der Rolle des Massenmörders in die des Opfers gedrängt wird, und die historischen Tatsachen eine groteske Umkehrung finden, indem eine polnische Zivilistin den deutschen SS-Mann unterwirft.

Auch wenn sexualisierte Gewalt in erster Linie »Ausdruck einer spezifisch männlichen Gewalt gegen Frauen«[596] ist: Gegen die Behauptung Brownmillers, die Vergewaltigung eines Mannes durch eine Frau sei physiologisch ausgeschlossen[597], sprechen zahlreiche Einwände, nicht zuletzt weil Erektionen auch durch Angst ausgelöst und Ejakulationen erzwungen werden können.[598] Im Roman bedient sich Veronja eines speziellen Tranks, welcher »ein künstliches Feuer in meinen Lenden« (NF 159) entzündet und so den sexuellen Missbrauch Nacht für Nacht ermöglicht.

Max sadistisches Bedürfnis nach kannibalistischem Einverleiben findet sich auch bei Veronja, welche er durchgängig als »Hexe« bezeichnet und als »Menschenfresserin« (NF 146) imaginiert – sie stellt damit die »Personifikation der destruktiven Aspekte der Oralität«[599] dar:

> Die grinst wie [...] eine Menschenfresserin. Dachte unwillkürlich an einen Riesenkochtopf, in dem mein Hintern schwimmt... rosarot... fertig zum Anschneiden... sah meine Froschaugen losgelöst in der Brühe schwimmen. Und meine Augen sahen ihr Gesicht: das grinsende Gesicht eines Hutzelweibes... (NF 146f.)

Veronja wird durch Max' Beschreibung – krächzende Stimme, meckerndes Lachen, eisgrau und zottig, zahnloser Mund, speicheltriefend, vertrocknete und schwarzwarzige Brüste – als Sinnbild der *vetula* charakterisiert. Der durch die

596 Harten, Hans-Christian: Sexualität, Mißbrauch, Gewalt. Das Geschlechterverhältnis und die Sexualisierung von Aggressionen, Opladen 1995, S. 66.

597 Vgl. Brownmiller, 21f.

598 Vgl. Groth, Nicholas A./Birnbaum, Jean H.: Men Who Rape. The Psychology of the Offender, New York/London 1981, S. 186ff; vgl. Harten, S. 81.

599 Bettelheim, Bruno: Kinder brauchen Märchen, München 1980, S. 186.

groteske Beschreibung hervorgerufene Abscheu wird noch potenziert durch die Verschränkung mit Sexualität:

> Die Ekel-Topographie des Körpers [...] steht [...] nicht für sich allein. Sie gewinnt ihre Schärfe erst aus dem sexuellen Ansinnen , das von der *vetula* ausgeht und zu einem eigenen Motivkreis ausdifferenziert ist: unersättliche Sexualgier nach zahlreichen *fututiones*, Klagen über Schlaffheit [...] und Impotenz des Mannes [...].[600]

Anhand der Figur der Veronja wird das traditionsbildende literarische Schema der »dämonischen Verführerin«[601] grotesk subvertiert, wird Max doch nicht durch unwiderstehliche Anziehungskraft erotisch an die »Hexe« gebunden, sondern ist indirekt an ihre Kate gefesselt, da er sonst dem eisigen Winter, der Roten Armee, den polnischen Bauern oder Partisanen zum Opfer fiele. Während die »dämonische Verführerin« den Mann üblicherweise von höheren Interessen ablenkt, seine Moral untergräbt und ihn ins Unglück stürzt,[602] wird dieses Schema insofern gebrochen, als Max selbst ein skrupelloser Täter ist. Die sadistische Befriedigung, die Veronja aus ihren Taten zieht, speist sich aus dem Wissen um Max' Vergangenheit. Die destruktive Dynamik entlädt sich, wenn Veronja ihr Opfer extremen Gewaltexzessen unterwirft, wobei ihre Kreativität im Erfinden von Grausamkeiten (vgl. NF 154) die Lust verrät, die sie an der (sexualisierten) Destruktivität verspürt. Die sadistische Intention ihrer Handlungen zielt auf Erniedrigung und Beherrschung ihres Opfers, wobei sich für Veronja der besondere Reiz dadurch ergibt, totale Kontrolle und Verfügung über einen »gefallenen Gott« zu erlangen:

> »Ich habe noch nie einen Gott geprügelt«, sagte die Alte.
> »Einen Gott?« fragte ich.
> »Einen, der mal einer war«, sagte die Alte.
> Und dann hob sie die Reitpeitsche und krächzte: »Los! Hosen runter! Aber schnell!« (NF 154)

Nachdem die polnische Zivilistin jahrelang ohnmächtig hatte zusehen müssen, wie die deutschen Okkupatoren ihr Land ausbluteten, weidet sie sich nun daran, Max als einen der ehemaligen Befehlshaber nach seinem hohen Fall zum »Untermenschen« (NF 149) ihrerseits quälten und unterwerfen zu können.[603]

---

600 Menninghaus, S. 136f.

601 »Die dämonische Verführerin,« in: Frenzel, Elisabeth: Motive der Weltliteratur. Ein Lexikon dichtungsgeschichtlicher Längsschnitte, 5., überarb. u. ergänzte Auflage, Stuttgart 1999, S. 774–788.

602 Vgl. ebd., S. 774.

603 Hilsenrath kehrt durch die Episode mit Veronja – Gleiches gilt auch für die Protagonistinnen Lydia und Dorota – nicht nur geschlechtsstereotype Zuschreibungen, sondern zugleich historische Tendenzen um, wenn die polnische Frau als Täterin in Erscheinung tritt. Röger untersucht in ihrer Studie zu Gewalt und Prostitution im besetzten Polen kommerzielle, konsensuale sowie erzwungene Kontakte, wobei darlegt wird, dass die polnische

Die Sexualität erweist sich in diesem Kontext einmal mehr als Mittel zur Machtausübung, die sexuellen Handlungen als Gewaltakt. In der Forschung wurde oftmals darauf hingewiesen, dass Vergewaltigung »kein aggressiver Ausdruck von Sexualität, sondern ein sexueller Ausdruck von Aggression«[604] sei und »in der Psyche des Täters nicht sexuellen Zwecken, sondern der Artikulation von Wut, Gewalt und Herrschaft«[605] diene. Damit stellt Max' Vergewaltigung durch Veronja letztlich eine in der Nacht durchgeführte sexualisierte Fortschreibung der sadistischen Gewaltakte dar, welche er tagsüber erleiden muss.

Vergewaltigung durch einen männlichen Täter ist in der Regel mit dem gewalttätigen Eindringen in das Innere des weiblichen oder männlichen Körpers des Opfers verbunden, was »den schwersten denkbaren Angriff auf das intimste Selbst und die Würde des Menschen«[606] bedeutet: Das gewaltsame Eindringen in den fremden Körper bewirkt – genau wie bei der Folter – nicht nur körperlichen Schmerz, sondern auch und insbesondere den »Verlust der Würde, einen Angriff auf die Identität und den Verlust der Selbstbestimmung über den eigenen Körper«[607]. Diese Erfahrung des Kontrollverlustes erleidet auch Max, wenn auch nicht durch gewaltsames Eindringen in das Innere seinen Körpers: Veronja gelingt es mittels des Kräutertrunks, der bei Max entgegen seinen Willen und Empfindungen eine Erektion auslöst, ihm die Kontrolle über seinen eigenen Körper zu entreißen und seine (nicht nur sexuelle) Selbstbestimmung endgültig zur brechen.

Dabei stellt der Verlust der sexuellen Selbstbestimmung – nach der Untergrabung seiner Autorität sowie der existentiellen Abhängigkeit – erst die dritte und letzte Ebene des Kontrollverlusts dar, welchen Max bei Veronja erleidet. Zunächst muss er erkennen, mit dem Fall des NS-Regimes, welches ihm den Status eines »Herrenmenschen« garantiert hatte, seine gottgleiche Allmacht verloren zu haben:

> Ich erzählte der Alten, daß ich jahrelang in aller Früh den Himmel angebrüllt hatte, und ich zeigte ihr, wie ich das gemacht hatte. Ich brüllte: »Es werde Licht! Es werde Licht! Es werde Licht!«
> […]
> Und ich sagte: »Und der Himmel hat mir immer gehorcht!«

Frau häufig Opfer sexueller und sexualisierter Gewalt wurde; siehe insbesondere Kapitel 3 des folgenden Werkes: Röger, Maren: Kriegsbeziehungen. Intimität, Gewalt und Prostitution im besetzten Polen 1933 bis 1945, Frankfurt a. M. 2015.

604 Seifert, Krieg und Vergewaltigung, S. 88. Seifert verweist hier auf zwei einschlägige Studien zum Thema Vergewaltigung: Heinrichs, Jürgen (Hrsg.): Vergewaltigung – Die Opfer und die Täter, Braunschweig 1986; Feldmann, Harald: Vergewaltigung und ihre psychischen Folgen. Ein Beitrag zur posttraumatischen Belastungsreaktion, Stuttgart 1992.

605 Seifert, Krieg und Vergewaltigung, S. 88.

606 Ebd., S. 89.

607 Ebd.

> »Jetzt auch noch?« fragte die Alte.
> »Jetzt auch noch«, sagte ich großspurig.
> [...]
> Die Alte weckte mich am nächsten Morgen, bevor es dämmerte. Ich zog meine Uniform an und die Stiefel. Wir öffneten eines der Fenster, starrten beide hinaus in die Dunkelheit. Ich klappte die Hacken zusammen und brüllte: »Es werde Licht!«
> Ich brüllte: »Es werde Licht!«
> Ich brüllte: »Es werde Licht!«
> Aber nichts geschah. Und da begann die Alte zu lachen, [...] lachte aus vollem Halse, schlurfte dann zu der großen schwarzen Truhe, die unter dem Fenster stand, öffnete sie, holte eine Reitpeitsche heraus, lachte noch immer, lachte ihr meckerndes, seltsames Lachen, beruhigte sich dann allmählich, sagte krächzend zu mir: »Ich kann mit dir machen, was ich will! Ich kann dich anzeigen! Ich kann dich verhungern lassen!« (NF 152f.)

Die zitierte Passage stellt den zentralen Wendepunkt in der Beziehung zwischen Max und Veronja dar, markiert sie doch den Übergang von Max' Täter- zur Opferidentität. Im gleichen Moment, in dem sich Veronja in ihrer Annahme vom »gefallenen Gott« bestätigt sieht, beginnt sie mit der sexualisierten Beherrschung. Den ersten Schritt zu Max' Erniedrigung und Demütigung bildet dabei das dämonisch anmutende, unheilverkündende Lachen, mittels welchem Veronja Max ihre Verachtung deutlich macht und seine Autorität einreißt. Max, welchem die NS-Uniform bisher den Zugang zu Macht und Herrschaft gesichert hatte und der nun mit dem Verlust seiner Befehlsgewalt über Natur und Umwelt konfrontiert wird, wird im Folgenden selbst Opfer der scheinbar übernatürlichen Kräfte der »Hexe« Veronja, welcher es nicht zuletzt dank ihrer Kräuterkunde gelingt, Max' Selbstbestimmung körperlich und sexuell zu brechen. Auf die Erkenntnis seiner Ohnmacht und seines absoluten Kontrollverlusts folgt nun die Einsicht, Veronja gänzlich ausgeliefert zu sein: »Ich war völlig von ihr abhängig.« (NF 152); »Sie konnte mit mir machen, was sie wollte.« (NF 156)

Bereits ab der ersten Sekunde der Begegnung ist Max, wie er kontinuierlich betont (vgl. etwa NF 149, 154, 155, 159) fest davon überzeugt, dass Veronja ihm nach dem Leben trachtet – eine Annahme, in der er sich angesichts ihrer Grausamkeiten, welche ihn gar in den Herzinfarkt treiben, bestätigt sieht: »Die Alte hatte irgend etwas mit mir vor. Aber ich wußte nicht was. [...] Auf jeden Fall war sicher, daß sie mich umbringen wollte!« (NF 149).

Erst spät erahnt Max, dass sich hinter ihren Taten eine tieferliegende Berechnung verbirgt – ihr Sadismus intendiert eben nicht seinen Tod, sondern lässt sich als eine Art »erzieherischer Rache« deuten; sein Leid unter der psychischen und physischen Folter sowie der sexualisierten Gewalt stellt den Sinn ihrer Taten dar: »›Ich durfte nicht sterben‹, sagte Max Schulz. ›Das ist es ja eben. Veronja wollte mich gar nicht umbringen. [...] Ich sollte nur gequält werden. Nichts weiter. Veronja wollte mir irgend etwas klarmachen.‹« (NF 160).

Auch wenn der Roman die wahren Interessen Veronjas nicht explizit nennt, so scheinen ihren sadistischen Taten doch zwei miteinander verschränkte Intentionen zugrunde zu liegen: Erstens zielt Veronja, wie bereits erläutert, auf lustvolle Beherrschung ihres Opfers; sie macht sich das wesentlichste Strukturelement der Folter zunutze, wenn sich Max' realer Schmerz für sie selbst in die Fiktion von Macht umwandelt.[608] Dabei wird die Befriedigung potenziert durch das Wissen darum, dass der nun ohnmächtige Unterdrückte selbst als ehemaliger Peiniger seine mörderische Triebabfuhr an wehrlosen Opfern ausgelebt hatte.

Zweitens scheint Veronja darauf zu ziehen, die erlittene Gewalt in Max' Körper einzuschreiben. Die Vergewaltigungen und Prügel hatten – neben der Bereitung sexueller Lust und der Befriedigung sadistischer Triebe – dazu gedient, Max' Person auf seinen Körper zu reduzieren, sodass er seinen Körper für immer »als untrennbar mit der erfahrenen Gewalt verbunden«[609] erlebt. Diese Prägung von Körper und Geist sowie das Gefühl der Existenzbedrohung ist »aufgrund der Gefangenheit im Körper und der Unausweichlichkeit des Körpers sowie des Geschlechts«[610] eine permanente. Gerade darum forciert Veronja nicht Max' Tod, sondern möchte ihm gar zu einer glückenden Flucht verhelfen. Letztlich scheint die These plausibel, dass Veronja durch das tiefe Einschreiben von Gewalt in seinen Körper gesichert wissen will, dass sich Max der Wandelbarkeit von Täter- und Opferidentität stets bewusst ist: Die dauerhafte Zeichnung dient als Erinnerung, dass die Täter-Opfer-Konstellation nicht festgeschrieben, sondern vielmehr umkehrbar ist. Als finalen Scheideweg, an welchem die Zugehörigkeit zur Täter- oder Opferseite ein letztes Mal auf den Prüfstand gestellt wird, sieht Veronja dabei die göttliche Instanz, welcher sich Max ihrer Überzeugung nach selbst nach einer geglückten Flucht und der Annahme einer neuen Identität stellen muss: »Aber das wird dir nichts nützen. Denn Gott ist überall. Du kannst dich nicht vor ihm verstecken!« (NF 166)

Insgesamt betont und bestärkt Max' Begegnung mit Veronja die »Pseudo-Philosophie einer Welt voller Stöcke«[611]. Einem repressiven autoritären Kontext entstammend, sehnen sich zentrale Figuren des Romans danach, sich einer starken Macht außerhalb ihrer selbst unterzuordnen – und verspüren zugleich das Verlangen, selbst Macht über andere auszuüben.[612] Hilsenrath löst in »Der Nazi & der Friseur« eindeutige Täter-Opfer-Zuschreibungen auf, wenn er nicht

608 Vgl. Amesberger et al., S. 46; Scarry, Elaine: Der Körper im Schmerz. Die Chiffren der Verletzlichkeit und die Erfindung der Kultur, Frankfurt a. M. 1992, S. 43.

609 Amesberger et al., S. 44.

610 Ebd.

611 Dopheide, S. 133.

612 Vgl. ebd.

nur die Grenzen innerhalb dieser Kategorien verschwimmen lässt, sondern Täter- und Opferidentität explizit als sich gegenseitig bedingend[613] darstellt.[614]

Resümierend kann festgehalten werden, dass (wie auch in »Nacht«[615]) Sexualität nicht vorwiegend auf körperliche Befriedigung zielt, sondern vielmehr lediglich als Mittel zum Zweck, als eine Möglichkeit zur Erlangung subjektiver Wünsche dient – Sexualität scheint das effektivste Mittel zur Etablierung und Zementierung von Macht- und Gewaltverhältnissen zu sein. Mit Slavitzki und Veronja verleihen zwei für Max' Entwicklung wegweisende Figuren ihrer tatsächlichen oder ersehnten Vorherrschaft durch sexualisierte Gewalt Ausdruck. Aufgrund der asymmetrischen Beziehung kann dabei in beiden Fällen von sexuellem Missbrauch gesprochen werden, befindet sich Max doch sowohl als Kind als auch als Gefangener in einer ohnmächtigen, untergeordneten Stellung, wobei sich die Täter zur Befriedigung ihrer Bedürfnisse ihre Positionen und Machtmittel zunutze machen.

In »Fuck America« werden die sexuellen Nöte eines zutiefst traumatisierten, gesellschaftlich ausgestoßenen Shoah-Überlebenden aufzeigt: Hier laufen Opfer-Täter-Zuschreibungen sowohl entlang geschlechtsspezifischer Linien als auch im Hinblick auf die Shoah, wobei eine Diversität der Täterschaft zugrunde gelegt wird, welche weit über die Schuld der Deutschen hinausgeht, beispielsweise auch den amerikanischen Generalkonsul als Vertreter der rigiden Einwanderungspolitik Amerikas miteinbezieht (vgl. FA 7–12; 24).

Bezüglich des Fokus' auf mit Sexualität verwobenen Machtstrukturen sei insbesondere der Komplex der Prostitution näher zu beleuchten: Auch wenn mittlerweile in Forschung und Wissenschaft die Erkenntnis konsensuell ist, dass Prostitution »eine Funktion erfüllt, die andere soziale Institutionen, zumal die Ehe und die feste Partnerschaft, nicht kompensieren können«[616], gehört es immer noch »zum Standardrepertoire alltagssemantischer Ansichten zur Sexarbeit, dass zum Freier vor allem diejenigen werden, die ›es nötig haben‹, weil sie

613 Mit Reich wurde die Kausalität aufgezeigt, aus welcher ein Opfer, sobald sich ihm die Möglichkeit zur Entladung seiner angestauten Aggressionen bietet, zum Täter wird: Gerade die erlittene Erfahrung von Ohnmacht, Unterdrückung und (sexualisierter) Gewalt resultiert in das Verlangen nach triebhafter Auslebung von Macht- und Gewaltobsessionen.

614 Diese gewissermaßen unendliche gesellschaftliche Konstellation – Ausübung von Repressionen bei gleichzeitiger Erleidung derselben – wird als »Reigen« bezeichnet; so heißt es in »Der Nazi & der Friseur«: »Wo fängt der Reigen an? Und wo hört er auf? Und wo steht der liebe Gott? Steht er im Reigen? Oder darüber? Wen sollte ich eigentlich verprügeln?« (NF 60). Auch Tišma bemüht das Bild vom »Reigen«, vgl. Tišma, Kapo, S. 307.

615 In »Nacht« schreibt Ranek dem (aufgrund der erektilen Dysfunktion nicht vollziehbaren) Koitus die Funktion zu, sich selbst durch den Beweis sexueller Stärke zurück ins Leben zu katapultieren und zugleich die eigene fragile Männlichkeitskonstruktion auf Kosten der Frau zu stabilisieren.

616 Benkel, S. 86.

in den Möglichkeiten ihrer ›Triebabfuhr‹ eingeschränkt sind«[617]. In Hilsenraths »Fuck America« ist eben diese Vorstellung prävalent, wenn Bronsky ebenso wie die übrigen Emigranten seines Bekanntenkreises nur darum Prostituierte aufsucht, weil ihnen die Auslebung ihrer Sexualität auf anderen, »sozial anerkannten Wegen«[618] verwehrt ist. Die dargestellte »Notwendigkeit« zum Besuch von Prostituierten liegt darin begründet, dass durch die männlichen Protagonisten der Hilsenrathschen Romane sexuelle Begierde prinzipiell eine Gleichsetzung mit Lust auf den heterosexuellen Koitus erfährt, sodass Masturbation lediglich als unzureichende Form der Kompensation empfunden wird.[619]

Die Rede vom unbeherrschbaren männlichen Trieb ist ein Primärdiktum, auf welchem der Freier-Diskurs beruht.[620] Diese sexistische Annahme entwirft ein Szenario der unkontrollierbaren Begierde, welcher zum Wohle der Gesellschaft durch das Konzept der Prostitution ein Ventil geschaffen wird. Sexualität tritt gemäß dieser Vorstellung als »Bemächtigungsmoment auf, das sich über den Verstand stülpt und ihn lähmt, sodass früher oder später der Widerstand kollabiert – aber nur der männliche«[621]. Dies impliziert insofern eine Machtstellung der weiblichen Handlungsfigur, als dass die Frau als »potentielle, wenn nicht sogar effektive Kontrollgewalt männlicher Sexualität«[622] angesehen wird. Aus der Perspektive des sexuell unbefriedigten Mannes ergibt sich die weibliche Superiorität durch seine Abhängigkeit von ihrer (nicht durch erotische Begierde beeinflusste) Entscheidungsmöglichkeit zur Zustimmung oder Verweigerung der sexuellen Begegnung. Hier eröffnet sich die strukturelle Differenz zwischen »privaten Mädchen« (FA 93) und »Strichmädchen« (FA 93), tritt doch als neuer Faktor die ökonomische Komponente, das Geld in Erscheinung, wodurch die aus männlicher Sicht als ungleich empfundene Machtebene entscheidend beeinflusst oder gar umgekehrt werden kann.

Eine groteske Verdrehung stellt dabei im Roman die Tatsache dar, dass sich für Emigranten wie Bronsky eine sexuelle Beziehung mit »privaten« Frauen weniger aufgrund sozialer, sprachlicher oder ideeller Barrieren als vielmehr aus finanziellen Gründen als unmöglich herausstellt: Zwar wird postuliert, dass in Amerika die Liebe mehr sei als

> eine reine Geldfrage […]. Wer in diesem Land ein Mädchen will, das nicht auf den Strich geht, auch kein Callgirl ist oder so was ähnliches […], für den ist die Liebe vor

617 Ebd.

618 Ebd.

619 Vgl. dazu die Ausführungen in Kapitel 2.2.2.

620 Vgl. Grenz, Sabine: (Un)heimliche Lust. Über den Konsum sexueller Dienstleistungen, Wiesbaden 2005, S. 153.

621 Benkel, S. 86.

622 Jackson, S. 105.

allem eine Frage seiner Erfolgsausstrahlung, die er als Mann tagtäglich unter Beweis stellen muß. (NA 93f.)

Nichtsdestotrotz verdeutlichen zahlreiche weitere Passagen, dass letztlich doch die ökonomische Schwäche der Emigranten das größte Hindernis darstellt und hierin der Hauptgrund dafür zu suchen ist, dass sie »noch nie 'n privates Mädchen gefickt« (FA 59) haben. In diesem Kontext sind auch die an Bronsky gerichteten Worte einer um ihn werbenden Sex-Arbeiterin bezeichnend: »Du siehst nicht aus wie einer, der sich 'ne feste Freundin leisten kann« (FA 77).

Damit unterläuft das in »Fuck America« entworfene Bild der Prostitution gängige Muster, wenn erstens der Besuch von Sex-Arbeiterinnen nicht als zusätzliche Bereicherung des Sexuallebens, sondern als unumgängliche Notwendigkeit zur Triebabfuhr konzipiert ist. Zweitens werden durchweg alle amerikanischen Frauen als käuflich geringgeschätzt, wobei der Weg zur Erlangung des Koitus bei einer Prostituierten weit günstiger ist, können die Emigranten sich doch die »geldgierigen amerikanischen Frauen nicht leisten« (FA 54); selbst mit den »Emigrantenmädchen«, die »drüben in Europa für 'ne Tasse Kaffee gefickt« (FA 59) haben, müsse man erst »ein paarmal [...] ausgehen, ehe sie endlich die Beine breitmachen. Und das kostet hundert Piepen« (FA 59). Demgegenüber sind die zahlreichen Sexarbeiterinnen weit billiger zu haben: »Die [Strichmädchen, A.Z.] kann sich unsereins leisten. [...] Man zahlt und hat seinen Spaß. Und teuer ist's eigentlich auch nicht. 'ne Negerin fünf Dollar, 'ne Puertorikanerin sieben, 'ne weiße zehn.« (FA 60)[623]

Die aus zahlreichen Textstellen sprechende kaum verhohlene Misogynie der Emigranten kann zurückgeführt werden auf deren Gefühl von Ohnmacht und Unterlegenheit gegenüber dem weiblichen Geschlecht, welchem das Vorhandensein libidinöser Bedürfnisse gänzlich abgesprochen und zugleich unterstellt wird, das biologisch eingeimpfte Verlangen des Mannes nach sexueller Triebabfuhr schamlos auszunutzen. Eine solche Anschauung teilend, erfährt Bronsky das Miteinander der Geschlechter als ewigen Machtkampf, welchem der aufgrund seines unkontrollierbaren Sexualdrangs unterprivilegierte Mann

623 Das Zitat könnte im Hinblick auf »Critical Whiteness« und die Koppelung von Rassismus und Sexismus einer tiefergehenden Analyse unterworfen werden. Kerner unterscheidet im Rekurs auf Foucaults Machtanalytik zwischen drei verschiedenen Dimensionen (und damit einhergehend auf drei Formen) von Sexismus und Rassismus: die epistemische, die institutionelle und die personale Dimension. Diese Überlegungen sind im Rahmen der hier verhandelten Fragestellung jedoch nicht zielführend. Siehe dazu folgende Werke: Kerner, Ina: Differenzen und Macht. Zur Anatomie von Rassismus und Sexismus, Frankfurt a. M. 2009; Hark, Sabine/Villa, Paula-Irene: Unterscheiden und herrschen. Ein Essay zu den ambivalenten Verflechtungen von Rassismus, Sexismus und Feminismus in der Gegenwart, Bielefeld 2017; Tißberger, Martina: Critical whiteness. Zur Psychologie hegemonialer Selbstreflexion an der Intersektion von Rassismus und Gender, Wiesbaden 2017; Dietze, Gabriele: Sexualpolitik: Verflechtungen von Race und Gender, Frankfurt a. M. 2017.

zwangsläufig unterliegen muss – eine Wahrnehmung, in der die Vergewaltigung einer Frau den Charakter eines rebellischen, fast bewundernswerten Aktes männlicher Selbstbehauptung zugewiesen bekommt, durch welchen das die Männer übervorteilende Geschlechterverhältnis geradegerückt wird (vgl. FA 71 f.).

Einerseits liegt dem Weltbild der Emigranten die Tendenz der Nivellierung von Unterschieden zwischen Sex-Arbeiterinnen und »privaten« Frauen zugrunde, werden doch beide Gruppen gleichermaßen als käuflich angesehen und ihre Degradierung zu Sexualobjekten auf die Formel »Loch ist Loch« (FA 168) verkürzt. Andererseits lässt sich den Gesprächen der Emigranten untereinander deutlich entnehmen, dass sehr wohl eine rigorose Differenzierung zwischen den Gruppen erfolgt: Die Rede über Prostituierte changiert zwischen wohlwollender und abwertender Überheblichkeit, welche aus dem Wissen – und der Genugtuung – um die permanente Verfügbarkeit der Sex-Arbeiterinnen heraus erklärbar ist. Gleichwohl tritt die Verdinglichung dieser Frauen offen zutage, wenn ihnen die Zugehörigkeit zum weiblichen Geschlecht abgesprochen wird (»Aber Strichmädchen zählen nicht. Das sind keine Frauen.« (FA 56)), wodurch wiederum die Reduktion auf ein zu gebrauchendes Objekt zur sexuellen Triebabfuhr endgültig festgeschrieben wird. Dennoch sind es gerade diese Frauen, welcher die Emigranten sexuell habhaft werden können – im Gegensatz zu den »privaten« Amerikanerinnen, die für die Emigranten niemals zu gewinnen sind. Aus eben dieser ernüchternden Erkenntnis heraus resultiert die offene Verachtung und Misogynie. Die Ungleichheit der Bewertung lässt sich aus folgendem pointierten Zitat ablesen: »Sie [die Emigranten, A.Z.] [...] reißen Witze über die Strichmädchen, [...] verfluchen die geldgierigen amerikanischen Frauen, die sie sich nicht leisten können« (FA 54). Der Spott und das »Witzereißen« lassen sich als performativer Akt lesen, durch welchen sich die Männer gegenseitig ihre eigene Überlegenheit versichern. Demgegenüber steht das Verfluchen derjenigen Frauen, welche sich dem sexuellen Zugriff auf ihre Körper entziehen: Während im Lachen der eigenen Herrschaft und Macht über die Prostituierten Ausdruck verliehen wird, so dient die Verteufelung der Amerikanerinnen als Ventil für die ohnmächtige Wut über die eigene Unterlegenheit.

Sexualisierte Gewalt findet nur dort Anwendung, wo der Zugang zum weiblichen Körper verwehrt wird (vgl. 71 f.); in den überwiegenden Fällen wird das Mittel der Gewaltanwendung durch das Machtinstrument Geld ersetzt. Die Sex-Arbeiterinnen

> beugen sich demnach passiv der Macht der fremden Lust, wenn und weil sie keine Wahl haben, als sich einer substanziellen Außensteuerung zu unterwerfen, die ihnen allen-

falls (und auch dies selten genug) das Recht zur ökonomischen Selbstverwaltung verleiht.[624]

Eine Ambivalenz des Machtgefälles ergibt sich daraus, dass der zahlende Freier zwar den weiblichen Körper kaufen und Anweisungen geben wie auch sein erotisches Erleben von ihrer Lust abkoppeln kann, ihm aber dennoch nicht die Kontrolle über Gedanken und Gefühle der Sex-Arbeiterin obliegt.[625] Wird einerseits die weibliche Lust gänzlich ausgeklammert und kommt »als Facette der Sexarbeit so gut wie nicht vor«[626], so ersehnen die Emigranten doch anderseits weibliche Lust und beklagen das mangelnde erotische Begehren der Sex-Arbeiterinnen:

> »Die Negerinnen sind die besten«, sagt Grünspan, »obwohl sie die billigsten sind. Unlängst hab' ich eine gehabt, die war richtig heiß. Hat mir das Bett vollgepißt.«
> »Ja«, sage ich. »Die schwarzen Mädchen sind heiß.«
> »Manche weißen Mädchen sind auch nicht schlecht«, sagt Grünspan, »aber meistens wollen die schnelles Geld.«
> »Ja«, sage ich.
> »Am schlechtesten ficken die Puertorikanerinnen«, sagt Grünspan. »Ein ganz mieser Fick. Die sind gewöhnlich auf ihren Zuhälter fixiert und hassen jeden anderen Mann.« (FA 60)[627]

Die Passage macht deutlich, dass sich die Freier sehr wohl der »Begrenzung der nur durch Geld hergestellten Beziehung«[628] bewusst sind – und dennoch implizit ein Lustempfinden (oder zumindest die Bereitschaft zu entsprechender Inszenierung) der Sex-Arbeiterin und eine Verschleierung des prostitutiven Geschäftscharakters erwarten; nach Abschluss der Aushandlung von Konditionen solle die Ware Frau, so der Anspruch, ebenfalls »heiß« und dem Freier gegenüber aufgeschlossen sein. Dem mangelnden erotischen Begehren der Prostituierten scheinbar diametral entgegen steht Bronskys sexuelle Begegnung mit der Psychoanalytikerin Mary Stone, wird hier doch erstmals vorgeblich das Augenmerk auf weibliche Lust gerichtet: Gleichwohl kann nicht von einer Verschiebung des

---

624 Benkel, S. 83. Das Konzept der selbstbewussten Prostituierten, welche sich bewusst und nicht (oder nicht nur) aus existentieller Not auf diese polarisierende Arbeit einlässt, findet sich in »Fuck America« kaum. Vielmehr wird ihre finanzielle Zwangslage durch das Feilschen und Herunterhandeln des Preises für sexuelle Dienstleistungen offengelegt (vgl. etwa FA 13, 75ff.).

625 Vgl. Grenz, S. 154.

626 Benkel, S. 87.

627 Auch aus diesem Dialog spricht eine (nach Kerner) epistemische Dimension von Sexismus und Rassismus. Diese umfasst rassistisches und sexistisches Wissen, wobei es sich hierbei häufig um Fehl- oder Überinterpretationen empirischer Beobachtungen handelt. Rassistischen und sexistischen Diskursen wird, obwohl empirisch »falsch«, ein Wahrheitswert zugeschrieben. Vgl. Kerner, S. 38f.

628 Grenz, S. 161.

Fokus' gesprochen werden, steht implizit im Mittelpunkt doch immer noch die männliche Befindlichkeit, so dass Stones Orgasmus letztlich nur der Bestätigung der Maskulinität, Potenz und Überlegenheit Bronskys dient.

Einen weiteren das Machtverhältnis zwischen Freier und Sex-Arbeiterin betreffender Aspekt stellt die Schönheit der Frau dar:

> Während der Blick der Frauen als verführerisch galt, wurden Männer durch das Sehen verführt [...]. Das Sehen und die Reaktion auf das Gesehene ist also männlich konnotiert, während es für Frauen genau anders herum zu sein scheint: Ihr Blick sieht nicht, er drückt etwas aus, nämlich die Macht der Verführung.[629]

Die Schönheit der Sex-Arbeiterin ist erstens an die Maskulinität des Mannes geknüpft,[630] wenn der Freier, sich indirekt ihre Schönheit aneignend, einen positiven Rückbezug auf die eigene Identität und Optik herstellt: Es ist »die schöne Frau, an deren Seite sich der Freier als Prinz und Retter fühlen kann«[631].

Grenz stellt – in Abgrenzung zu Kleiber und Velten, welche in der Beziehung zur Sex-Arbeiterin ein Beziehungssurrogat sehen wollen[632] – die These auf, dass Freier eine »Instant-Intimität« suchen: Die Realisierung ihrer Fantasien funktioniert nur, wenn »die Symbole, die die romantischen Vorstellungen bzw. die Fantasien der perfekten Befriedigung sexueller Wünsche produzieren und befriedigen, stark genug sind. Daher spielt das Aussehen der Frauen eine große Rolle.«[633] Das Machtverhältnis zwischen den Geschlechtern scheint reziprok, wenn sich der »hässliche« Mann eine »schöne« Frau kaufen, diese aber wiederum für gleiche Leistung einen höheren Preis verlangen kann. Aus Perspektive des Freiers steigt jedoch mit den erhöhten Ansprüchen und Illusionen auch das Risiko, einer absichtlichen Täuschung von Seiten der Prostituierten zu erliegen. Eine Szene aus »Fuck America« ist hier besonders aufschlussreich:

> Ich war ziemlich erregt, hatte einen Steifen und wollte nun endlich meinen verdienten Fick.
> Die Strichmädchen in der Times-Square-Gegend [...] waren genauso verkommen wie die Strichmädchen am oberen Broadway [...]. Ich sagte also zu mir: Bronsky! Höchste Zeit, daß du mal was Anständiges fickst. Heute wirst du dir eine Luxushure leisten. [...]
> Dort saßen sie: die Luxushuren. In einer teuren Bar. [...] Man konnte vor dem Schaufenster stehen und sie anstarren. Hübsch waren sie. Gut gewachsen. Tadellos angezogen. Elegant. Frisiert nach dem letzten Modeschrei. [...]
> Ich setzte mich auf den Barhocker neben die große Blonde, auf die ich besonders scharf

629 Ebd., S. 210.
630 Vgl. ebd., S. 215.
631 Ebd., S. 216.
632 Vgl. Kleiber, Dieter/Velten, Doris: Prostitutionskunden. Schriftenreihe des Bundesministeriums für Gesundheit, Bd. 30., Bayreuth 1994.
633 Grenz, S. 216.

> war. Sie hatte die Beine der Minstinguette, den Körper von Esther Williams und eine Gesicht, das mich entfernt an die Bergman erinnerte. Mensch, Bronsky, sagte ich zu mir. Das ist ein Klasseweib. So eine hast du noch nie gehabt. Denk nicht an Shirley Schwarz, an ihr schwammiges Gesicht, die fetten Beine, den breiten Arsch. […]
> »Möchten Sie einen Drink?'« fragte ich die große Blonde.
> Wir tranken zwei Cocktails und sprachen über das Wetter. […] Auf dem Weg in ihr Hotel merkte ich, daß uns ihr Zuhälter folgte. […]
> »Das kostet 25 Dollar«, sagte die Blonde.
> »Ich wußte nicht, daß das so teuer ist.«
> […]
> Sie zog sich den Schlüpfer aus. Sonst nichts.
> »Komm«, sagte sie.
> Ich nahm mir nicht einmal die Zeit, das Bett aufzudecken. So scharf war ich auf die. Ich warf sie aufs Bett und stürzte mich auf sie drauf. Ich hatte gerade noch Zeit, den Schlitz meiner Pariser Hose zu öffnen […], da kam es mir schon.
> Ich sagte: »Das gilt nicht.«
> »Was soll das heißen?«
> »Es ist mir vorzeitig gekommen.«
> »Dein Pech, Junge.«
> »Ich hab' ihn nicht mal reingesteckt.«
> »Dein Pech, Junge.«
> »Laß mich noch einmal ran!«
> »Das kostet wieder 25 Dollar.«
> »Soviel hab' ich nicht.«
> »Guck mal in deiner Brieftasche nach.«
> »Okay«, sagte ich.
> Ich gab ihr noch einmal 25 Dollar. Diesmal zog sie sich aus. Ganz. Wir machten es diesmal richtig.
> Als sie ins Badezimmer ging, um sich für den nächsten Kunden zu waschen, nahm sie ihre Handtasche mit. Sie war vorsichtig. (FA 190ff.)

Zunächst fällt auf, in welch hohem Maße das zur Ware degradierte Weibliche dem voyeuristischen männlichen Blick ausgesetzt ist (»Man konnte vor dem Schaufenster stehen und sie anstarren« (FA)) und dabei entweder als abstoßend verworfen (Shirley Schwarz) oder ästhetisiert (Luxushure) wird. Die auf der Schönheit und Eleganz der Sex-Arbeiterin basierende Erwartungshaltung Bronskys kollidiert mit den realen Prämissen der Begegnung, wobei die Desillusionierung und Enttäuschung des Protagonisten durch zahlreiche, insbesondere auf das Motiv des Geldes zielende Anspielungen hervorgehoben wird. Die Sex-Arbeiterin wird in diesem Kontext apostrophiert als professionelle Geschäftsfrau, welche sich ihre Schönheit zunutze macht, um den aufgrund seines zwingend zu befriedigenden Sexualtriebs korrumpierten Freier finanziell ausnutzt. Aus dieser dezidiert männlich-hegemonialen Perspektive heraus erklärt sich auch die Selbstgerechtigkeit Bronskys: Die Formulierung »verdiente[r]

Fick« (FA 190) demonstriert, dass er die sexuelle Triebabfuhr als sein naturgemäßes Anrecht betrachtet. Diese naturalistische Annahme macht auch die moralische Entrüstung (»Das gilt nicht!« (FA 192)) und die damit einhergehenden Verhandlungsversuche begreiflich, nachdem Bronsky sich um den Koitus betrogen fühlt. Der Satz »Höchste Zeit, daß du mal was Anständiges fickst« (FA 191) stellt letztlich eine moralische Aufwertung der eigenen Person in Abgrenzung zu den als »verkommen« (FA 190) diffamierten Strichmädchen dar, ohne den eigenen Besuch bei diesen kritisch zu reflektieren – die (gesellschaftliche) Ächtung, welche den Sex-Arbeiterinnen entgegengebracht wird, macht Halt vor der eigenen Identität als Freier.

Auch wenn Bronsky aus allen Begegnungen mit Prostituierten sexuell befriedigt herausgeht, legt der Text dennoch implizit eine Lesart nahe, welche ihn als Unterlegenen, als Verlierer dieser Beziehungen dargestellt wissen will: Bei Bronsky scheinen stets Misstrauen und die argwöhnische Befürchtung prävalent, von der Frau übervorteilt und ausgenutzt zu werden. Das Interesse der Sex-Arbeiterinnen,

> die Zeit mit dem Freier zu verringern, indem die ›Metakommunikation‹ verkürzt und die Intimkommunikation beschleunigt wird, geht [...] ebenso sehr auf zeitökonomische Motive wie auch auf den Wunsch zurück, das eigene ›Leistenmüssen‹ möglichst rasch hinter sich zu bringen.[634]

Damit steht das Interesse der Prostituierten dem Bronskys diametral gegenüber, welcher die Zeitdauer, während derer er seine »Lust mit einem fremden, ausgewählten Körper verbinden«[635] darf, als Ressource auffasst, welche so lange von Wert ist, wie seine eigene subjektive Körperlust anhält.[636] Bronsky fühlt sich daher bei einer als frühzeitig erlebten Ejakulation um das in seiner Wahrnehmung kostspielige Erlebnis betrogen: »Ich wollte gerade sagen: Mach's nicht so schnell, der Spaß kostet drei Dollar – aber da kam es mir schon.« (FA 78).

Abschließend gilt es, das Verhalten Bronskys bei den geschilderten zwischengeschlechtlichen Begegnungen vor dem Hintergrund seiner Shoah-Erfahrungen zu beleuchten: Im vorangegangenen Kapitel konnte aufgezeigt werden, dass sich die Jagd des zutiefst traumatisierten Shoah-Überlebenden Bronsky nach sexuellen Begegnungen als verzweifelte Suche nach Nähe, Vertrautheit und Akzeptanz lesen lässt, wobei er als Folge der permanenten Zurückweisungen das Miteinander der Geschlechter schließlich als skrupellosen, von gegenseitiger Ausbeutung geprägten Machtkampf erlebt. Aus dieser Wahrnehmung heraus stellen sich für Bronsky die Begegnungen mit Frauen – ob mit »privaten« Amerikanerinnen oder Sex-Arbeiterinnen – als Momente dar, in

634 Benkel, S. 78f.
635 Ebd., S. 79.
636 Vgl. ebd.

welchen er seine Maskulinität und Autorität durch unerbittliches, von Emotionen losgelöstes Agieren unter Beweis stellen zu müssen glaubt.

Die Shoah zielte auf Auslöschung von Identität und Individualität der Juden, wurde ihnen doch das Recht auf Leben gänzlich abgesprochen. Angesichts der gesichtslosen Vernichtungsmaschinerie und des hilflosen Ausgesetztseins im Ghetto, wo die Eingepferchten von Krankheit, Kälte, Hunger und nächtlichen Razzien heimgesucht wurden (vgl. FA 259) und eine Auflehnung nicht zuletzt aufgrund der schieren Absenz der Täter unmöglich schien, dominierte das Gefühl von Verzweiflung, Machtlosigkeit und Ausgeliefertsein. Darum reagieren die in »Fuck America« gezeichneten Shoah-Überlebenden besonders sensibel auf eine Gesellschaft, in welcher sie sich wiederum in eine handlungsunfähige, ohnmächtige Außenseiterposition manövriert fühlen, können und wollen Bronsky und die übrigen Emigranten die an sie gerichteten Erwartungen der amerikanischen Gesellschaft doch nicht erfüllen: Erfolgsausstrahlung, Wechsel der (Literatur)Sprache ins Englische, Glaube an »den lieben Gott«, die »heile Welt« und die »Unfehlbarkeit« des amerikanischen Systems (FA 94) – all diesen Anforderungen des »amerikanischen Traums« können die traumatisierten Shoah-Überlebenden nicht gerecht werden und bleiben daher gefangen in ihrer Rolle als perspektivlose Außenseiter ohne Geld, Macht oder Einfluss.

Hilsenrath schreibt seinem Protagonisten Bronsky die eigene Enttäuschung über die amerikanische Gesellschaft ein. In seinem Aufsatz »Zu Hause nur in der deutschen Sprache« schreibt Hilsenrath über seine Zeit in Amerika:

> Es herrscht ein ungeheurer Konkurrenzkampf. Ohne ein gescheites Auto und üppigen Wochenlohn ist man dort kein Mensch. [...] Entscheidend war, daß mir Amerika nicht gefallen hat. Das ist einfach kein Land für mich. Obwohl ich viele Freunde hatte, gab mir Amerika immer das Gefühl, eine Nummer zu werden. Eine ganze Gesellschaft von Robotern. Alles automatisiert. Oberflächliche, aufgezogene Maschinen. Dort dreht sich alles nur ums Geld. Ich kam ohne einen Cent an, lebte wie die meisten Emigranten, völlig isoliert [...]. (TF 7)

Die scheinbar unverfängliche Formulierung, in Amerika nur »eine Nummer« (FA 282) gewesen zu sein, liest sich im Kontext der Shoah-Literatur jedoch als – bewusst oder unbewusst platzierten – Verweis auf die Lager, in welchen den Insassen durch die eintätowierte Nummer die Degradierung auf eine Ziffer in den eigenen Leib eingeprägt wurde und sie so ihrer Identität und Individualität beraubt wurden.

Die Schwierigkeiten der eurozentrierten und psychisch versehrten Shoah-Überlebenden des Romans »Fuck America«, sich in Amerika zu assimilieren und damit zugleich auf ein Leben nach der Katastrophe einzulassen, werden in besonderer Weise durch die missglückenden zwischengeschlechtlichen Begegnungen aufgezeigt und über das Gebiet der Sexualität ausgehandelt.

Die Plausibilität dieser Lesart wird insbesondere gestützt durch die prominent hervorgehobene Phantasmagorie Bronskys, die Chefsekretärin des Doublecrum & Company Verlags[637] »in den Arsch zu ficken« (vgl. FA 102–118), wobei er sich selbst bei dieser sexuellen Wunschvorstellung als berühmten Schriftsteller imaginiert. Diese Vorstellungen werden im Roman entlarvt als Sehnsucht nach Autorität, Macht und Selbstbestimmtheit in allen Lebensbereichen:

Zunächst steht die fiktive anale Penetration der Chefsekretärin und Geliebten des Verlagsleiters Mr. Doublecrum für den Wunsch nach Anerkennung seiner literarischen Produktion. Bronsky, der in der amerikanischen Gesellschaft stets die Position des armen, erfolglosen, sich als Kellner oder Laufbursche verdingender »Underdog« eingenommen hatte, ersucht nun das öffentliche Plazet als Schriftsteller. Die erhoffte Wertschätzung seiner im Zuge des therapeutischen Schreibprozesses neugewonnenen Identität als Autor ist dabei genauso wichtig wie die externe Bestätigung der literarischen Qualität seiner Werke.

Zweitens wird die Sehnsucht nach gesellschaftlicher Anerkennung deutlich, wobei folgende Passage zunächst die Akzentuierung auf das Bedürfnis nach dezidiert weiblicher Bewunderung artikuliert:

> Ich sehe mich auf dieser Verlegerparty: Jakob Bronsky. Der Star-Autor des Verlags Doublecrum & Company. Jakob Bronsky umringt von einer Schar junger und nicht mehr ganz junger Damen... Sekretärinnen, Lektorinnen, auch Damen der Gesellschaft und natürlich einiger Rezensentinnen [...]. Sie staunen mich an, warten auf ein Lächeln von mir, ein Wort, eine gnädige Geste. Jede von ihnen möchte gern mit mir ins Bett, mit mir, dem Traummann Jakob Bronsky. Ich könnte sie alle ficken, eine nach der anderen, der Reihe nach. Aber das will ich nicht. Denn ich, Jakob Bronsky, will nur eins: Ich will den Arsch der Chefsekretärin. (FA 111)

Dieser utopische Wunschtraum ist Ausdruck des Verlangens Bronskys nach nicht nur weiblicher, sondern allgemeiner Wertschätzung seiner Person sowie, damit verschränkt, seiner Potenz und Maskulinität. Der Roman »Fuck America« setzt durchweg Männlichkeit mit Triebhaftigkeit, Weiblichkeit dagegen mit Triebschwäche gleich und konstruiert zudem eine Darstellung, welche die Frau als Objekt sexuell reizvoll, als Subjekt jedoch gänzlich asexuell charakterisiert. Nun bezeugt die Projektion des eigenen erotischen Lustempfindens auf das weibliche Geschlecht Bronskys Sehnsucht, ebenfalls begehrt zu werden und Sexualität jenseits des prostitutiven Settings erfahren zu dürfen.

Die nachdrückliche Hervorhebung der Entscheidungsmöglichkeit (»Ich könnte sie alle ficken, eine nach der anderen, der Reihe nach. Aber das will ich nicht.« (FA 111)) ist dabei erstens lesbar als direkter Rückverweis auf den se-

637 Der fiktive Name Doublecrum & Company kann als Anspielung auf den amerikanischen Doubleday Verlag gelesen werden, welcher Hilsenraths erste beiden Romane verlegt hatte.

xuellen Notstand, mit welchem sich Bronsky in der Realität konfrontiert sieht und der ihm nicht den Luxus der Auswahl erlaubt. Darüber hinaus verbirgt sich hinter dieser Darstellung jedoch auch die von der rein sexuellen Komponente losgelöste Sehnsucht nach Macht und Selbstbestimmtheit: In seiner Phantasie verortet sich der am äußersten Rande der Gesellschaft dahinvegetierende Bronsky in die dominante Position des mächtigen Entscheidungsträgers. Letztlich basiert die Omnipotenzphantasie Bronskys auf der demütigenden Erfahrung der Missachtung seiner Person:

> Sie blickte mich immer an, wenn ich ihr die Tüte gab. Trotzdem merkte ich, daß sie mich gar nicht sah. Sie blickte lächelnd durch mich hindurch. In all den Wochen hat sie mich lächelnd angeblickt und doch nicht gesehen.
> Und die hätt' ich jetzt gern in den Arsch gefickt. (FA 105)
> [...]
> »Warum haben Sie mich noch nie gesehen, obwohl Sie mich immer anblicken?«
> [...]
> »Ich bin für Sie nur ein Sandwich- und Kaffeeboy. Nichts weiter. Es würde Ihnen nie einfallen, mein Gesicht zu studieren. Nicht wichtig genug.«
> »Das stimmt.« (FA 105ff.)

Die zitierte Passage verdeutlicht eindrücklich, dass Bronskys imaginiertes Alter Ego weit weniger auf sexuelle Befriedigung zielt als vielmehr auf die Umkehrung des Machtverhältnisses zwischen ihm und der Chefsekretärin: Der Wunsch, diese »in den Arsch zu ficken«, erhält so den Charakter eines auf sexueller Ebene ausgetragenen Racheaktes für die erlittene Demütigung, als welche er die beflissene Ignoranz seiner Person wahrnimmt. Gleichzeitig verwirft Bronsky schon in seiner Phantasmagorie die Idee einer gewalttätigen Vorgehensweise (»Was hab ich's nötig, ihr mit dem Messer zu drohen oder sie zu vergewaltigen. Es gibt andere Methoden, um ein Mädchen zu ficken« (FA 109)), wenn er in der zweiten Variation die Einvernehmlichkeit der sexuellen Handlung imaginiert: In dieser Vorstellung übernimmt die Chefsekretärin die Initiative, wenn sie Bronsky mit dem Auto nachfährt (»Ich konnte es nicht mehr aushalten!« (FA 113)) und – nachdem sie Bronskys Bedenken bezüglich Mr. Doublecrum zerstört hat – mit ihm in ihrer Wohnung den Analverkehr vollzieht.

Zwar erkennt die korrigierte Phantasie, dass der Machtkampf nicht auf Kosten der Frau ausgetragen werden darf. Doch auch trotz der mit der Variation einhergehenden Abschwächung des Rachecharakters lässt sich sich die anale Penetration als ein Akt der Auflehnung und des Widerstandes lesen: Zunächst versinnbildlicht er die männliche Rebellion gegen eine als übermächtig empfundene Weiblichkeit und stellt somit eine auf sexueller Ebene ausgetragene Vergeltungsmaßnahme für die überhebliche Ignoranz der amerikanischen Frauen dar. Dass Bronsky den Sexualakt mit Mr. Doublecrums Geliebter vollzieht, bedeutet darüber hinaus implizit eine (strategisch kalkulierte) Demütigung des Verlagsleiters – der Schriftsteller macht so seine Gewalt gegenüber dem Verlagswesen geltend. Letztlich stellt die gesamte Phanatasmagorie Bronskys eine Auflehnung gegen seine Position als »Underdog« dar und zielt auf die radikale Umkehrung der kritisierten amerikanischen Verhältnisse: So bedeutet die »Stunde der Wahrheit« (FA 117), als in der Imagination endlich der ersehnte Analverkehr vollzogen wird und Bronsky bei dieser Vorstellung in seinem »einsamen Bett« (FA 117) zum Höhepunkt kommt, zugleich die totale Zerstörung New Yorks und damit seiner deprimierenden Lebenswelt: »Der Eastriver sprengt die Brücken. Manhattans Skyline stürzt ein. Doublecrum & Company existiert nicht mehr.« (FA 117)[638]

Zusammenfassend sei festgehalten, dass in »Fuck America« Täter-Opfer-Identitäten insbesondere über die Ebene der Sexualität respektive über das prostitutive Setting ausgehandelt werden und damit im Hinblick auf die Subjektpositionen »Täter« und »Opfer« zwei dominante und zugleich zuwiderlaufende Diskurse ausgemacht werden können:

Einerseits wird aus gendertheoretischer Perspektive, welche »Prostitution als eine globale Instanz patriarchaler Macht-, Dominanz- und Herrschaftsausübung«[639] begreift, der Mann (als potentieller Freier) zwangsläufig als Täter, die weibliche Sex-Arbeiterin dagegen eindeutig als (Gewalt-)Opfer markiert. Diese Haltung versteht die männliche Nachfrage nach (käuflicher) Sexualität nicht als »wertneutrale[s] Bedürfnis nach körperlichem Kontakt, zwischenmenschlicher Kommunikation oder der Befriedigung sexueller Lust«[640], sondern sieht als entscheidendes Motiv stets das »Bedürfnis nach Macht sowie den Dominanz- und Herrschaftsanspruch von Männern über Frauen«[641]. Daraus, dass jedoch auch eine solche Lesart keineswegs notwendigerweise mit der Ausblendung der

638 Es ist bezeichnend, dass der zutiefst traumatisierte Bronsky den Mut zur Auflehnung gegen die amerikanischen Frauen und Wertevorstellungen nur in seiner Imagination aufbringen kann. Eine aus seiner Perspektive gelungene Umkehrung der Machtverhältnisse findet sich erst gegen Ende des Romans – und auch hier nur in seiner Imagination –, wenn er der Psychoanalytikerin Mary Stone von seiner Genesung berichtet und im Anschluss daran die Remigration nach Deutschland imaginiert. Bronsky hatte sich in Amerika – neben Sprachproblemen und finanziellen Schwierigkeiten – insbesondere durch die In-Frage-Stellung der männlich-hegemonialen Gesellschaftsordnung durch (scheinbar) emanzipierte und selbstbewusste Frauen bedroht und in seiner Männlichkeit eingeschüchtert gefühlt. Erst in der Begegnung mit der Psychoanalytikerin Mary Stone, welche von Bronsky zur ausschließlich von ihm behandelbaren Patientin simplifiziert wird, sowie in Deutschland, wo sich zahlreiche deutsche »Weiber« (FA 273) aufgrund ihres schlechten Gewissens (vgl. 273) dem remigrierten jüdischen Shoah-Überlebenden sexuell verfügbar zeigen, lässt sich eine auf Textebene explizit benannte Zufriedenheit aufgrund der wiedererlangten männlichen Vormachtstellung Bronskys ausmachen.

639 Gerheim, Udo: Die Produktion des Freiers. Macht im Feld der Prostitution. Eine soziologische Studie, Bielefeld 2012, S. 77.

640 Ebd., S. 78.

641 Ebd., S. 93.

biografischen Hintergründe Bronskys einhergehen muss, lässt sich eine Ambivalenz der Rolle Bronskys, eine Gleichzeitigkeit von Opfer- und Täter-Identität ableiten: Als Shoah-Überlebender sowie als traumatisierter gesellschaftlicher Außenseiter in der Opferposition gefangen, macht er sich andererseits das männlich dominierte Macht- und Herrschaftsverhältnis zunutze und verschafft sich so »ungehinderten geldvermittelten Zugriff auf den weiblichen Körper«[642], wodurch er als Täter klassifizierbar wird.

Demgegenüber steht die in Kapitel 3.1 legitimierte Lesart, welche ebendiese Nachfrage nach (käuflichen) zwischengeschlechtlichen Begegnungen Bronskys als Resultat seiner Versehrtheit eingeordnet wissen will: Das Verhalten des psychisch wie physisch versehrten Shoah-Überlebenden wird gemäß dieses Verständnisses nicht primär als Demonstration patriarchaler sexualisierter (Gewalt-)Herrschaft identifiziert, sondern ist vielmehr als Ausdruck von Traumatisierung zu verstehen. Selbst Bronskys explizit geschilderte geschlechtshierarchische Unterwerfungsphantasien lassen sich so durch den Verweis auf die unverschuldete Vergangenheit als Verfolgter und Opfer des Nazi-Regimes und die daraus resultierte Versehrtheit exkulpieren. In dieser Lesart bliebe der Shoah-Überlebende Bronsky auch in der die Vergangenheit verdrängenden amerikanischen Erfolgsgesellschaft stets der benachteiligte »Underdog« und das Opfer, dessen Taten in der Gegenwart nur im Rekurs auf die verstörende Vergangenheit zu lesen sind und sich daher einer Bewertung im Sinne einer moralischen Verurteilung entziehen.[643]

Während in »Nacht«, »Der Nazi & der Friseur« und »Fuck America« Täter-Opfer-Zuschreibungen changieren, dominiert im Roman »Das Märchen vom

642 Ebd., S. 78f.

643 Dass diese eindimensionale Verkürzung keine Plausibilität beanspruchen kann, leuchtet nicht zuletzt aufgrund Hilsenraths Engagement gegen Philosemitismus ein – der Autor betonte zeit seines Lebens, dass er Philosemitismus als »eine Art umgekehrte[n] Antisemitismus« begreife, und »Der Nazi & der Friseur« führt Philo- und Antisemitismus als zwei Seiten einer Medaille vor. Zudem wird in »Fuck America« ganz bewusst Bronsky auch als Täter konstruiert, wenn der Fokus der Handlung vorübergehend auf seine kleinkriminellen Handlungen gerichtet ist und der Protagonist lapidar konstatiert: »Mein Arzt war äußerst nett. Vielleicht glaubte er wirklich, daß ich die Rechnung bezahlen würde. Vielleicht hielt er mich für einen Menschen mit einem Gewissen.« (FA 196). Gleichwohl betreffen kritische Reflexionen bezüglich seiner Subjektposition als Täter oder Opfer niemals sein eigenes Verhalten gegenüber Frauen; hinsichtlich zwischengeschlechtlichen Hierarchien beansprucht Bronsky stets die Opferidentität für sich. Insgesamt changiert Bronskys Rolle zwischen Täter- und Opferzuschreibungen, wobei aus Perspektive der Rezipientinnen und Rezipienten eine Solidarisierung mit dem Protagonisten zunächst erschwert wird, da Bronskys Charakterisierung als lustgetriebener Freier und Kleinkrimineller den ersten Romanteil beherrscht, eine dezidierte Schilderung seiner Opferbiografie hingegen erst auf den letzten Seiten erfolgt. Dieses literarische Verfahren scheint auf eine produktive Verunsicherung zu zielen.

letzten Gedanken«, in welchem der Völkermord an den Armeniern durch die Türken literarisch inszeniert wird, eine für die Hilsenrathschen Romane ungewöhnlich explizite Trennschärfe zwischen Opfer und Täter, welche durch die spezifische Zugehörigkeit zur Nationalität eindeutig vordefiniert ist: Mit ironischer Distanz wird die Opferidentität des armenischen Volkes wie folgt charaktertisiert:

> man braucht sich nicht zu wundern, daß die Türken und die Kurden die Armenier für das feigste Volk der Welt halten: Es ist, als wären sie nur geboren, um ihre Rücken für die Peitsche und ihre Schwänze für das Krummesser hinzuhalten, ebenso wie der Schlitz ihrer Frauen nur dafür dazusein scheint, daß damit die beschnittenen Schwänze der Rechtgläubigen ihren Spaß daran haben. (MG 295f.)

Diese Passage inszeniert eine explizite Verschränkung von Sexualität, Macht und Gewalt, erfährt doch Machtausübung eine Gleichsetzung mit diversen Gewaltakten sexuellen Charakters.

Zunächst sei festgehalten, dass Krieg oder militante Gruppenkonflikte grundsätzlich männlich konnotiert sind, womit wiederum alles Weibliche mit Schwäche gleichgesetzt wird. Die Feminisierung der armenischen Männer, welche zunächst auf propagandistischer Ebene durch das Attribut »feige« vorweggenommen wird, um schließlich durch die genitale Verstümmelung auf körperlicher Ebene realisiert zu werden, bedeutet daher die schlimmste Form der Demütigung der Feinde. Die Erniedrigung wird noch potenziert durch die Massenvergewaltigung der armenischen Frauen, womit erstens – aus maskuliner Perspektive – für die Männer des armenischen Volkes die Zerstörung ihres Ehrgefühls und ihres Status' als Beschützer einhergeht. Zweitens stellt der Akt der Massenvergewaltigung – entgegengesetzt zur »Verweiblichung« der armenischen Männer – eine Vermännlichung der eigenen Krieger durch Initiation dar.

Darüber hinaus zielen beide Praktiken – die genitale Verstümmelung der Männer wie auch die Vergewaltigung der Frauen – in letzter Konsequenz auf die dauerhafte Zerstörung der feindlichen Ethnie: Indem die Fortpflanzungsfähigkeit der armenischen Männer verunmöglicht wird, wird die intendierte Auslöschung des Volkes langfristig sichergestellt. Daneben fungiert die Massenvergewaltigung als Strategie zur »ethnischen Säuberung«, werden die Frauen doch zur Austragung der Kinder von Männern des feindlichen Volkes gezwungen. Die Schwangerschaft kann darüber hinaus zum Ausschluss dieser Frauen aus der Gesellschaft führen; so heißt es im »Märchen«, dass kein armenischer Mann, der »etwas auf sich hält« (MG 283), ein von den Kurden entführtes und entjungfertes Mädchen zur Frau nehmen würde (vgl. MG 283). Damit stellen letztlich die sexualisierten Gewaltakte eine Untergrabung des

Fundaments der armenischen Gemeinschaft dar – der Zusammenhalt dieses Sozialgefüges wird dauerhaft erschüttert oder sogar gänzlich zerstört.

Bei der detaillierten Beschreibung der Massenvergewaltigungen armenischer Frauen durch Saptiehs, Tschettes und Kurden wird deutlich, dass für die Soldaten nicht primär die sexuelle Triebabfuhr im Vordergrund steht, sondern die Tat durch die Lust an Gewalttätigkeit und Grausamkeit motiviert ist:

> Die Tschettes sind bekannt dafür, daß sie nicht lange fackeln und nicht viel Federlesen machen. Aber sie wollten erst die jungen Frauen besteigen... und was für einen Sinn hätte es gehabt, die Frauen zu töten, um das, was nicht mehr zappeln und schreien kann, zu erklettern und zu durchdringen? [...] Und sie zeigten den Frauen ihre Männerknorpel, die von roten Fleischwülsten gekrönt und gehäutet und beschnitten waren und mächtig und bedrohlich anzusehen. Manchmal halfen die Tschettes mit den Bajonetten nach, wenn das Männergewächs zwischen den Schenkeln die Öffnung zwischen den anderen Schenkeln nicht fand oder nicht finden konnte, weil die Angst des Opfers die Öffnung versperrt hatte. Auch die Saptiehs kriegten Lust und zogen sich die Uniformhosen aus, und weil sie sich mit den Tschettes nicht anlegen wollten, teilten sie brüderlich unter sich, was die Tschettes übriggelassen hatten.
>
> Es ist kaum zu glauben, was ich dir von den Säften der Saptiehs und Tschettes berichte. Sogar die älteren unter ihnen wurden wieder jung. Es war, als würden die Schreie der Frauen und ihre Angst das Blut der Täter erst richtig in Wallung bringen.
>
> [...] Sie [die Kurden, A.Z.] bestiegen alle Frauen, die noch übrig waren. Und sie ritten auf den Frauen herum wie die Wellen des Meeres über den Sandbänken. Manche [...] schlitzten ihnen den Hals durch, weil sie entweder schon tot waren oder so alt aussahen, daß sie sich schämten, es mit ihnen getrieben zu haben. (MG 530f.)

Die Passage hebt pointiert den Gewaltcharakter der Kriegsvergewaltigung hervor und definiert explizit nicht die Lust an Sexualität, sondern an Grausamkeit und blutiger Machtausübung als eigentlichen Zweck des Missbrauchs: So ist der »Sinn« im »[E]rklettern und [D]urchdringen« der weiblichen Opfer nur gegeben, wenn diese noch »zappeln und schreien«, wie auch – eine groteske Umkehrung – nur die Hälse der bereits toten Frauen durchgeschlitzt werden. Nicht primär durch die Aussicht auf sexuelle Triebabfuhr, sondern durch die Angst und den Schmerz der Frauen also wird das »Blut der Täter [...] in Wallung« gebracht. Die abstoßende Beschreibung der männlichen Geschlechtsteile lässt sich durch die verwendeten Schlüsselbegriffe »gekrönt«, »gehäutet«, »beschnitten«, »mächtig«, »bedrohlich« als verkürzte Darstellung der untrennbaren Verquickung von Macht, Gewalt und Sexualität lesen: Einmal mehr wird hier das Bild des Penis als angsteinflößende Waffe zur Verletzung der Frau evoziert.

Darüber hinaus legt der zitierte Auszug die Funktion der Massenvergewaltigung als intermaskuline Kommunikationsform[644] innerhalb der Krieger offen, wobei die im Kollektiv begangene sexualisierte Gewalttat dazu dient, sich ge-

644 Vgl. Seifert, Krieg und Vergewaltigung, S. 96ff.

genseitig der (destruktiv aufgeladenen) Maskulinität zu versichern. Die Solidarität der Männer untereinander zeigt sich insbesondere dann, wenn die weiblichen Opfer »brüderlich« miteinander geteilt und auch innerhalb der ethnisch divergenten Tätergruppen keine Rivalitäten ausgetragen werden. Dennoch lässt sich auch hier eine hierarchische Staffelung innerhalb der drei Gruppierungen herauslesen, wenn den Tschettes die Vergewaltigung der jüngsten und schönsten Armenierinnen vorbehalten ist, sich die Saptiehs die »übriggelassenen« Frauen teilen und die Kurden wiederum mit den hiervon »noch übrigen« Frauen begnügen müssen. Die Beschämung der Kurden rührt in der soldatischen, männlich-hegemonialen Logik aus der Befürchtung von Achtungsverlust vor sich selbst und den Kameraden aufgrund des Alters der vergewaltigten Frauen her und spricht damit der Empfindung von Schuld aufgrund der begangenen grausamen Tat Hohn, wodurch wiederum die Subjektposition der türkischen und kurdischen Männer als skrupel- und reuelose Täter erhärtet wird.

Die Sichtbarmachung der zahlreichen Ebenen heterogener Machtpositionen erfolgt demnach stets über die Darstellung sexualisierter Gewalt, wobei die Täter- und Opferzuschreibung anhand ethnischer Kriterien nichts von ihrer Trennschärfe verliert: Im Gegenteil wird diese ausdrücklich thematisiert, wenn – anders als etwa in »Fuck America« – explizit diese wertenden Kategorisierungen – »die Angst des Opfers«, »das Blut der Täter« – in die literarische Beschreibung miteinfließen.

Die Massenvergewaltigung der Armenierinnen verdeutlicht einmal mehr die – bereits in »Nacht« thematisierte – doppelte Opferrolle von Frauen, welche sowohl durch ihre Zugehörigkeit zur verfolgten Minderheit als auch zum weiblichen Geschlecht bedingt ist. Ähnlich wie in »Der Nazi & der Friseur« jedoch wird eine solche sich auf das alleinige Kriterium des biologischen Geschlechts stützende Einseitigkeit der Opferidentität aufgebrochen, wenn mit dem Armenier Wartan Khatisian auch ein Mann massive sexualisierte Gewalt erfährt: Der im Gefängnis wie ein Schlachtvieh an den Füßen aufgehängte Wartan wird zunächst von dem »Saptieh mit dem Pferdegesicht in den Mund [ge]pimpert« (MG 84), bis er sich erbricht; schließlich wird zur Erzwingung eines Geständnisses sein Anus mit Zement verschlossen (vgl. MG 160f.). Diese Praktiken zielen nicht nur kraft der Verschränkung von Gewalt und Sexualität auf eine tiefe Demütigung des Opfers, sondern auch – nicht zuletzt aufgrund der zu vermutenden Hemmung, rückblickend die erlittene sexuelle Erniedrigung eingestehen und artikulieren zu können – auf dessen nachhaltige Traumatisierung.

Darüber hinaus beruht die Folter prinzipiell auf der Struktur der »Umwandlung realen Schmerzes in die Fiktion von Macht«[645]: Mit der Folter geht eine Verschiebung der Wahrnehmung einher, wird doch der »Anblick des Leidens in eine gänzlich illusorische, für den Folterer und das Regime, das er repräsentiert, jedoch gänzlich überzeugende Schaustellung von Macht verwandelt«[646]. Die Umwandlung des Schmerzes in die Fiktion von Macht wird dabei unterstützt durch die »überaus bewußte, obsessive Demonstration«[647] der Folterwerkzeuge; so zwingt der Müdir den Zementmeister durch detailliertes Nachfragen dazu, Wartan in aller Ausführlichkeit über die bevorstehende Foltermethode zu unterrichten (vgl. MG 157–162).

Die Struktur der Folter besteht in der Zusammenführung des physischen Aktes, also der Zufügung von Schmerzen, mit einem sprachlichen Akt, dem Verhör:[648] Dieses setzt sich mit der »Frage« (im »Märchen« die Aufforderung des Müdirs an Wartan zur Abgabe eines falschen Geständnisses) und der »Antwort« (Wartans Unterschrift des Geständnisses) aus zwei Teilen zusammen, welche beide mit Konnotationen behaftet sind, die sie

> leicht in falschem Licht erscheinen lassen: Die »Frage« wird fälschlich als »das Motiv« interpretiert, die »Antwort« ebenso irrig als »Verrat«. Der erste Irrtum kommt dem Folterer zugute, er liefert ihm eine Rechtfertigung und seiner Grausamkeit eine Erklärung. Der zweite Irrtum diskreditiert den Gefangenen; er macht nicht den Folterer, sondern das Opfer, nicht den Schmerz, sondern die Sprache verantwortlich für den Verlust des Ich und der Welt.[649]

Dass der Müdir die »Frage« als Rechtfertigung für seine Grausamkeit vorschiebt, durch rhetorisches Agitieren den Anschein zu erwecken versucht, Wartan sei aufgrund seiner Unnachgiebigkeit selbst für die Folterung verantwortlich, und zugleich die aus dem Schmerz resultierende Fiktion von Macht genießt, zeigt sich in folgender Passage:

> Wartan Khatisian hing trocknend vor dem Gitterfenster in seiner Zelle. Er wollte seine Notdurft verrichten und konnte nicht. Er schrie nach seiner Mutter.
> [...]
> Es kam der Müdir in die Zelle.
> Sollen wir Ihre Ausgänge öffnen?
> Ja, Müdir Bey.
> [...]

645 Scarry, S. 43.
646 Ebd.
647 Ebd.
648 Vgl. ebd., S.45.
649 Ebd., S. 55. Scarry weist darauf hin, dass sich bei »Folterern und sogar bei Menschen, die über Folterungen entsetzt sind und Mitleid mit den Gefolterten haben, [...] oft eine heimliche Verachtung für das Geständnis« findet.

> Wartan Khatisian fing zu heulen an, und der Müdir ließ ihn eine Weile heulen.
> Eigentlich tue ich Ihnen einen Gefallen, wenn ich Sie unterschreiben lasse, sagte der Müdir. Es ist ein großer Gefallen, und Sie müßten mich darum bitten.
> Ich kann es nicht mehr aushalten, Müdir Bey.
> Werden Sie unterschreiben, Efendi?
> Ja, Müdir Bey.
> Bitten Sie mich darum?
> Ich bitte Sie, Müdir Bey.
> Wartan wurde losgebunden. Der Zement, der noch nicht trocken und auch noch nicht hart war, wurde abgewaschen, die Schafswolle aus dem Pisser und dem Hintern gezogen. Der Saptieh brachte ihm eine Hose und half ihm beim Anziehen, aber noch ehe er die Hose zuknöpfen konnte, passierte das Unvermeidliche.
> Er hat in die Hosen gemacht, sagte der Saptieh.
> Das macht nichts, sagte der Müdir. Das war zu erwarten (MF 165f.)

Die Erniedrigung Wartans erfolgt auf mehreren Ebenen: Erstens verwandeln sich, wie bereits festgehalten wurde, die Schmerzattribute in die Insignien von Macht; zweitens stellt die erzwungene Bitte, das falsche Geständnis unterschreiben zu dürfen, einen fundamentalen Angriff auf Wartans eigene Selbstachtung und Würde dar. Drittens intensiviert sich die empfundene Demütigung aufgrund der Sexualisierung der Folter: Bereits die Erfahrung physischen Schmerzes verwischt die »Grenze zwischen Innen und Außen«[650] und bedeutet die »geradezu obszöne Vermengung des Privaten mit dem Öffentlichen«[651], wird das Opfer doch »gezwungen, auf die intimsten und innersten Regungen seiner Körperlichkeit (Schmerz, Hunger, Ekel, Sexualität, Ausscheidung) zu achten, während es gleichzeitig keine positive Privatheit gibt«[652]. Umso mehr bedeutet die sexualisierte Folter, wie sie Wartan erlebt, und die vom Müdir bewusst provozierte körperliche Reaktion des Gefolterten (»das Unvermeidliche«, »Das war zu erwarten«) eine fundamentale Verletzung der intimsten Privatsphäre Wartans; zusammengenommen bewirkt all dies eine tiefgreifende Empfindung von Scham, Selbsthass, Ekel und ein gestörtes, entfremdetes Verhältnis zum eigenen Körper.

Indem Hilsenrath die Darstellung der Folter nicht ausspart, sondern in all ihrer Grausamkeit beschreibt und auch Wartans Verlust von Realität und die Zerrüttung vertrauter Bewusstseinsinhalte[653] thematisiert (vgl. MG 162–165),

650 Ebd., S. 81.
651 Ebd.
652 Ebd.
653 Scarry bestimmt acht Aspekte von physischem Schmerz; der sechste betrifft die »Zerrüttung der Bewußtseinsinhalte. Schmerz zerstört nicht nur das Vermögen komplexen Denkens und Fühlens, sondern auch das elementarer Wahrnehmung. Die Folter ahmt diese Auflösung von Welt, die im Geständnis anerkannt wird, nach, indem sie alle Teile des

gelingt es ihm, die Aufmerksamkeit nicht primär auf den sprachlichen Aspekt der Folter zu verlegen: Damit wird verhindert, dass bei den Rezipientinnen und Rezipienten des Werkes eine »heimliche Verachtung für das Geständnis«[654] entsteht; die Solidarität mit Wartan geht nicht verloren. Indem sein Geständnis zu keinem Zeitpunkt als Verrat, sondern als durch den intensiven (physischen wie psychischen) Schmerz hervorgerufene Wahrnehmungszerrüttung apostrophiert wird, gelingt es Hilsenrath, dass der Armenier auch weiterhin als unschuldig gemartertes Opfer angesehen wird.

Dieser überwiegend homogenen Darstellung von moralisch integren Opferidentitäten steht der Entwurf verschiedener Täterpositionen entgegen: Als Ausführende treten der sadistische, pädophile Saptieh als auch der durch seine Großfamilie erpressbare, gefügig gemachte armenische Zementmeister auf. Der »Henker der Armenier« (MG 90), Enver Pascha, wird als »sympathischer Mann [...] mit sensiblen Händen und einem sensiblen Gesicht« (MG 90) charakterisiert, und Müdir Bey – hauptverantwortlich für die Misshandlung Wartans – wird als grausamer, machtbesessener und doch zugleich intelligenter, kultivierter und ausgesucht höflicher Mann beschrieben.

Die Opferidentität der Armenier wird textimmanent beglaubigt durch die auf Ebene von Handlung und Rhetorik vorgenommene Parallelisierung mit den Juden: »Diese beiden Völker sind fast zum Verwechseln. Es ist unglaublich.« (MG 48) Analog zur NS-Propaganda, welche die Juden »metaphorisch mit Ungeziefer«[655] vergleicht, werden auch die Armenier mit Ratten gleichgesetzt (vgl. MG 47 ff.), wodurch die physische Ausrottung dieser beiden Gruppen »bereits in den Bereich des gedanklich und sprachlich Nachvollziehbaren gerückt«[656] wird.

Eine weitere explizite Analogie zwischen Juden und Armeniern betrifft ihre ironische Diffamierung mittels der Zuschreibung abwertender Charaktereigenschaften: »Die Augen eines Armeniers sind geil, tückisch, gierig, hinterlistig, verschlagen, genauso wie bei den Juden und den Griechen. Diese drei Völker verkörpern das Böse der Welt!« (MG 92f.) Auch wird den Armeniern – mit Verweis auf die Schuldlosigkeit der Juden sowie die Nicht-Existenz der »Protokolle der Weisen von Zion« (vgl. MG 117f.)[657] – die Planung einer »armeni-

---

Raumes und der Umgebung, die der Folterer in seinem Handeln und Reden greifbar darzustellen vermag, in Waffen verwandelt und sie schließlich tilgt.« Ebd., S. 82f.

654 Ebd., S. 47.

655 Young, James E.: Beschreiben des Holocaust. Darstellung und Folgen der Interpretation, Frankfurt a. M. 1997, S. 155. Hier schreibt Young: »War es für die Deutschen womöglich in der Tat leichter, Zyklon-B (ein Insektizid) zur ›Ausrottung‹ der Juden zu verwenden, nachdem sie diese über so viele Jahre hinweg metaphorisch mit Ungeziefer verglichen hatten?«

656 Dopheide, S. 31.

657 So heißt es im »Märchen«: »Dieser Wartan Khatisian ist nichts weiter als ein Agent der armenischen Weltverschwörung. [...] – Als ich noch im Ausland studierte, sagte der Müdir,

schen Weltverschwörung« mit dem »Endziel« der »Vernichtung der Menschheit« (MG 118) vorgeworfen. Darüber hinaus wird der Genozid an den Armenier explizit als »Holocaust« (MG 211) ausgewiesen und die Opferidentität beider Völker parallelisiert, wenn der Armenier Wartan Khatisian als letzte groteske Wendung des Romans in einen Deportationszug gerät und gemeinsam mit den verfolgten Juden den Tod in der Gaskammer der Nationalsozialisten findet.[658]

Insgesamt wird in Hilsenraths Romanen die Vernichtung der Armenier wie auch die der Juden durch ein von der Mehrheitsgesellschaft inszeniertes Narrativ legitimiert, welches diese beiden verfolgten Gruppen indirekt als Täter klassifiziert: In beiden Fällen wird die Behauptung eines bereits bestehenden oder im Entstehen begriffenen »umgekehrten« Machtverhältnisses aufgestellt, sodass die jüdische/armenische Minderheit der Unterwanderung, Herrschaft und Ausbeutung des deutschen/türkischen Volkes beschuldigt wird. Eine tragende Säule dieser antisemitischen/armenienfeindlichen Propaganda stellt dabei die systematische Verschränkung mit sexuell denunziatorischen Positionen dar: So basiert der (die physische Ausrottung legitimierende) Vorwurf, die Juden oder Armenier hegten eine »Weltverschwörung« zur Zementierung ihrer Macht, auch auf der ressentimentgeladenen Unterstellung, sie seien »geil« (MG 92) und pflanzten sich aufgrund einer außerordentlicher Potenz unkontrolliert fort. Die Juden werden darüber hinaus der »Hexerei« (vgl. etwa NF 28, 32) angeklagt, wobei hier die Konnotation einer negativen Weiblichkeit mitschwingt. Generell gilt, dass die Phänomene Antisemitismus und Sexismus in ihrer Struktur und Funktion verwandt sind und hinsichtlich ihrer ideologischen und psychologischen Dimension Ähnlichkeiten aufweisen;[659] dem trägt Hilsenrath in seinen

---

da traf ich gewisse Leute, die mir was von den Protokollen der Weisen von Zion erzählten. Und sie sprachen über die jüdische Weltverschwörung. Und wissen Sie was, Efendi? Ich habe diese Herren ausgelacht. Ich habe zu ihnen gesagt: diese Juden sind harmlose Geschäftemacher. Ich kenne einige aus Smyrna, Stambul und Bakir. Da müßten sie mal bei uns die Armenier und Griechen kennenlernen. [...] Und je mehr ich darüber nachdachte, um so konsequenter strich ich die Juden von der Schuldliste. Und merkwürdigerweise dann auch die Griechen. Es blieb nur noch ein Volk übrig, das schuld an allem Unglück ist. – Welches Volk? – Die Armenier, sagte der Müdir. – Die Armenier sitzen überall, sagte der Müdir, wo das Böse am Rad der Weltgeschichte dreht. Alle Hebel sind in ihren Händen.« (MG 117f.)

658 Allerdings subvertiert Hilsenrath klare Opfer-Täter-Schemata, wenn gemeinsam mit den Juden und dem Armenier auch ein Türke vergast wird. Trotz des gemeinsamen Schicksals jedoch wird der Konflikt zwischen den Armeniern und Türken auch noch nach dem Tod verhandelt, sodass die Seele einer der ermordeten Juden feststellt: »Da seht ihr's: sogar die Seelen der Toten haben noch Vorurteile.« (MG 616)

659 Vgl. dazu auch folgende Studie: Stögner, Karin: Antisemitismus und Sexismus. Historisch-gesellschaftliche Konstellationen, Baden-Baden 2014. Selbstverständlich nimmt Stögner weder eine Hierarchisierung noch eine Analogisierung der Phänomene Antisemitismus und Sexismus vor; es geht ihr »vielmehr um eine kritische Auseinandersetzung mit den jeweiligen kontextuell eingebundenen Motivationen und deren ideologischem Gehalt«. Ebd., S. 14.

Romanen Rechnung, wenn er antisemitische/antiarmenische Positionen mit sexistischen Annahmen parallelisiert.

Auch in »Jossel Wassermanns Heimkehr« zeigt sich eine argumentative Verschränkung von Antisemitismus und Sexismus, wenn der Ratgeber des Kaisers mit Blick auf die Juden die Behauptung aufstellt, dass

> diese Gottesmörder auf Grund ihrer Rasse, Potenz und Verderbtheit, und auch auf Grund jahrelanger Unterdrückung einen gewissen Scharfsinn und einen besonderen Riecher entwickelt haben, der sie den anderen Volksgruppen überlegen macht. (JW 197)

Diese Diffamierung basiert auf einer gesellschaftlichen Exklusion der Juden durch die Unterstellung rassischer, sich auch auf sexueller Ebene manifestierender Merkmale und Eigenheiten: Dabei wird gerade mittels des Stereotypes der außergewöhnlichen jüdischen Potenz wie auch der Behauptung eines durch das Leid der Verfolgung erworbenen »besonderen Riecher[s]« – eine Anspielung auf das antisemitische Klischee einer spezifisch jüdischen Physiognomie – die Vorstellung einer Überlegenheit und Hegemonie der Juden evoziert. Hilsenrath arbeitet in der zitierten Passage präzise die untrennbare Verwobenheit anti- und philosemitischer Vorstellungen heraus und demonstriert, inwiefern sich in letzter Konsequenz eliminatorischer Antisemitismus auf die (negative) Anerkennung spezifisch jüdischer Überlegenheit stützen kann: Er zeigt dahingehend die Möglichkeit einer argumentativen Verflechtung von Sexualität, Macht und Gewalt auf, als dass aus rassistischen wie sexuell denunziatorischen Positionen heraus als illegitim wahrgenommene Machtzuschreibungen vorgenommen werden, wodurch wiederum ein Genozid rechtfertigt werden soll.

Während einerseits das Judentum eine Gleichsetzung mit dezidiert männlich besetzten Attributen wie Lüsternheit und animalischer Potenz erfährt, so wird doch andererseits auch ein Konnex zwischen Juden und Frauen konstruiert, wobei beide Gruppen der Status als Hassobjekte der männlichen christlichen Gesellschaft eint:

> Und Reb Feigenbäum sagte: »Ihre Priester [die der Christen, A.Z.] haben die Frauen und die Juden verbrannt. […] Ihre Priester hassen die Juden, und sie hassen die Frauen. Sie verbrannten die Juden in Spanien, weil die Juden von ihrem Glauben nicht lassen wollten. Und sie verbrannten die Frauen, weil falsche Zeugen, die von den Priestern gekauft wurden, gesagt haben, sie wären Hexen. Und am liebsten hätten sie alle Juden verbrannt und alle Frauen, aber dazu reichte ihre Macht nicht.«
> »Wie ist das mit der Macht?« fragte Mottel.
> »Nun, wie soll das schon sein«, sagte Reb Feigenbäum. »Wer geschickt ist und ganz oben sitzt, der hat die Macht, und wer unten sitzt, der muß gehorchen.«
> »Und wenn er nicht will?«

> »Dann wird er totgeschlagen oder verbrannt«, sagte Reb Feigenbäum. »Denn wer die Macht über die Menschen hat, der hat auch die Macht über den Knüppel oder die Macht über das Feuer.« (JW 182f.)

Zunächst fällt auf, dass der Hass auf Frauen und Juden hier nicht primär als Ablehnung von Schwäche klassifizierbar ist, ebenso wie die Parallelisierung der missliebigen Gruppen nicht auf einer den Juden zugeschriebenen Effemination beruht. Vielmehr kann der eliminatorische Sexismus und Antisemitismus auf das von der männlichen Christenheit gehegte »Bedürfnis nach Einheit, Eindeutigkeit und Ordnung«[660] zurückgeführt werden: Die Angst dieser Gesellschaft vor der »verwirrenden Vielfalt des Lebendigen«[661] schafft

> den Wunsch, dass alles einorden- und berechenbar sei, keine unvorhergesehenen Regungen auftreten, die Menschen sich vollends in die gesellschaftliche Totalität, die Zweck- und Funktionszusammenhänge integrieren [...]. Was sich nicht einordnen lässt, sich dem Identitäts- und Definitionszwang widersetzt, wirkt penetrant, ist verdächtig und birgt die Gefahr, die hart erworbenen und fest gefügten Grenzen aufzulösen.[662]

Da die konstruierten Feindbilder »Frau« und »Jude« nicht dem Gebot der Einheit folgen, sondern auf ihrer Andersartigkeit beharren, erfolgt die tödliche Sanktionierung durch Verbrennen, wobei gerade diese Praxis der Vernichtung von zentraler Bedeutung ist, galt doch insbesondere der mittelalterlichen Kirche das Feuer als effektivstes Mittel zur (Seelen-)Reinigung.[663]

Stögner zeigt in ihrer Studie zu Antisemitismus und Sexismus auf, inwiefern bei dem Bedürfnis nach Ordnung und Eindeutigkeit die Vorstellung, »durch Reinheit zur Einheit«[664] zu gelangen, eine Rolle spielt: Wie bereits im Bild der spezifisch jüdischen Physiognomie anklingt,[665] tragen Juden in der antisemitischen Vorstellung die »Züge des verweigerten Triebverzichts«[666]. Gleichermaßen

660 Ebd., S. 87.

661 Theweleit, Klaus: Männerphantasien 1+2, München/Zürich 2000, S. 224.

662 Stögner, S. 87.

663 Durch die Verbrennung sollte den Opfern darüber hinaus auch die Möglichkeit der leiblichen Auferstehung genommen werden.

664 Siehe das gleichnamige Kapitel bei Stögner, S. 87–94.

665 Das in der antisemitischen Vorstellung prävalente Bild der jüdischen Physiognomie zeichnet sich durch spezifische Zuschreibungen aus: »Kennzeichen dieser Repräsentationen sind hervorgehobene Lippen, hindeutend auf eine starke orale Komponente der Sexualorganisation (Ottomeyer 2012, 193), und eine überdimensionale Nase, stellvertretend für die genitale Komponente. Solche Merkmale sind mit sexueller Triebhaftigkeit und Ausschweifung konnotiert, denen der zivilisierte Mensch nur noch nachgeben darf, wenn sie, gestrafft zum Zweckhaften, kein Vehikel der Transgression von Grenzen und somit keine Versuchung darstellen, sich den totalitären Vergesellschaftszusammenhängen zu entwinden.« Ebd., S. 88. Sowie: Ottomeyer, Klaus: Rassismus, in: Pelinka, Anton (Hrsg.): Vorurteile. Ursprünge, Formen, Bedeutung, Berlin/Boston 2012, S. 196–204, hier: S. 193.

666 Stögner, S. 88.

werden Frauen als Unreine klassifiziert; insbesondere in der sexuell aktiven Frau »überkreuzen sich Verführung und Verführbarkeit«[667].

Die Rede des Reb Feigenbäum verdeutlicht die Auswirkung der perennierenden Erfahrung jahrhundertelanger Unterdrückung und ständiger Angst vor Pogromen für das jüdische Verständnis von Herrschaft: Aus Opferperspektive erfährt Macht eine Gleichsetzung mit willkürlicher Gewaltherrschaft, bedeutet mangelnder Gehorsam gegenüber der Obrigkeit doch für die von der herrschenden Klasse konstruierten Feindbilder ganz selbstverständlich den Tod.

Entgegen der den Frauen und Juden zugeschriebenen Opferidentität gesteht der Text diesen beiden Gruppen dennoch eine spezifische Machtposition zu, indem sie sich durch ihre unbeirrte Selbstbestimmtheit letztlich als den Schergen überlegen erweisen: So erhält allein ihre Existenz, das Weiterleben von Frauen und Juden, die Konnotation von Stärke und Überlegenheit.

Auch wenn die zitierte Passage nicht explizit die Darstellung sexualisierter Gewalt schildert, so lässt sich doch durchaus eine Verschränkung von gleichermaßen sexistisch wie antisemitisch motivierter Gewalt und Machtmissbrauch der christlichen Männergesellschaft ableiten. Auch an anderer Stelle werden sexualisierte Gewalttaten als ausschließlich durch männliche Nichtjuden – vor dem Hintergrund der gesellschaftlichen Zusammensetzung im Roman gleichzusetzen mit Christen – verschuldbar apostrophiert:

> Und eines Tages kam sie aus dem Wald zurück, unsere kleine, dumme Resele. Sie kam heulend zurück, mit zerrissenem Rock und zerrissener Bluse und blutigen Schenkeln. Wir konnten nie rauskriegen, wer sie im Wald vergewaltigt hatte. Juden waren es nicht, denn mein Großvater sagte: »Juden können miese Geschäfte machen und kleine und größere Betrügereien. Aber sie schlagen niemanden tot, und sie vergewaltigen keine Frauen. Nur die Gojim kennen keine Tabus. Das Leben ist heilig. Und der Schoß einer Frau ist heilig. Nein«, sagte mein Großvater. »Das kann nur ein Goi gewesen sein.« (JW 129)

667 Ebd., S. 91. Stögner führt weiterhin aus, dass die mit dem Menstruationsblut unbewusst assoziierte Lust die Bedeutung von »Verführbarkeit durch Untere« trägt, welche Juden und Frauen unterstellt wurde. Der sexistischen und antisemitischen Anklage von Unreinheit diametral entgegengesetzt steht »die christliche Metaphorik des reinen Blutes Christi, dessen Opfer die Erlösung bringt«, wobei das »christliche Ideal der körperlichen Unberührtheit [...] in der Inaugurierung des gesunden und reinen Volkskörpers« wiederkehrte: »Die Blutmetapher wird dabei aufgespalten in das reine, ›arische‹, unvermischte Blut, und in das unreine, mit Schmutz und Schmerz, mit Weiblichkeit und Sexualität assoziierte.« Ebd.; vgl. von Braun, Christina: Antisemitische Stereotype und Sexualphantasien, in: Jüdisches Museum der Stadt Wien (Hrsg.): Die Macht der Bilder. Antisemitische Vorurteile und Mythen, Wien 1995, S. 180–192, hier: S. 180.

Die Parallelisierung von Mord und Vergewaltigung scheint eine auf religiösen Vorstellungen basierende Gleichwertigkeit von Mann und Frau zu implizieren,[668] wird sexualisierte Gewalt gegen Frauen doch ebenso als Sakrileg klassifiziert wie Mord.

Der Hinweis auf die Nicht-Anerkennung von Tabus durch die Gojim in Verbindung mit der humanistischen Überzeugung der Juden, alles Leben sei heilig, kann als Verweis auf die kommende Vernichtung der Juden durch die Nationalsozialisten gedeutet werden. Denn genau wie der Großvater eine genuin jüdische Opferidentität durch die Anspielung auf »miese Geschäfte und kleine und größere Betrügereien« (JW 129) zurückweist, so schließt er doch die Beteiligung an schwerwiegenden Verbrechen fundamental aus. Nicht zuletzt durch ebendiese sich aus der moralischen Integrität heraus ergebende Friedfertigkeit erklären sich die Passivität und das affirmative Verhalten der Juden, welche zu Beginn des Romans »Jossel Wassermann Heimkehr« widerstandslos in die Waggons des Deportationszuges steigen: »Denn sie tun alles, was die Henker ihnen befehlen und gingen alle geschlossen zum Bahnhof.« (JW 273) In den Waggons, in welchen sie »auf Ereignisse warteten, die von den Gojim bestimmt wurden« (JW 20f.), verendet schließlich der Großteil der eingepferchten Schtetljuden (vgl. 272).

Einem solchen in »Jossel Wassermanns Heimkehr« konstruierten Entwurf passiver jüdischer Opferidentität diametral entgegen steht die Darstellung des sich durch ein hohes Maß an (auch sexueller) Selbstbestimmung und Entschlossenheit auszeichnenden Protagonisten Jablonsi aus »Die Abenteuer des Ruben Jablonski«, welcher ebenso fassungslos wie selbstkritisch die widerstandslose Passivität der Juden angesichts ihrer Deportation und Vernichtung reflektiert:

> Während ich mit der Zeitung durch die Straßen Bukarests schlenderte, dachte ich an die 6 Millionen. Sie haben sich nicht gewehrt und sich wie Schafe zur Schlachtbank führen lassen. Die Deutschen hätten nicht so viele umbringen können, wenn es einen Widerstand gegeben hätte. Ich konnte es nicht verstehen. Und doch. Hatten wir uns etwa gewehrt? Wie viele wurden in der Ukraine erschossen und wie viele sind verhungert? Haben wir etwa versucht, aus dem Ghetto auszubrechen? Ganz anders wird es sein, wenn wir einen eigenen Staat haben. In Palästina gibt es eine jüdische Untergrundarmee und Juden, die sich nichts mehr gefallen lassen wollen. Bald werde ich in

668 Dies bedeutet jedoch nicht, dass den jüdischen Frauen ein Selbstbestimmungsrecht bezüglich ihrer Schwangerschaft zugestanden würde, denn: »›Jüdische Frauen dürfen nicht abtreiben‹, sagte Onkel Jossel, ›nicht mal, wenn feststeht, daß die Frau vergewaltigt wurde. ›Auch das ungeborene Leben ist heilig‹, hatte der Rebbe zu meinen Eltern gesagt, ›sogar, wenn der Erzeuger ein schweinefleischfressender Totschläger ist, ein Antisemit und ein Vergewaltiger.‹ So kam es, daß Resele das Kind zur Welt brachte.« (JW 129).

> Palästina sein und mich mit eigenen Augen überzeugen. Daran dachte ich, als ich plötzlich wieder Lust verspürte, mit einer Frau zu schlafen. Ich war vor einem Modegeschäft stehengeblieben und betrachtete die nackten Schaufensterpuppen, und ich spürte, wie ich einen Ständer kriegte. (RJ 107)

Diese Passage ist bezeichnend, nimmt Hilsenrath hier doch ganz explizit eine Parallelisierung von aus dem Leid der Shoah resultierenden Geltungsphantasien und sexuellen Phantasien vor: Die kraftvolle Befriedigung, welche Jablonski aus dem Gedanken an einen starken, wehrfähigen Judenstaat schöpft, manifestiert sich auf körperlicher Ebene in Form sexueller Gelüste. Dies lässt sich als eine unter umgekehrten Vorzeichen vorgenommene intertextuelle Anspielung auf »Fuck America« lesen: Während hier der Protagonist Bronsky seinem Leiden unter einem psychisch bedingten Priapismus mittels des Gedenkens an Auschwitz – Chiffre für die Vernichtung der ohnmächtigen Juden – entgegenzusteuern sucht, erfährt Jablonski andererseits das Aufkeimen sexuellen Verlangens durch den Gedanken an die Unbeugsamkeit und Wehrfähigkeit der Juden Israels.

Die sich aus der Engführung von heterosexuellem Koitus und selbstbewusstem Machtanspruch ergebende Spannung resultiert aus der Tatsache, dass Jablonskis bisher erstes und einziges koitales Erlebnis die asymmetrische Beziehung zur polnischen Bäuerin Lydia darstellt. Mittels dieser Relation wird die zu Beginn aufgebaute und beinahe durchgängig fortgeführte Charakterisierung Jablonskis als selbstbestimmter, entschlossener Jugendlicher untermauert, wobei sich dessen eine Opferidentität abwehrendes Naturell gleichermaßen in seinem Verhalten wie in seiner Wertung der Geschehnisse widerspiegelt: Obgleich das Ghetto, in welches er und seine Familie zu Beginn des Romans eingepfercht werden, durchaus als ein von Hunger, Kälte, Krankheit und Tod heimgesuchter Schreckensort apostrophiert wird, dominiert für Jablonski die Wahrnehmung dieses Raumes als »Aufschub« und »Chance zu überleben« (RJ 40). So gelingt es dem zielbewussten, geschäftstüchtigen jungen Mann, Brot zu verkaufen oder an die Armen zu verteilen (vgl. RJ 43ff.), um das »schlechte Gewissen« zu beruhigen (RJ 43) ff.), denn die Machtstrukturen wie auch Jablonskis Tatendrang und Mut bei der Beschaffung von Lebensmitteln gewähren ihm und seiner Familie trotz zeitweiligen Hungers eine relative Sicherheit sowie ein Überleben »im Warmen« (RJ 42). Auch nach der Befreiung aus dem Ghetto scheint Jablonski, wie bereits der Romantitel nahelegt, darum bemüht, seiner Reise das Attribut des selbstbestimmten tollkühnen »Abenteuers« und keineswegs der Geschichte leidvoller antisemitischer Verfolgung zu verleihen.[669]

669 Diese Lesart wird auch gestützt durch die Charakterisierung der folgenden Reise, bezüglich der es beispielsweise heißt: »Ich ließ es mir in Czernowitz gut gehen.« (RJ 74) / »Mir geht es ausgezeichnet.« (JW 81) / »Ich war zufrieden, lebte ohne Sorgen« (JW 105).

Insgesamt wird demnach der Eindruck erweckt, der Roman folge in seiner Gesamtheit einem Narrativ, welches auf strikte Abwehr einer jüdischen Opferidentität zielt. Diese Annahme wird insbesondere durch das im Roman höchst problematisch inszenierte Motiv der sexualisierten Gewalt untermauert: Bereits die Darstellung von Jablonskis erster koitaler Begegnung, angesiedelt vor dem Hintergrund seiner in der Kate der polnischen Bäuerin Lydia endenden Flucht aus dem Deportationszug, wirkt gerade aufgrund der Tatsache verstörend, dass der Akt trotz des unverhohlenen Charakters sexuellen Missbrauchs wertneutral und in nüchternem, unpersönlichem Erzählstil dargelegt wird:

> Sie lachte. »Ruben Jablonski«, sagte sie. »Ihr Juden habt komische Namen.« Sie trank ziemlich viel und prostete mir zu. Plötzlich machte sie eine ungestüme Bewegung und packte mein Glied an. »Wie alt bist du?«
> »Sechzehn«, sagte ich. Sie nickte und öffnete meine Hose und nahm mein Glied in den Mund.
> »Du bist sechzehn«, sagte sie. »Aber dein Schwanz ist einundzwanzig.«
> »Wieso?« sagte ich.
> »Weil dein Schwanz schon erwachsen ist.«
> [...]
> Nachts schlief ich mit Lydia. [...] Lydia war heiß und unersättlich. Sie leckte meinen ganzen Körper, und einmal biß sie mich in den Schwanz.
> Ich blieb ein paar Tage bei Lydia, dann beschloß ich abzuhauen.
> »Ruben Jablonski«, sagte ich zu mir. »Es ist besser, wenn du in der Nacht abhaust, während Lydia schläft. Wenn sie es merkt, könnte es Ärger geben. Wer weiß, vielleicht ruft sie aus Wut die Gendarmen. Nein, es ist besser, wenn du lautlos verschwindest.«
> Ich zog mich mitten in der Nacht an und stieg aus dem Fenster. Ich hatte Lydia ordentlich gefickt, und sie schlief fest und traumlos, ein glückliches Lächeln um den Mund. (RJ 51f.)

Auch wenn das Geschehnis nicht explizit als sexueller Missbrauch ausgewiesen wird: Die Tatsache, dass die Beziehung keineswegs eine symmetrische darstellt, sondern sich die Bäuerin ihre Machtmittel und Privilegien zunutze macht, um ihre libidinösen Bedürfnisse auf Kosten des minderjährigen, sich auf der Flucht befindlichen Jablonski zu befriedigen – aufgrund des Wissens um sein Ausgeliefertsein kann er den Handlungen weder widersprechen noch aufgrund seiner sexuellen Unerfahrenheit wissentlich zustimmen – lässt die geschilderte Handlung eindeutig als sexuellen Missbrauch erkennbar werden. Der durch die zitierte Passage ausgelöste kognitive Schock bei den Rezipientinnen und Rezipienten rührt jedoch weniger aus der Erkenntnis des sexuellen Missbrauchs des Protagonisten her als vielmehr aus der Art der Darstellung, welche mittels der stilistischen Indifferenz eine sich durch Gleichgültigkeit auszeichnende Reaktion Jablonskis impliziert. Es erfolgt eine groteske Pervertierung des »Don Juan«-Stoffes; der nur für die Frau lustvolle Verkehr dient dem ihr preisgegebenen Liebhaber als Täuschungsmanöver mit der Funktion, die postkoitale Erschöpfung der Frau für den eigenen Fluchtversuch zu nutzen.

Angesichts der körperlichen Grenzüberschreitung (»Plötzlich machte sie eine ungestüme Bewegung und packte mein Glied an«), ihrer antisemitischen Äußerung (»Ihr Juden habt komische Namen«) und Jablonskis Befürchtung, Lydia könne ihn – was zweifellos seinen Tod bedeutete – an die Gendarmen ausliefern, bleibt fraglich, ob der Jugendliche die sexuelle Begegnung als beglückendes Erlebnis mit einer erfahrenen älteren Frau wahrzunehmen gelingt. Das Ausbleiben einer kritischen Reflexion des Vorfalls, verschränkt mit dem Verzicht auf die Thematisierung eigener Emotionen bei expliziter Fokussierung auf die ausschließlich weibliche Lust legt jedoch nahe, dass sich Jablonski dem Eingeständnis, Opfer sexuellen Missbrauchs geworden zu sein, verweigert. So bietet Hilsenrath eine Lesart an, die Jablonskis mit erektiler Dysfunktion einhergehende spätere Identitätskrise auf diesen traumatischen, niemals verarbeiteten sexuellen Missbrauch zurückführen lässt.

Die große Mehrzahl der Frauen, welche Opfer von (Kriegs-)Vergewaltigungen geworden waren, schwiegen über ihre Erlebnisse,[670] wobei dieses Schweigen von tiefgreifender kultureller Bedeutung und »keineswegs nur dem Zufall, der Peinlichkeit oder dem Schmerz der betroffenen Frauen geschuldet«[671] ist: Dass die Massenvergewaltigungen von Frauen im Zweiten Weltkrieg nur eine Randnotiz der Geschichte blieb, kann vielmehr als Negation der historischen und strukturellen Bedeutung von Vergewaltigungen im Geschlechterverhältnis gelten.[672] Die Unterdrückung und das Verschweigen der weiblichen Erfahrungen und Perspektiven verweisen damit auf eine männlich-hegemoniale Kultur und schreiben diese zugleich fest. Obgleich reziprok dazu, folgt das Schweigen Jablonskis derselben Logik: Als Mann zum Opfer sexualisierter Gewalt geworden, läuft sein Erlebnis den sozial geteilten normativen Vorstellungen und präskriptiven Annahmen über die Geschlechter, welche Weiblichkeit mit (sexueller) Passivität, Männlichkeit dagegen mit Triebhaftigkeit, Dominanz und Stärke gleichsetzen, auf allen Ebenen zuwider. Der sexuelle Missbrauch Jablonskis bricht mit stereotypen Konstellationen, wenn die Frau in der Rolle der Täterin

670 Die Filmemacherin Helke Sander und die Historikerin Barbara Johr stellten bei ihren Recherchen zum Schicksal der Frauen beim Einmarsch der Roten Armee in Berlin 1945 fest, dass die zahlreichen vergewaltigten Frauen fünfzig Jahre lang geschwiegen hatten. Sander, Helke/Johr, Barbara (Hrsg): BeFreier und Befreite. Krieg – Vergewaltigung – Kinder, München 1992.

671 Seifert, Krieg und Vergewaltigung, S. 106.

672 Vgl. ebd., S. 86–110; Porter, Ray: Rape – Does it have a historical meaning?, in: Ders./ Tomaselli, Sylvana (Hrsg.): Rape. An Historical and Social Enquiry, Oxford 1986, S. 216–236.

auftritt, und überträgt zugleich die naturalistische Annahme des unbeherrschten männlichen Sexualtriebes auf den weiblichen Part.

Hilsenrath verzichtet beim nüchternen Bericht von der sexuellen Szenerie mit Jablonski und Lydia auf eine explizite Beschreibung und Wertung und sieht auch im Fortgang des Romans von einer weiteren Nennung des Vorfalls ab:[673] Dies lässt sich als literarische Strategie lesen, um der Scham seines männlichen Protagonisten darüber, weiblicher Macht- und Gewaltausübung unterworfen gewesen und dem männlich-hegemonialen Anspruch nicht gerecht geworden zu sein, Ausdruck zu verleihen.

Für den Fortgang des auf strikte Abwehr einer Opferidentität zielenden Narrativs des Romans ist es von zentraler Bedeutung, dass die Erfahrung des sexuellen Missbrauchs durch Lydia beinahe mit der Befreiung aus dem Ghetto zusammenfällt: Beiden Ereignissen kann in ihrer Gesamtheit insofern die Bedeutung eines Wendepunkts zugemessen werden, als dass sich Jablonskis Handlungen von dem Zeitpunkt der Befreiung an als durch strikte Abwehr einer Opferidentität intendiert lesen lassen – eine Haltung, welche sich zunehmend in Form von sexuell aggressivem Gebaren gegenüber Frauen manifestiert:

> Ich wußte, daß Huren nicht küssen. Ich küßte sie trotzdem. [...] Sie holte ein Präservativ aus ihrer Tasche und wollte es mir anziehen, aber ich wehrte ab. [...] ›Machen wir's ohne.‹ (RJ 109f.)

> Ich erwischte sie einmal bei einem Spaziergang auf den Feldern und legte mich mit ihr ins Gras, aber sie weigerte sich, die Beine breitzumachen. Sie weinte ein bißchen, als ich bei ihr rumfummelte, bis ich es aufgab. (JR 140)

> Sie kam gar nicht dazu, das Radio anzudrehen, denn ich legte sie gleich aufs Kreuz. (JR 183)

> Als ich ihr im Dunkeln unter den Rock griff, schlug sie mich auf die Hand, so daß ich sie wieder wegziehen mußte. Ich versuchte es mehrmals, immer mit demselben negativen Erlebnis. Schließlich packte ich sie bei den Brüsten, aber sie schob meine Hand hartnäckig weg. (RJ 196)

> Einmal streckte sie ihre Beine so weit nach links, daß ich sie berührte. Ihr Hintern rutschte hin und her. Sie lag halb auf ihrem Freund, so daß ich ihren Hintern berühren konnte. [...] Ich tätschelte vorsichtig ihren Hintern und steckte meinen Finger in einen ihrer Schlitze. Ich weiß bis heute nicht, welcher es war, und ob sie das im Schlaf bemerkt hatte. (RJ 213)

> Im Dunkeln legte ich meine Hand auf ihre Knie. Da sie nichts sagte, versuchte ich, ihr unter das Höschen zu greifen, das wehrte sie aber ab. (RJ 213)

673 So erzählt Jablonski der »kleinen Jemenitin« namens Laila (vgl. RJ 152) von seinen Erlebnissen, angefangen beim Ghetto bis hin zur Zeit in Sereth und seinen dort erlebten Kindheits- und Jugenderinnerungen, wobei angesichts der Ausführlichkeit seines Berichts die explizite Aussparung der Episode mit Lydia auffällt.

> Ich war ungeduldig und versuchte es mit sanfter Gewalt. Ich hob ihr das Kleid auf und versuchte, ihr Höschen herunterzuziehen, aber sie stieß mich derart heftig zurück, dass ich es aufgab. (RJ 238)

> Ich ging also hin, scherzte ein wenig mit ihr, trank ein Glas Wein und packte sie plötzlich bei den Brüsten. Da sie nichts sagte, griff ich ihr unter den Rock […]. (RJ 281)

> […] als ich sie vor dem Haus bei den Brüsten packte, fing sie zu schreien an. Bei einer anderen war es so ähnlich. Ich brachte sie nach Hause und griff ihr im Dunkeln vor dem Hauseingang unter den Rock. Sie rief tatsächlich um Hilfe […]. (RJ 283)

Diese zahlreichen Textpassagen verdeutlichen, dass Hilsenrath seinen Protagonisten nach dessen ohnmächtiger Erfahrung des Missbrauchs nun selbst als aktiven »Täter«, welcher mittels grenzverletzendem Verhalten gegenüber Frauen sexualisierte respektive sexuelle Gewalt ausübt, literarisch inszeniert. Während die Taten teximmanent mit der verzweifelten Suche nach Möglichkeiten zur sexuellen Triebabfuhr begründet werden und durch diesen Fokus das Kriterium der sexuellen Gewalt erfüllen, legt die Logik des Romans darüber hinaus den Charakter der sexualisierten Gewalt nahe: Das Verhalten des ehemals durch die Judenverfolgung wie auch durch den Missbrauch durch Lydia gedemütigten und der Ohnmacht preisgegebenen Jablonski kann auch als Streben nach Herrschaft, Kontrolle, Machtausübung und Anerkennung gelesen werden. Dies erklärt auch die stereotype repetitive Vorgehensweise seiner Handlungen, ist Gewalt doch »auf Wiederholung angewiesen, wenn sie sich in dauerhafte Macht verwandeln will«[674]. Dass sich Jablonskis Verhalten als Akte sexualisierter Gewalt typisieren lassen, verdeutlicht folgende Traumpassage des Protagonisten[675]:

> Im Traum zerriß ich die kleine Jemenitin und setzte ihre Körperteile wieder zusammen. Im Traum machte ich es mindestens ein dutzendmal mit ihr, und ihre Schreie erregten mich um so mehr. »Ruben«, hörte ich sie flüstern, »du bist wunderbar. Ich wusste nicht, dass einer aus Rumänien so ein guter Liebhaber ist.« (RJ 161)

Die Passage offenbart die hinter der Tat liegende Intention der sexualisierten Gewalt, liegt der Fokus neben der erregenden Vorstellung des Koitus doch auf dem Zerreißen des als klein und fragil attribuierten weiblichen Körpers sowie auf den als Bestätigung der eigenen Männlichkeit wahrgenommenen Schreien.

Die imaginierte Bewunderung verdeutlicht Jablonskis unbedingtes Bedürfnis nach (weiblicher) Anerkennung: Im gleichen Zuge, wie der Protagonist Frauen auf ihre Sexualität degradiert, begreift er zugleich die aus weiblicher Perspektive vorgenommene Bestätigung der eigenen Potenz als Anerkennung und Respekt für das eigene Ich und nimmt dadurch letztlich selbst eine Reduktion der ei-

674 Baberowski, Jörg: Räume der Gewalt, Frankfurt a. M. 2015, S. 199.

675 Das folgende Zitat erinnert auch an eine spezifische Passage aus dem Roman »Der Nazi & der Friseur« (NF 381).

genen Identität auf den sexuellen Bereich vor. Diese Lesart wird legitimiert durch Jablonskis Leiden an erektiler Dysfunktion, welche, wie bereits aufgezeigt wurde, ein sich auf physischer Ebene manifestierendes Symptom der Traumatisierung darstellt und nach Bewältigung seiner Krise durch den therapeutischen Schreibprozess abklingt, woraus einmal mehr die Fähigkeit zur Erektion als Chiffre für ganzheitliche Unversehrtheit dient.

Im Hinblick auf den Aspekt von Macht und Gewalt ergibt sich aus genderorientierter Betrachtungsweise insofern eine Problematik, als dass sich Jablonski seine wiedergewonnene Erektionsfähigkeit von Prostituierten bestätigen lässt. Die bereits bezüglich des Romans »Fuck America« vorgenommene Analyse zum Machtverhältnis zwischen Prostituierten und dem Shoah-Überlebenden in der Rolle des Freiers lässt sich aufgrund konvergenter Ausgangspositionen auch auf den Protagonisten Ruben Jablonski übertragen: Durch seine Erlebnisse zutiefst traumatisiert, kann einerseits dessen Inanspruchnahme sexueller Dienste von Prostituierten nicht primär als auf sexueller Ebene inszenierte Demonstration patriarchaler (Gewalt-)Herrschaft verstanden werden, sondern als Folge seiner psychischen Versehrtheit – oder, unter umgekehrten Vorzeichen, als Bestätigung der Genesung. Andererseits kann aus der Perspektive spezifischer Diskurse innerhalb der Geschlechterforschung der Rückgriff auf die Dienste von Sex-Arbeiterinnen als sexualisierte Gewalt, als Sichtbarmachung von Dominanz- und Herrschaftsansprüchen des Mannes über die Frau gewertet werden.[676] Die oben zitierten Passagen dokumentieren zahlreich das sich durch massive sexualisierte Gewalt gegenüber Prostituierten und anderen Frauen auszeichnende Verhalten Jablonskis: Auch wenn sich der Protagonist gemäß der literarischen Darstellung, welche unkritisch dessen subjektive Wahrnehmung reflektiert, lediglich der Befriedigung der eigenen libidinösen Ansprüche verschreibt, so bleibt dennoch zu konstatieren, dass – auch ohne dies bewusst zu intendieren – die Auslebung seiner Sexualität mit Unterdrückung und Ausbeutung des weiblichen Gegenübers einhergeht.

Auch wenn der sexuelle Missbrauch Jablonskis sowie dessen eigene Handlungen sexualisierter Gewalt an Frauen keiner kritischen Reflexion unterworfen werden, legt der Roman implizit Sexualität als effektivstes Mittel zur physischen wie psychischen Gewaltausübung fest. Anhand der Figuren Iwonna sowie der brustamputierten ehemaligen Zwangsprostituierten des Lagerbordells zeigt Hilsenrath das im Zuge der Judenverfolgung einhergehende, auch innerhalb der offiziellen Geschichtsschreibung lange nur als Randnotiz erwähnte und erst spät

676 Dies wird auch bei »Fuck America« deutlich, wenn der Rückgriff auf Prostitution als notgedrungene Maßnahme der gesellschaftlichen Verlierer postuliert wird, während sich die Gewinner »richtige« Frauen leisten können.

thematisierte Leid auf, welches jüdischen Frauen (und Männern) auf sexueller Ebene angetan wurde.

Insbesondere am Beispiel Iwonnas tritt die untrennbare Verschränkung der Komplexe Macht, Gewalt und Sexualität zutage, wenn in der Vergewaltigung Iwonnas durch den antisemitischen Bauern und dessen Sohn nicht nur die Intention der sexuellen Triebabfuhr erkennbar wird, sondern deren Verhalten auch auf die Befriedigung eines sadistischen, die eigene Machtposition zementierenden Begehrens zielt: Die Zufügung von Schmerzen und das gewaltsame Entreißen der Kleider dient dabei ebenso wie obszönes Verhalten und selbstgefälliges Gelächter (»er rülpste beim Geschlechtsverkehr und lachte schallend, als er sich von ihr erhob« (JW 114)) ausschließlich Iwonnas Erniedrigung und Demütigung, welche wiederum in der Illusion von Herrschaft und Macht auf die Peiniger zurückwirkt.

Die bei Jablonski durch seine Faszination für ein starkes Israel auszumachende Begeisterung für ein nicht in seiner Opferidentität ohnmächtig verharrendes, sondern wehrhaftes Judentum ist auch bei Iwonna erkennbar, welche sich nach der Flucht vor dem sadistischen Bauern mit großer Leidenschaft am Aufstand im Warschauer Ghetto beteiligt: »›Es war unglaublich‹, sagte Iwonna. ›Juden hatten zu den Waffen gegriffen und setzten sich zur Wehr.‹« (JW 114). Dennoch lehnt Iwonna private Rache an den Peinigern nach 1945 ab – im Anschluss an ihren Bericht über die erlittenen Grausamkeiten durch den Bauern stellt Hilsenrath folgenden Dialog, der Überlegungen zu Rache und Genugtuung enthält:

> »Wenn wir mal nach Polen fahren«, sagte ich, »dann bringe ich ihn [den Bauern] um.«
> »Das wird die Narben nicht wegwischen«, sagte Iwonna. »Es ist so eine Sache mit der Rache. Die Wunden heilen nicht davon, und was geschehen ist, ist geschehen.«
> »Ich denke an die Nazis und daran, daß die Russen geschworen haben, ihnen den Prozeß zu machen.«
> »Ja«, sagte Iwonna. »Aber was nützt das? Das macht die Ermordeten auch nicht wieder lebendig.«
> »Nein, das nicht«, sagte ich, »es ist vielleicht nur eine Genugtuung für die Überlebenden.« (JW 118)

Dennoch sind sowohl Iwonna als auch Jablonski beseelt von der Idee eines starken, wehrfähigen und autarken Israel, sodass sie sich – zunächst euphorisch – beim Aufbau dieses Staates beteiligen wollen.[677] Damit wird deutlich,

677 Erst nach einiger Zeit in Palästina muss Jablonski resigniert das Gefühl zunehmender Isolation seiner Person feststellen und ist enttäuscht ob der gesellschaftlichen Entwicklung des Landes, sodass er – auch, um die Reunion mit seiner Familie zu ermöglichen – wieder nach Europa zurückkehrt, um schließlich in die USA auszuwandern. Damit schreibt Hilsenrath einmal mehr seine eigene Desillusionierung bezüglich der Entwicklung Israels seinem Protagonisten ein: »Ich befand mich in einer völlig wesensfremden Umgebung. Ich

dass der Kampf um eine Abwehr der Opferidentität für die Figuren als ein genuin jüdischer und im Kollektiv der jüdischen Gemeinschaft zu vollziehender gedacht wird.

Während Jablonski und Iwonna sexualisierte Gewalt als Begleiterscheinung der Judenverfolgung erfahren, wird anhand der Figur der zutiefst traumatisierten, brustamputierten Frau, welche als Zwangsprostituierte im KZ-Bordell von Auschwitz hatte arbeiten müssen, die von den Nazis systematisch betriebene sexualisierte Gewaltzufügung aufgezeigt: »Der [nationalsozialistische, A.Z.] Staat agierte als Zuhälter«[678].

Genau wie die Massenvergewaltigung von Frauen während des Zweiten Weltkrieges wie auch in der Nachkriegszeit innerhalb der Forschung jahrzehntelang unberücksichtigt blieb, unterlag auch die Thematik der KZ-Bordelle einer (nicht zuletzt mit der moralischen Verurteilung der Zwangsprostituierten einhergehende)[679] Verdrängung und Tabuisierung.[680] Bei der andauernden

dachte, daß ich in ein jüdisches Land komme und unter Juden bin, also meinen Leuten. Aber ich war unter ›Israelis‹, mit denen ich überhaupt nichts Gemeinsames hatte. […] Die Israelis erschienen mir als moderne, unsentimentale Menschen, die keine wirkliche Beziehung zu ihrer Vergangenheit haben« (TF 12). Braun formuliert die Enttäuschung Hilsenraths im Nachwort von »Die Abenteuer des Ruben Jablonski« wie folgt: »Was will Hilsenrath in Palästina? Er will helfen den Judenstaat aufzubauen, bei seinen Leuten als Jude unter Juden leben. Er sucht ein Paradies, wie er es in Siret […] gefunden und durch die Deportation wieder verloren hatte. Was findet er in den knapp drei Jahren, die er in verschiedenen Kibbuzim, in Nahariya, in Haifa und in Tel Aviv lebt? Israelis, die seine deutsche Sprache, das einzige Stück Heimat, welches ihm noch verblieben ist, radikal als Mörder- und Opfersprache ablehnen, ihm nur miese Jobs als Hilfsarbeiter auf dem Bau oder in der Gastronomie überlassen, seinen Platz beim Aufbau Israels allenfalls in einem Kibbuz bei der Feldarbeit sehen und nicht nachvollziehen wollen oder können, dass er, der mit knapper Not dreijähriger Gettohaft entronnen ist, nicht in den Zwängen einer Kibbuzgesellschaft leben kann. Sein Traum vom Paradies zerrinnt rasch; seine Vorstellung, in Palästina wäre das Umsetzen eines marxistischen Idealstaates möglich, muss er bald aufgeben. Er sieht, dass die Juden einen Nationalstaat errichten wollen, dass Hass zwischen Juden und Arabern als normal verstanden wird. Er registriert die zunehmende Gewalt zwischen Juden und Briten und zwischen Juden und Arabern. Er begreift, dass er hier ein Außenseiter ist und bleiben wird.« (JW 299f.)

678 Paul, Christa: Zwangsprostitution. Staatlich errichtete Bordelle im Nationalsozialismus, Berlin 1994, S. 8. Paul zeigt darüber hinaus die Doppelmoral des NS-Staates auf, wenn sie darauf hinweist, dass die Agitation des NS-Staates als Zuhälter parallel zur Inhaftierung von Prostituierten in die Lager vonstatten ging. Vgl. ebd.

679 Dass sich selbst KZ-Überlebende (allerdings nicht Hilsenrath) abfällig über die Zwangsprostituierten äußerten, zeigt sich etwa an einer Passage aus Jorge Semprúns autobiografischem Roman »Was für ein schöner Sonntag!«, in welcher er missbilligend die Namen ehemaliger Zwangsprostituierten nennt. Vgl. Semprún, Jorge: Was für ein schöner Sonntag!, Frankfurt a. M. 1999, S. 361ff. Vgl. dazu auch: Graf, Margret: Erinnerung erschreiben. Gender-Differenz in Texten von Auschwitz-Überlebenden, Frankfurt a. M. 2015, S. 253.

680 Bereits sehr früh äußerte sich Kogon zu den sogenannten »Puppenjungen«. Doch erst seit den 1990er-Jahren entwickelten die wissenschaftliche Forschung wie auch die Medien ein zunehmendes Interesse für diese Problematik. Als wegweisende Studie sei neben den be-

Marginalisierung dieses Themas werde jedoch, so Sommer, die »qualitative Dimension des Phänomens übersehen: Lagerbordelle waren eine besonders perfide Form der Gewalt in den KZ.«[681]

In der von Hilsenrath geschilderten Begegnung Jablonskis mit der ehemaligen Zwangsprostituierten klingen gleich mehrere Aspekte und Diskurse dieses Phänomens an: Erstens zeigt sich auf Romanebene die innerhalb der gesellschaftlichen Realität praktizierte Verdrängung und Tabuisierung dieser besonderen Form sexualisierter Gewalt, wenn Jablonski innerhalb des kurzen Gesprächs mit der Protagonistin diese gleich zweimal inmitten ihres Berichts über die traumatische Vergangenheit zum Themenwechsel und gar zum Vergessen auffordert: »›Reden wir von was Schönem‹, sagte ich.« (RJ 235) / »›Vergessen wir das‹, sagte ich. ›Sprechen wir von etwas Schönem.‹« (RJ 237). Zwar stellt diese Aufforderung keine Negation, sondern vielmehr eine Anerkennung der erlittenen Gewalt dar. Dennoch zwingt Jablonski, welcher das Gespräch über ihre Lagervergangenheit durch seine Nachfragen in beiden Fällen ursprünglich befeuert hatte, durch den performativen Sprechakt seine Gesprächspartnerin zum (durch ihre Traumatisierung unmöglichen) Verdrängen und Verschweigen ihrer Erinnerungen – und damit gleichsam zum Rückzug aus der Gesellschaft.

Dass dieser Aufforderung nicht das Wohlergehen der Frau, sondern Jablonskis Bemühungen um eine positive Atmosphäre aufgrund seines Vorhabens, »sie noch heute abend [zu] vögeln« (RJ 236), zugrunde liegt, verweist auf einen weiteren, die Kriterien von Opferidentität betreffenden Aspekt. Graf thematisiert die einer doppelten Opferrolle unterworfenen Frauen im System der KZ-Bordelle, wenn sie konstatiert, dass das »geschlechtliche Erleben der gequälten und gedemütigten weiblichen Opfer […] innerhalb der Täter-Opfer-Dichotomie, aber zugleich auch innerhalb der Geschlechterdichotomie«[682] stattfand.

Hilsenraths Roman verdeutlicht, dass nach 1945 zwar die sich auf rassistische (Fremd)Zuschreibungen stützende Täter-Opfer-Dichotomie verabschiedet wurde, demgegenüber jedoch der Fortbestand der männlichen Vorherrschaft konstatiert werden muss, wodurch für die traumatisierte ehemalige Zwangsprostituierte der Alptraum ihrer Erinnerungen in der gesellschaftlichen Realität fortgeschrieben wird. Das gewaltsame Vorgehen Jablonskis, welches seiner Beteuerung, der Koitus könne »auch zärtlich sein« (RJ 238), Hohn spricht, bestätigt ihr einmal mehr die fortdauernde (Verletzungs)Macht des Mannes:

---

reits genannten Werken folgende Forschungsliteratur zu empfehlen: Sommer, Robert: Das KZ-Bordell. Sexuelle Zwangsarbeit in nationalsozialistischen Konzentrationslagern, Paderborn 2009. Graf widmet sich hingegen der spezifischen Frage, warum sich die weiblichen Opfer nicht selbst in die Erinnerung eingeschrieben, sondern radikal zurückgezogen haben und vergessen wurden. Vgl. dazu Kapitel 4: »Puppenhäuser«: Zwangsprostituierte im KZ – dem Nichterinnern nachgehen, in: Graf, Margret, S. 251–264.

681 Sommer, Das KZ-Bordell, S. 19.

682 Graf, Margret, S. 258.

> Ich war ungeduldig und versuchte es mit sanfter Gewalt. Ich hob ihr das Kleid auf und versuchte, ihr Höschen herunterzuziehen, aber sie stieß mich derart heftig zurück, daß ich es aufgab.
> »Wenn Sie es mit Gewalt versuchen«, sagte sie, »dann schreie ich.«
> »Geschlechtsverkehr kann auch zärtlich sein«, sagte ich. »Ich bin kein SS-Mann und Sie sind nicht mehr im Bordell.«
> »Ja, ich weiß«, sagte sie. »Aber ich kann nichts dafür, wenn mich Männer anekeln. Die Erinnerung ist zu stark. Ich kann es einfach nicht.« (RJ 238)

Somit kann der Hinweis Jablonskis auf die geänderten Vorzeichen, unter welchen die von ihm so nachdrücklich forcierte sexuelle Begegnung stattfände, die ehemalige Zwangsprostituierte eben darum nicht überzeugen, weil sich aus ihrer weiblichen Perspektive nur die Aufhebung einer – und nicht beider – Komponenten ihrer Opferidentität konstatieren lässt, bleibt die untergeordnete Position der Frau im Geschlechtergefälle doch auch nach 1945 bestehen.

Im gleichen Maße, wie das System der Konzentrationslager mittels demütigender Praktiken wie etwa der Kahlrasur auf die »Entgeschlechtlichung«, die Zerstörung der geschlechtlichen Identität der inhaftierten Frauen und Männer zielte,[683] wurde bezüglich der Zwangsprostituierten der KZ-Bordelle eine entgegengesetzte Strategie vollzogen, wenn diese sich »gleich zu Anfang als sexualisierte Objekte, die quasi zu Teilen ihrer Körper degradiert wurden«[684], erlebten. Weiter heißt es bei Graf:

> Die für die KZ-Bordelle selektierten Frauen wurden in der Folge gezwungen, (Hetero)Sexualität zu performen, doch ging es hier gerade nicht um die identitätsstiftende Wirkung dieser Performanz im Sinne von Judith Butler, denn eine eigene Identität der Frauen hatte in dem System der Lager keinerlei Raum. Vielmehr stand allein die Sexualität, um nicht zu sagen die »Über-Genitalisierung« im Sinne eines auf die Anatomie des Zwangsgeschlechtsverkehrs reduzierten Körpers, im Zentrum, die die Nazis ausbeuteten.[685]

Im Gegensatz zu den Männern, für welche der von der SS angewiesene Bordellbesuch die einzig mögliche Form der heterosexuellen Auslebung im Lager darstellte, wurde Frauen diese Auslebung nur in der Rolle als Prostituierte zugestanden.[686]

Diese beiden Aspekte – die Täter-Opfer-Identität im Brennpunkt der Geschlechterdichotomie sowie die Reduktion der Zwangsprostituierten auf ihren

683 Vgl. dazu die Studie von Graf, welche sich mit eben dieser Thematik beschäftigt und aufzeigt, dass die Shoah-Überlebenden »in ihren Texten das Geschehen in einer beharrlichen Wiederholung gültiger Männlichkeits- und Weiblichkeitsbilder« erinnern. Ebd., S. 257.

684 Ebd., S. 258.

685 Ebd.

686 Vgl. Sommer, Maskulinität und sexuelle Ausbeutung. S. 169; vgl. Graf, Margret, S. 258.

Körper, spezifisch ihre Genitalien – erhellen die Begegnung Jablonskis mit der namenlosen ehemaligen Zwangsprostituierten: Dass sich Jablonski ihr mittels massiver Impertinenz zu nähern versucht, offenbart, wie bereits aufgezeigt, das Fortbestehen der männlich-hegemonialen Gesellschaftsordnung auch nach 1945. Zweitens wird an der Reaktion der anhaltend traumatisierten ehemaligen Zwangsprostituierten deutlich, inwiefern sie die im KZ-Bordell oktroyierte Geschlechtszuschreibung, welche (heterosexuelle) Auslebung für die Frau nur in der Rolle der Überwältigten im Sinne von Vergewaltigten zubilligte, verinnerlicht hat. Die Degradierung ihrer Identität auf ihre Körperlichkeit erfuhr zudem nach der Entlassung aus dem Bordell noch eine Fortschreibung durch die inhumanen Experimente an ihrem Leib: Auf die groteske Anerkennung ihrer Geschlechtsidentität als Frau durch die wiederholten sexualisierten Gewaltakte folgte durch die Entnahme der Eierstöcke und der Amputation der Brüste ihre erzwungene totale Entgeschlechtlichung. Zugleich jedoch bedeutet das Begehren Jablonskis eine Negation ihre Entgeschlechtlichung. Die Unmöglichkeit dieser Frau, den heterosexuellen Koitus als liebevolles Miteinander zu begreifen, resultiert demnach auch aus der Irritation über die eigene Geschlechtsidentität.

Zuletzt sei Hilsenraths »Berlin … Endstation« im Hinblick auf die textimmanente Verschränkung von Macht/Gewalt, Sexualität und Shoah zu analysieren. Einmal mehr steht im Mittelpunkt des Romans ein Shoah-Überlebender, bei dessen Suche nach seinem Platz in der ihn umgebenden Gesellschaft der Kampf um die Überwindung der Symptome seiner Traumatisierung mit der steten Jagd nach sexueller Triebauslebung verflochten wird. Aufgrund der zahlreichen Parallelen zu anderen Romanen Hilsenraths, insbesondere zu »Fuck America« und »Ruben Jablonski«, sei hinsichtlich zweier Aspekte – der Bewertung der Inanspruchnahme prostitutiver Angebote und der Erfahrung des sexuellen Missbrauchs durch eine polnische Bäuerin – auf bereits gewonnene Resultate verwiesen.

Genau wie in »Fuck America« oder »Ruben Jablonski« tritt auch in »Berlin … Endstation« der männliche Protagonist Lesche mehrfach in der Handlungsposition des Freiers auf, wobei erneut auf die dualistischen Argumentationslinien Bezug genommen werden soll: Lässt sich der Shoah-Überlebende einerseits als Opfer markieren, dessen Traumatisierung insbesondere durch seine sexuellen (Gewalt)Taten Ausdruck findet und diese zugleich exkulpiert, kann andererseits seine Nachfrage nach käuflichem Sex als Herrschaftsanspruch des Mannes über die Frau, als Ausnutzung des männlich-hegemonialen Machtverhältnisses gelesen werden. Eine Auflösung dieser Täter-Opfer-Dichotomie ist freilich dann möglich, wenn die Traumatisierung als aus der Ohnmacht, Erniedrigung und dem sexuellen Missbrauch des ehemals Verfolgten resultierend erkannt wird, sodass seine sexuellen Aktivitäten als Streben nach Herrschaft bei gleichzeitiger

Abwehr der Opfer-Identität verstanden werden kann. Eine diese Lesart unterstützende Passage, welche die beiden argumentativen Dualismen verbindet, findet sich gleich zu Beginn des Romans. Auf die vergangenen, aus der Perspektive des frustrierten Protagonisten als deprimierend wahrgenommenen Exiljahre in den USA rekurrierend wird mit der Reflexion Lesches über die eigene Situation anhand eines standardisierten Dialogs mit einer Prostituierten die stumpfsinnige Eintönigkeit dessen Leben vorgeführt:

> »Na, du alter Mutterficker. Willste 'ne schnelle Nummer schieben? Ich mach's billig für dich.« – »Nee, danke«, sagte er. »Diese schnellen Nummern sind nichts für mich. [...] Ich möchte dir gern meinen Spritzer verpassen«, sagte Lesche, »bin aber heute leider nicht bei Kasse.«
> »Dann eben beim nächsten Mal«, sagte sie.
> Lesche erinnerte sich, daß ihn dieselbe Nutte schon vor mehr als dreißig Jahren angesprochen hatte: »Na, du alter Mutterficker. Willst du nicht ne schnelle Nummer schieben? Ich mach's billig für dich, wirklich billig.« All diese Jahre, dachte Lesche. Als ob sich nichts geändert hätte. Nur daß die Nutte damals noch ein ganz junges Ding gewesen war. Heute bestimmt schon Ende vierzig. (BE 8)

Da dem Verb (jemandem etwas) »verpassen« die Bedeutung immanent ist, jemandem (physischen) Schaden zuzufügen, weckt das von Lesche gewählte Sprachspiel (»Ich möchte dir gern meinen Spritzer verpassen« (BE 8)) die Assoziation sexualisierter Gewalt und legt nahe, dass den von ihm realisierten oder ersehnten sexuellen Begegnungen nicht primär das »Bedürfnis nach körperlichem Kontakt, zwischenmenschlicher Kommunikation oder der Befriedigung sexueller Lust«[687] zugrunde liegt, sondern vielmehr das Verlangen nach Einschüchterung und Drangsalierung der Frau. Aus der Logik des Romans heraus jedoch dient die Passage, welche im direkten Anschluss an Lesches deprimierende Erkenntnis einer missglückten Existenz steht, als letzter und zugleich stärkster Verweis auf die Monotonie seines gleichförmigen, stumpfsinnigen und einsamen Daseins als jüdischer Emigrant. Somit gelingt es Hilsenrath, in dem knappen zitierten Textauszug seinen Protagonisten zugleich in der Position des Opfers als auch des Täters zu porträtieren. Beide in der Passage implizit verbundenen Aspekte – der sexualisierte Machtanspruch Lesches sowie das (subjektiv empfundene und durch die amerikanische Gesellschaft bestätigte) existenzielle Scheitern – sind namentlich auf seine Shoah-Erlebnisse zurückzuführen. Die dadurch erlittene Traumatisierung legte den Grundstock für problematische Entwicklung die Protagonisten, die durch die in Amerika erlittenen Demütigungen fortgeführt wird.

Wie bereits bei der Analyse der »Abenteuer des Ruben Jablonski« argumentativ vorgeführt, lassen sich die sexualisierten Gewaltakte des männlichen

687 Gerheim, S. 78.

Protagonisten als Bemühung um die Verweigerung einer Opferidentität lesen. Die Flucht aus dem Ghetto führte Lesche in die Kate einer als sadistisch markierten polnischen Bäuerin – die Analogien zur Biografie Jablonskis sind frappierend. Hinsichtlich Lesches Begegnung mit Dorota wird jedoch der Charakter des sexuellen Missbrauchs sowie des sexualisierten Gewalt- und Machtmissbrauchs deutlich stärker akzentuiert als dies bei Jablonski der Fall ist. Vor diesem Hintergrund ist es auffällig, dass sich Lesche, dessen erste sexuelle Erfahrung die traumatisierende Unterwerfung unter eine weibliche Gewalt- und Machtausübung bedeutet hatte, bei der späteren Wahl seiner Partnerinnen fast ausschließlich auf bedeutend jüngere, ihm in Bewunderung ergebene oder gesellschaftlich ausgestoßene und finanziell schwache Frauen stützt: Seine forcierten Sexpartnerinnen sind die weiblichen Fans seiner Romane (vgl. BE 79, 84), die 16-jährige Sabine und die 28-jährige Anahid; mit in seine Wohnung nimmt er darüber hinaus ein etwa 12-jähriges Mädchen vom Kinderstrich (vgl. BE 196ff.) sowie eine auf der Straße bettelnde Roma (vgl. 198ff.). In all diesen Beziehungen lässt sich eine implizite Vormachtstellung Lesches ausmachen, welche sich aus Alter und Erfahrenheit, dem Prestige des Schriftstellers oder seiner finanziellen Überlegenheit ergibt.

Lesches – möglicherweise unbewusste – Passion für subalterne Frauen steht seine Abscheu vor sadomasochistischen Praktiken gegenüber, zu welchen ihn seine ehemalige Freundin Anneliese hatte drängen wollen, wobei er die eigene Abneigung mit seiner Zugehörigkeit zum Judentum und zugleich der Implikation gewaltsamer Verfolgung und Ausrottung begründet:

> Anneliese hatte ihm gestanden, daß sie nur zum Orgasmus kommen könne, wenn ein Mann sie vorher auspeitschte. […] Als Anneliese Lesche überreden wollte, es doch auch mal mit der Peitsche zu versuchen, wußte er, daß er mit ihr Schluß machen mußte, denn nichts war ihm so zuwider wie Sadismus.
> »Nein, das ist nichts für einen Juden«, hatte er zu ihr gesagt. »Ich lasse mich nicht von dir zum Nazi machen.« (BE 11)

Als Lesche später doch zum sexuellen Sadismus bereit ist, nimmt er zwar eine Abschwächung seiner Position durch den Hinweis auf die Singularität des Aktes vor, rückt aber nicht grundsätzlich von seiner Auffassung ab:

> Es wäre doch gelacht, dachte er, wenn du diesem Weib nicht zum Orgasmus verhelfen könntest. Nun ja, Anneliese wollte geprügelt werden. Du hast das immer abgelehnt, weil du dich nicht von ihr zum Nazi degradieren lassen wolltest, aber ein Versuch macht dich noch nicht zum Nazi. Ein einziges Mal, nur mal sehen, ob du das schaffst. (BE 140)

Im Anschluss an den Akt heißt es:

> Dann stand Lesche befriedigt auf. So, du Biest, dachte er. Jetzt hab' ich dir gezeigt, was ein Mann ist. Er verspürte plötzlich einen heftigen Ekel vor dieser Frau und sich selbst, ließ die Peitsche auf den Boden fallen und verließ wortlos die Wohnung. (BE 142).

Dass Lesche der Praxis des Sadismus instinktiv eine Nähe zum Nationalsozialismus attestiert, lässt zwei Schlüsse zu: Entweder er teilt die alltagssemantische Ansicht von Sadismus als besonders intensive Form von Aggressivität, wobei er die sexuelle Ebene ausklammert und das wesentliche charakteristische Kennzeichen von Sadismus als sexualisierter Destruktivität verkennt – oder aber die von ihm vertretene Ansicht bringt den Nationalsozialismus ganz bewusst in Verbindung mit der sadistischen Intention, welche Dominanz und Subordination zum sexualisierten Thema macht und nicht primär auf Aggressivität oder Grausamkeit, sondern vielmehr auf Beherrschung des anderen zielt.[688]

Dass diese zweite Lesart Plausibilität beanspruchen kann, lässt sich einmal mehr auf die traumatisierende Erfahrung sexualisierter Gewalt durch Dorota zurückführen. Ungeachtet der Tatsache, dass die polnische Bäuerin nicht als Nationalsozialistin einzustufen ist, sondern vielmehr die bestehenden Verhältnisse zur Auslebung ihrer sadistischen Gelüste an einem wehrlosen Opfer nutzt, kumulieren Lesches Erinnerungen an die Zeit der Verfolgung in dieser für ihn so prägenden Episode. Letztlich bleibt für ihn die NS-Zeit mit der sexualisierten Destruktivität des Sadismus untrennbar verbunden, zielen doch sowohl die nationalsozialistische Rassenideologie als auch die Praxis des Sadismus in letzter Konsequenz darauf, »in dem anderen etwas zu brechen, etwas zu zerstören [...], nämlich dessen Eigenständigkeit und Selbstbestimmung«[689].

688 Vgl. Schorsch/Becker, S. 41.
689 Ebd.

3.3) Zusammenfassung: Die Verschränkung von Sexualität und Shoah im Werk Hilsenraths

Die vorangegangen Überlegungen folgten der Intention eines Zusammendenkens und -führens der im Hilsenrathschen Opus prävalenten Motive Sexualität und Shoah. Dabei konnte eine Vielzahl komplexer Funktionen der sexuellen Motive herausgearbeitet werden, welche im Folgenden knapp zusammengefasst werden:

Erstens wurde deutlich, dass Sexualität nicht als ein primär auf körperliche Befriedigung zielender Akt konstruiert ist, sondern vielmehr als Möglichkeit zur Erlangung subjektiver Wünsche und Bedürfnisse erscheint.

Eng mit diesem Aspekt verschränkt, dient – zweitens – Sexualität im Hilsenrathschen Werk als effektivstes Mittel zur Etablierung und Zementierung von Macht- und Gewaltverhältnissen – mit Hoven ausgedrückt: »der Sexus [setzt] Ordnungen«[690].

Daraus resultierend wird der Sexualität – drittens – ein destruktiver Charakter, eine zerstörerische Triebhaftigkeit zugewiesen; das Konzept der Liebe steht diesem Entwurf von Sexualität diametral entgegen.

Viertens ist die Ausübung sexualisierter Gewalt als Abwehr der eigenen Opferidentität lesbar; die damit einhergehende Aneignung einer Täter-Identität geht daher namentlich von solchen Figuren aus, welche in der Vergangenheit selbst Repressionen hatten erleiden müssen.

Fünftens konnte demonstriert werden, inwiefern die verschiedenen Facetten physischer und psychischer Versehrtheit der Figuren über den Bereich der Sexualität ausgehandelt werden; die sexuellen Motive fungieren förmlich als Spiegel für Körper und Seele, genau wie die gleichsam aus den Fugen geratene Welt durch Verzerrung von Proportionen und eine groteske Leibesdarstellung dargestellt wird.

Sechstens dient die Sexualität als Vitalitätsbeweis; insbesondere die Verknüpfung der Motive Impotenz, Schreiben und (Über)leben verdeutlicht den literarisch konstruierten Konnex von Leben, sexueller und kreativer Potenz,

690 Hoven, S. 193.

sodass der kathartische Schreibprozess als literarischer Zeugungsakt apostrophiert wird.

Analog dazu kann – siebtens – der Rückgriff auf sexuelle Akte als Bestätigung der eigenen Geschlechtsidentität, als Versuch der Rückgängigmachung von Entsubjektivierung fungieren.

Achtens wird – insbesondere über die jüdische Beschneidung – eine sich auf rassistische (Fremd)Zuschreibungen stützende Täter-Opfer-Dichotomie eröffnet; die Menschheit respektive die Männer werden eingeteilt in Beschnittene und Unbeschnittene und damit entsolidarisiert.[691]

Neuntens werden über das Gebiet der Sexualität die existenziellen Schwierigkeiten der Überlebenden ausgehandelt, sich nach der Shoah auf ein Leben in der Nachkriegsgesellschaft einzulassen; die missglückenden zwischengeschlechtlichen Begegnungen lassen auf die Unmöglichkeit schließen, nach dem Zivilisationsbruch die Normen und Erwartungen der »zivilisierten« Gesellschaft zu erfüllen.

Letztens wird anhand des Motivs der Sexualität die doppelte Opferrolle der Frau aufgezeigt und damit zum Ausdruck gebracht, dass gesellschaftliche Machtverhältnisse – ob innerhalb oder außerhalb des Ghettos, vor oder nach 1945 – entlang geschlechtsspezifischer Linien verlaufen. In allen Gesellschaften, in welchen Hilsenrath seine Romane verortet, ist die Struktur einer männlich-hegemonialen Gesellschaft vorherrschend, welcher die Tendenz zur Nicht-Anerkennung der Frau als (autonomes) Subjekt bereits innewohnt – eine Geschlechterkonstruktion, welche in Krisensituationen wie Krieg, Verfolgung oder Überlebenskampf im Ghetto umso deutlicher zutage tritt.

Darüber hinaus wurden die Modalitäten des Rückgriffs der männlichen Protagonisten auf das prostitutive Setting beleuchtet; hierbei wurde herausgearbeitet, dass der Indienstnahme von Sex-Arbeiterinnen diverse Funktionen zuzuschreiben sind: So kann durch die Einnahme der Position des Freiers die Abwehr einer Opferidentität intendiert und zugleich die erektile Fähigkeit unter Beweis gestellt werden, um sich ihrer selbst in repetitiven Akten zu versichern. Auch dient die Thematisierung der Prostitution dazu, sowohl die missglückende soziale Integration der Shoah-Überlebenden in die Gesellschaft aufzuzeigen als auch die doppelte Opferrolle der Frauen zu verdeutlichen.

691 Vgl. ebd., S. 198.

Schluss: Tabubruch als Diskursanreiz – ein kurzer Blick auf die Rezeptionsgeschichte

Im Zuge der vorangegangenen Überlegungen wurde die von Hilsenrath konsequent vorgenommene Einbindung von Sexualität in die Shoah-Literatur hinsichtlich verschiedener Aspekte beleuchtet. Dabei konnte klar die Funktionalität der Verschränkung von Sexualität und Shoah aufgezeigt werden. Angesichts dieser – die sexuellen Motive in Hilsenraths Werk legitimierenden – Konstatierung drängt sich unweigerlich die Frage auf, aus welchen Gründen das in der Hilsenrathschen Shoah-Literatur prävalente Motiv der Sexualität derart die Gemüter der Rezensentinnen und Rezensenten erregte.

Die Analyse der Rezeption seiner Werke lässt auf drei im Folgenden zu erläuternde Tabus schließen, welche zu brechen Hilsenrath verantwortlich gemacht wird: Erstens die als Anbiederung an den Markt verstandene Verknüpfung der Shoah mit sexuellen Themen, zweitens der als »pornographisch« rezipierte Modus der Darstellung selbst, und drittens eine philosemitische Vorgaben ignorierende Darstellung jüdischer Figuren.

Die erste Facette der Ablehnung ist auf die Befürchtung der Kritikerinnen und Kritiker zurückzuführen, Hilsenrath setze aus kommerziellen Gründen auf die Strategie des »sex sells«;[692] der Autor wird daher »des modischen Kotaus vor der ›Sex & Auschwitz‹-Welle«[693] der 1970er-Jahre bezichtigt. Namentlich Frankenstein, Rezensent der »Israel Nachrichten«, sieht in der motivischen Verknüpfung von Sexualität und Shoah die Ausbeutung und Entwürdigung der Ermordeten

692 So vermutete etwa Graubard, dass »dieses Buch [»Nacht«, A.Z.] schon wegen seiner obszönen, (viel schlimmer als pornographischen) Ausdrucksmittel, kommerziell einen Erfolg haben« könne. Baruch Graubard an Ernest Landau, 14.8.1964. Geschäftliche Korrespondenz, Edgar-Hilsenrath-Archiv in der Akademie der Künste, Berlin. Entgegen der Befürchtung Graubards konnten jedoch Hilsenraths Romane in Deutschland lange Zeit keine kommerziellen Erfolge feiern, wie auch in der Rezeption die sexuellen Motive innerhalb der Hilsenrathschen Romane nur marginal und mittels kurzer Anspielungen, häufig sogar überhaupt nicht thematisiert wurden.

693 Wörtche, Thomas: Geschichte auf dem Todeswagen, in: der Freitag, 26.03.1993.

für »billige Sensationszwecke«[694]; so heißt es in seiner 1977 erschienenen Rezension zu »Der Nazi & der Friseur«:

> Mir aber scheint, dass dieser Roman in seiner vulgären Sprache, voll von Gotteslästerung und Blasphemie, voll von pornographisch-sadistischen Details eine zwar für unsere Zeit bezeichnende, aber höchst unerfreuliche und abstossende [sic!] Erscheinung darstellt, *Ausnutzung des tragischen Todes von sechs Millionen Nazi-Opfern* für billige Sensationszwecke.[695]

Eine solch abwertende Position, welche »nicht einmal in Erwägung zog, Hilsenrath habe eine ernsthafte und seriöse Intention mit dieser Art der Darstellung verfolgt«[696], negiert jegliche Funktion der Verknüpfung von Sexualität und Shoah.

Frankensteins Verriss stehen die im »Playboy« sowie in der »Easter Zeitung« erschienenen Rezensionen Hornungs scheinbar diametral entgegen: Während »Der Nazi & der Friseur« im »Playboy« damit beworben wurde, dass »neben der Politik« auch die »Potenz nicht zu kurz«[697] komme, heißt es in der »Easter Zeitung«: »Diese Kriminalkomödie in Romanform lässt kein Thema der vergangenen Jahrzehnte aus – zwischen Bett und Brutalität, Freud und Faschismus. Edgar Hilsenrath, mein Kompliment!«[698]

Die Reaktion beider Rezensenten lässt darauf schließen, dass Hilsenrath mit seiner Darstellungsweise ein Tabu berührt haben muss:

> Da Tabus immer erst in der Überschreitung als solche erkennbar werden, ist die Abwehr […] genauso wie […] unverhältnismäßig laute Lobpreisung als Hinweis auf ein vermintes Gelände, auf ein von Tabus umstelltes Problemfeld zu interpretieren.[699]

Sowohl die moralische Empörung Frankensteins als auch die unverfrorene Verkürzung des Hilsenrathschen Shoah-Romans auf das Thema Sexualität durch Hornung verweisen – lange vor der Entstehung des Schlagwortes »Shoah-Business« oder Finkelsteins »Holocaust-Industrie«[700] – auf ein (angeblich von Hilsenrath berührtes) Tabu: der Kommerzialisierung der Shoah.[701]

---

694 Frankenstein.

695 Ebd.

696 Vahsen, S. 130.

697 Hornung, Werner: (Beitrag ohne Titel), in: Playboy, 09.09.1977.

698 Hornung, Werner: Schwarzhumorig durch die braunen Jahre. Der literarische Filou Hilsenrath, in: Easter Zeitung, 17.09.1977. Die beiden Rezensionen Hornungs veranlassen Vahsen zu der Überlegung, ob »angesichts dieser Verkürzung des Romans auf das Thema Sexualität die Bedenken, die einige Rezensenten wegen der Wirkung der Verbindung von Shoa und Sexualität angemeldet hatten, nicht doch eine gewisse Berechtigung erhielten«. Vahsen, S. 33.

699 Dahlke, Lachverbote, S. 73.

700 Finkelstein, Norman: Die Holocaustindustrie. Wie das Leiden der Juden ausgebeutet wird, München 2001.

Wie bereits angeklungen, ist mit dem Tabu einer Kommerzialisierung der Shoah die Anklage einer inadäquaten Schreibweise eng verknüpft: Auch jenseits des Vorwurfs, das Motiv der Sexualität diene nur als Verkaufsstimulanz, wurde die Darstellung von Sexualität innerhalb der Shoah-Literatur, wie sie Hilsenrath vornimmt, als Tabubruch aufgefasst:

Während Frankenstein, wie oben erwähnt, dem Roman »Nacht« eine »vulgäre[n] Sprache«[702] sowie eine Fülle »von pornographisch-sadistischen Details«[703] bescheinigt, verweisen Ayren und Jokostra in ihrer Enttäuschung über die sexuellen Darstellungen in »Fuck America«[704] gerade auf die Qualität von »Nacht«; so schreibt Ayren: »Wirklich anstößig ist, das müßte der Autor von ›Nacht‹ wissen, nie der Gegenstand, sondern immer nur die Art der Darstellung, sonst wäre jede Schilderung von Sexuellem Pornographie.«[705] Als »erschreckend peinlich«[706] empfindet er, dass Hilsenrath in »Fuck America« »als Rahmenhandlung seine europäischen Jugendjahre mit Judenverfolgungen, Kristallnacht, Deportation und KZ bedenkenlos um seine Sexhistörchen herum drapiert«[707], um zu fragen: »Muß man prüde sein, um die Penetranz dieser forcierten Obszönitäten geschmacklos oder einfach langweilig zu finden?«[708] Bei Jokostra heißt es: »Es kann sich bei dieser zur Pornographie entarteten Obszönität keine Erschütterung über Bronskys Hungerleider-Dasein einstellen.«[709] Die dem Roman vorangestellte Erklärung Hilsenraths, in welcher dieser schreibt, dass »es Leute geben [wird], die einige Szenen in diesem Buch zum Anlaß nehmen werden, mir den Vorwurf der Pornographie zu machen«[710], kommentiert Jokostra mit den Worten: »Ich gestehe, ebenfalls zu diesen ›Leuten‹ zu gehören.«[711] Auch Meissner bezieht sich bei seinem Verriss von »Bronskys Geständnis« auf einen früheren Roman Hilsenraths, wenn er bei »Der Nazi & der Friseur« den

701 Dieser Vorwurf verkennt, dass Hilsenrath gerade das Gegenteil einer Kommerzialisierung der Shoah forciert. Seine Literatur ist vielmehr als Kapitalismuskritik lesbar, im Sinne von Kapitalismus als Fortschreibung der Shoah respektive Verdinglichung des Menschen.

702 Frankenstein.

703 Ebd.

704 Die Kritiken beziehen sich freilich auf den Romantitel »Bronskys Geständnis«; da im vorangegangenen Analyseteil jedoch stets aus der in »Fuck America« umbenannte Ausgabe zitiert wurde, wird um der Einheitlichkeit willen auch hier dieser Roman mit dem neuen Titel bezeichnet.

705 Ayren, Armin: Von nun an ging's bergab, in: Frankfurter Allgemeine Zeitung, 18.11.1980.

706 Ebd.

707 Ebd.

708 Ebd.

709 Jokostra, Peter: Ausverkauf der Träume, in: Rheinische Post, 08.11.1980.

710 Der Erstauflage des Romans »Bronskys Geständnis« ist ein Vorwort Hilsenraths, betitelt mit »In eigener Sache«, vorangestellt. Hilsenrath selbst distanzierte sich später jedoch von diesem Vorwort, wenn er ausdrücklich betont, dass es vom Verlag Langen Müller erwungen worden war. Vgl. Braun, Ich bin nicht Ranek, S. 221.

711 Jokostra, 08.11.1980.

»brutale[n] Sex«[712] als »notwendiges, weil die Verrohung des Zeitgeistes charakterisierendes Motiv«[713] bezeichnet, um aber den Vorwurf der Pornografie als verfehlt zu kennzeichnen, denn: »Pornographisch sind nur Darstellungen, die in spezifischer Weise anregen. Das tun Hilsenraths Darstellungen nicht, sie stoßen im Gegenteil ab, sie sind nicht pornographisch, sondern schlicht ordinär.«[714] Lewy dagegen rückt die Darstellungen in »Der Nazi & der Friseur« in die Nähe von Pornografie, wenn er zwar die Verschränkung von Sexualität und Shoah durchaus als funktional motiviert anerkennt, gleichzeitig jedoch in Zweifel zieht, ob »die außergewöhnliche Brutalität (oft auch unnötig pornographische Art) die Wirkung erzielt, die Hilsenrath erwartet«[715]. Urbach hingegen leugnet in seiner Rezension der »Abenteuer des Ruben Jablonski« jegliche Sinnhaftigkeit der Darstellung von Sexualität, erführe man über die »erotische[n] Bekanntschaften«[716] doch »nicht viel mehr [...] als die Eckdaten des nackten Vollzugs«[717].

Anhand dieser verschiedensten Rezensionen entnommenen Zitate lässt sich nicht nur die scheinbar wahllose Verwendung von durchaus nicht synonymen Termini (»pornografisch«, »vulgär«, »anstößig«, »obszön«, »ordinär«, »erotisch«) ablesen, mittels welchen die Rezensentinnen und Rezensenten den narrativen Modus Hilsenraths zu beschreiben suchen. Die Schärfe und Aggressivität der Kritiken lässt auch darauf schließen, dass Hilsenrath ein Tabu berührt hat: Explizite Sexualität, derbe Vokabeln und Ekel oder Abscheu hervorrufende Beschreibungen innerhalb der Shoah-Literatur wurden[718] – anstelle auf ihre mögliche Intention befragt zu werden – pauschal als inadäquate Darstellungsmittel verurteilt.

Ein dritter – überwiegend aus jüdischen Kreisen vorgetragener – Kritikpunkt drängt Hilsenrath in die Rolle des »Nestbeschmutzers«, wird doch durch die von ihm vorgenommene Verschränkung von Sexualität und Shoah ein Wiederaufleben antisemitischer Vorurteile befürchtet.[719]

---

712 Meissner, Toni: Diese Welt ist grausam, in: Abendzeitung, München, 26.09.1980.

713 Ebd.

714 Ebd.

715 Lewy, Hermann: Der Nazi, der Jude wird, in: Allgemeine jüdische Wochenzeitung, 18.11.1977.

716 Urbach, Tilman: Im Fadenkreuz. Edgar Hilsenraths Autobiographie, in: Neue Zürcher Zeitung, 19./20.04.1997.

717 Ebd.

718 In Kapitel 1.3 und 1.4 konnte aufgezeigt werden, dass der Umgang mit einer mit sexuellen Motiven aufgeladenen Shoah-Literatur einem Wandel unterlag: Das Werk etwa Seligmanns, Billers oder namentlich Littells wird durchaus kritisch auf die textimmanenten Sexualitätsbezüge hin rezipiert, gleichzeitig jedoch auch ernsthaft nach den zugrundeliegenden Intentionen der Darstellungen gefragt.

719 So hegte etwa der damalige Werbeleiter des Kindler-Verlags Landau, selbst Shoah-Überlebender, Bedenken, der Roman »Nacht« könne insofern »schädlich sein«, als dass er ju-

Der Rezensent des Blattes »Neueste Nachrichten – Jedioth Chadashoth« empörte sich nicht nur über den in »Nacht« dargestellten »Beischlaf in Promiskuität, mit breitgetretener ›Unterhaltung‹ darüber, in brutaler Unzüchtigkeit«[720]; es ist ihm in besonderer Weise an der Herausstellung der Tatsache gelegen, dass es unter den Verfolgten »auch Menschen und nicht nur Bestien«[721] gegeben habe, »insbesondere gab es doch auch Juden, die auf Hilfe und moralische Haltung bedacht waren«[722]. Seine Rezension, welche den Titel »Menschen-Entartung im Zwangsghetto« trägt, lässt sich als Bemühung darum lesen, das »seiner Ansicht nach nunmehr beschädigte Bild vom guten Juden ins Gedächtnis der Leser zurückzurufen«[723]. Selbst Klüger befürchtete, Hilsenrath könne – wenn auch unbeabsichtigt – durch seine anstößigen Darstellungen »manchen antisemitischen Stereotypen Vorschub leisten«[724].

Als Tabu erweist sich also eine Darstellung jüdischer Figuren und ihre Charakterisierung als – auch und gerade in sexueller Hinsicht – nicht genuin moralisch integer.

Dabei ist es gerade der kalkulierte Tabubruch, welchen Hilsenrath im Sinne eines Anreizes neuer Diskurse wagt:

Die Inkriminierung, welcher der Anklage eines Missbrauchs der Opfer für »Sensationszwecke« immanent ist, kommt der wahren Intention Hilsenraths insofern nahe, als dass der Autor Interesse wecken, aufrütteln und den Leserinnen und Lesern einen kognitiven Schock zufügen will. Hilsenrath führt somit durch die Einbindung von Sexualität die provokative Annäherung an die Shoah, wie er sie bereits in der Darstellung der Judenvernichtung unter Verwendung von Satire, Groteske und Schwarzem Humor vornimmt, fort. Dem Vorwurf, mittels der Einbindung von Sexualität in die Shoah-Literatur eine Strategie des »sex sells« zu fahren und auf Kosten der Opfer Aufmerksamkeit erregen zu wollen, stehen die Argumente seiner Verteidigerinnen und Verteidiger diametral entgegen, welche Hilsenrath ein durch den Tabubruch umso eindringlicheres Wehren gegen das Vergessen, Verdrängen und die Bequemlichkeit der Leserinnen und Leser attestieren. So begreift etwa Biller Hilsenraths Romane als Anschreiben »gegen die große Amnesie«[725]. Wohltat, welche die »tausendundeins Geschichten von Vergewaltigung und Bauchaufschlitzen, die Mischung

---

denfeindliche Ressentiments bediene. Vgl. Ernest Landau an Joseph Wulf, 31.07.1964; vgl. Vahsen, S. 36. Siehe dazu auch S. 189 der vorliegenden Arbeit.

720 M., B.: Menschen-Entartung im Zwangsghetto, in: Jedioth Chadashoth, 04.05.1965.

721 Ebd.

722 Ebd.

723 Vahsen, S. 128.

724 Klüger, Ruth: Fabulierlust zum Tode. Edgar Hilsenrath und das Unmögliche, in: Frankfurter Allgemeine Zeitung, 01.06.1993.

725 Biller, Maxim: Das Lachen des Schreckens, in: Tempo, August 1989.

von Blut, Sexualität und Fäkalien«[726] lapidar mit dem Kommentar »Kein Lesevergnügen«[727] versieht, stellt die entscheidende Frage: »Aber angesichts des planvollen Mordes an Millionen, was zählt da der Komfort für das Lesergemüt?«[728]

Zuschreibungen wie »obszön« und »ordinär«, mit welchen Hilsenraths Werk von seinen Kritikerinnen und Kritikern bedacht wurde, können subsumiert werden unter dem Terminus der »Anstößigkeit«, wobei diesem Begriff einmal mehr der Verweis auf die Intention des Autors immanent ist – seine Werke wollen Anstoß erregen. Die Kritik der Rezipientinnen und Rezipienten, welche die sexuellen Motive als »typisch Hilsenrathsche Ferkeleien«[729] diffamieren und in der Tabuüberschreitung lediglich kommerzielles Kalkül wittern, dekuvriert sich daher selbst, strebt Hilsenrath doch gerade danach, eine sich im Vergessen und Verdrängen komfortabel eingerichtete Nachkriegsgesellschaft aufzurütteln und durch eine bis dato ungekannte, schockierende literarische Annäherung an die Shoah die Erinnerungen wachzuhalten und neue Diskurse anzuregen.

Gleiches gilt für den Vorwurf, antisemitischen Ressentiments Vorschub zu leisten. Auch hier erweist sich die Kritik an der nicht zuletzt durch die Verschränkung von Sexualität und Shoah vorgenommenen Tabuüberschreitung als bezeichnend, entlarven sich doch die Vorwürfe selbst als Symptome des von Hilsenrath kritisierten Gegenstandes: Während die Rezensentinnen und Rezensenten befürchten, das in der deutschen Nachkriegsgesellschaft verankerte, (zumindest vordergründig) positive Bild der Juden könne durch die Darstellungen Hilsenraths Schaden erleiden, gehen die Bemühungen des Autors mit voller Absicht in ebendiese Richtung. Anstelle jedoch – wie befürchtet – rassistische Vorstellungen nähren zu wollen, liegt Hilsenraths Intention im Zurechtrücken des Bildes vom Juden, im Anschreiben gegen einen Philosemitismus, welchen Hilsenrath selbst als »umkehrte[n] Antisemitismus«[730] begreift. Sterling, selbst ehemals Verfolgte, erkennt denn auch diese Intention Hilsenraths und widersetzte sich der einer Rezeptionsvorgabe gleichenden Anforderung Landaus, welcher eine negative Kritik des Romans »Nacht« gefordert hatte, und antwortet diesem wie folgt:

> Im allgemeinen bin ich sehr dafür, dass man jüdischerseits nicht die eigenen ›shortcomings‹ verschweigt. Das Gefährliche an der gegenwärtigen deutschen Einstellung ist ja die philosemitische Stereotypisierung. Sie kann genau so gut wieder in ihr Gegenteil

726 Wohltat, Marina: Unter den Rädern der mörderischen Historie, in: Basler Zeitung, 15.09. 1989.
727 Ebd.
728 Ebd.
729 Hielscher, Martin: Das Flüstern des Todes, in: Die Zeit, 06.10.1989.
730 »Philosemitismus ist eine Art umgekehrter Antisemitismus«. Matthias Reichelt im Gespräch mit Edgar Hilsenrath, in: junge Welt, 20.01.2007.

> umschlagen. Besser ist zu zeigen, dass Juden ganze Menschen, nicht Objekte des Hasses oder der Liebe allein. [sic!][731]

Hilsenrath selbst trifft über seine Werke folgende Aussage: »In meinen Büchern werden so ziemlich alle Tabus gebrochen, insbesondere jene, die allgemein bei Juden und Deutschen als heilige Kuh gelten.«[732]

Diese Aussage lässt erstens Rückschlüsse auf die durch Hilsenrath implizit vorgenommene Wertung des Tabus im Allgemeinen zu: Anstelle eines Verständnisses von Tabus als sinnvolle, das gesellschaftliche Zusammenleben ordnende, ja sogar »heilige« Regelwerke insistiert der Autor darauf, dass der bereits erfolgte Bruch von Tabus progressive Auswirkungen gehabt hatte. Damit scheint Hilsenrath mit Kraft d'accord zu gehen, welcher folgende These vertritt: »Ohne Tabubruch keine Zukunft.«[733] Die negative Konnotation eines »Bruchs« weicht somit vielmehr der positiven Deutung einer »Überwindung« von Tabus.

Ausgehend davon, kann Hilsenrath die gezielte Kalkulation der Überwindung von Tabus zugeschrieben werden, wobei die als »Tabu« bezeichneten Themenkomplexe als normative Vorgaben für den Erinnerungsdiskurs zu verstehen sind und starke Überschneidungen zum Phänomen der »political correctness« aufweisen.

Die Einbindung von Sexualität in den gemeinhin als prüde bezeichneten Nachkriegsjahren und -jahrzehnten, die literarische Annäherung an die Shoah mittels komischer Elemente, eine dem philosemitischen Zeitgeist zuwiderlaufende Darstellung jüdischer Figuren – all dies kann als direkter Affront gegen gesellschaftliche Vereinbarungen und Übereinkünfte gelesen werden.

Bei Hoven heißt es:

> Wer, wie unser Autor Edgar Hilsenrath, den Holocaust überlebt hat, der muß am Prozeß der Zivilisation und an den ordnenden Kräften ihrer Werte zweifeln. Er wird [...] den vielgepriesenen Anstand des Bürgers, der die Unmenschlichkeit nicht verhinderte, als bloße Charaktermaske entlarven; er wird die hohle Herrschaft durch Obszönität entmythologisieren, die Sprache, die vor dem Unfaßbaren nicht verstummte, beim Wort nehmen und sie ihrer Lügenhaftigkeit entkleiden; schließlich wird er, nach der Entwertung aller Werte, den Menschen als das zeigen, was er ist, triebhaft und egoistisch.[734]

Der Shoah-Überlebende Hilsenrath präsentiert den Menschen als einen auf seine bloße Existenz Zurückgeworfenen; dabei verzichtet er gänzlich auf euphemistische Verfremdungen. Ebendieser radikalen Verweigerung einer Idea-

731 Eleonore Sterling an Ernest Landau, 08.08.1964.

732 »Ich habe die Philosemiten erschreckt, ich bin Außenseiter.« Thomas Feibel im Gespräch mit Edgar Hilsenrath, in: Frankfurter Rundschau, 15.09.1990.

733 Kraft, Hartmut: Die Lust am TABUbruch, Göttingen 2015, S. 7.

734 Ebd., S. 191.

lisierung oder Ästhetisierung ist es geschuldet, dass seine sexuellen, obszönen, schockierenden, Tabus nicht ignorierenden, sondern vielmehr gezielt überschreitenden Narrative moralische Empörung und Entrüstung ob der Darstellungen provozieren.

Neben der steten Funktionsgebundenheit der sexuellen Motive ist es jedoch das Faktum, dass Hilsenraths ästhetische Entscheidung aus seiner Shoah-Erfahrung resultiert und auf dem Wissen um die Ermordung von sechs Millionen Juden fußt, welches eine moralische Bewertung verunmöglicht: Die im Zuge der Rezeption vielfach vorgenommene Verurteilung der Hilsenrathschen Darstellungsweise dekuvriert sich nicht nur darum selbst, weil sie den philosemitischen Diskurs widerspiegelt und darüber hinaus implizit jene »verquere Sexualmoral, die sich auch nach dem Ende des Nationalsozialismus noch nicht überlebt hat«[735], eingesteht – sie offenbart auch den Unwillen der Deutschen, die Hoheit über die Erinnerungskultur auch nur partiell abzugeben. Insbesondere durch Raddatz' Verriss der Hilsenrathschen »Nacht« mit dem vernichtenden Titel »So geht das nicht« wird evident, dass das »Volk der Täter« die Verantwortung für den Modus des Erinnerns an die Shoah nicht mit den jüdischen Überlebenden zu teilen gewillt war. Indem Raddatz Hilsenrath vorwirft, den »eklatanten Beweis dafür geliefert [zu haben], wie Kunstlosigkeit ein großes Thema vernichtet«, ignoriert er nicht nur, dass die Shoah für die überlebenden Juden weit mehr als nur »ein großes Thema« darstellt. Er verkennt auch, dass die vorgebliche »Kunstlosigkeit« für den Überlebenden Hilsenrath eine Form der literarischen Auseinandersetzung mit dem Unaussprechlichen, ein Versuch der Bewältigung des Erlittenen darstellt, und der Autor in diesem Zuge eine literarische Form der Darstellung einer Gesellschaft in Zeiten der Post-Shoah gefunden hat.

Das große Verdienst Hilsenraths – welches zugleich die jahrzehntelange Ignoranz seiner Werke durch den deutschen Kulturbetrieb bedingte – ist letztlich sein Zutun zur Entstehung einer Erinnerungskultur, welche nationale Übereinkünfte hinterfragt und auch einer unbequemen, gesellschaftskritisch sich artikulierenden Auseinandersetzung mit der Shoah Legitimation einräumt. Den Überlebenden – wie auch ihren Nachkommen – darf die selbstbestimmte künstlerische Verarbeitung der Shoah als individuelle Möglichkeit zur Bewältigung des Erlebten nicht nur nicht abgesprochen werden – das Resultat sollte vielmehr begrüßt werden als Bereicherung einer Erinnerungskultur, welche auf eine Gesellschaft umso produktiver zurückwirken kann, je höher ihre Diversität und Vielfalt ausfällt.

735 Ebd., S. 199.

Bibliografie und Siglenverzeichnis

1) Siglenverzeichnis

N	Nacht
NF	Der Nazi & der Friseur
MO	Moskauer Orgasmus [ehemals »Gib acht, Genosse Mandelbaum«]
FA	Fuck America [ehemals »Bronsks Geständnis«]
ZA	Zibulsky oder Antenne im Bauch
MG	Das Märchen vom letzten Gedanken
JW	Jossel Wassermanns Heimkehr
RJ	Die Abenteuer des Ruben Jablonski
TF	Sie trommelten mit den Fäusten den Takt
BE	Berlin ... Endstation

2) Werke Edgar Hilsenraths

2.1) Werke der Gesamtausgabe

Hilsenrath, Edgar: Nacht, Gesammelte Werke Bd. 1, hrsg. von Helmut Braun, Berlin 2005.

Hilsenrath, Edgar: Der Nazi & der Friseur, Gesammelte Werke Bd. 2, hrsg. von Helmut Braun, Berlin 2004.

Hilsenrath, Edgar: Moskauer Orgasmus, Gesammelte Werke Bd. 3, hrsg. von Helmut Braun, Berlin 2007.

Hilsenrath, Edgar: Fuck America. Bronskys Geständnis, Gesammelte Werke Bd. 4, hrsg. von Helmut Braun, Berlin 2003.

Hilsenrath, Edgar: Zibulsky oder Antenne im Bauch, Gesammelte Werke Bd. 5, hrsg. von Helmut Braun, Berlin 2007.

Hilsenrath, Edgar: Das Märchen vom letzten Gedanken, Gesammelte Werke Bd. 6, hrsg. von Helmut Braun, Berlin 2005.

Hilsenrath, Edgar: Jossel Wassermanns Heimkehr, Gesammelte Werke Bd. 7, hrsg. von Helmut Braun, Berlin 2004.

Hilsenrath, Edgar: Ruben Jablonski. Ein autobiographischer Roman, Gesammelte Werke Bd. 8, hrsg. von Helmut Braun, Berlin 2006.
Hilsenrath, Edgar: Sie trommelten mit den Fäusten den Takt, Gesammelte Werke Bd. 9, hrsg. von Helmut Braun, Berlin 2008.
Hilsenrath, Edgar: Berlin … Endstation, Gesammelte Werke Bd. 10, hrsg. von Helmut Braun, Berlin 2006.

2.2) Sonstiges

»Ich habe die Philosemiten erschreckt, ich bin Außenseiter.« Thomas Feibel im Gespräch mit Edgar Hilsenrath, in: Frankfurter Rundschau, 15.09.1990.
»Philosemitismus ist eine Art umgekehrter Antisemitismus«. Matthias Reichelt im Gespräch mit Edgar Hilsenrath, in: junge Welt, 20.01.2007.
Gespräch Edgar Hilseraths mit Volker Dittrich über den Roman »Die Wohlgesinnten« von Jonathan Littell, 26.03.2008. Internetquelle: http://www.dittrich-verlag.de/files/edgar_hilsenrath_-_jonathan_littell_21.4.2008.pdf (24.02.2016).
Hilsenrath, Edgar: Dichterlesung 1978, in: Die Zeit, 17.03.1978.
Hilsenrath, Edgar: Ich bin von Natur aus ein Einzelgänger und singe nicht gerne im Chor, in: Deschner, Karlheinz (Hrsg.): Woran ich glaube, Gütersloh 1990, S. 111–114.
Hilsenrath, Edgar: Ich, der Angeklagte, in: Spiegel Spezial, 01.02.1989.
Hilsenrath, Edgar: Radikale Feministinnen, einsehbar im Vorlass des Autors im Archiv der Akademie der Künste zu Berlin.

3) Sekundärliteratur

»Die dämonische Verführerin,« in: Frenzel, Elisabeth: Motive der Weltliteratur. Ein Lexikon dichtungsgeschichtlicher Längsschnitte, 5., überarb. u. Ergänzte Auflage, Stuttgart 1999, S. 774–788.
»Erotische Literatur«, in: Der Brockhaus Literatur. Schriftsteller, Werke, Epochen, Sachbegriffe, 2., völlig neu bearbeitete Auflage, Leipzig/Mannheim 2004.
»Erotische Literatur«, in: von Wilpert, Gero: Sachwörterbuch der Literatur, 8., verbesserte und erweiterte Auflage, Stuttgart 2001.
»Gewalt«, in: Die Brockhaus Enzyklopädie Online, Artikel vom 19.10.2015: https://staats bibliothek-2berlin-1brockhaus-1de-1751860603.erf.sbb.spk-berlin.de/sites/default/files/pdfpermlink/gewalt-340f2419.pdf (07.10.2016).
»Pornography«, in: Shipley, Joseph T.: Dictionary of World Literary Terms. Forms, Techniques, Criticism, London 1970.
»Sexualität«, in: Duden. Deutsches Universalwörterbuch, 4., neu bearb. u. Erw. Auflage, hrsg. von der Dudenredaktion, Mannheim et al. 2001, S. 1446.
»versehren«, in: Deutsches Wörterbuch von Jacob und Wilhelm Grimm, 33. Bde, Leipzig 1884–1960, Bd. 12 I. Abteilung, V–Verwunzen, Sp. 1259–1262.
Der Brockhaus in 10. Bdn., Leipzig 2005:
– »Erotik« (Bd. 3)

- »Liebe« (Bd. 5)
- »Pornographie« (Bd. 7)
- »Sinnlichkeit« (Bd. 8)

Mayers Enzyklopädisches Lexikon in 25. Bdn., Mannheim 1977:
- »Erotik« (Bd. 8)
- »Erotische Literatur« (Bd. 8)
- »Sexualität« (Bd. 21)

Adorno, Theodor W.: Engagement, in: Ders.: Noten zur Literatur, Gesammelte Schriften Bd. 11, Frankfurt a. M. 1974, S. 409–430.

Adorno, Theodor W.: Juvenals Irrtum, in: Ders.: Minima Moralia. Reflexionen aus dem beschädigten Leben, Gesammelte Schriften Bd. 4, Frankfurt a. M. 1997, S. 239–241.

Agamben, Giogio: Was von Auschwitz bleibt. Das Archiv und der Zeuge (Homo sacer III), Frankfurt a. M. 2003.

Albrecht, Andrea: »So lustig ists später nie mehr geworden.« Anmerkungen zum Verhältnis von Erinnerung, Groteske und Ironie in Elfriede Jelineks *Die Kinder der Toten*, in: Zittel, Claus/Holona, Marian: Positionen der Jelinek-Forschung. Beiträge zur Polnisch-Deutschen Elfriede Jelinek-Konferenz, Olsztyn 2005, S. 87–104.

Amesberger, Helga/Auer, Katrin/Halbmayr, Brigitte: Sexualisierte Gewalt. Weibliche Erfahrungen in NS-Konzentrationslagern, Wien 2004.

Aristoteles: Poetik. Übersetzung, Einleitung und Anmerkungen von Olof Gigon, Stuttgart 1980.

Arntzen, Helmut: Nachricht von der Satire, in: Ders.: Literatur im Zeitalter der Information. Aufsätze. Essays. Glossen, Frankfurt a. M. 1971, S. 148–166.

Ayren, Armin: Von nun an ging's bergab, in: Frankfurter Allgemeine Zeitung, 18. 11. 1980.

Baberowski, Jörg: Räume der Gewalt, Frankfurt a. M. 2015.

Bachtin, Michail: Die groteske Gestalt des Leibes, in: Best, Otto (Hrsg.): Das Groteske in der Dichtung, Darmstadt 1980, S. 195–202.

Bachtin, Michail: Literatur und Karneval. Zur Romantheorie und Lachkultur, Berlin 1985.

Bashaw, Rita Barbara: Witz at Work: The Comic and the Grotesque in Edgar Hilsenrath, Jakov Lind and George Tabori, zugl. Diss, Ann Arbor/Michigan 2002.

Bauer, Barbara: Martin Walsers Roman »Ein springender Brunnen«, ein Resonanzraum anderer Biographien der Jahrgänge 1927/28, in: Ewert, Michael/Vialon, Martin (Hrsg.): Konvergenzen. Studien zur deutschen und europäischen Literatur. Festschrift für E. Theodor Voss, Würzburg 2000, S. 188–209.

Beck, Ulrich/Beck-Gernsheim, Elisabeth: Das ganz normale Chaos der Liebe, Frankfurt a. M. 1990.

Benkel, Thorsten: Die Konstruktion der sexuellen Wirklichkeit. Körperwissen, Medienbilder und die Logik der Prostitution, in: Lewandowski, Sven/Koppetsch, Cornelia: Sexuelle Vielfalt und die UnOrdnung der Geschlechter. Beiträge zur Soziologie der Sexualität, Bielefeld 2015, S. 67–98.

Bergen, David J./Williams, John E.: Sex Stereotypes in the United States Revisited: 1972–1988, in: Sex Roles. A Journal of Research, Heft 24 (1991), S. 413–423.

Bergmann, Martin S. et al. (Hrsg.): Kinder der Opfer, Kinder der Täter: Psychoanalyse und Holocaust, Frankfurt a. M. 1995.

Bergson, Henri: Le Rire. Essai sur la signification du comique, Paris 1961.

Bettelheim, Bruno: Kinder brauchen Märchen, München 1980.

Beutin, Wolfgang: Sexualität und Obszönität. Eine literaturpsychologische Studie über epische Dichtungen des Mittelalters und der Renaissance, Würzburg 1990.

Biller, Maxim: Das Lachen des Schreckens, in: Tempo, August 1989.

Biller, Maxim: Harlem Holocaust, in: Ders.: Wenn ich einmal reich und tot bin. Erzählungen, Köln 1990, S. 89–143.

Biller, Maxim: Im Kopf von Bruno Schulz, Köln 2013.

Birkmeyer, Jens: Elfriede Jelinek. Tobsüchtige Totenwache, in: Eke, Norbert Otto/Steinecke, Hartmut: Shoah in der deutschsprachigen Literatur, Berlin 2006, S. 302–310.

Bjørnstad, Jennifer I.: Functions of Humor in German Holocaust Literature. Edgar Hilsenrath, Gunter [sic!] Grass and Jurek Becker, zugl. Diss., Ann Arbor/Michigan 2001.

Bleier, Stephan: Körperlichkeit und Sexualität in der späten Lyrik Paul Celans, Frankfurt a. M. 1998.

Bloch, Iwan: Das Sexualleben unserer Zeit in seinen Beziehungen zur modernen Kultur, Berlin 1907.

Boyd, Timothy: »Dunkeler gespannt«. Untersuchungen zur Erotik der Dichtung Paul Celans, Heidelberg 2006.

Braese, Stephan: Die andere Erinnerung. Jüdische Autoren in der westdeutschen Nachkriegsliteratur, Berlin 2001.

Braun, Helmut (Hrsg.): Verliebt in die deutsche Sprache. Die Odyssee des Edgar Hilsenrath, Berlin 2005.

Braun, Helmut: Ich bin nicht Ranek. Annäherung an Edgar Hilsenrath, Berlin 2006.

Brecheisen, Claudia: Literatur des Holocaust. Identität und Judentum bei Jakov Lind, Edgar Hilsenrath und Jurek Becker, zugl. Diss., Augsburg 1993.

Breton, André: Anthologie des Schwarzen Humors, München 1979.

Broch, Hermann: Die Schuldlosen. Roman in elf Erzählungen, Kommentierte Werkausgabe, hrgs. von Paul Michael Lützeler, Bd. 5, Frankfurt a. M. 1974.

Brownmiller, Susan: Gegen unseren Willen. Vergewaltigung und Männerherrschaft, Frankfurt a. M. 1978.

Brummack, Jürgen: »Satire«, in: Müller, Jan-Dirk (Hrsg.): Reallexikon der deutschen Literaturwissenschaft, Bd. 3, Berlin/New York 2003, 355–360.

Brummack, Jürgen: Begriff und Theorie der Satire, in: Deutsche Vierteljahrsschrit für Literaturwissenschaft und Geistesgeschichte 45 (1971), S. 275–377.

Brunner, José/Zajde, Nathalie (Hrsg.): Holocaust und Trauma. Kritische Perspektiven zur Entstehung und Wirkung eines Paradigmas. Tel Aviver Jahrbuch für deutsche Geschichte 39 (2011), Göttingen 2011.

Brunner, José/Zajde, Nathalie: Editorial, in: Dies. (Hrsg.): Holocaust und Trauma. Kritische Perspektiven zur Entstehung und Wirkung eines Paradigmas. Tel Aviver Jahrbuch für deutsche Geschichte 39 (2011), Göttingen 2011, S. 7–14.

Bublitz, Hannelore: Judith Butler zur Einführung, Hamburg 2002.

Butler, Judith: Das Unbehagen der Geschlechter, Frankfurt a. M. 1991.

Celan, Paul: Die Gedichte. Kommentierte Gesamtausgabe in einem Band, hrsg. und kommentiert von Barbara Wiedemann, Ulm 2005.

Cicero, Marcus Tullius: de oratore (Über den Redner), Buch II, LVIII.

Claas, Petra/Schulze, Christa: Prozessorientierte Psychotherapie bei der Traumaverarbeitung, Tübingen 2002.

Clifton, A. Kay/McGrath, Diane/Wick Bonnie: Stereotypes of Women: a single category?, in: Sex Roles. A Journal of Research, Heft 2 (1976), S. 135–148.
Cramer, Sybille: »Jakov Lind«, in: Kraft, Thomas (Hrsg.): Lexikon der deutschsprachigen Gegenwartsliteratur seit 1945, Bd. 2: K–Z, München 2003.
Cramer, Sybille: »Jakov Lind«, in: Kunisch, Hermann/Wiesner, Herbert/Cramer, Sybille (Hrsg.): Lexikon der deutschsprachigen Gegenwartsliteratur, München 1981.
Cramer, Thomas: Das Groteske bei E. T. A. Hoffmann, München 1970.
Dahlke, Birgit: Lachverbote. Veränderte Erzählstrategien in Literatur und Film über den Massenmord an Juden, in: Braun, Michael (Hrsg.): Tabu und Tabubruch in Literatur und Film, Würzburg 2007, S. 69–84.
Dahlke, Birgit: Nuda Veritas? Zum Effekt des Pornographischen in Jonathan Littells Roman Les Bienveillantes, in: Figge, Maja/Hanitsch, Konstanze (Hrsg): Scham und Schuld. Geschlechter(sub)texte der Shoah, Bielefeld 2010, S. 301–317.
Diner, Dan: Negative Symbiose. Deutsche und Juden nach Auschwitz, in: Ders. (Hrsg.): Ist der Nationalsozialismus Geschichte? Zur Historisierung und Historikerstreit, Frankfurt a. M. 1988, S. 185–197.
De Beauvoir, Simone: Das andere Geschlecht. Sitte und Sexus der Frau, Hamburg 2016, S. 334.
Deuber-Mankowsky, Astrid: Natur/Kultur, in: von Braun, Christina/Stephan, Inge (Hrsg.): Gender@Wissen. Ein Handbuch der Gender-Theorien, Köln/Weimar/Wien 2009, S. 223–242.
Dietze, Gabriele: Sexualpolitik: Verflechtungen von Race und Gender, Frankfurt a. M. 2017.
Dinges, Martin: Männer als Täter und als Opfer – zwischen Verletzungsmacht und Verletzungsoffenheit, 28.06.2012–30.06.2012 Stuttgart, in: H-Soz-Kult, 28.11.2011. Internetquelle: www.hsozkult.de/event/id/termine-17942 (04.06.2017).
Dischereit, Esther: Übungen, jüdisch zu sein. Aufsätze, Frankfurt a. M. 1998.
Dopheide, Dietrich: Das Groteske und der schwarze Humor in den Romanen Edgar Hilsenraths, zugl. Diss., Berlin 2000.
Eagly, Alice H.: Sex Differences in Social Behavior: A Social-role Interpretation, Hillsdale 1987.
Eagly, Alice H./Wood, Wendy/Diekman, Amanda B.: Social Role Theory of Sex Differences and Similarities: A Current Appraisal, in: Eckes, Thomas/Trautner, Hanns M. (Hrsg.): The Developmental Social Psychology of Gender, Mahwah 2000, S, 123–174.
Eckes, Thomas: Geschlechterstereotype: Frau und Mann in sozialpsychologischer Sicht, Pfaffenweiler 1997.
Eckes, Thomas: Geschlechterstereotype: Von Rollen, Identitäten und Vorurteilen, in: Becker, Ruth/Kortendiek, Beate (Hrsg.): Handbuch Frauen- und Geschlechterforschung. Theorie, Methoden, Empirie, 3., erw. u. durchg. Aufl., Wiesbaden 2010, S. 178–189.
Eckes, Thomas: Paternalistic and Envious Gender Stereotypes: Testing Predictions from the Stereotype Content Model, in: Sex Roles. A Journal of Research, Heft 47 (2002), S. 99–114.
Eco, Umberto: The frames of comic »freedom«, in: Ders./Ivanov, V.V./Rector, Monica: Carnival! Hrsg. von Thomas A. Sebeok, Berlin/New York/Amsterdam 1984, S. 1–9.

Eismann, Wolfgang: Männliches Begehren und Sexualität im Werk von Aleksandar Tišma, in: Reinhart, Johannes/Reuther, Tilmann (Hrsg.): Ethnoslavica. Festschrift für Herrn Univ. Prof. Dr. Gerhard Neweklowsky zum 65. Geburtstag. Beiträge des internationalen Symposiums des Instituts für Slawistik der Universität Klagenfurt in Zusammenarbeit mit dem Institut für Slawistik der Universität Wien, Klagenfurt 07./08. April 2006, Wien 2006, S. 43–60.

Elliott, Robert C.: The Power of Satire, Princeton 1960.

Englisch, Paul: Geschichte der erotischen Literatur, Wiesbaden 1988.

Epstein, Helen: Die Kinder des Holocaust: Gespräche mit Söhnen und Töchtern von Überlebenden, München 1987.

Evers, Florian: Vexierbilder des Holocaust. Ein Versuch zum historischen Trauma in der Populärkultur, Berlin 2011.

Feldmann, Harald: Vergewaltigung und ihre psychischen Folgen. Ein Beitrag zur posttraumatischen Belastungsreaktion, Stuttgart 1992.

Finkelstein, Norman: Die Holocaustindustrie. Wie das Leiden der Juden ausgebeutet wird, München 2001.

Fischer, Carolin: Gärten der Lust. Eine Geschichte erregender Lektüren, Stuttgart 1997.

Fischer, Gottfried: Psychoanalyse und Psychotraumatologie, in: Mauser, Wolfram/Pietzcker, Carl (Hrsg.): Trauma. Freiburger literaturpsychologische Gespräche. Jahrbuch für Literatur und Psychoanalyse, Bd. 19, Würzburg 2000, S. 11–26.

Fischer, Gottfried/Riedesser, Peter: Lehrbuch der Psychotraumatologie, München 1988.

Fischer, StGB, 60. Auflage 2013, § 184 Rn. 7 m. w. N.

Fiske, Susan T.: Stereotyping, Prejudice, and Discrimination, in: Gilbert, Daniel T./Fiske, Susan T./Lindzey, Gardner (Hrsg.): The Handbook of Social Psychology, Bd. 2, Boston 1998, S. 357–411.

Foucault, Michel: Der Wille zum Wissen. Sexualität und Wahrheit 1, Frankfurt a. M. 1977.

Foucault, Michel: Die Geburt der Klinik. Eine Archäologie des ärztlichen Blicks, Frankfurt a. M. 1988.

Foucault, Michel: Dispositive der Macht. Über Sexualität, Wissen und Wahrheit, Berlin 1978.

Foucault, Michel: Überwachen und Strafen. Die Geburt des Gefängnisses, Frankfurt a. M. 1976.

Foucault, Michel: Wahnsinn und Gesellschaft. Eine Geschichte des Wahns im Zeitalter der Vernunft, Frankfurt a. M. 1969.

Freud, Sigmund: Der Witz und seine Beziehung zum Unbewußten/Der Humor, hrsg. von Peter Gay, Frankfurt a. M. 1992.

Freud, Sigmund: Die infantile Genitalorganisation (Eine Einschaltung in die Sexualtheorie), in: Ders.: Werkausgabe in zwei Bdn., hrsg. von Anna Freud und Ilse Grubrich-Simitis, Bd. I: Elemente der Psychoanalyse, S. 330–333.

Freud, Sigmund: Drei Abhandlungen zur Sexualtheorie, in: Ders.: Werkausgabe in zwei Bdn., hrsg. von Anna Freud und Ilse Grubrich-Simitis, Bd. I: Elemente der Psychoanalyse, S. 235–317.

Fuld, Werner: Eine Geschichte des sinnlichen Schreibens, Berlin 2014.

Fuß, Peter: Das Groteske. Ein Medium des kulturellen Wandels, Böhlau 2001.

Galbraith, Patrick W.: Lolicon: The Reality of »Virtual Child Pornography« in Japan, in: Image and Narrative. Online Magazone of the Visual Narrative 12/1 (2011), S. 83–114.

Georgi, Oliver: Das Groteske in Literatur und Werbung, Stuttgart 2003.

Gerheim, Udo: Die Produktion des Freiers. Macht im Feld der Prostitution. Eine soziologische Studie, Bielefeld 2012.

Gerstenberger, Katharina/Pohland, Vera: Der Wichser. Edgar Hilsenrath – Schreiben über den Holocaust: Identität und Sexualität, in: Der Deutschunterricht, 44 (1992), S. 74–91.

Gilman, Sander L.: Jurek Becker. Eine Holocaust-Trilogie aus Sicht eines jüdischen DDR-Deutschen, in: Eke, Norbert Otto/Steinecke, Hartmut (Hrsg.): Shoah in der deutschsprachigen Literatur, Berlin 2006, S. 274–279.

Gilman, Sander L.: Male Sexuality and Contemporary Jewish Literature in German. The Damaged Body as the Image of the Damaged Soul, in: Ders./Remmler, Karin (Hrsg.): Reemerging Jewish Culture in Germany. Life and Literature since 1989, New York/London 1994, S. 201–249.

Giza, Jerzy St./Morasiewicz, Wiesław: Z zagadnień popędów w obozach koncentracyjnych. Przyczynek do analiz tzw. KZ-syndromu, in: Przegląd Lekarski 1 (1973), S. 29–41.

Glaser, Hermann: Spießer-Ideologie. Von der Zerstörung des deutschen Geistes im 19. und 20. Jahrhundert und dem Aufstieg des Nationalsozialismus, Köln 1978.

Gnüg, Hiltrud: Der erotische Roman. Von der Renaissance bis zur Gegenwart, Stuttgart 2002.

Göbler, Frank: »Michail Michailovic Bachtin«, in: Jens, Walter (Hrsg.): Kindlers Neues Literatur Lexikon. Studienausgabe, Ba–Bo, Bd. 2, München 1998, 35–37.

Graf, Andreas: Mörderisches Ich. Zur Pathologie der Erzählperspektive in Edgar Hilsenraths Roman »Der Nazi & der Friseur«, in: Kraft, Thomas (Hrsg.): Edgar Hilsenrath. Das Unerzählbare erzählen, München 1996, S. 135–149.

Graf, Margret: Erinnerung erschreiben. Gender-Differenz in Texten von Auschwitz-Überlebenden, Frankfurt a. M. 2015.

Grenz, Sabine: (Un)heimliche Lust. Über den Konsum sexueller Dienstleistungen, Wiesbaden 2005.

Groth, Nicholas A./Birnbaum, Jean H.: Men Who Rape. The Psychology of the Offender, New York/London 1981.

Grünberg, Kurt: Liebe nach Auchwitz. Die zweite Generation. Jüdische Nachkommen von Überlebenden der nationalsozialistischen Judenverfolgung in der Bundesrepublik Deutschland und das Erleben ihrer Paarbeziehung, Tübingen 2000.

Gutwirth, Marcel: Laughing Matter. An Essay on the Comic, Ithaca/London 1993.

Haaser, Rolf/Oesterle, Günter: Grotesk, in: Fricke, Harald (Hrsg.): Reallexikon der deutschen Literaturwissenschaft, Berlin/New York 2000, Bd. I, S. 745–748.

Hainz, Martin A.: Die Shoah in der Literatur der Überlebenden, in: Horch, Hans Otto (Hrsg.): Handbuch der deutsch-jüdischen Literatur, Berlin/Boston 2016, S. 221–243.

Hammelehle, Sebastian: Holocaust-Novelle von Maxim Biller: Travestie auf Weltniveau, in: Spiegel, 07.11.2013.

Hantsch, Ingrid: Semiotik des Erzählens. Studien zum satirischen Roman des 20. Jahrhunderts, München 1975.

Hanuschek, Sven: Satire, in: Lamping, Dieter (Hrsg.): Handbuch der literarischen Gattungen, Stuttgart 2009, S. 652–661.

Hardtmann, Gertrud (Hrsg.): Spuren der Verfolgung: Seelische Auswirkungen des Holocaust auf die Opfer und ihre Kinder, Gerlingen 1992.

Hark, Sabine/Villa, Paula-Irene: Unterscheiden und herrschen. Ein Essay zu den ambivalenten Verflechtungen von Rassismus, Sexismus und Feminismus in der Gegenwart, Bielefeld 2017.

Harten, Hans-Christian: Sexualität, Mißbrauch, Gewalt. Das Geschlechterverhältnis und die Sexualisierung von Aggressionen, Opladen 1995.

Heidsieck, Arnold: Das Groteske und das Absurde im modernen Drama, Stuttgart 1969.

Heinrichs, Jürgen (Hrsg.): Vergewaltigung – Die Opfer und die Täter, Braunschweig 1986.

Hellenthal, Michael: Schwarzer Humor. Theorie und Definition, Essen 1989.

Hempfer, Klaus W.: Tendenz und Ästhetik. Studien zur französischen Verssatire des 18. Jahrhunderts, München 1972.

Henniger, Gerd: Zur Genealogie des Schwarzen Humors, in: Neue deutsche Hefte 110 (1966), S. 18–34.

Hielscher, Martin: Das Flüstern des Todes, in: Die Zeit, 06.10.1989.

Highet, Gilbert: The Anatomy of Satire, Princeton 1962.

Hillel, Klein: Überleben und Versuche der Wiederbelebung. Psychoanalytische Studien mit Überlebenden der Shoah und mit ihren Familien in Israel und in der Diaspora. Hrsg. von Biermann, Christoph/Nedelmann, Carl, Cannstatt 2003.

Hofmann, Michael: Die Shoah in der Literatur der Bundesrepublik. Adorno und die Folgen, in: Eke, Norbert Otto/Steinecke, Hartmut (Hrsg.): Shoah in der deutschsprachigen Literatur, Berlin 2006, S. 63–84.

Horch, Hans Otto: Edgar Hilsenrath. Provokation der Erinnerungsrituale, in: Eke, Norbert Otto/Steinecke, Hartmut (Hrsg.): Shoah in der deutschsprachigen Literatur, Berlin 2006, S. 267–273.

Horch, Hans Otto: Grauen und Groteske. Zu Edgar Hilsenraths Romanen, in: Stüben, Jens/Woesler, Winfried (Hrsg.): Wir tragen den Zettelkasten mit den Steckbriefen unserer Freunde. Acta-Band zum Symposium »Beiträge jüdischer Autoren zur deutschen Literatur seit 1945« (Universität Osnabrück, 02.–05.06.1991), Darmstadt 1993, S. 213–226.

Horkheimer, Max/Adorno, Theodor W.: Dialektik der Aufklärung. Philosophische Fragmente, Frankfurt a. M. 1989.

Horn, András: Das Komische im Spiegel der Literatur. Versuch einer systematischen Einführung, Würzburg 1988.

Hornung, Werner: (Beitrag ohne Titel), in: Playboy, 09.09.1977.

Hornung, Werner: Schwarzhumorig durch die braunen Jahre. Der literarische Filou Hilsenrath, in: Easter Zeitung, 17.09.1977.

Hoven, Heribert: Die Ästhetik des Geschlechtsverkehrs oder Anmerkungen zum Thema: Sexualität im Werk Edgar Hilsenraths, in: Kraft, Thomas (Hrsg.): Edgar Hilsenrath. Das Unerzählbare erzählen, München 1996, S. 191–201.

Imbusch, Peter: Der Gewaltbegriff, in: Heitmeyer, Wilhelm/Hagan, John (Hrsg.): Internationales Handbuch der Gewaltforschung, Wiesbaden 2002, S. 26–57.

Jackson, Margaret: Sexualwissenschaften und die Universalisierung männlicher Sexualität. Von Ellis über Kinsey zu Masters & Johnson, in: Schmerl, Christiane/Soine, Stefanie/Stein-Hilbers, Marlene/Wrede, Birgitta (Hrsg.): Sexuelle Szenen. Inszenierung von Geschlecht und Sexualität in modernen Gesellschaften, Opladen 2000, S. 99–115.

Jelinek im Interview: Jelinek, Elfriede/Treude, Sabine/Hopfgartner, Günther: Ich meine alles ironisch. Ein Gespräch, in: Sprache im technischen Zeitalter 153 (2000), S. 21–31.

Jelinek, Elfriede: Das weibliche Nicht-Opfer. Frauen im KZ, Vortrag im Jüdischen Museum, Wien 23.06.2004. Internetquelle: http://www.elfriedejelinek.com/fopfer.htm (13.02.2017).

Jelinek, Elfriede: Die Kinder der Toten, Reinbek 2000, S. 67.

Jensen, Heike: Judith Butler: Gender Trouble, in: Löw, Martina/Mathes, Bettina (Hrsg.): Schlüsselwerke der Geschlechterforschung, Wiesbaden 2005, S. 254–266.

Jensen, Heike: Sexualität, in: von Braun, Christina/Stephan, Inge (Hrsg.): Gender@Wissen. Ein Handbuch der Gender-Theorien, Köln/Weimar/Wien 2009, S.123–139.

Jokostra, Peter: Ausverkauf der Träume, in: Rheinische Post, 08.11.1980.

Joost, Ulrich: Die Angst des Literaturwissenschaftlers bei der Sexualität, in: Hoberg, Rudolf (Hrsg.): Sprache - Erotik - Sexualität, Berlin 2001, S. 308–327.

Jurzig, Renate: Der Stoff des Lachens. Studien zur Komik, Frankfurt a. M./New York 1985.

Kayser, Wolfgang: Das Groteske. Seine Gestaltung in Malerei und Dichtung, Oldenburg 1957.

Kayser, Wolfgang: Versuch einer Wesensbestimmung des Grotesken (1957), in: Best, Otto (Hrsg.): Das Groteske in der Dichtung, Darmstadt 1980, S. 40–49.

Kerner, Ina: Differenzen und Macht. Zur Anatomie von Rassismus und Sexismus, Frankfurt a. M. 2009.

Kierkegaard, Søren: »Die Wiederholung« (1843).

Kilcher, Andreas: »Doron Rabinovici«, in: Ders. (Hrsg.): Metzler Lexikon der deutsch-jüdischen Literatur. Jüdische Autorinnen und Autoren deutscher Sprache von der Aufklärung bis zur Gegenwart, 2. Aufl., Stuttgart 2012.

Kind, Alfred: Zur Psychologie des Obszönen, in: Blätter für Bibliophile 1 (1908), Heft 2.

Kleiber, Dieter/Velten, Doris: Prostitutionskunden. Schriftenreihe des Bundesministeriums für Gesundheit, Bd. 30., Bayreuth 1994.

Klein, Melanie: Die Trauer und ihre Beziehung zu manisch-depressiven Zuständen, in: Gesammelte Schriften, Bd. I, 2, S. 159–199.

Klocke, Astrid: The Concept of Black Humor and Edgar Hilsenrath's Novel *Der Nazi und der Friseur*, zugl. Diss., Ann Arbor/Michigan 2001.

Klüger, Ruth: Fabulierlust zum Tode. Edgar Hilsenrath und das Unmögliche, in: Frankfurter Allgemeine Zeitung, 01.06.1993.

Kneip, Birgit: Zwischen Angriff und Verteidigung. Satirische Schreibweise in der deutschen Erzähl- und Dokumentarprosa 1945–75, Frankfurt a. M. 1993.

Knoll, Christopher: Schwule Identität. Bd. 1 der Rosa Reihe des Projekts Soziale Netzwerke schwuler Männer im Zeichen von Aids, München 1993.

Konnertz, Ursula: Simone de Beauvoir: Das andere Geschlecht. Sitte und Sexus der Frau, in: Löw, Martina/Mathes, Bettina (Hrsg.): Schlüsselwerke der Geschlechterforschung, Wiesbaden 2005, S. 26–58.

Kraft, Hartmut: Die Lust am TABUbruch, Göttingen 2015.

Kraft, Thomas (Hrsg.): Das Unerzählbare erzählen, München 1996.

Kraß, Andreas: Queer denken. Gegen die Ordnung der Sexualität, Queer Studies, Frankfurt a. M. 2003.

Kristensen, Stefan: Leiblichkeit und Zeugenschaft. Zur Phänomenologie und Ästhetik von Trauerarbeit, in: Alloa, Emmanuel/Fischer, Miriam (Hrsg.): Leib und Sprache. Zur Reflexivität verkörperter Ausdrucksformen, Weilerswist 2013, S. 183–198.

Kristeva, Julia: Geschichten von der Liebe. Aus dem Französischen von Dieter Hornig und Wolfram Bayer, Frankfurt a. M. 1989.

Krüger-Fürhoff, Irmela Marei: Der versehrte Körper. Revisionen des klassizistischen Schönheitsideals, Göttingen 2001.

Kulick, Don: Humorless Lesbians, in: Chiaro, Delia/Baccaloni, Raffaella (Hrsg.): Gender and Humor. Interdisciplinary and International Perspectives, New York/London 2014, S. 85–99.

Lamping, Dieter: Ist Komik harmlos? Über Veränderungen der komischen Literatur seit dem neunzehnten Jh., in: Ders. (Hrsg.): Literatur und Theorie. Poetologische Probleme der Moderne, Göttingen 1996, S. 86–99.

Lansen, Johan: Was ist ein Trauma?, in: Ders./Rossberg, Alexandra (Hrsg.): Das Schweigen brechen. Berliner Lektionen zu Spätfolgen der Schoa, Frankfurt a. M. 2003, S. 147–149.

Levi, Primo: Ist das ein Mensch? Ein autobiografischer Bericht, München 1992.

Lewy, Hermann: Der Nazi, der Jude wird, in: Allgemeine jüdische Wochenzeitung, 18.11. 1977.

Leys, Ruth: Die »Überlebensschuld« im psychoanalytischen Diskurs – Ein kurzer historischer Überblick, in: Brunner, José/Zajde, Nathalie (Hrsg.): Holocaust und Trauma. Kritische Perspektiven zur Entstehung und Wirkung eines Paradigmas, Göttingen 2011, S. 86–115.

Libsker, Ari: Pornografie & Holocaust. Dokumentarfilm (2010).

Lind, Jakov: Eine Seele aus Holz. Erzählungen, München/Zürich 1964.

Lind, Jakov: Landschaft in Beton, München 1984.

Lomranz, Jacob: »Aintegration« – Ein komplementäres Paradigma zum Verständnis von Holocaust-Überlebenden, in: Brunner, José/Zajde, Nathalie: Holocaust und Trauma. Kritische Perspektiven zur Entstehung und Wirkung eines Paradigmas. Tel Aviver Jahrbuch für deutsche Geschichte 39 (2011), Göttingen 2011, S. 223–241.

Longerich, Peter: Holocaust, in: Heitmeyer, Wilhelm/Hagan, John (Hrsg.): Internationales Handbuch der Gewaltforschung, Wiesbaden 2002, S. 177–214.

Lück, Detlev/Cornelißen, Waltraud: Geschlechterunterschiede und Geschlechterunterscheidungen in Europa – vorläufiges Fazit und Ausblick, in: Dies. (Hrsg): Geschlechterunterschiede und Geschlechterunterscheidungen, Stuttgart 2014, S. 289–300.

Lukács, Georg: Zur Frage der Satire (1932), in: Ders.: Essays zum Realismus, Neuwied/ Berlin 1971, S. 83–109.

M., B.: Menschen-Entartung im Zwangsghetto, in: Jedioth Chadashoth, 04.05.1965.

Maas, Jörg: Identität und Stigma-Management von homosexuellen Führungskräften, Wiesbaden 1999.

Marcuse, Ludwig: Obszön. Geschichte einer Entrüstung, München 1962.

Meissner, Toni: Diese Welt ist grausam, in: Abendzeitung, München, 26.09.1980.

Menninghaus, Winfried: Ekel. Theorie und Geschichte einer starken Empfindung, Frankfurt a. M. 1999.

Mercier, Vivian: Master Percy and/or Lady Chatterley, in: Hughes, Douglas A. (Hrsg.): Perspectives on Pornography, London 1971, S. 21–34.

Merleau-Ponty, Maurice: Phänomenologie der Wahrnehmung, Berlin 1974.

Meyer-Sickendiek, Burkhard: Theorien des Satirischen, in: Zymner, Rüdiger (Hrsg.): Handbuch Gattungstheorie, Stuttgart 2010, S. 331–334.

Millett, Kate: Sexus und Herrschaft. Die Tyrannei des Mannes in unserer Gesellschaft, München 1971.

Mischkowski, Gabriela: Sexualisierte Gewalt im Krieg. Eine Chronik, in: mecida mondiale e.V./Griese, Karin (Hrsg.): Sexualisierte Kriegsgewalt und ihre Folgen, Frankfurt a. M. 2004, S. 17–56.

Mitchell, Juliet: Psychoanalyse und Feminismus. Freud, Reich, Laing und die Frauenbewegung, Frankfurt a. M. 1976.

Möller, Susann: Wo die Opfer zu Tätern werden, machen sich die Täter zu Opfern: Die Rezeption der beiden ersten Romane Edgar Hilsenraths in Deutschland und in den USA, zugl. Diss., Ann Arbor/Michigan 1991.

Naumann, Peter: Keyhole and candle. John Clelands »Memoirs of a Woman of Pleasure« und die Entstehung des pornographischen Romans in England, Heidelberg 1976.

Naumann, Uwe: Zwischen Tränen und Gelächter. Satirische Faschismuskritik 1933–1945, Köln 1983.

Neuhaus, Stefan: Sexualität im Diskurs der Literatur, Tübingen/Basel 2002.

Neuhaus, Volker: Günter Grass. »Auschwitz als Zäsur und unheilbarer Bruch der Zivilisationsgeschichte«, in: Eke, Norbert Otto/Steinecke, Hartmut: Shoah in der deutschsprachigen Literatur, Berlin 2006, S. 226–236.

Nickenig, Annika: Diskurse der Gewalt. Spiegelung von Machtstrukturen im Werk von Elfriede Jelinek und Assia Djebar, Marburg 2007.

Niederland, William G.: Folgen der Verfolgung: das Überlebenden-Syndrom. Seelenmord, Frankfurt a. M. 1980.

Nietzsche, Friedrich: Zur Genealogie der Moral. Götzendämmerung, Philosophische Werke in sechs Bänden, hrsg. von Claus-Artur Scheier, Bd. 6, Hamburg 2013.

Nusser, Peter (Hrsg.): Schwarzer Humor, Stuttgart 1987.

Oberwalleney, Barbara: Heterogenes Schreiben: Positionen der deutschsprachigen jüdischen Literatur (1986–1998), München 2001.

Oesterle, Günter: »Vorbegriffe zu einer Theorie der Ornamente«. Kontroverse Formprobleme zwischen Aufklärung, Klassizismus und Romantik am Beispiel der Arabeske, in: Beck, Herbert/Bol, Peter C./Maek-Gérard, Eva (Hrsg.): Ideal und Wirklichkeit der bildenden Kunst im späten 18. Jahrhundert, Berlin 1984, S. 119–140.

Opfer-Cohn, Liliane u. a. (Hrsg.): Das Ende der Sprachlosigkeit? Auswirkungen traumatischer Holocaust-Erfahrungen über mehrere Generationen, Gießen 2000.

Oschlies, Wolf: Sprache und Erotik im Deutschen und Slavischen, in: Hoberg, Rudolf (Hrsg.): Sprache – Erotik – Sexualität, Berlin 2001, S. 100–127.

Ottomeyer, Klaus: Rassismus, in: Pelinka, Anton (Hrsg.): Vorurteile. Ursprünge, Formen, Bedeutung, Berlin/Boston 2012, S. 196–204.

Pathe, Winfried: Das Groteske in den Dramen Ernst Barlachs, Frankfurt a. M. 1990.

Paul, Christa: Zwangsprostitution. Staatlich errichtete Bordelle im Nationalsozialismus, Berlin 1994.

Paulson, Ronald (Hrsg.): Satire, Englewood Cliffs 1971.

Pflanz, Elisabeth: Sexualität und Sexualideologie des Ich-Erzählers in Günter Grass' Roman Die Blechtrommel, München 1976.

Pietzcker, Carl: Das Groteske, in: Best, Otto (Hrsg.): Das Groteske in der Dichtung, Darmstadt 1980, S. 85–102.

Pohl, Rolf: Die Zerstörung der Frau als Subjekt: Macht und Sexualität als Antriebskräfte männlicher Vergewaltigungsstrategien im Krieg, in: Gender Initiativkolleg (Hrsg.): Gewalt und Handlungsmacht. Queer_Feministische Perspektiven, Frankfurt a. M. 2012, S. 113–124.

Pollak, Michael: Die Grenzen des Sagbaren. Lebensgeschichten von KZ-Überlebenden als Augenzeugenberichte und als Identitätsarbeit, Frankfurt a. M. 1988.

Popitz, Heinrich: Phänomene der Macht, Tübingen 2009.

Porter, Ray: Rape – Does it have a historical meaning?, in: Ders./Tomaselli, Sylvana (Hrsg.): Rape. An Historical and Social Enquiry, Oxford 1986, S. 216–236.

Prentice, Deborah A./Carranza, Erica: Sustaining Cultural Beliefs in the Face of Their Violation: The Case of Gender Stereotypes, in: Schaller, Mark/Crandall, Christian S. (Hrsg.): The Psychological Foundations of Culture, Mahwah 2003, S. 259–280.

Prinz, Kirsten: Brüchiges Gedächtnis. Der Genozid an den Armeniern in Texten von Edgar Hilsenrath, Zafer Şenocak und Esmahan Aykol, Berlin 2015.

Quindeau, Ilka: Trauma und Geschichte. Interpretationen autobiographischer Erzählungen von Überlebenden des Holocaust, Frankfurt a. M. 1995.

Rabinovici, Doron: Hundertundsiebzehn. Oder Eine kurze Anleitung zum jüdischen Witz, in: Ders.: Credo und Credit. Einmischungen, Frankfurt a. M. 2001, S. 61–66.

Rabinovici, Doron: Jidntität. Angeln aus christlicher Sicht oder Gibt es eine jüdische Erzähltradition in der deutschen Gegenwartsliteratur?, in: Lappin, Eleonore/Schneider, Bernhard (Hrsg.): Die Lebendigkeit der Geschichte. (Dis-)Kontinuitäten in Diskursen über den Nationalsozialismus, St. Ingbert 2001, S. 252–532.

Rabinovici, Doron: Suche nach M., Frankfurt a. M. 1997.

Reh, Sabine/Baader, Meike S./Helsper, Werner et al.: Sexualisierte Gewalt in pädagogischen Institutionen – eine Einleitung. Sondierungen und Verständigungen zu einem bislang vernachlässigten Thema, in: Thole, Werner/Baader, Meike/Helsper, Werner et al. (Hrsg.): Sexualisierte Gewalt, Macht und Pädagogik, Berlin/Toronto 2012, S. 13–23.

Reich-Ranicki, Marcel: Das Prinzip Radio. Jurek Beckers Roman »Jakob der Lügner«, in: Die Zeit, 20. 11. 1970.

Reich-Ranicki, Marcel: Haß, Sex und Humor. Das »Selbstporträt« des Jakov Lind, in: Die Zeit, 23. 10. 1970.

Reich, Wilhelm: Die Massenpsychologie des Faschismus, Köln/Berlin 1971.

Remmler, Karin: Maxim Biller. Das Schreiben als »Counter-Memory«, in: Eke, Norbert Otto/Steinecke, Hartmut: Shoah in der deutschsprachigen Literatur, Berlin 2006, S. 311–320.

Röger, Maren: Kriegsbeziehungen. Intimität, Gewalt und Prostitution im besetzten Polen 1933 bis 1945, Frankfurt a. M. 2015.

Rosenthal, Gabriele (Hrsg.): Der Holocaust im Leben von drei Generationen. Familien von Überlebenden der Shoah und von Nazi-Tätern, Gießen 1997.

Rumler, Fritz: Max & Itzig, in: Der Spiegel, 22. 08. 1977.

Sander, Helke/Johr, Barbara (Hrsg): BeFreier und Befreite. Krieg – Vergewaltigung – Kinder, München 1992.

Sandig, Holger: Deutsche Dramaturgie des Grotesken um die Jahrhundertwende, München 1980.

Scarry, Elaine: Der Körper im Schmerz. Die Chiffren der Verletzlichkeit und die Erfindung der Kultur, Frankfurt a. M. 1992.

Schindel, Robert: Gebürtig, Frankfurt a. M. 2012.
Schindel, Robert: Mein Wien, in: Die Weltwoche Nr. 45, 06. 11. 1997.
Schlaffer, Heinz: Musa iocosa. Gattungspoetik und Gattungsgeschichte der erotischen Dichtung in Deutschland, Stuttgart 1971.
Schmerl, Christiane/Steinbach, Dieter: Ritterlichkeit: Eine indirekte Form von Misogynie?, in: Schmidt, Hans D./Schmerl, Christiane/Krameyer, Astrid (Hrsg.): Frauenfeindlichkeit: Sozialpsychologische Aspekte der Misogynie, München 1973, S. 56–79.
Schmidt, H.E./Williams, D.I.: The Evolution of Theories of Humor, in: Journal of Behavioral Science 1 (1971), S. 95–106.
Schneider, David J.: The Psychology of Stereotyping, New York 2004.
Schneider, Thomas (Hrsg.): Das Erotische in der Literatur. Gießener Arbeiten zur neueren deutschen Literatur und Literaturwissenschaft, Bd. 13, Frankfurt a. M. 1993.
Schoeps, Julius H./Bingen, Dieter/Botsch, Gideon (Hrsg.): Jüdischer Widerstand in Europa (1933–1945). Formen und Facetten, Berlin/Boston 2016.
Scholl, Dorothea: Von den »Grottesken« zum Grotesken. Die Konstituierung einer Poetik des Grotesken in der italienischen Renaissance, Münster 2004.
Schorsch, Eberhard/Becker, Nikolaus: Angst, Lust, Zerstörung. Sadismus als soziales und kriminelles Handeln. Zur Psychodynamik sexueller Tötungen, Gießen 2000.
Schößler, Franziska: Einführung in die Gender Studies, Berlin 2008.
Schruff, Helene: Wechselwirkungen. Deutsch-jüdische Identität in erzählender Prosa der »Zweiten Generation«, Hildesheim 2000.
Schruff, Helene/Hahn, Hans-Joachim: »Rafael Seligmann«, in: Kilcher, Andreas B. (Hrsg.): Metzler Lexikon der deutsch-jüdischen Literatur. Jüdische Autorinnen und Autoren deutscher Sprache von der Aufklärung bis zur Gegenwart, 2. Aufl., Stuttgart 2012.
Schupp, Volker: »Die Mönche von Kolmar«: Ein Beitrag zur Phänomenologie und zum Begriff des Schwarzen Humors, in: Gutenbrunner, Siegfried et al. (Hrsg.): Die Wissenschaft von deutscher Sprache und Dichtung. Methoden, Probleme, Aufgaben [Festschrift für Friedrich Maurer], Stuttgart 1963, S. 199–222.
Seeliger, Rolf: Witze als letzte Waffe, in: Tageszeitung, 16. 9. 1980.
Seifert, Ruth: Krieg und Vergewaltigung. Ansätze zu einer Analyse, in: Stiglmayer, Alexandra (Hrsg.): Massenvergewaltigung. Der Krieg gegen die Frauen, Freiburg 1993, S. 85–108.
Seifert, Ruth: Weiblichkeit, kriegerische Gewalt und männliche Macht. Zur Funktion von sexueller Gewalt im Krieg und im Frieden, in: Dohnal, Johanna (Hrsg.): Gewalt gegen Frauen, Frauen gegen Gewalt. Tagungsdokumentation Bd. 2, Wien 1994, S. 175–185.
Seligmann, Rafael: Die jiddische Mamme, Frankfurt a. M. 1990.
Seligmann, Rafael: Rubinsteins Versteigerung, Berlin 2011.
Semprún, Jorge: Was für ein schöner Sonntag!, Frankfurt a. M. 1999.
Senf, Bernd: Massenpsychologie des Faschismus (1998). Ein Hinweis auf das richtungweisende Werk von Wilhelm Reich, S. 1 f. Internetquelle: http://www.berndsenf.de/pdf/Die%20Massenpsychologie%20des%20Faschismus.pdf (22. 12. 2016).
Sexl, Martin: Von Auschwitz nach Srebrenica und zurück – Jonathan Littell und Peter Handke, in: Fischer, Torben/Hammermeister, Philipp/Kramer, Sven: Der Nationalsozialismus und die Shoah in der deutschsprachigen Gegenwartsliteratur, Amsterdam/New York 2014, S. 273–292.

Sommer, Robert: Maskulinität und sexuelle Ausbeutung. Bordellgänger in Konzentrationslagern, in: Frietsch, Elke/Herkommer, Christina (Hrsg.): Nationalsozialismus und Geschlecht. Zur Politisierung und Ästhetisierung von Körper, »Rasse« und Sexualität im »Dritten Reich« und nach 1945, Bielefeld 2009, S. 156–179.

Sommer, Robert: Das KZ-Bordell. Sexuelle Zwangsarbeit in nationalsozialistischen Konzentrationslagern, Paderborn 2009.

Sontag, Susan: Die pornographische Phantasie, in: Dies.: Geist als Leidenschaft. Ausgewählte Essays zur modernen Kunst und Kultur, Leipzig/Weimar 1989, S. 117–155.

Sorg, Reto: Groteske, in: Fricke, Harald (Hrsg.): Reallexikon der deutschen Literaturwissenschaft, Berlin/New York 2000, Bd. I, S. 748–751.

Spence, Janet T./Buckner, Camilla E.: Instrumental and Expressive Traits, Traits Stereotypes, and Sexist Attitudes: What do they Signify?, in: Psychology of Women Quarterly, Heft 24 (2000), S. 44–62.

Steig, Michael: Zur Definition des Grotesken, in: Best, Otto: (Hrsg.): Das Groteske in der Dichtung, Darmstadt 1980, S. 69–84.

Steinfeld, Thomas: Ein schlauer Pornograph. Jonathan Littell: »Die Wohlgesinnten«, in: Süddeutsche Zeitung, 17.05.2010.

Steinlein, Rüdiger: Das Furchtbarste lächerlich? Komik und Lachen in den Texten der deutschen Holocaust-Literatur, in: Köppen, Manuel (Hrsg.): Kunst und Literatur nach Auschwitz, Berlin 1993, S. 97–106.

Stenberg, Peter: Memories of the Holocaust. Edgar Hilsenrath and the Ficiton of Genocide, in: Deutsche Vierteljahrsschrift für Literaturwissenschaft und Geistesgeschichte 56 (1982), S. 277–289.

Stögner, Karin: Antisemitismus und Sexismus. Historisch-gesellschaftliche Konstellationen, Baden-Baden 2014.

Sulzer, Johann Georg: Satire, in: Allgemeine Theorie der Schönen Künste, Bd. 2, Leipzig 1774, S. 994–1001.

Swim, Janet K. et al.: Sexism and Racism: Oldfashioned and Modern Prejudices, in: Journal of Personality and Social Psychology, Heft 68 (1995), S. 199–214.

Tabori, George: Die Kannibalen, in: Ders.: Unterammergau oder Die guten Deutschen, Frankfurt a. M. 1981, S. 37–138.

Taylor, Jennifer L.: Writing as Revenge: Jewish German Identity in Post-Holocaust German Literary Works. Reading Survivor Authors Jurek Becker, Edgar Hilsenrath and Ruth Klüger, zugl. Diss., Ann Arbor/Michigan 1995.

Theweleit, Klaus: Männerphantasien 1+2, München/Zürich 2000.

Thomsen, Christian W.: Das Groteske und die englische Literatur, Darmstadt 1977.

Tišma, Aleksandar (Hrsg.): Macht und Frauen. Prosa, Lyrik, Szenen & Essays, Tübingen 1998.

Tišma, Aleksandar: Kapo, München 1999.

Tišma, Aleksandar: Reise in mein vergessenes Ich. Tagebuch 1942–1951. Die Meridiane Europas, aus dem Serbischen von Barbara Antkowiak, München/Wien 2003.

Tißberger, Martina: Critical whiteness. Zur Psychologie hegemonialer Selbstreflexion an der Intersektion von Rassismus und Gender, Wiesbaden 2017.

Tougas, Francine u.a.: Neosexism: Plus Ça Change, Plus C'est Pareil, in: Personality ans Social Psychology Bulletin, Heft 21 (1995), S. 842–849.

Toulalan, Sarah: Imagining Sex. Pornographie and Bodies in Seventeenth-Century England, Oxford 2007.
Träger, Claus/Müller, Joachim: »erotische Literatur«, in: Träger, Claus (Hrsg.): Wörterbuch der Literaturwissenschaft, Leipzig 1986.
Tschizewskij, Dimitri: Satire oder Groteske, in: Preisendanz, Wolfgang/Warning, Rainer (Hrsg.): Das Komische, München 1976, S. 269–278.
Urbach, Tilman: Im Fadenkreuz. Edgar Hilsenraths Autobiographie, in: Neue Zürcher Zeitung, 19./20. 04. 1997.
Vahsen, Patricia: Lesarten – die Rezeption des Werkes von Edgar Hilsenrath, Tübingen 2008.
Van Creveld, Martin: Frauen und Krieg, München 2001.
Von Braun, Christina: Antisemitische Stereotype und Sexualphantasien, in: Jüdisches Museum der Stadt Wien (Hrsg.): Die Macht der Bilder. Antisemitische Vorurteile und Mythen, Wien 1995, S. 180–192.
Von Zanthier, Agnieszka: Julian Stryjkowski und Edgar Hilsenrath: Zur Identität jüdischer Schriftsteller nach 1945, Essen 2000.
Wardi, Dina: Siegel der Erinnerung. Das Trauma des Holocaust – Psychologie mit Kindern von Überlebenden, Stuttgart 1997.
Weber, Brom: The Mode of »Black Humor«, in: Rubin, Louis D. (Hrsg.): The Comic Imagination in American Literature, New Brunswick/New Jersey 1973, S. 361–371.
Weber, Max: Wirtschaft und Gesellschaft, Tübingen 1921.
Wiegand, Wilfried: Max Aue ist ein Monstrum, in: Frankfurter Allgemeine Zeitung, 29. 02. 2008.
Williams, John E./Best, Deborah L: Merasuring Sex Stereotypes: A Multination Study, Newbury Park, CA 1990.
Winston, Matthew: Humour Noir and Black Humor, in: Levin, Harry (Hrsg.): Veins of Humor, S. 269–284.
Wohltat, Marina: Unter den Rädern der mörderischen Historie, in: Basler Zeitung, 15. 09. 1989.
Wörtche, Thomas: Geschichte auf dem Todeswagen, in: der Freitag, 26. 03. 1993.
Wrede, Birgitta: Was ist Sexualität? Sexualität als Natur, als Kultur und als Diskursprodukt, in: Schmerl, Christiane/Soine, Stefanie/Stein-Hilbers, Marlene/Wrede, Birgitta (Hrsg.): Sexuelle Szenen. Inszenierung von Geschlecht und Sexualität in modernen Gesellschaften, Opladen 2000, S. 25–43.
Wurmser, Léon: Das Rätsel des Masochismus. Psychoanalytische Untersuchungen von Über-Ich-Konflikten und Masochismus, Heidelberg 1993.
Young, James E.: Beschreiben des Holocaust. Darstellung und Folgen der Interpretation, Frankfurt a. M. 1997.
Zachmann, Anna: Transgenerationale Weitergabe von Traumatisierung nach der Shoah. Die jüdische Literatur der »zweiten Generation«, in: inspiration: Zeitschrift für christliche Spiritualität und Lebensgestaltung, Heft 3.17: Trauma, S. 27–30.
Zajde, Nathalie: Die Schoah als Paradigma des psychischen Traumas, in: Dies./Brunner, José (Hrsg.): Holocaust und Trauma. Kritische Perspektiven zur Entstehung und Wirkung eines Paradigmas. Tel Aviver Jahrbuch für deutsche Geschichte 39 (2011), Göttingen 2011, S. 17–39.

Zanna, Mark P./Pack, Susan J: On the Self-fulfilling Nature of Apparent Sex Differences in Behavior, in: Journal of Experimental Social Psychology, Heft 11 (1975), S. 583–591.
Zemore, Sarah E./Fiske, Susan T./Kim, Hyun-J.: Gender Stereotypes and the Dynamics of Social Interaction, in: Eckes, Thomas/Trautner, Hanns M. (Hrsg.): The Developmental Social Psychology of Gender, Mahwah 2000, S. 207–241.
Zipfel, Frank: Theorien des Komischen, in: Zymner, Rüdiger (Hrsg.): Handbuch Gattungstheorie, Stuttgart 2010, S. 320–323.
Zöchmeister, Markus: Vom Leben danach: eine transgenerationelle Studie über die Shoah, Gießen 2013.

Personenregister

Poetik, Exegese und Narrative. Studien zur jüdischen Literatur und Kunst
Poetics, Exegesis and Narrative. Studies in Jewish Literature and Art

Herausgegeben von Gerhard Langer, Carol Bakhos, Klaus Davidowicz und Constanza Cordoni

Poetik – Exegese – Narrative versteht sich als eine wissenschaftliche Reihe mit kulturwissenschaftlicher Ausrichtung. In ihr wird jüdische Literatur von der Antike bis zur Gegenwart herausgegeben, analysiert, ausgelegt. Ein besonderer Schwerpunkt liegt auf Erzählungen im weiten Sinn, wozu auch Film und Medien gehören. Das Ziel ist es, Texte in ihrer literarischen und strukturellen Tiefendimension sowie ihrem über die Zeiten hinweg aktuellen Aussagegehalt zu verstehen und zu vermitteln, wobei die (sozial-)geschichtlichen, politischen und kulturellen Hintergründe mitbedacht werden.
Die Reihe richtet sich an Wissenschaftlerinnen und Wissenschaftler, an Studierende und ein an Kultur- und Literaturwissenschaft sowie an Jüdischen Studien interessiertes breites Publikum.

Weitere Bände dieser Reihe:

Band 14: Yannick Gnipep-oo Pembouong
Generation und Strategie
Barbara Honigmann im literarischen Feld der deutschsprachigen Gegenwartsliteratur 1986–2015
2020, 414 Seiten, kartoniert, ISBN 978-3-8471-1123-8
€ 50,– D / € 52,– A

Band 13: Anna Zachmann
Wer oben sitzt, der hat die Macht
Die Verschränkung von Sexualität und Shoah im Werk Edgar Hilsenraths
2020, 275 Seiten, gebunden, ISBN 978-3-8471-1082-8
€ 45,– D / € 47,– A

Band 12: Theresia Dingelmaier
Das Märchen vom Märchen
Eine kultur- und literaturwissenschaftliche Untersuchung des deutschsprachigen jüdischen Volks- und Kindermärchens
2019, 450 Seiten, gebunden, ISBN 978-3-8471-1011-8
€ 65,– D / € 67,– A

Band 11: Eva Plank
***Ich will euch eine Zukunft und eine Hoffnung geben* (Jer 29,11)**
Die biblische Prophetengestalt und ihre Rezeption in der dramatischen Dichtung *Jeremias* von Stefan Zweig
2018, 479 Seiten, gebunden, ISBN 978-3-8471-0903-7
€ 60,– D / € 62,– A

Vandenhoeck & Ruprecht Verlage

V&R unipress

Leseproben und weitere Informationen unter www.vandenhoeck-ruprecht-verlage.com
E-Mail: info-unipress@v-r.de | Tel.: +49 (0)551 / 50 84-415 | Fax: +49 (0)551 / 50 84-333